GEOGRAFÍA FUTBOLÍSTICA DE MONTEVIDEO TOMO 2
Descripción de las canchas y clasificación

Colección **La otra historia del fútbol** número 5

© **Pierre Arrighi, 2020**
Éditeur : BoD — Books on Demand,
12/14 rond-point des Champs Élysées, 75008 Paris
Impression : BoD — Books on Demand, Allemagne
ISBN : 978-2-322-25393-7
Dépôt légal : octobre 2020 - v2

Texto y diseño gráfico: Pierre Arrighi
Ilustración de la tapa: Diseño del autor. Vista aérea del Estadio Centenario. Google Maps©.

Sumario

TOMO 2

6. Descripción de las canchas y clasificación 11

　　Aclaraciones importantes **11**　Descripción de las canchas y clasificación **15 a 393**

6. Descripción de las canchas y clasificación

Aclaraciones importantes

Las descripciones de las canchas siguen el orden fijado por la numeración de las canchas en la cartografía del Tomo 1. Presentan los siguientes datos: número de la cancha; propiedad; dirección; rasgos generales; dimensiones de la cancha; dimensiones de los arcos; características de los arcos; marcaje; instalaciones para suplentes y público; alumbrado; tejidos de contención y otros elementos del entorno. Cada descripción se cierra con una notación de tamaño y una notación de calidad.

Como ya se ha señalado en la presentación del Tomo 1, los comentarios y notaciones relacionados con la calidad están sujetos a márgenes de error y a la subjetividad. Al mismo tiempo, las categorías definidas son suficientemente vastas como para eliminar errores flagrantes. Es fácil verificar si una cancha es pésima o muy buena, y relacionar ese estado con el contexto. Generalmente, las fotos callejeras y satelitales coinciden cuando muestran campos de juego desnivelados, inundados o sucios, arcos deshechos y entornos abandonados. De igual modo, no es muy difícil determinar si una cancha cumple correctamente su función principal (nivel de calidad 3) o percibir en qué casos, por sus instalaciones, su suelo y su entorno, alcanza, en relación con el contexto de su uso, un nivel de excelencia.

El lector puede considerar superfluas las descripciones detalladas de los arcos de las diferentes canchas: material de fabricación, estado, color de la pintura, soporte o estructura para redes, redes y estado de las mismas. Es que los arcos son el elemento determinante de la toma de posesión de un territorio por el fútbol y todos los aspectos antedichos atestiguan del reconocimiento de ese espacio por la sociedad, del grado mayor o menor de la toma de posesión, y a veces, de la identidad del espacio. Un arco con redes, con los ángulos pintados de color, está indicando respeto, cuidado e identidad local. Por su construcción, se distinguen tres tipos de arcos: simples (solo los tres postes); con soportes para redes (soportes cortos que parten de los ángulos); con estructura para redes (soporte completo de los ángulos hasta el suelo, generalmente también con una base). Los arcos son fijos o móviles.

Los arcos tienen redes o no. Como las redes se ponen y se sacan, el dato es significativo solo cuando se considera el momento en que se juegan los partidos. En las descripciones de las canchas, la ausencia o presencia de redes se indica solo cuando revela una carencia o un cuidado particular, cuando resulta útil referirse a la buena o mala calidad de las mismas, o cuando presentan características extravagantes. Generalmente, las canchas de los espacios públicos de cierta calidad no tienen redes y eso no corresponde a una carencia. A la inversa, en ciertas canchas orilleras de pésima calidad, se ven arcos artesanales con redes recuperadas cuya función principal es teatralizar el modesto escenario.

Se emplea el término «instalaciones», cancha con o sin instalaciones. Una cancha con instalaciones se diferencia de una «cancha básica». Son instalaciones de la cancha: los bancos de suplentes, los tejidos de contención, bancos para público, tribunas, alumbrado, etcétera. Es decir, todo aquello que se agrega al terreno y a los arcos, menos los locales.

Se han empleado ciertos conceptos tipológicos, cuyo manejo articulado se desarrolla en el Tomo 3. Merecen aquí mismo un adelanto.

La tipología de una cancha solo puede establecerse articulando diferentes parámetros. Estos son: pertenencia; tamaño; funcionalidad principal; tipo de suelo; naturaleza por contexto. La pertenencia marca la manera en que la cancha se inscribe en el circuito futbolístico. El tamaño determina el uso proporcional que es función de una cultura general de las reglas del juego: en una cancha de 25 metros de largo se juega a un fútbol que puede ser catalogado de «fútbol 5»; en una cancha de 100 metros de largo se juegan partidos entre adultos, 11 contra 11; en una canchita de jardín o de plaza, de 12 metros de largo, se practica un fútbol entre niños chicos, típicamente infantil.

La estructuración de las canchas mediante la necesaria implantación de arcos como bandera futbolística que marca un territorio, fija de modo definitivo la altura del rectángulo donde se mete el gol. Generalmente, tratándose de arcos de fútbol 5 o de los arcos de plaza en canchas multideportivas, la altura estándar es de dos metros. Pero estos dos metros son excesivos cuando juegan niños de seis o siete años. Anteriormente, en canchas no estructuradas (sin arcos), el posicionamiento del travesaño imaginario era función de la altura del golero. La estructuración de los arcos lleva a la desaparición de aquella ventaja, que solo sería reparable mediante uso de arcos con travesaños ajustables.

La funcionalidad principal de la cancha corresponde a lo que se anuncia y a lo que el anuncio determina. Por ejemplo, en un club de baby fútbol, la cancha está a disposición de niños y jóvenes. Sus dimensiones (la mitad en largo y ancho con respecto a una «cancha grande») podrían corresponder también a canchas de fútbol 7 utilizables por adultos. Pero la funcionalidad definida por el club descarta en principio dicha eventualidad. En cuanto a las necesidades, una buena cancha de baby fútbol requiere vestuarios diferenciados, baños higiénicos, y en lo posible, comodidad para los espectadores, hinchada del barrio, padres y madres.

El suelo es un factor importante porque cambia la naturaleza y la sensación del juego. La gran diferencia se da entre cancha de césped y cancha pavimentada. Una cancha polideportiva construida en una plaza o en un colegio es generalmente pavimentada, y las condiciones materiales de suelo y cerco de contención determinan la manera de jugar. Otra diferencia importante tiene que ver con el desgaste del césped y los suelos de tierra. Muchas canchas montevideanas han ido perdiendo poco a poco todo su césped y algunas son, deliberadamente, de tierra pura. A instancias de lo que pasa con el fútbol 5, se ven cada vez más canchas de césped sintético. También se contabilizan aquí los raros casos de canchas de arena. Los gimnasios son una forma particular de cancha multideportiva. Tienen piso de parquet o de pavimento especial.

En cuanto a la «naturaleza de la cancha por contexto», lleva a determinar a la vez su historia, su propiedad, su sentido en un marco social más vasto. La cancha patio es la forma típica de los colegios y liceos, y se utiliza para recreo y para clases de educación física. Existe también en las cárceles, en los hospitales, etcétera. La cancha-jardín es típica del fútbol infantil practicado en las casas. En las casas de campo y chacras, tiende a constituirse entonces como cancha-campo. La cancha orillera se desarrolla al borde de un poblado en una zona natural o desechada para no limitar la zona constructible. Otros casos de naturaleza contextual son propios del mundo del fútbol: los complejos, los clubes de barrio, los estadios. Los estadios tienen como punto de partida la tribuna. Son escenarios para el espectáculo. Es frecuente que un gimnasio cuente con tribunas importantes, en la tradición de las canchas de básquetbol. Funciona entonces como «pequeño estadio de fútbol-sala».

Se atribuyen dos notas a cada cancha: de tamaño y de calidad.

Notación de tamaño
I--- menos de 25 metros
-I-- de 25 a menos de 50 metros
--I- de 50 a menos de 75 metros
---I 75 metros y más

Notación de calidad
I--- cancha pésima o claramente incompleta
-I-- cancha mala, deteriorada, con caracterizadas insuficiencias
--I- cancha mediocre o buena, que cumple su función
---I cancha excelente, con cuidado y resultado particular

Las descripciones de las canchas siguen el siguiente esquema:

000

(número de casilla)
0000
(Número de cancha)
Identidad de la cancha (nombre de la propiedad, club, o tipo de cancha)
Dirección. (Descripción del espacio de juego en pocas palabras) Dimensiones de la cancha (largo x ancho) y de los arcos (ancho). Características de los arcos. Características del suelo. Marcaje. Instalaciones para jugadores y público. Alumbrado. Cercos. Eventualmente, particularidades destacables.
-|-- ---|
Notación de cada cancha:
Tamaño Calidad
-|-- ---|

Todas las dimensiones se expresan en metros. Para evitar redundancias, en caso de conjunto de canchas homogéneas, las características comunes eventuales se exponen antes de la descripción de las especificidades de cada una de las canchas.

005

0001
Cancha-jardín infantil privada
A 400 metros de Camino Paja Brava. (En establecimiento agrícola, ocupando todo el jardín, entre las plantaciones y las casas) 14 x 10. Arcos no visibles. Marcaje por surco de los límites de la cancha y marcaje de cal de un área de 3 de ancho x 2,5. Césped cuidado. Entorno agrícola ordenado.
|--- -|--

006

0002
La Macarena «Al final del humedal»
Camino Paja Brava 1915. (Establecimiento frutícola. Agroturismo, actividades didácticas y paseos ecológicos. Excelente cancha de césped en vasto parque) 40 x 25. Arcos de 4. De fierro blanco, simples. Buen césped, sin desgaste. Sin marcaje. Entorno espacioso, cuidado y muy agradable.
-|-- ---|

Descripción de las canchas y clasificación

007

0003-0004-0005
Colonia del Dragón
Camino Los Carpinchos a 800 metros del Camino Melilla. (Establecimiento educativo y vacacional para niños y jóvenes, con espacios de juego, piscina, comedor, dormitorios. Gran parque con cancha de césped modular) 003: 65 x 40. Arcos de 5. De fierro blanco, con estructura y redes. Se divide en dos canchas a lo ancho. 004 y 005: 40 x 30. La primera con arcos de 3, la segunda con arcos de 4. De fierro blanco, con estructura y redes. Césped correcto. Marcaje visible en la vista satelital de 2016: límites y línea media. Buen entorno agrícola y campero. Mucho espacio y buenas instalaciones.
--|- ---|
-|-- ---|
-|-- ---|

0006
Establecimiento no identificado
Camino Los Carpinchos 3450, a 400 metros del Camino Melilla. (Granja o establecimiento educativo, al lado de la Parroquia Santa María y San Pío X. Probablemente en relación con la vecina Colonia del Dragón. Cancha de buen pasto casi cuadrada) 50 x 40. Arcos de 6. De fierro blanco, simples, sin redes. Desgaste en la zona central. Sin marcaje. Rodeada de árboles. Buen entorno campestre con cultivos, instalaciones y restos de una cancha de básquetbol pavimentada.
--|- --|-

0007
Cancha-jardín en propiedad agrícola
Camino de los Pirinchos a 700 metros del Camino Melilla. (En zona agrícola, ocupando el jardín, al borde del arroyo) 24 x 12. Arcos de 4. De fierro blanco, finos, simples. Cancha cuidada. Césped impecable. Cerco de alambrado. Lindo entorno.
|--- --|-

0008
Cancha-jardín en propiedad agrícola
Camino Melilla a 400 metros al sur del Camino los Pirinchos. (Al lado de la casa, entre los cultivos, cancha de césped) 20 x 13. Arcos de 3. De fierro blanco, quizá con redes. Buen

césped. Poco desgaste. Entorno agrícola espacioso, cuidado y agradable.
|--- --|-

008
0009
Hipódromo de Las Piedras
Mitad sur del hipódromo, al sur del Arroyo Las Piedras. Camino América y Teresa de la Parra. (Ocupando parte de la zona central cercada por la pista, a 50 metros del arroyo, cancha de césped) 100 x 60. Arcos reglamentarios. De fierro blanco, despintados, simples. Mucho desgaste. Cruzada por senderos. Mal delimitada. Sin marcaje. Poco practicable. Intacta pese a la renovación la pista. Entorno muy especial.
---| |---

0010
Espacio libre de tipo placita
Delimitado por las calles João Guimarães Rosa, Teresa de la Parra y Antonio José de Irisarri. (Ocupando una manzana de césped, deteriorada, adjunta a peligrosas instalaciones eléctricas, cancha de césped abierta) 43 x 20. Un solo arco de 6. De fierro blanco, compuesto por una estructura de hamacas abandonada. Otro arco hecho con palitos clavados en la tierra. Desgaste y huecos. Pastizales alrededor. Dos postes de alumbrado público sobre cada lateral. Muy utilizada.
-|-- |---

009
0011
Empresa Paumave
Camino vecinal 5826. (Media cancha jardín junto a la casa situada en el predio de la empresa industrial) 10 x 10. Un solo arco de 2,5. De fierro blanco, simple. Buen césped. Delimitación decorativa semicircular con piedras blancas separando la cancha de la piscina. Excelente entorno, espacio y campo.
|--- -|--

011
0012-0013-0014
Complejo Los Robles
Camino El Labrador a mil metros de la Avenida José Belloni –al oeste– y del arroyo Toledo –al este–. (Complejo reciente. Tres canchas de fútbol

11, contiguas y gemelas) Todas de 105 x 65. Arcos reglamentarios. De fierro blanco, simples, con buenas redes. Buen césped. Marcaje tenue. Locales chicos, funcionales. Camino de acceso y playa de estacionamiento. Entorno agrícola cuidado.

013
0015
Granja con cancha jardín
Camino La Redención entre Paja Brava y La Totora. (Cerca de la casa, en medio de frutales, cancha de césped) 30 x 15. Arcos de 3. De fierro blanco, con estructura y redes. Buen césped. Marcaje de límites por surco. Arbustos alrededor. Entorno cuidado.
-|-- ---|

0016
Cancha lúdica, Barakah fiestas
Camino Los Pirinchos, a 800 metros al este de Camino La Redención. (En predio con excelentes instalaciones para fiestas y casamientos, gran parque con piscina, amplios salones, y una cancha lúdica de césped) 45 x 25. Arcos de 5. De fierro blanco, con soporte y redes. Muy buen césped. Sin marcaje. Entorno espacioso, cuidado, excelente.
-|-- ---|

0017
Chacra Barakah
A 300 metros de Barakah fiestas, en Camino Los Pirinchos 2477. (Simpática cancha infantil de tipo jardín al borde del camino) 15 x 10. Arcos de 1,5 de ancho x 1,5 de alto. De palo fino, de color natural oscuro, forma irregular. Postes cruzados en los ángulos. Césped muy cuidado. Marcaje de línea media y círculo central de 4 de diámetro. Entorno cuidado y agradable.
|--- --|-

0018 A 0028
Quinta Los Milagros. Complejo deportivo en chacra de eventos.
Camino de la Redención 11321. (En medio de campos cultivados, quinta de fiestas y eventos con buenos y amplios locales, y complejo futbolístico en expansión) Tres canchas grandes y dos me-

dianas. Las canchas grandes se
subdividen a lo ancho en canchas
menores, con su marcaje propio.
Canchas grandes con arcos reglamentarios
fijos; canchas menores
con arcos móviles de 6. De fierro
blanco, con estructura y redes.
Buen marcaje. Césped correcto,
muy poco desgaste visible. 0018: 95
x 60. Se subdivide en 0019 y 0020:
60 x 40. 0021: 95 x 60. Se subdivide
en 0022 y 0023: 54 x 40. 0019: 90 x
60. 0024: 90 x 60. Se subdivide en
0025 y 0026: 60 x 40. Las únicas
alumbradas: tres focos de luz sobre
cada lateral. Desgaste en los arcos.
Dos canchas medianas recientes.
0027 y 0028: 55 x 33. Sin instalaciones
particulares. Entorno general:
agradable.
---| --|-
--|- --|-
--	- --	-
--	- --	-
--	- --	-
--	- --	-
--	- --	-
--	- --	-
--	- --	-

0029
Juventud Melilla FC
*Camino de La Redención a 300 metros
al norte del Camino Seré.* (Cancha
grande del club) 100 x 65. Arcos
reglamentarios. De fierro blanco,
simples, con redes. Arcos móviles
a disposición. Césped renovado,
bueno. Tres focos de luz recientes
en cada lateral. Banco de suplentes
techado. Tres tribunitas de 15 de
largo cada una, con cuatro gradas;
una en un lateral, dos en el otro. De
buen material, recientes. Vestuarios
al borde de la cancha. Locales modestos
pero muy cuidados, con los
colores del club, naranja y verde.
Cerco de alambrado con postes
verdes. Vasto terreno para estacionamiento
sobre un costado de la
cancha. Gran esfuerzo de mejora y
de recibimiento de público. El club
completa sus espacios de juego con
las canchas 0051 y 0052 (ver casilla
024).
---| ---|

014

0030
Gustafrut (Moizo)
Camino Melilla 10425. (Granja con

Descripción de las canchas y clasificación

cancha jardín entre la casa, las instalaciones de la empresa y los cultivos) 20 x 10. Arcos de 2,5. De fierro blanco, simples. Buen césped. Excelente entorno.
|--- --|-

0031
Establecimiento frutícola Moizo
Camino Melilla a 200 metros al sur de La Flechilla. (Casona con espacioso jardín y cancha de césped) 20 x 15. Arcos de 3. De fierro blanco, con estructura y redes. Delimitación por corte del césped. Bien cuidada. Excelente entorno.
|--- --|-

0032
Establecimiento frutícola Moizo
Camino Melilla frente a la cancha precedente, del otro lado del camino. (Cancha jardín en el fondo de la casa, al borde de plantaciones de frutales) 26 x 10. Arcos de 3. De fierro blanco, simples. Césped muy cuidado. Excelente entorno.
-|-- --|-

0033
Establecimiento La Granjera
Camino Seré 2371, a 750 m de La Redención. (Comercialización directa de frutas y verduras. Cancha alargada en jardín-parque, entre los frutales) 40 x 14. Arcos de 4. De fierro blanco, simples. Marcaje de límites. Buen césped. Entorno acogedor y cuidado.
-|-- --|-

0034
Cancha de granja frutícola
Camino Las Mulitas a 650 metros de Camino Melilla. (En amplio parque de casa, con espacios de juego y piscina, hermosa y sencilla cancha de césped) 40 x 25. Arcos de 5. De fierro blanco, con soportes. Buen césped. Sin marcaje. Cerco de alambrado. Entorno campero agradable.
-|-- ---|

015

0035
Granja industrial Tres arroyos
Camino Melilla frente al Camino Francisco Azarola. (En vasto parque al lado de instalaciones industriales y playa de estacionamiento, cancha de césped para el personal) 60 x 25. Arcos de 5. De fierro blanco,

simples. Césped correcto, poco desgaste. Sin marcaje. Doble cerco de sólido alambrado.
--|- --|-

018
0036
Cancha de quinta
Camino Carlos Burmester a 850 metros de Camino a la Cuchilla Pereira. (En vasto parque con casas, cancha de césped) 40 x 20. Arcos de 3. De fierro blanco, simples, uno de ellos con redes verdes. Límites de la cancha por surco. Sin marcaje. Césped cuidado. Entorno campero. Cerco de alambrado.
-|-- --|-

0037
Cancha jardín, casa de quinta
Camino a la Cuchilla Pereira a 150 metros de Camino Mancebo, frente al 7054. (Sobre el Camino a la Cuchilla, cancha de césped con particularidades). 18 x 10. Arcos de tamaño diferente, uno de 5 y otro de 4, relativamente grandes para el tamaño de la cancha. De fierro blanco, fijos, simples, sin redes. Uno de ellos muy despintado.

Césped pasable, sin mayor cuidado. Motas al pie de los palos. Sin cerco.
|--- -|--

019
0038
Casa de retiros La Cantera
Avenida Don Pedro de Mendoza 8203, a 300 metros de Camino América. (En casa de retiros de alto nivel, con vastos locales y parque de gran calidad, piscinas y canchas de tenis, cancha de césped recientemente estructurada) 70 x 50. Arcos de 6. De fierro blanco, con estructura y redes, móviles. Delimitada por surco y por el corte del césped. Ni marcaje ni alumbrado. Excelente entorno.
--|- --|-

0039
Bodega Spinoglio
Avenida Don Pedro de Mendoza 8238. (Viñedos, bodega, cava, degustación, restorán, sala de fiestas. Instalaciones de mucha calidad y gusto. Vasto parque, jardín con espacios de juego. Una cancha jardín de césped) 20 x 10. Arcos de 3,5. De fierro blanco, móviles, sin redes.

Muy buen césped. Ni delimitación ni marcaje. Excelente entorno.
|--- --|-

0040-0041-0042
Complejo Empole 2. Club Empole
Camino Trabal a 350 metros de Avenida José Belloni. (Complejo en desarrollo, creado en 2014. Utilizado por la liga de preveteranos. Tres canchas de césped de diferente tipo) Entorno general agrícola, cuidado, con precarios locales recientes (baños y vestuarios). 0040: cancha principal, en los campos. 100 x 65. Arcos reglamentarios. De fierro blanco, simples, con redes. Marcaje esporádico. Buen césped. Modestos locales adjuntos. 0041: Cancha más reciente. 80 x 50. Arcos reglamentarios. De fierro blanco, simples, con redes. Marcaje esporádico. Buen césped. 0042: cancha de fútbol 7. Reciente. 50 x 30. Arcos de 4. De fierro blanco, simples, con redes. Sin marcaje. Césped mediocre.
--	- -	--

0043
Viñedos Valdi
Avenida Don Pedro de Mendoza 7881, entre Camino Trabal y Camino América. (Bodega y destilería. En el jardín de la casa, sobre la avenida, cancha infantil de césped) 20 x 10. Arcos de 3. De fierro blanco, móviles, con estructura y redes. Buen césped. Buen cerco de alambrado. Excelente entorno.
|--- --|-

0044-0045
Escuela 142
Camino Trabal y Avenida Don Pedro de Mendoza. (Tres locales y un terreno de recreo con dos espacios de juego) 0044: cancha de césped. 35 x 15. Arcos de 3. De fierro blanco, móviles, simples. Sin marcaje. Césped recientemente mejorado. Sin instalaciones particulares. 0045: cancha pavimentada multideportiva (fútbol y tenis). 30 x 15. Arcos de 3. De fierro blanco, gruesos, con estructura y redes verdes. Flamante pavimento azul con marcaje blanco. Entorno pasable.
-|-- -|--
-|-- --|-

0046
Cancha jardín privada
Camino Tauro a 150 metros de la Avenida Don Pedro de Mendoza.
(En el frente de la casa, cancha de césped) 20 x 10. Arcos de 3. De fierro blanco, con estructura. Buen césped. Delimitación por corte del césped. Cerco de alambrado y árboles. Buen entorno. Cuidado.
|--- --|-

020
0047-0048
Complejo Cuchilla Grande
Camino de los Viñedos y Avenida José Belloni. (Pequeño complejo con dos canchas de césped) 0047: 95 x 70. Arcos reglamentarios. De fierro blanco, simples, con redes. Césped pasable. Marcaje esporádico. Bancos de suplentes. Alambrado correcto. 0048: 50 x 25. Arcos de 3,5. De fierro blanco, simples, torcidos, con redes verdes malas. Césped descuidado. Galpón grande con los colores del club, rojo y blanco. Vestuarios, bar, billar y maquinitas.
---| --|-
--|- -|--

023
0049-0050
Residencial terapéutico Dianova, Casa Melilla
Camino Los Pirinchos 1257, llegando al río Santa Lucía. (Centro de la ONG dedicado al tratamiento y cura de los jóvenes drogadictos. Enorme parque con diversas instalaciones y mucho espacio verde. Obras y modificaciones según las últimas vistas satelitales. Dos canchas visibles: una pavimentada, probablemente multideportiva; otra de césped, sobre el frente.) 0049: pavimentada 18 x 10. Arcos de 3. De fierro blanco, simples. Pavimento gastado y descolorido. 0050: cancha de césped en medio del parque. 45 x 25. Arcos de 4. De fierro blanco, simples, sin redes. Cierto desgaste. Sin marcaje. Entorno campero muy agradable.
|--- -|--
-|-- --|-

024
0051-0052
Club Juventud Melilla
Camino Seré y Camino La Redención.
(Completan la cancha principal

0029. Una de césped, otra de fútbol 5 sintética. Amplia sede con cantina, salones, parrillada y billares) 0051: 57 x 35. Identificada como de fútbol 7. Arcos de 4. De fierro blanco, simples, con redes. Césped con desgaste. Marcaje. Tres focos de luz en cada lateral. Nuevo cerco. 0052: cancha de fútbol 5 cerrada en galpón básico. 30 x 15. Arcos de 3. De fierro blanco, simples. Césped sintético mediocre. Espacio para público sobre un lateral.
--|-- --|-
-|-- --|-

0053
Cancha abierta en el entorno del club Juventud Melilla
(En campo abierto al público, cancha grande de césped) 100 x 65. Arcos reglamentarios. De fierro blanco, simples, con buenas redes. Marcaje esporádico. Buen césped. Minúsculo local. Sin cerco. Entorno campero agradable.
---| --|-

0054
Cancha de granja
Camino Seré. Acceso por el número 1628. (En plena zona agrícola, internándose en los campos, casa con jardín, planta o depósito, y cancha de césped permanente) 45 x 15. Arcos de 4. De fierro blanco, simples. Buen césped. Sin marcaje. Entorno espacioso y cuidado.
-|-- --|-

0055
Espacio SAJ
Camino La Redención 9401. (Establecimiento para actividad física con buenas instalaciones, dedicado principalmente a natación y gimnasia acuática. Piscina cerrada, sala de gimnasia y cancha de césped cuadrada.) 40 x 40. Arcos de 3. De fierro blanco, móviles, con estructura y redes, en buen estado. Césped bien verde. Sin marcaje. Rodeada de frutales. Sin cerco. Excelente entorno.
-|-- ---|

0056 A 0061
Complejo fútbol 11.
Camino La Redención y Camino Francisco Azarola. (Complejo creado en 2014; cinco canchas grandes de césped, y un pequeño espacio de juego anexo). 0056 a 0060: 105 x 65. Arcos reglamentarios. Fijos y

móviles. De fierro blanco, con estructura y redes. Marcaje. Césped cuidado. Desgaste en los arcos. Sin alumbrado. Locales (baños y vestuarios) atrás del arco sur de la cancha. Playa de estacionamiento. Bancos de hormigón en los laterales. Cerco de alambre de púa y tejido en buen estado. 0061: 40 x 20. Arcos reglamentarios móviles, con estructura y redes. Césped mediocre. Entorno poco acogedor.

\---| --|-
\---| --|-
\---| --|-
\---| --|-
\---| --|-
-|-- -|--

0062-0063
Escuela 124 y Liceo 44
Camino La Redención y Camino Francisco Azarola. (Dos canchas multideportivas pavimentadas, sobre Azarola) 0062: 30 x 12. Arcos de 3. De fierro blanco, con estructura, bajo los tableros, herrumbrados y despintados. Pavimento gris claro, pasable. Marcaje gastado. Tejido de contención atrás de uno de los arcos. Tres bancos chicos de hormigón sobre un lateral, uno en mal estado. Buen alambrado. 0063: 18 x 10. Arcos de 2,5. De fierro blanco, simples, bajo los tableros negros. Pavimento gris claro, desnivelado. Sin marcaje. Buen alambrado. Entorno cuidado.

-|-- -|--
|--- -|--

025
0064
Cancha jardín en haras
Al fondo del Camino de las Chircas. (Cría de caballos. En vasto parque, cancha de césped) 22 x 20. Arcos de 3. De fierro blanco, simples, sin redes. Césped sin cuidado. Sin marcaje. Entorno campero.
|--- --|-

0065
Arco en jardín de casa quinta
Camino de las Chircas 2018. (Zona de caballos. En jardín muy cuidado, restos de cancha) Dimensiones no determinables. Un solo arco de 3,5. De fierro blanco, simple, con red rota y mucho herrumbre. Uso esporádico. Buen césped. Pastizales atrás del arco.
|--- |---

0066
Cancha campo de granja
Camino Melilla y Camino Yerba Mate. (Vasta granja con varias casas y entradas. Cancha campo adjunta a una de las casas) 30 x 13. Arcos de 4. De fierro blanco, finos, simples, con travesaños deformados y despintados, sin redes. La cancha situada en un hueco del terreno. Césped correcto, sin cuidado particular. Terreno desnivelado. Buen entorno campero con lindo cerco de postes blancos y alambrado. Entorno espacioso con árboles.
-|-- --|-

0067
Establecimiento
Camino Progreso 4942. (En campo de establecimiento. Zona con galpones, entrada y salida de camiones. Cancha de césped) 24 x 19. Arcos de 4. De fierro blanco, simples, sin redes. Césped poco cuidado. Desgaste en los arcos. Límites de tipo surco. Sin otro marcaje. Agradable espacio de juego. Entorno espacioso.
|--- --|-

0068
Cancha campo infantil privada
Camino Salida del Paso a 300 metros del final norte de la vía, a altura de la cantera Melilla. (En entrada de establecimiento con circulación de autos, cancha de césped). 18 x 16. Un arco de 3. De fierro blanco, simple, sin redes. Otro sin travesaño. Césped sin cuidado, desparejo. Sin marcaje. Entorno laboral.
|--- |---

0069
Escuela 155
Camino Melilla 8191 esquina Peixoto. (En vasto terreno de la escuela, cancha de césped sobre Camino Melilla) 40 x 25. Arcos de 4. De fierro blanco, simples, sin redes. Desgaste y hueco en las áreas, motas en los laterales. Sin cuidado particular. Sin marcaje.
-|-- -|--

0070
Cancha infantil privada
Camino Fauquet casi Camino Melilla. (En el jardín de casa ligada al establecimiento agrícola, cancha de césped) 20 x 14. Arcos de 2. De fierro blanco, fijos, simples, sin

redes. Buen césped, cuidado, como el resto del parque. Sin marcaje. Sin desgaste. Buen entorno con terreno amplio y cultivos.
|--- --|-

0071-0072
Complejo del club Ansina
Camino Fauquet frente a la capilla San Gerardo. («Complejo» con una cancha grande de césped sobre la cual se marca una cancha menor con arcos móviles) 0071: 80 x 60. Arcos reglamentarios. De fierro blanco, con soportes y redes, renovados. Césped poco cuidado pero corto y parejo. Desgaste en los arcos. Marcaje completo. Dos bancos de hormigón sobre un lateral. 0072: sobre la 0071, cancha menor, de largo variable, con marcaje propio. Para fútbol 7 o 5. Arcos de 4. De fierro blanco, móviles, con estructura y redes verdes. Entorno mínimo con material mejorado.
---| --|-
-|-- --|-

0073
Cancha jardín infantil privada
Camino Fauquet al lado de la capilla San Gerardo. (En amplio jardín con piscina y, cancha de césped) 17 x 12. Un solo arco visible, de 2. De fierro blanco, fijo, simple, sin redes. Césped cuidado. Marcaje. Tejido de contención bajo atrás del arco. Buen entorno.
|--- -|--

0074-0075
Granja didáctica El Coco
Salida del Paso 3120. (Vasto espacio con piscina, canchas de lawn-tenis y dos canchas de fútbol de césped) Ambas de 30 x 20, con arcos de 3. Césped correcto. Marcaje completo de tipo surco. 0074: arcos de fierro blanco, finos, herrumbrados, sin redes. 0075: arcos de fierro blanco, con estructura, sin redes. Tejido de contención atrás de un arco. Entorno agradable.
-|-- ---|
-|-- ---|

027
0076
Cancha de campo, privada
Camino Aymará 3002 a altura del Camino Varzi. (Cancha situada en la propiedad a 350 metros dentro de los campos. Camino de acceso)

100 x 70. Arcos reglamentarios. De fierro blanco, simples, sin redes. Marcaje completo y claro, incluyendo tiro de esquina. Círculo central chico. Bancos techados para suplentes. Buena impresión general. Locales alejados.
---| --|-

028
0077 A 0082
La Chacra Juventud Las Piedras
Zona norte del gran complejo La Chacra Juventud Las Piedras. Entrada por Camino Paso Calpino. (Complejo con ocho canchas grandes divididas en canchas de fútbol 7, más tres canchas de fútbol 7 autónomas, una cancha de arena, y una canchita techada pavimentada, de tipo infantil. Instalaciones hoteleras, vasto parque y piscina. Ciertas canchas de fútbol utilizadas también para rugby) Panorama general: buenas canchas con buen césped. Marcaje esporádico. Excelentes arcos fijos y móviles con estructura y redes. Reglamentarios en las canchas grandes, de 6 en las canchas de fútbol 7. Muy buen entorno, campero y acogedor. Cerco de alambrado y murito cuidado. En esta casilla, la parte oeste del complejo. (El resto en la casilla 029). 0077: 60 x 37. 0078: 100 x 63. Se subdividen en 0079, 0080, 0081 de 63 x 33 cada una. 0082: 95 x 63.
--	- ---
--	- ---
--	- ---
--	- ---

0083-0084
Club Oriental de Fútbol
Calle Venus 3648 y 3643. (Club de La Paz con canchas dentro de Montevideo: una cancha chica de tierra y una cancha grande, denominada «Parque Oriental» con tribunas bajas. Recinto mural celeste) 0083: casi cuadrada. 30 x 25. Dos tipos de arcos: arcos reglamentarios y arcos móviles de 3. De fierro blanco, con estructura. Pura tierra. Tres focos de luz en cada lateral. 0084: 105 x 65. Arcos reglamentarios. De fierro blanco, con estructura y redes. Césped correcto con desgaste en las áreas y centro. Marcaje completo, flojo. Sobre todo el lateral norte, tribuna

celeste de tres gradas, con pequeño palco y platea terraza. Tres focos de luz de cada lado.
-	-- --	-

0085
Rincón infantil San Bartolo
Delimitado por las calles Urano, Junquillo y Neptuno. (Espacio abierto de tipo plaza parque, con cancha de césped) 55 x 30. Arcos de 4. De fierro blanco, simples, herrumbrados. Césped parejo y corto. Desgaste general. Terreno ondulado pero practicable. Sin marcaje. Sin cerco. Entorno cuidado.
--|- --|-

0086-0087-0088
Complejo 5 cruces
Jupiter 3576 y Calpino. Entrada por ambos lados. (Conjunto de tres canchas de fútbol 5, gemelas, techadas, abiertas del lado de los arcos) Todas de 32 x 18, con arcos de 3. De fierro blanco, simples, con redes. Césped sintético bueno. Marcaje. Tejido de contención. Tribunitas móviles al costado de una cancha. Buen alumbrado. Playa de estacionamiento. Local para fiestas y espacio de juegos infantiles. Entorno cuidado, agradable y campero.
-|-- ---|
-|-- ---|
-|-- ---|

0089
Club Atlético Abayubá
En la entrada del parque Abayubá, formando el ángulo entre el arroyo Las Piedras y el Camino de La Justicia. (Predio municipal cedido al club Abayubá) 100 x 65. Arcos reglamentarios. De fierro blanco, simples, sin redes. Delimitación natural por corte del césped. Marcaje esporádico. Poco cuidado. Minúsculo local dejado, con el escudo del club.
---| -|--

0090
Salón Cuatro Vientos
Cuchilla Pereira 5346, pegado al Parque Abayubá. (Espacio destinado a fiestas y recepciones con una cancha de césped) 42 x 29. Arcos de 5. De fierro blanco, con soportes. Marcaje completo, con círculo central chico. Pasto cuidado, corto. Sin alumbrado. Buen entorno.
-|-- --|-

029

0091 a 0106
Complejo Richard Medina.
Camino a la Cuchilla Pereira y Osiris Rodriguez Castillos. (Complejo de calidad. Evolución desde su inicio en 2012. Importantes instalaciones de tipo club, quincho y piscina. Canchas de fútbol 11 divididas en dos o tres canchas de fútbol 7, más una cancha de fútbol 7 reciente sobre Osiris Rodriguez Castillos. En total: 16 canchas: cuatro de fútbol 11, que generan once canchas de fútbol 7, más una cancha de fútbol 7 autónoma) Panorama general: arcos de calidad, fijos y móviles; césped cuidado; marcaje permanente superpuesto de 11 y de 7; buen cerco de alambrado; entrada cuidada. Arcos de fierro blanco con estructura y redes. Reglamentarios para el fútbol 11, de 5 para las canchas de fútbol 7. Sin instalaciones para suplentes o para público. Sin alumbrado. Canchas de fútbol 11: 0091, 0095 y 0099: 105 x 65; 0103: 100 x 65. Canchas de fútbol 7: todas de 60 x 33. Modularidad variable de la cancha 0103.
--	- --	-
--	- --	-
--	- --	-
--	- --	-
--	- --	-
--	- --	-
--	- --	-
--	- --	-
--	- --	-
--	- --	-
--	- --	-
--	- --	-
--	- --	-

0107
Cancha jardín infantil privada
Camino a la Cuchilla Pereira 7601 esquina Osiris Rodriguez Castillos. (Terreno jardín de establecimiento agrícola con cancha de césped) 18 x 13. Arcos de 2. De fierro blanco, móviles, con estructura y redes. Buen césped. Desgaste en los arcos. Sin marcaje. Entorno espacioso.
|--- --|-

0108 A 0121
La Chacra Juventud Las Piedras
Zona sur y centro de un vasto complejo que se extiende hasta la entrada por Paso Calpino. Entrada sur por Camino

a la Cuchilla Pereira 7452 a 300 metros de Camino Rigel. (Fisionomía peculiar, con canchas de fútbol de césped, arena y pavimento, y con posibilidades de rugby. Instalaciones para fiestas y eventos, sala de recepciones, piscina, hotel. Estado general de las canchas: bueno, con césped cuidado; buenos arcos fijos y móviles con estructura y redes; marcaje. Entorno agradable con vestuarios y amplios salones. Sin alumbrado salvo en la cancha de arena. Algunos bancos de madera en los laterales. Las canchas de fútbol 11 divididas en canchas de fútbol 7 con arcos de 6; a veces en canchas de baby fútbol. Disposición actual: seis canchas de fútbol 11 (0108, 0109, 0114, 0115, 0117 y 0120); seis canchas de fútbol 7 (0110, 0111, 0112, 0113, 0118 y 0119); una cancha de arena (0116); una minicancha pavimentada (0121) recientemente techada. 0108: 95 x 60. 0109: 95 x 50. 0110 y 0111: 50 x 45. 0113 y 0114: 53 x 33. 0114: 105 x 68. 0115: 105 x 68. 0116: 38 x 26. 0117: 100 x 60. 0118 y 0119: 60 x 30. 0120: 105 x 68. 0121: 17 x 11.
---| ---|

---| ---|
--|- ---|
--|- ---|
--|- ---|
--	- ---
-	-- --	-
--	- --	-
--|- --|-
---| ---|
|--- -|--

0122
Cancha parque privada
Camino a la Cuchilla Pereira 6921 hacia la Granja Avícola Española. (En vasto fondo de casa) 50 x 35. Arcos de 4,5. De fierro blanco, con cierto herrumbre, simples, con redes. Buen césped, cuidado. Sin marcaje. Entorno campero.
--|- --|-

0123
Cancha campo privada
Camino Rigel 3212. (En vasto terreno con casa y galpones, cancha campo alargada) 35 x 12. Arcos de 3. De fierro blanco, oxidados, simples. Césped sin cuidado particular.

Caballos pastando. Cierto desgaste. Entorno campero.
-|-- -|--

0124
Cancha campo privada en vasto predio de granja
Camino Vecinal Franco a 500 metros del cruce con el arroyo Miguelete. (A proximidad de parcelas de producción agrícola, cancha de césped) 32 x 16. Arcos de 3. De fierro blanco, móviles, con estructura y redes. Césped natural correcto y cuidado. Sin marcaje.
-|-- --|-

030
0125
Cancha jardín de granja
Camino de los Granjeros, a 500 metros del arroyo Miguelete. (En zona agrícola, en extenso campo junto a la casa, cancha de césped). 20 x 15. Arcos de 2. De fierro blanco, fijos, simples. Uno con redes verdes. Césped sin cuidado particular. Sin marcaje. Entorno agrícola. Mucho espacio. Lugar tranquilo.
|--- --|-

0126
Granja La Araucana
Camino de los Granjeros 5848 a un kilómetro de la Avenida Don Pedro de Mendoza. (En zona agrícola, predio de 7 hectáreas destinado a eventos y fiestas. Sala de recepción, parrillero, vasto parque, juegos infantiles y piscina. Cancha grande básica creada en 2018 en lugar de la antigua cancha jardín) 100 x 60. Arcos reglamentarios. De fierro blanco, simples. Buen césped con cierto desgaste. Sin marcaje. Parque cuidado.
---| --|-

031
0127
Complejo Los Cuervos
Camino de los Viñedos y Avenida Don Pedro de Mendoza. (Complejo de Los Cuervos Rugby Club. Tres canchas; dos de rugby, una de fútbol) 100 x 65. Arcos reglamentarios. De fierro blanco, con soporte para redes. Marcaje claro y completo en ciertas vistas aéreas. Ni alumbrado ni instalaciones para público. Buenos locales y entorno.
---| --|-

0128 A 0131
Complejo deportivo Molinos
Camino de los Molinos 5500 o Avenida Pedro de Mendoza 7402. (Complejo con salón de recepciones, vestuarios y parrillero. Cuatro canchas de césped, tres grandes y una menor.) Césped correcto. Marcaje. Buenos arcos con soporte y redes. 0128: 105 x 65. 0129: 100 x 55. 130: 105 x 65. Dos canchas con algunos bancos laterales. Alumbrado en la cancha 0128. 0131: 40 x 25. Arcos de 4. De fierro blanco, con soporte y redes. Desgaste. Cerco de alambrado y zanja. Playa de estacionamiento.
-	-- --	-

032
0132
Cancha jardín privada
Camino La Cabra, a 200 metros de Camino Los Tilos y 500 metros de Avenida José Belloni. (Casa y taller con gran terreno. Sobre el camino, cancha delimitada por un surco fino) 20 x 14. Arcos de 2,5. De fierro blanco, fijos, simples. Césped sin cuidado particular. Buen entorno.
|--- --|-

033
0133
Toledo Chico Fútbol 5
Instrucciones y Camino Toledo Chico. (En galpón básico poco acogedor, cancha de fútbol 5) 30 x 18. Arcos de 3. De fierro blanco con ángulos y bases verdes, simples, con redes. Alfombrado gastado y descolorido. Marcaje. Pasillos estrechos de cada lado para el público. Paredes descascaradas.
-|-- -|--

0134-0135-0136
Complejo Prof. Ricardo De León
Camino Toledo Chico 5476, frente a Instrucciones. (Dos canchas grandes de fútbol 11 y una cancha menor reciente) 0134, 105 x 63. 0135: 100 x 63. Ambas con buenos arcos reglamentarios recientes. De fierro blanco, simples. Césped pasable, cortado, sin cuidado particular. Marcaje esporádico. Canchas protegidas por un alambrado sólido, en estado mediocre. La cancha

0134 con alumbrado modesto sobre un lateral y algunos bancos de hormigón. Locales modestos con poco mantenimiento. 0136: cancha menor creada en 2018. 50 x 30. Arcos de 5. De fierro blanco, simples. Mucho desgaste. Cerco de alambrado.
--	- --	-

0137-0138
Club Toledo Chico. Complejo Juan Carlos Duboue
Instrucciones frente al número 5374. (Cancha de baby fútbol y cancha anexa. Local chico y cerco de alambrado) 0137: cancha «Profesor Ricardo De León». 55 x 32. Arcos de 4. De fierro blanco, simples, con redes naranjas. Desgaste general. Césped malo. Banco de suplentes techado. Tres focos de luz en cada lateral. 0138: 30 x 25. Arcos de 3. De fierro blanco, finos, simples, herrumbrados, sin redes. Cancha de tierra, en pésimo estado. Sin marcaje. Un foco de luz en cada lateral.
--|- -|--
-|-- -|--

0139-0140
Plaza central, barrio Las Tulungas
Plaza triangular delimitada por Instrucciones, Camino Toledo Chico y Camino La Cabra. (En espacio abierto, ocupando toda la manzana triangular de césped, dos canchas) 0139: 42 x 26. Arcos de 4. De fierro blanco, simples, sin redes. Mucho desgaste. Sin marcaje. Pésimo estado general. 0140: cancha más reciente. En un ángulo. 17 x 10. Arcos de 2. De fierro blanco, simples, con redes verdes. Terreno malo, mucho desgaste. Sin marcaje. Entorno descuidado.
-|-- -|--
|--- -|--

0141
Cancha jardín privada.
Al final del Camino La cabra en plena zona agrícola a 500 metros de Camino Toledo Chico y 500 metros del arroyo Carrasco. (En propiedad rural, en el centro de una vasta zona de cultivos, cancha de césped) 25 x 14. Arcos de 4. De palo, simples. Césped correcto, sin cuidado particular. Desgaste en los arcos. Marcaje de surco fino: límites y línea media bien visibles en la vista

satelital de 2015. Entorno descuidado.
-|-- --|-

036
0142
Cancha en propiedad de campo
En los campos, a proximidad del campamento Beraca. (En zona natural y agrícola, en vasto parque jardín, cancha de césped muy cuidada) 38 x 32. Arcos de 4. De fierro blanco, simples. Césped cortado y verde. Sin marcaje. Entorno excelente.
-|-- ---|

0143
Misión Beraca Villa García.
Camino al Paso Hondo a la altura del kilómetro 21 de la ruta 8-Avenida Brigadier General Juan Antonio Lavalleja. (Zona norte de un vasto predio de 250 x 700 con múltiples espacios recreativos y de fútbol. Centro religioso y campamento. Cancha casi cuadrada) 40 x 38. Arcos de 5. De fierro blanco, con estructura y redes. Buen césped. Marcaje completo en la vista satelital de 2015, incluyendo los ángulos de esquina. Círculo central chico de 2 de radio. Sin alumbrado. Mucho espacio alrededor. Entorno excelente.
-|-- ---|

037
0144
Espacio libre de tipo parque
Entre la Rambla Sobre el Santa Lucía y calle La Balsa, a proximidad del Yacht Club Uruguayo. (En parque al borde del río, cancha abierta de césped) 40 x 35. Arcos de 4. De fierro blanco, simples, en mal estado, con mucho herrumbre, sin redes. Césped malo. Mucho desgaste. Mucho barro en ciertas vistas callejeras. Sin marcaje, salvo un surco fino de línea central más allá de los laterales. Dos focos de luz de cada lado. Entorno correcto y cuidado, con postes celestes y cercanía del puerto.
-|-- --|-

039
0145-0146
Complejo Centro Melilla
A 300 metros del final del Camino Mainumby. (En medio de zona

natural, dos canchas de fútbol 11) Ambas de 105 x 65 Buenos arcos reglamentarios. De fierro blanco, con estructura y redes. Canchas muy cuidadas, buen césped, poco desgaste. Excelente marcaje. Tres bancos de madera sobre un lateral. Buenas estructuras con altos tejidos de contención atrás de los arcos. Ni alumbrado ni instalaciones para suplentes o público. Pequeño local viejo que funciona como vestuario y baño, Acceso y espacio de estacionamiento por Mainumby.

041

0147
Cancha de granja
Camino Fauquet a 800 metros de Rivera y 1000 metros del Perimetral Ferreira Aldunate. (Terreno trapezoidal al borde de los cultivos, entre el camino y las entradas de la granja) 40 x 17. Arcos de 4. De fierro blanco, simples, sin redes. Travesaños torcidos, pintura deteriorada. Césped natural bueno, sin cuidado particular. Desgaste cerca de los arcos. Sin marcaje. Cerco de alambrado. Buen entorno.
-|-- --|-

0148
Cancha campo
Ruta 5, kilómetro 16. (Pegada a SUCTA, cancha de césped de pertenencia no identificada) 35 x 25. Arcos de 4. De fierro blanco, finos, simples, muy herrumbrados, con estructura, sin redes. Césped natural sin cuidado particular. Cierto desgaste. Sin marcaje. Rodeada de árboles. Al borde de la ruta, sin tejido de contención. Cerco de alambrado. Entorno campero.
-|-- --|-

0149 A 0153
Complejo Verde Bremen
Ruta 5 y Pasaje Aviador Ricardo Detomasi. (Complejo creado en 2013. Granja, amplios locales, tres canchas de fútbol 11; dos de fútbol 7 más recientes) Panorama general: buen césped; marcaje completo; arcos de fierro blanco simples, buenos, con redes; tejidos de contención atrás de los arcos. Sin instalación para público o para suplentes. 0149: 60 x 35. Arcos de 5.

0150, 0152 y 0153: 105 x 70. Arcos reglamentarios. 0151: 57 x 36. Arcos de 5. Espacio para estacionamiento. Entorno cuidado.
--	- --	-
--	- --	-

0154
Aeropuerto Internacional Ángel Adami
Camino Melilla a altura del cruce con Gutenberg. (Cancha sobre el terraplén, dentro del aeropuerto, a 100 metros de la pista) 35 x 15. Arcos fijos de 3,5. De fierro blanco, simples, herrumbrados y despintados. Ni límites ni desgaste visible. Vago marcaje de límites en una vista satelital. Alambrado infranqueable. La administración del aeropuerto niega la existencia de esta cancha visible en todas las imágenes satelitales y callejeras.
-|-- -|--

0155
Cancha orillera en terreno tendiente a baldío
Gutenberg a 50 metros de Aviadores civiles. (En vasto terreno tendiente a baldío, cancha de césped muy descuidada). 100 x 55. Arcos reglamentarios. De fierro blanco, con soportes, despintados y oxidados. Terreno con motas, juncos y vegetación invasiva. Tejido de contención atrás de un arco. Sin marcajes. Locales habitados al borde de la cancha. Cerco de alambrado.
---| -|--

0156
Complejo Génesis
Avenida Lezica 6693. (Salón de fiestas con piscina, jardín y cancha de fútbol 5 cerrada en galpón básico arreglado) 30 x 15. Arcos de 3. De fierro blanco, con estructura y redes. Alfombrado en buen estado. Techo bajo. Buen alumbrado e instalaciones. Tejido de contención alrededor. Espacio con bancos a lo largo de un lateral. Buen entorno.
-|-- --|-

042

0157
Cancha jardín privada
Camino Aymará a 400 metros de Fauquet y 600 de Varzi. (En zona

agrícola y natural, predio rectangular de 50 x 40, con casita modesta y cancha de césped) 25 x 18. Arcos de 3. De palo fino sin pintar; travesaño cruzado y atado en los ángulos. Marcaje de tipo surco: áreas, línea de gol y gran punto central. Césped mediocre, sin cuidado particular. Cierto desgaste. Cerco de alambrado.
|--- --|-

0158
Cancha abierta en zona agrícola
Bernardo Etchevarne al lado del 6262, a 250 metros de Camino Calchaquí. (Cancha grande al borde del camino, aparentemente de acceso público) 100 x 50. Arcos reglamentarios. De fierro blanco, simples, muy despintados. Hasta 2015, cierto cuidado del césped y marcaje de tipo surco. Posteriormente, césped descuidado, vegetación invasiva y ausencia de marcaje. Ni instalaciones ni alumbrado. Muy utilizada. Sin cerco.
---| -|--

0159
Cancha terreno baldío
Bordeando Aviadores Civiles entre Camino La Renga y Gutenberg. (Cancha de césped alargada en terreno baldío) 45 x 14. Arcos de 4. De fierro, oxidados y torcidos, con redes verdes deshechas. Césped en pésimo estado, pastizales. Cuatro focos de alumbrado público sobre un lateral. Apretada entre calle y saneamiento. Vista callejera con niños jugando. Entorno sucio.
-|-- |---

0160
Cancha jardín privada
Camino del Payador 2283. Otra entrada por el 2286. (En casa muy cuidada, con parque y piscina, cancha de césped) 22 x 15. Arcos de 3. De fierro blanco, simples. Buen césped, cuidado y cortado. Sin marcaje. Hermoso entorno.
|--- ---|

043

0161
Cancha jardín privada.
Camino Osvaldo Rodriguez 5848. (Dentro de un vasto terreno, jardín, casa, instalaciones y cancha de césped; vínculo con la empresa Elder Tavares SA) 24 x 9. Arcos

de 3. De fierro blanco, con soportes. Césped cuidado. Sin marcaje. Separada de los campos por buen alambrado. Excelente entorno.
|--- ---|

0162
Escuela 224
Camino Abrevadero 5525. (Cancha recreo de tierra pura) 30 x 25. Arcos de 3,5. De fierro blanco, con estructura, despintados y oxidados. Terreno con mucho desgaste en toda una mitad. Buen alambrado. Sin el necesario tejido de contención. Modesto alumbrado.
-|-- -|--

0163
Districo SA
César Mayo 3024. (Empresa de productos para gatos y perros. Cancha multideportiva descubierta para el personal) 27 x 15. Arcos de 3. De fierro blanco, gruesos, simples, con redes. Buen césped sintético. Cerco de tejido alto. Excelente alumbrado. Conjuntos constituidos por personal de la empresa compiten en campeonatos capitalinos.
-|-- ---|

0164-0165
Complejo del Club Overdrive.
Paso Calpino y Camino General Osvaldo Rodriguez. (Una cancha de fútbol 7, denominada Carlos «Pata» Recalde, y una de fútbol 11. Fútbol de veteranos) 0164: 60 x 32. Arcos de 5. De fierro blanco, base y ángulos de color negro, con soportes y buenas redes. Marcaje particular: sin área chica y con círculo central de 3 de radio. Césped pasable. Alambrado precario en mal estado. Tres focos de luz en cada lateral. 0165: 100 x 62. Arcos reglamentarios. De fierro blanco con bases negras, soportes y redes. Marcaje completo. Césped correcto. Buenos locales. Entorno campero.
--	- --	-

0166
Espacio abierto, barrio La Carbonera
Plaza abierta delimitada por el Arroyo Miguelete, Senda F y Calle A. (Zona norte de una plaza abierta de forma triangular, dividida en tres partes, con cancha de césped) 30 x 20. Arcos de 3. De fierro gris, finos, simples. Terreno muy gastado,

de tierra en todo el largo central, y desnivelado. Barrial frecuente. Talud de césped alrededor. Poca comodidad. Entorno algo sucio.
-|-- -|--

0167-0168
Canchas baldío cruzadas y superpuestas
En el borde norte del barrio La Carbonera, a 70 metros del arroyo Miguelete. (Espacio grande que, según la vista satelital, alberga o albergó una cancha mayor y a lo ancho una cancha menor) Terreno en pésimo estado, mucho desgaste, zonas de tierra y zonas de vegetación invasiva. Entorno sucio. 0167: 62 x 38. Arcos de 4,5. De fierro blanco, simples. 0168: cancha cruzada sobre la anterior. 38 x 15. Un solo arco de 4,5. De fierro oscuro, con una estructura que lo sostiene.
--	-	---

0169
Hogar CEIDI
César Mayo 2555. (Establecimiento «Margarita Uriarte de Herrera». Ayuda a chicas discapacitadas. En gran parque de 150 x 250, cancha rodeada de árboles, a proximidad de una piscina) 24 x 14. Arcos de 3,5. Postes gastados y despintados. Buen césped. Ni marcaje ni alumbrado. Entorno agradable.
|--- --|-

0170
Club Olímpico Artigas.
Fernando Menck 5932. (Se anuncia «Complejo deportivo del Club Olímpico Artigas», y en la red, salón de fiestas. Relacionado con el Complejo Habitacional Artigas) Portón, modestos locales en la entrada, cantina, terreno para entrenamiento, una cancha de césped y otra de pavimento o alfombrado (ver mapa 061). 43 x 26. Arcos 3,5. De fierro blanco, simples. Buen césped, cuidado y cortado. Sin marcaje. Tejido de contención atrás de uno de los arcos. Muchos árboles alrededor. Entorno agradable.
-|-- --|-

0171
Bodegas Carrau
César Mayo Gutiérrez 2556, esquina Hilario Cabrera. (En hermoso parque de la bodega, cancha jardín delimitada con bloques de piedra) 28

x 20. Arcos de 3. De fierro blanco, simples, despintados. Césped correcto con cierto desgaste general. Uso frecuente. Sin marcaje, salvo límites. Sin alumbrado. Entorno excelente.
|--- --|-

044
0172
Cancha jardín infantil privada
Casa de campo en Camino La Paz Mendoza 5243, «Villa Susana». (En vasto jardín rectangular al frente de una amplia casa, cancha de césped) 40 x 25. Arcos de 3,5. De fierro blanco, finos, simples, algo despintados. Muy buen césped, cuidado y sin desgaste. Sin marcaje. Un arco bajo la arboleda. Cerco con alambrado de contención, bueno y alto. Excelente entorno.
-|-- ---|

0173
Cancha jardín privada
Camino La Paz Mendoza 5265. (En fondo de hermosa casa, con lindo jardín y piscina) 26 x 16. Arcos de 3. De fierro blanco, con estructura. Césped correcto. Sin marcaje. Entorno muy cuidado.
-|-- --|-

0174
Cancha jardín infantil privada
Al fondo del camino que se inicia en Camino La Paz Mendoza 5265. (Al borde de granja y galpones, en pleno campo natural) 20 x 12. Arcos de 3. De fierro blanco, con estructura y redes. Delimitación por corte del césped. Césped cuidado. Sin marcaje. Poco espacio.
|--- --|-

0175 A 0180
Complejo Deportivo Enrique Castro. Mutual de futbolistas profesionales
Camino La Paz Mendoza 6200 a orillas del Miguelete. (Muy buenos locales en el centro del complejo, con vestuarios, baños modernos, salón y parrilleros. Dos canchas de fútbol 11 y un gran terreno con tres espacios de juego de menor tamaño y una excelente cancha de fútbol 7 de césped sintético creada recientemente) Panorama general: buen césped, buenos arcos, buen marcaje, buenos locales, todo muy

cuidado. Sin alumbrado en las canchas exteriores. Sin instalaciones para público. 0175 y 0176: canchas gemelas. 105 x 68. Arcos reglamentarios. De fierro blanco, simples, con buenas redes. Marcaje completo. Buen césped. Bancos techados para los suplentes. 0177: cancha de fútbol 5. 30 x 22. Arcos de 4. De fierro blanco, simples, con redes. Buen césped. 0178: 45 x 55 en la vista satelital, pero dimensiones variables en función de la actividad (entrenamiento, picados). Arcos reglamentarios. De fierro blanco, algo despintados, móviles, con estructura y redes. Césped con cierto desgaste, de menor calidad. 0179: 65 x 50. Mismas características que 0178. 0180: creada a fines de 2015. De fútbol 7. Techada. 30 x 25. Arcos de 4. De fierro blanco, simples, con redes. Césped sintético excelente. Diez focos de luz en cada lateral. Cancha funcional y luminosa.
-	-- --	-
--	- --	-
--	- --	-
-	-- ---

0181 A 0189
Complejo Deportivo El Lobo
Camino La Paz Mendoza frente al Complejo Enrique Castro. (Iniciado en 2016. Dos canchas de fútbol 11 que se dividen a lo ancho en cuatro canchas de fútbol 7; más tres canchas de fútbol 7 autónomas) Panorama general: buenos arcos, buen césped con marcaje, locales limitados, sin instalaciones para público, sin alumbrado. Entorno mínimo. Canchas grandes con arcos reglamentarios. De fierro blanco, con soportes y redes. Canchas menores con arcos móviles de 6. De fierro gris o blanco, con soportes y buenas redes. 0181 y 0184: 85 x 55. Se dividen en 0182, 0183, 0185 y 0186: 55 x 36. 0187-0188-0189: de fútbol 7. 55 x 36.
---| --|-
--|- --|-
--	- --	-
--	- --	-
--	- --	-
--	- --	-
--	- --	-
--	- --	-

0190

Club Paso del Sauce

Camino Paso del Sauce esquina Coronel Raíz. (Predio importante con vastos locales. Fiestas, bailes y eventos culturales. Cancha grande de césped) 95 x 55. Arcos reglamentarios. De fierro blanco, con base y ángulos negros, simples, con redes Marcaje artesanal aproximativo, con círculo central incierto y áreas incompletas. Césped pasable, con cuidado básico. Desgaste visible en un costado y en los arcos. Alumbrado en los ángulos. Gran parrillero al costado de la cancha. Entorno muy agradable.

---| --|-

0191-0192-0193

Complejo CA La Blanqueada Pipo Muiño

Camino La Paz Mendoza 7724, barrio Abayubá, a 300 metros de la escuela 154. (Inaugurado en 2018. Muy buen entorno con excelentes locales y mucho cuidado. Buen cerco de alambrado con dos portones. Tres canchas de césped: una mediana, dos grandes) Todos los arcos de fierro blanco, fijos, con soportes. 0191: Cancha «fundadora». 62 x 40. Arcos de 6. Césped cuidado. Marcaje esporádico. 0192: 90 x 50. Arcos reglamentarios. Sin marcaje. Mayor desgaste. 0193: cancha principal. Sobre el camino. 90 x 50. Arcos reglamentarios. Buen césped. Marcaje.

--	- --	-
---	---

045

0194

Cancha campo privada

Camino Altair a 450 metros de Don Pedro de Mendoza. (Dos casas y un depósito con mucho terreno sin cultivar. Sobre la calle, una cancha de césped) 28 x 17. Arcos de 4. De fierro blanco, finos, simples, sin redes. Césped natural, mediocre, sin cuidado particular. Marcaje incierto de tipo surco: límite, línea media y áreas. Cerco de alambrado caído. Entorno pasable.

-|-- --|-

0195

Cancha de campo privada

Camino la Paz Mendoza, pasando el Complejo Enrique Castro. (En

extenso terreno, casa con piscina e instalaciones para actividad no identificada. Cancha de césped de tipo campo) 32 x 20. Arcos de 3. De fierro blanco, simples. Uno de ellos con redes verdes rotas. Césped sin cuidado particular, alto, poco practicable. Sin marcaje.
-|-- -|--

046
0196
Cancha terreno en establecimiento
Camino Rigel 5865 esquina Mendoza. (En vasto terreno con casa, locales y empresa –muchos camiones estacionados–, cancha de césped de tipo terreno) 20 x 10. Arcos de 2,5. De fierro blanco, finos, simples, despintados. Césped sin cuidado, desparejo y gastado. Estado general malo. Entorno dejado. Juego complicado por la circulación de camiones.
|--- -|--

0197 A 204
Complejo del Club Rentistas
Avenida Don Pedro de Mendoza 6580 entre Rigel y La Paz Mendoza. (Complejo en desarrollo. Cambios en la estructura de las canchas al norte, expansión hacia el sur –cuatro canchas nuevas– y renovación del estadio –modernización de los vestuarios y césped sintético–. Disposición actual: una canchita marginal sobre Pedro de Mendoza, un estadio, seis canchas de fútbol 11 –algunas utilizadas con modularidad–. 0197: cancha de baby fútbol en mal estado. Entrada por el 6580, al pie de la tribuna. 44 x 30. Arcos de 3. De fierro blanco, con estructura y redes, muy deteriorados. Césped en mal estado, sin cuidado, desparejo. Ni marcaje ni luz. 0198: estadio; capacidad supuesta 10 mil personas; la mitad de pie en las cabeceras. 105 x 67. Tribuna principal roja. Césped sintético desde 2018. Sin alumbrado. Las otras canchas de fútbol 11 presentan estados variables. En las vistas callejeras recientes: césped cuidado con bastante desgaste. Marcaje esporádico. Arcos buenos. De fierro blanco, rojo, o blancos con base y ángulos rojos. Simples, con buenas redes. Cierto alumbrado en algunos laterales. Algunas canchas con buenos cercos de alambrado y postes con los colores del club.

0199: 100 x 68. Marcaje frecuente. 0200: 105 x 68. Desgaste y sin marcaje. 0201: 98 x 60. Desgaste y sin marcaje. 0202: 93 x 60. Desgaste y sin marcaje. 0203: 102 x 62. Césped correcto. Marcaje. 0204: 98 x 65. Desgaste y sin marcaje.
-	-- -	--

0205
Cancha orillera baldío. Barrio Puntas de Manga
Camino Proción casi Camino Régulo. (Al borde del poblado, en vasta zona de terreno natural con tendencia a baldío, cancha en pésimo estado. Terreno sucio y gastado. Un solo arco) 30 x 20. Arco de 3. De fierro totalmente despintado y oxidado, simple, con redes verdes deshechas. Centro de la cancha de tierra. Utilizada desde 2009. En el mismo espacio, juego en dos sentidos diferentes, como en dos canchas en cruz. Posible instalación de arcos en el nuevo sentido. No se contabiliza la nueva orientación.
-|-- |---

0206
Cancha jardín privada
Segunda casa en el reinicio del Camino Proción al este del arroyo Mendoza. (Cancha jardín, en vasto terreno con piscina, al lado de las casas). 28 x 18. Arcos de 3. De fierro blanco, fijos, simples. Buen césped. Sin marcaje. Entorno correcto. Cerco de arbolitos.
-|-- --|-

0207-0208-0209
Complejo JS
Camino Gral Osvaldo Rodriguez 4720. (Vasto terreno. Abundante vegetación natural alrededor. Una cancha de tipo jardín –antigua– y dos canchas creadas en 2019, sobre el camino) 0207: espacio de 40 x 25. Cancha de 35 x 25. Arcos móviles de 3 y de 5, con estructura y redes, colocados en diferentes puntos del espacio. Césped muy cuidado. Sin marcaje. Un predio adjunto utilizado para fútbol infantil. 0208 y 0209: recientes canchas gemelas. 50

x 25. Arcos de 4. De fierro blanco, con estructura y redes. Buen césped. Marcaje. Tejido de contención alto de buena calidad. Entorno campero y familiar.

-|-- ---|
--|- ---|
--|- ---|

047

0210

Establecimiento industrial Vessena, productos de limpieza.
José Belloni 6775, y Camino Perla. (En el predio industrial, cancha de césped para el personal) 50 x 35. Arcos de 4. De fierro blanco, con soportes, sin redes. Pasto alto, poco practicable. Poco desgaste. Ni marcaje ni alumbrado. Cerco de alambrado.

--|- -|--

0211 A 0217

Liceo Espigas. Fundación Retoño
Avenida de las Instrucciones 4532 casi Camino La Calera. Dirección oficial: Alejandro Shroeder 6536. (En predio de 250 x 150 con locales modernos, notable obra educativa. Tres canchas pavimentadas multideportivas y una cancha de césped dividida a lo ancho en otras dos. Dos de las canchas pavimentadas pueden formar una cancha mayor para práctica de fútbol. Todo muy cuidado) 0211: cancha multideportiva, 28 x 15. Arcos de 3. De fierro blanco, simples, bajo los tableros. Bien marcada. Cuatro postes de alumbrado y una buena tribuna de seis gradas sobre todo un lateral. 0212: cancha de césped para fútbol y ejercicios físicos. 70 x 40. Arcos reglamentarios. De fierro blanco, simples, con buenas redes. Buen césped. Sin marcaje. Se divide en dos canchas a lo ancho. 0213 y 0214: 40 x 20. Arcos de 4. De fierro blanco, móviles, con estructura y redes. Cierto desgaste. 0215 y 0216: canchas multideportivas recientes. 28 x 16. Arcos de 3. De fierro blanco, simples. Piso pavimentado verde con excelente marcaje. Reunidas, forman la cancha 0217: 35 x 26. Arcos de fierro blanco de 3. Cierto alumbrado.

-|-- ---|
--|- ---|
-|-- ---|
-|-- ---|
-|-- ---|

-|-- ---|
-|-- ---|

0218-0227
Complejo la Cantera
Camino Régulo 4326 y Enólogos.
(Complejo reciente. Cuatro canchas de fútbol 11, dos de las cuales se dividen en canchas de fútbol 7; y dos canchas de fútbol 7 autónomas, que en un comienzo formaban una sola cancha grande. Baños modestos, vestuarios chicos. Una sola cancha con alumbrado –tres focos en cada lateral–, muy utilizada de manera modular) Panorama general: Buenos arcos grandes fijos, simples, en las canchas de fútbol 11; arcos móviles de 6, con estructura y redes en las canchas menores; césped correcto; marcaje superpuesto de fútbol 11 y 7; disparidad de tamaño de las canchas grandes. 0218: 96 x 60. Arcos reglamentarios. 0219: 102 x 58. Arcos reglamentarios. Dividida en 0220 y 0221, de 58 x 48. Arcos de 6. 0222 (con alumbrado): 100 x 55. Arcos reglamentarios. Dividida en 0223 y 0224 de 55 x 48. Arcos de 6. 0225: 60 x 40. Arcos de 6. 0226: 60 x 40. Arcos de 6. 0227: 92 x 64. Arcos reglamentarios. Particularidad: canchas grandes en una concavidad con talud de césped para el público alrededor.

--	- --	-
--	- --	-
--	- --	-
--	- --	-
--	- --	-
--	- --	-

0228-0229
Espacio público municipal, comisión de fomento «Superación»
Delimitado por las calles Menta, Diamantes, Diorita, Araus y Ortiga.
(En plaza-parque municipal con forma de media luna. Zanjas de desagüe alrededor. También juegos para niños, un buen local de dos plantas y un teatrito al aire libre. Dos canchas: una pavimentada multideportiva, otra de césped) 0228: cancha multideportiva. 21 x 12. Arcos de 2,5. Bajo los tableros, de fierro blanco, simples, con cierto herrumbre y redes. Suelo gris con desgaste. Marcaje. 0229: cancha

de césped. 37 x 25. Arcos de 4. De fierro blanco, simples, algo despintados, sin redes. Cuidada. Césped correcto.
|--- --|-
-|-- --|-

0230
Terreno privado no cerrado
Sobre la Avenida José Belloni casi Camino Proción. (Amplio frente con casas y locales. Cancha de césped en el límite entre zona agrícola y zona urbana) 35 x 17. Arcos de 2,5. De fierro blanco, simples, despintados, sin redes. Césped cuidado, bien cortado. Poco desgaste. Sin marcaje ni alumbrado. Falta el necesario tejido de contención. Separada de la vereda por un muro muy bajo.
-|-- --|-

0231-0232-0233
Hogar infantil Amanecer
Instrucciones 4145, esquina Belloni, con acceso por Camino Proción. (Institución creada por la Iglesia Metodista. Reinserción de niños y adolescentes. En el parque, tres canchas: dos de césped, una pavimentada) 0231: cancha de césped. Recientemente renovada y agrandada. 44 x 28. Arcos de 4. De fierro blanco con vivos rojos, simples. Césped cuidado, poco desgaste. 0232: cancha pavimentada, multideportiva. 20 x 12. Arcos de 3. De fierro blanco. Piso negro con marcaje múltiple blanco. Estado correcto. 0233: cancha de césped; 28 x 15. Arcos de 3 . De fierro blanco, con vivos rojos, simples, sin redes. Césped correcto. Entorno agradable.
-|-- --|-
|--- --|-
-|-- --|-

0234
Centro social y recreativo Unión
José Belloni 6389 casi Instrucciones. (Centro social. Actividades culturales y fiestas. Amplios locales. Diferentes prácticas deportivas. Cancha de fútbol 5 techada) 30 x 20. Arcos de 3. De fierro blanco, simples. Alfombrado verde correcto, con buen marcaje. Espacio para público sobre un lateral. Tejido de contención alrededor.
-|-- --|-

0235-0236-0237
Canchas La Quinta
Avenida de las Instrucciones y Camino Carlos Linneo. (Un local, que es ferretería y pizzería, anuncia «La quinta». Ni protección ni cerco. Tres canchas de césped de diferente tamaño y calidad) En las últimas vistas satelitales, obras en las canchas 0234 y 0235. 0234: en progresivo abandono. 60 x 40. Arcos de 6. De fierro blanco, simples, sin redes. Travesaños totalmente oxidados. Césped muy alto. Ni marcaje ni instalaciones. 0235: 45 x 35. Arcos de 4. De fierro blanco, simples, oxidados. Césped alto. Un poco más cuidada que la cancha anterior. 0236: 45 x 33. La única cuidada. Arcos de 4. De fierro blanco, simples, en buen estado, con redes. Mucho desgaste, pura tierra. Marcaje completo frecuente. Tejido de contención alto, alrededor, en estado mediocre. Tres postes de luz en cada lateral. Dos bancos sobre un lateral.
--|- |---
-|-- -|--
--|- --|-

0238
Cancha abierta
Por el camino que va de Carlos Linneo a Instrucciones pasando por los locales de La Quinta. Frente a Carlos Linneo 4265. (Cancha de césped ligada al conjunto de canchas precedentes) 70 x 50. Arcos de 6. De fierro blanco, simples, algo despintados, con redes naranjas en estado mediocre. Césped corto, poco cuidado. Marcaje completo hasta 2015. Alto tejido de contención lateral en mal estado.
--|- -|--

0239
La Quinta Fútbol 5
Avenida de las Instrucciones y Camino Carlos Linneo. Frente a Carlos Linneo 4265. (Cancha de fútbol 5 techada) 30 x 17. Arcos de 3. De fierro blanco, simples, con redes naranjas rotas en la vista callejera. Alfombrado pasable. Tejido de contención en mal estado. Espacio alrededor techado para público de pie. Muy modesto local adjunto. Entorno descuidado.
-|-- -|--

0240

Escuelas 332 y 138

Camino Carlos Linneo, a 150 metros de Avenida de las Instrucciones. (Cancha pavimentada multideportiva entre espacios de recreo) 25 x 14. Arcos de 3. De fierro negro, gruesos, con estructura bajo los tableros, sin redes. Marcaje negro sobre suelo gris. Pavimento mediocre. Dos focos de luz en cada lateral. Seis bancos de hormigón sobre un lateral. Cerco bajo de rejas y alambrado.
-|-- --|-

0241

Cancha fondo privada

Camino Carlos Linneo 3933 caso Las Heras. (En fondo de casa, ocupando todo el terreno, cercada por tejido alto, cancha de césped) 14 x 13. Arcos de 4, relativamente grandes. De fierro blanco, simples. Bien cuidada, con cierto desgaste. Tejido de contención alto, en los laterales y arriba.
|--- -|--

0242-0243-0244

Colegio San Luis Orione

Avenida de las Instrucciones 4142. (Terreno grande dividido en zonas de juego. Tres canchas de fútbol: el gimnasio y dos canchas de césped) 0242: gimnasio básico. 25 x 17. Arcos de 3. De fierro blanco, despintados, móviles, simples, sin redes. Pavimento gris con marcaje amarillo tenue. 0243: cancha de césped principal. 45 x 25. Arcos de 4. De fierro blanco, despintados, con estructura, sin redes. Bancos al costado. Mucho desgaste. 0244: cancha de césped menor. 30 x 12. Arcos de 3,5. De fierro blanco, muy despintados, simples. Césped mediocre. Ni marcaje ni alumbrado en las canchas exteriores. Buen entorno.
-|-- --|-
-|-- --|-
-|-- --|-

0245-0246

Espacio abierto Giraldéz

Vasto predio municipal delimitado por las calles Firmamento, Las Huertas y Calle A, al límite de la zona urbanizada. (Administrado por la Comisión Vecinal Giraldéz. Juegos para niños, policlínica, local propio, y dos canchas de fútbol de césped. Predio bastante cuidado) 0245: 24 x 18. Arcos de 2,5. De

fierro blanco, simples, en buen estado, sin redes. Césped gastado, con vasta zona de tierra. Terreno desnivelado, ahuecado en los arcos, pero practicable. Entorno con desagüe y algo sucio. 0246: 55 x 35. Arcos de 3,5. De fierro blanco con ángulos y bases rojas, muy herrumbrados, simples. Mucho desgaste. Desnivel a proximidad de los arcos. Ni marcaje ni alumbrado. Entorno algo sucio.
|--- --|-
--|- --|-

0247
Parque municipal, Cancha Fabián Perea
Parque delimitado por las calles Ceres y Gral. Osvaldo Rodriguez. (Predio municipal con juegos infantiles, un local y una cancha de baby fútbol) 45 x 35. Arcos de 4. De fierro blanco, simples, con modestas redes. Césped totalmente gastado: pura tierra salvo en los ángulos. Marcaje completo pero difuso. Alumbrado desde 2018: cinco focos en cada lateral. Buen cerco. Sin instalaciones para público pero un talud de césped atrás de uno de los arcos. Contraste entre el cuidado general y la ausencia total de césped.
-|-- --|-

0248
Herrería Scapinello
José Baltar 4226. (En predio industrial, cancha jardín) 20 x 13. Arcos de 4. De fierro blanco, con herrumbre, simples, sin redes. Césped cuidado, poco desgaste. Reciente construcción de un local en la parte sur de la cancha. Desplazamiento de los arcos.
|--- |---

0249-0250
Escuela Granja 230 «Dominga Benita Berro de Varela»
Ocupa la manzana delimitada por las calles Canope, Estrella Polar y Bernardo Berro. (Dos canchas pavimentadas) 0249: 20 x 13. Arcos de 3. De fierro blanco, simples. Suelo gris con áreas de color. Mucho desgaste. Ni marcaje ni instalaciones. Entorno descuidado y sucio, con papeles y piedras. 0250: canchita pavimentada de fútbol. Suelo gris con marcaje blanco. 20 x 12. Arcos de 3. De fierro blanco, simples, sin redes. Algunos bancos sobre

un lateral. Buen entorno. Va a ser techada y transformada en gimnasio en el correr del año. La escuela tenía una cancha de césped sobre Bernardo Berro, que desapareció con las obras de ampliación en 2017. Un espacio sustitutivo parece funcionar al lado del anterior emplazamiento. No contabilizado.
|--- -|--
|--- --|-

0251-0252
Liceo 48
José Baltar 4143 casi Belloni. (Dos canchas, una de césped y otra pavimentada) 0251: de césped, alargada. 28 x 10. Arcos de 3. De fierro blanco, simples, sin redes. Terreno mediocre. Entorno apretado. 0252: cancha patio pavimentada. 28 x 17. Arcos de 3. De fierro blanco, simples. Pavimento en mal estado. Sin marcaje. Ni alumbrado ni instalaciones.
-|-- -|--
-|-- -|--

0253
Predio municipal
Espacio público delimitado por las calles Edrulfo Olivera, Santos Alonso y José Zucotti. (Juegos infantiles y servicio de salud. Cancha de tierra pura casi cuadrada) 25 x 20. Arcos de 2,5. De fierro blanco, con estructura, herrumbrados, con redes naranjas en mal estado. Suelo totalmente gastado. Tierra despareja, con surcos, sucia. Sin marcaje. Dos bancos de hormigón al borde de la cancha. Entorno precario, sin cerco. Zanja con mucha agua estancada todo alrededor.
-|-- -|--

048

0254-0255
Los Robles, sanatorio psiquiátrico para niños y adolescentes (API).
Camino Gral Osvaldo Rodriguez 3149. (En plena zona natural, cercanía del arroyo Manga. Reciente complejo hospitalario, moderno, de alta calidad. Parque con instalaciones para tratamiento físico y psíquico. Dos canchas, una de fútbol 5, otra mediana de césped) 0205: cancha de fútbol 5 abierta. 23 x 12. Arcos de 3. De fierro blanco, simples, sin redes. Buen alfombrado verde. Buen marcaje. Tribunita verde de tres gradas sobre un lateral.

Excelente entorno. 0255: en el gran parque, cancha de césped impecable: 47 x 30. Arcos de 3. De fierro blanco, con soportes. Sin marcaje. Precioso entorno.

-|-- ---|

-|-- ---|

049
0256
Cancha orillera. «Los Ceibos»
Ibirapitá y Los Sauces, cerca del Arroyo Carrasco. (Cancha grande de césped, abierta, a orillas del barrio Los Ceibos. Existe desde hace años. Fue una cancha cuidada) 85 x 62. Arcos reglamentarios. De fierro blanco, simples, correctos. Redes en uno de los arcos. Mucho desgaste en las áreas. Césped poco cuidado. Terreno ondulado. Cierto marcaje de límites y áreas. Cerco de alambrado precario. Baños precarios. Entorno descuidado y algo sucio.

---| -|--

0257
Bodega La agrícola Jackson (ex Faraut)
Camino La Cruz del Sur 1630 bis esquina San Juan de Capistrano. (Bodega de producción y organización de casamientos. Cancha jardín entre la casa y los viñedos) 15 x 8. Arcos fijos de 2. De fierro blanco, simples. Buen césped. Buen entorno.

|--- --|-

0258
Complejo deportivo del Parque Jacksonville. Regency Parque Hotel
San Juan de Capistrano y Camino de acceso a Zonamérica. (Gran parque del hotel. Cancha de césped sobre el Camino Don Bosco) 90 x 60. Arcos reglamentarios. De fierro blanco, simples, sin redes en las vistas callejeras. Césped impecable. Sin marcaje. Sin instalaciones particulares. Excelente entorno campero.

---| ---|

050
0259 A 0262
Campo deportivo. St David's School
Camino La Cruz del Sur a 400 metros del Camino Laudelino Vázquez. (Gran parque con ciertos locales. Dos

canchas de césped de diferente tamaño en entorno natural) 0259: 72 x 40. Arcos de 6. De fierro blanco, simples, con redes. Muy buen césped. Buen marcaje. Se divide a lo ancho en dos canchas más largas que el ancho de la cancha principal. 0260 y 0261: ambas de 45 x 25. Arcos de 4. De fierro blanco, móviles, con estructura y redes. Marcaje propio de límites y áreas. En una vista satelital, una cancha marcada en el mismo sentido que la 0259, pero más chica. No contabilizada. 0262: 45 x 30. Arcos de 4. De fierro blanco, simples, fijos, con redes. Muy buen césped. Marcaje. Entorno campero excelente. Baños y una casona en la entrada del predio. Ideal para los estudiantes.
--|- ---|
-|-- ---|
-|-- ---|
-|-- ---|

0263-0264-0265
Canchas orilleras. Villa García
Camino Laudelino Vázquez entre Camino La Cruz del Sur y Camino Don Bosco. (Conjunto de canchas orilleras de césped. Disposición variable y modularidad. Una cancha grande y dos canchas chicas, una de ellas sobre la cancha grande, a lo ancho) Panorama general: césped mediocre aunque con cierto cuidado; arcos de fierro blanco, simples, sin redes. Ninguna instalación particular. Entorno: pastizales. 0263: 32 x 25. Arcos de 3. Mucho desgaste general. Sin marcaje. 0264: 75 x 55. Arcos reglamentarios. Cancha gastada pero cuidada. Sin marcaje. 0265: cancha menor a lo ancho de la 0264. 32 x 25. Arcos de 3,5. A veces marcaje de límites. Un sendero cruza la cancha 0264.
-	-- -	--
-	-- -	--

0266-0267-0268
Chacra Sol y Luna, salón de fiestas con espacios deportivos
Camino Laudelino Vázquez 7273 entre Solano Riestra y Casiopea. (Chacra con salón de fiestas y tres canchas de césped diferentes) Panorama general: césped cuidado; desgaste en áreas y zona central; buenos arcos simples con postes de fierro o madera; buenas redes; marcaje de tipo surco (área, línea media y límites).

Entorno agradable. 0266: cancha sobre Laudelino Vázquez. 38 x 27. Arcos de 3. De fierro blanco, con redes blancas. Tejido de contención del lado de los campos. 0267: 50 x 25. Arcos de 3. De fierro blanco, gruesos, con redes verdes. 0268: 50 x 30. Arcos de 3. De palo muy grueso, con redes verdes.

-|-- ---|
--|- ---|
--|- ---|

0269
Cancha jardín privada
Casiopea entre Laudelino Vázquez y Camino Las Pléyades. (Cancha jardín en fondo de casa) 25 x 15. Arcos de 3. De fierro blanco, fijos, con redes. Césped correcto, con cierto desgaste.

-|-- --|-

0270-0271
La Luz FC (AUFI, fútbol infantil)
Ruta 8 y Laudenio Vázquez. (Cancha grande de césped, accesible, sin cerco, al borde de la ruta) Particularidad: frecuente marcaje de una cancha chica dentro de la cancha grande en el mismo sentido de juego. 0270: 85 x 55. Arcos reglamentarios. De fierro blanco con bases verde oscuro, despintados y oxidados. Césped malo. Mucho desgaste en los arcos, hundimiento, y motas sobre los laterales. Sin mantenimiento. Marcaje completo. Dos focos de luz en cada lateral. Pequeño local del club. Entorno descuidado y sucio. Uno de los arcos a 15 metros de la Ruta 8. Tejido de contención roto según la vista callejera existente. Sin cerco. 0271: cancha menor marcada dentro de la anterior. 58 x 55. Prácticamente cuadrada. Uso de arcos móviles de 4.

---| -|--
--|- -|--

0272 A 0275
Complejo deportivo del Parque Jacksonville
Zonamérica. (En gran parque de calidad, dos canchas de fútbol 11 y dos canchas de fútbol 7 que completan la 0258 de la casilla 049) Panorama general: excelente estado del césped. Buenos arcos, fijos y móviles, con estructura y redes. Marcaje completo en todas las canchas. Excelente entorno. Sin instalaciones a proximidad de las

canchas, ni para público ni para suplentes. Sin alumbrado. 0272: 47 x 35. Arcos de 5. 0273: 50 x 35. Arcos de 5. 0274: 90 x 45. Arcos reglamentarios. 0275: 100 x 60. Arcos reglamentarios. Cierto desgaste en la zona de los arcos.
-|-- ---|
--	- ---

051

0276
Misión Vida Beraca
Camino al Paso Hondo y calle Las Rosas. (En vasto parque del campamento, cancha de césped) 63 x 45. Arcos de 5. De fierro blanco, móviles, con estructura y redes. Muy buen césped. Marcaje frecuente. Entorno muy cuidado.
--|- ---|

0277-0278
Club Los Zorzales
Ruta 8 y Camino Melchor de Viana. (De un lado del cruce, la cancha grande de césped. Del otro, locales importantes de dos piso, y cancha cerrada de fútbol 5) 0277: 90 x 60. Arcos reglamentarios. De fierro blanco, simples, bastante despintados. Campo de juego en mal estado. Vastas zonas de tierra pura, huecos y motas. Poco cuidado. Cerco precario roto. Dos focos de luz en cada lateral. Entorno descuidado y sucio. 0278: cancha de fútbol 5 techada, pegada a los locales. 30 x 18. Arcos de 3. De fierro blanco, con estructura. Césped sintético pasable. Galpón básico. Tablero electrónico. Buena instalación general y buenos comentarios en la red.
---| -|--
-|-- --|-

0279
Cancha de fútbol 5
Ruta 8 al borde del Parque San Rocco. (En recinto que podría ser un espacio en libre acceso, cancha de fútbol 5, no techada, reciente) 28 x 17. Arcos de 3. De fierro blanco, simples. Pavimento verde. Bien marcado. Tejido de contención alrededor y arriba. Tres focos de luz de cada lado. Portón. Cerco de murito. Entorno precario.
-|-- --|-

0280-0281
Villa García baby fútbol
Helios y Daniel García Acevedo. (Dos canchas orilleras al límite de la zona natural: una de tierra, otra de césped) 0280: cancha de tierra. 48 x 25. Arcos de 4. De fierro oscuro, simples, sin redes. Sin marcaje. Poco césped. Terreno en mal estado. 0281: 60 x 35. Arcos de 4. De fierro blanco, simples, con redes verdes. Terreno en mal estado. Marcaje frecuente. Bancos de suplentes sobre un lateral. Cerco de alambrado. Modesto local adjunto. Sin alumbrado ni cuidado del entorno. Entorno precario.
-|-- -|--
--|- -|--

0282
Parque Lineal Villa García
Entrada por Daniel García Acevedo. (Hermoso parque, con vida cultural. Cerca de los locales, cancha de césped) 50 x 35. Arcos de 5,5. De palo grueso, simples, sin redes. Césped bueno, cortado y cuidado. Marcaje de límites de tipo surco. Entorno cuidado y espacioso. Sin instalaciones particulares.
--|- --|-

0283
Cancha orillera. Asentamiento La Rinconada
Entre la calle Flores y el Arroyo Carrasco, entre Pasaje 2 y Pasaje 3. (Entrando en una vasta zona natural que bordea el Arroyo Carrasco, cancha de césped muy dejada) 40 x 20. Arcos de 4. De fierro blanco, simples. Mucho desgaste, pura tierra. Entorno mediocre.
-|-- |---

052

0284
Cancha orillera, Asentamiento El Monarca
Bordeando la Paralela al Pasaje Central entre Calle 3 y Calle 4. (Entre el poblado y el campo natural, una cancha orillera, tal vez dos) 52 x 40. Arcos de 4. De fierro oxidado y despintado, simples. Desgaste general (pura tierra). Sin marcaje. Dos o tres bancos sobre un lateral.
--|- |---

0285
Espacio libre
Calle 4 entre Pasaje Central y Paralela a Pasaje Central, adjunta

a la policlínica El Monarca.
(Cancha de pura tierra dentro del asentamiento) 20 x 12. Arcos de 3. De fierro blanco, oxidado, simples. Entorno descuidado.
|--- |---

055
0286-0287
Campo de la Vía
Espacio abierto, cruzado por el Pasaje de la Vía, delimitado por las calles Guazumambí, Benito Riquet y Tamandua, prolongado por la Plaza Rivera. (Junto al teatro de barrio y la Casa del Pueblo, dos canchas chicas de césped) 0251: cancha reciente. Arcos instalados en 2016, al lado de la Parroquia Silvestre Ochoa. 38 x 27. Arcos de 3. De palo grueso, de color natural, simples, sin redes. Cierto desgaste. Terreno sin cuidado particular, practicable. 0252: 35 x 20. Arcos de 4. De fierro blanco, finos, simples, muy herrumbrados y torcidos. Césped gastado y ahuecado. Red de contención rota. Pese a todo, entorno cuidado y agradable.
-|-- --|-
-|-- --|-

0288
Parque Segunda República Española
Tacumbú y Tamandua. (En espacio verde circular con marcaje de tipo surco y una gran estrella central, cancha de césped especial por la forma circular) 30 x 20 (radio del espacio: 17). Un solo arco de 3. Postes de madera gruesa de color natural, simples. Otro arco formado por un poste de luz y una piedra grande. Precariedad que se mantiene desde hace años. Césped cuidado con cierto desgaste. Entorno agradable.
-|-- --|-

0289
Espacio libre. Covisanvaz
Zona sur de Santiago Vázquez. Franja de parque entre el nuevo barrio, la calle Isla del Tigre y la Avenida Luis Batlle Berres. (Cancha de césped básica en libre acceso) 30 x 15. Arcos de 3. De fierro oscuro, finos, simples, sin redes. Césped corto y cuidado. Cañada bordeando el terreno. Sin el necesario tejido de contención. Entorno espacioso y cuidado.
-|-- --|-

0290

Complejo Penitenciario Santiago Vázquez

Entrada oeste. (Cancha de césped exterior, adjunta a los locales de la guardia) 35 x 25. Arcos de 3,5. De fierro blanco, con soportes y redes verdes. Sin marcaje. Muy gastada. Límites definidos por el uso y el corte del césped. Entorno natural correcto.

-|-- -|--

0291 A 0294

Complejo Penitenciario Santiago Vázquez

Dentro mismo del centro. (Canchas de diferente tamaño, tipo y calidad. En el correr de los últimos años desaparecieron canchas y se crearon otras) Panorama general: canchas descuidadas; suelo y arcos en mal estado; sin instalaciones; sin bancos para público; sin alumbrado. 0291: Pura tierra. 78 x 46. Arcos reglamentarios. De fierro blanco, simples, en mal estado. A veces, cierto marcaje simplificado (área grande y línea central). 0292: 48 x 30. Arcos de 4. De fierro blanco, simples. Pura tierra. Marcaje esporádico. 0293: cancha creada en 2017. Pavimentada, multideportiva. 30 x 16. Arcos de 3. Piso azul con áreas amarillas. La única en estado pasable. 0294: cancha de césped reciente en espacio apretado disponible, en medio de obras. 40 x 28. Arcos de 4. De fierro blanco, simples. Marcaje. Estado malo.

---		---
-	-- --	-

056

0295-0296-0297

SOS Aldeas infantiles

Avenida Luis Batlle Berres y Avenida al Parque Lecocq. (Predio de la ONG austríaca. Locales de habitación, salones, gimnasio, piscinitas, y vasto parque con tres canchas: dos de césped, una pavimentada) 0295: al borde del Parque Lecocq. Cambio reciente de orientación y tamaño. 40 x 25. Arcos de 4. De fierro blanco, simples, con modestas redes. Buen césped. Sin marcaje. Dos focos de luz sobre un lateral. 0296: cancha chica pavimentada, pegada al gimnasio. 14 x 9. Arcos

Descripción de las canchas y clasificación

de 2. De fierro blanco. Pavimento gris con desgaste. 0297: en medio del parque, cancha de césped infantil. 26 x 20. Arcos de 2,5. De fierro blanco, simples, con redes. Límites definidos por el corte del césped. Cuidada, con cierto desgaste. Entorno excelente.
-|-- --|-
|--- --|-
-|-- --|-

0298-0299
Marluna fútbol 11
Del Tranvía a la Barra entre Camino Paurú y Camino Albatros. (Pequeño complejo con dos canchas grandes) Panorama general: buenas canchas con césped muy cuidado y marcaje; arcos reglamentarios, de fierro blanco, simples, con buenas redes; locales muy modestos; espacio para estacionar. 0298: 98 x 65. 0299: cancha más reciente. 96 x 65. Entorno agradable: campo y zona natural.

0300
Cancha orillera abierta
Avenida Luis Batlle Berres y Camino Albatros. (Cancha en libre acceso. Ocupa una esquina de terreno) 30 x 25. Arcos de 3. De fierro blanco, finos, simples, sin red. Césped muy alto, poco practicable. Cerco precario.
-|-- |---

0301-0302-0303
Complejo 1950
Avenida Luis Batlle Berres 9555 entre Albatros y Paurú. (Complejo creado en 2019. Tres canchas de césped: una chica, dos medianas) 0301: 26 x 20. Arcos de 4. De fierro blanco, móviles, con estructura y redes. Césped correcto. 0302 y 0303: canchas gemelas de 60 x 35. Arcos de 5,5. De fierro blanco, móviles, con estructura y redes. Buen césped. Marcaje. Altos tejidos de contención. Locales simpáticos. Estacionamiento. Entorno cuidado, con salón y baños.
-|-- --|-
--|- --|-
--|- --|-

057

0304
Cancha infantil privada
Camino Los Camalotes entre Camino

Eduardo Pérez y Camino El Polvorín, número 1555. (Límite de la zona agrícola y la natural. Casa de campo o granja con vasto terreno cuadrado y cancha de césped) 22 x 8. Arcos de 2,5. De palo blanco, simples, torcidos. Césped desparejo. Entorno descuidado.
|--- -|--

0305
Cancha infantil privada
Camino Los Camalotes entre Camino Eduardo Pérez y Camino El Polvorín. (Límite de la zona agrícola y la zona natural. Casa de campo o granja con canchita de césped) 14 x 10. Arcos de 2. Simples, de fabricación artesanal. Cierto desgaste. Entorno espacioso y cuidado.
|--- --|-

0306
Chacra de eventos Tres L
Camino Eduardo Pérez 8510. (Chacra de fiestas con excelentes locales. Parque, piscina, salones y cancha jardín) 30 x 20. Arcos móviles de 3. De fierro blanco, gruesos con estructura y redes. Buen césped. Entorno muy cuidado.
-|-- --|-

0307 A 0321
Complejo Liga MVD
Entrada por Eduardo Pérez 8553. (Complejo en pleno desarrollo,. Nueve canchas de fútbol 11 y seis de fútbol 7 más recientes) Panorama general: buenas canchas, con césped cuidado de calidad dispar; buenos arcos, de fierro blanco, con soportes y redes; marcaje bueno a flojo; amplios locales en el centro del complejo; vestuario, cantina, pocos baños; sin alumbrado. Algunos bancos en los laterales. Entorno bastante básico. Canchas grandes con arcos reglamentarios; canchas menores con arcos de 5,5. 0307: 98 x 68; 0308: 98 x 70; 0309: 93 x 70; 0310: 100 x 65; 0311: 100 x 62; 0312: 94 x 65; 0313: 100 x 65; 0314: 100 x 70; 0315: 100 x 65; canchas de 0316 a 0321: 54 x 38.
--	- --	-

Descripción de las canchas y clasificación

--|- --|-
--|- --|-
--|- --|-
--|- --|-
--|- --|-

058

0322
Cancha orillera
A la altura de Camino Los Camalotes 1873. (Cancha de césped en libre acceso, entre zona agrícola y zona natural, al borde de la carretera) 30 x 15. Arcos de 3,5. De palo grueso, simples. Restos de redes verdes. Césped florido, poco practicable. Sin cerco ni contención.
-|-- |---

0323-0324-0325
Chacra didáctica Piriguazú
Los Tordos 6427. (Chacra con sala de fiestas, piscina y terreno para campamento. Vasto terreno de 150 x 220, tres canchas medianas de césped, básicas) 0323 y 0324: canchas de tipo terreno, contiguas, gemelas. Ambas de 50 x 35. Arcos de 4. De fierro blanco, simples, oxidados, sin redes. Césped irregular, poco cortado, motas y desniveles. Sin marcaje. 0325: 48 x 20. Arcos de 4. De fierro blanco, simples, oxidados, sin redes. Césped mediocre. Sin marcaje.
--|- -|--
--|- -|--
-|-- -|--

0327 A 0329
Complejo deportivo La Chacra Juan XXIII
Camino El Polvorín 7467. (Cuatro canchas grandes y un terreno adyacente con casa de encuentro y retiro. Diversas instalaciones) Panorama general: Buen césped y marcaje; arcos reglamentarios, de fierro blanco, simples, con redes. Muy cuidado. 0326 y 0327: 100 x 66. 0328: 95 x 60. 0329: 90 x 60. Sin alumbrado. Buen cerco y portón. Acceso para autos y estacionamiento. Entorno campero.

0330
Cancha jardín privada
Camino El Polvorín 7951, al fondo de la calle denominada F. (Cancha de

chacra junto a casa moderna en marco más natural que agrícola) 25 x 20. Arcos de 2. De fierro blanco, simples, con redes. Buen césped. Buen entorno.
-|-- --|-

0331
Cancha jardín infantil privada
Camino de los Orientales 1437 casi Camino Rey del Monte. (En jardín de casa muy grande con vasto parque y piscina, cancha de césped) 16 x 10. Arcos de 2,5. De fierro blanco, móviles, con estructura y redes. Muy buen césped. Excelente entorno.
|--- ---|

0332
Rincón del Sol
Camino de los Orientales 1439 casi Camino Rey del Monte. (Restaurante y salón de eventos, con espacio de baile, parque, juegos infantiles. En el frente, cancha jardín) 60 x 45. Un arco de 6, con redes verdes; otro móvil, sin redes. Buen césped. Sin marcaje. Sin alumbrado. Entorno muy agradable.
--|- --|-

059

0333
Centro Integral de barrio Dalmanautá
Luis Lasagna 6667. (Centro barrial con amplios locales, terreno y una cancha de césped algo apretada) 30 x 18. Arcos de 4. De fierro blanco, algo despintados, móviles, sin redes. Césped gastado. Cancha hundida. Cuidado mínimo. Sin alumbrado.
-|-- -|--

0334
Cancha jardín privada
Luis Lasagna 6624. (En terreno de casa con locales adjuntos, cancha de césped) 22 x 13. Arcos de 3. De fierro blanco, fijos, simples, sin redes. Desgaste típico. Sin marcaje. Sin cuidado particular.
|--- --|-

0335-0336
Canchas orilleras contiguas
Montalvo frente a Luis Morandi. (Al lado de la cancha del club Aviación Lezica, en zona en obras, dos canchas de césped) 0335: 55 x 40. Arcos de 4. De fierro blanco, simples, sin redes. Cancha gas-

tada pero bien marcada. Cambió recientemente de orientación. La vista callejera del Tomo 1 muestra la cancha en su anterior posición. Hoy: césped en mal estado. Un ángulo ocupado por obras. 0336: cancha estrecha, pegada a la precedente. 53 x 15. Arcos de 4. De fierro blanco, simples, deteriorados y torcidos. Desgaste y desnivel. Dos focos de luz sobre un lateral. Línea de postes que estrecha la cancha. Entorno general degradado con barriales.

0337
Obra Cultural y Social Alemana, OCSA, Hogar Alemán
Camino Las Tortolitas 6500. (Residencial para adultos con vasto parque y una cancha de césped infantil) 15 x 12. Arcos de 3. Postes oscuros, probablemente de palo. Buen césped. Poco utilizada. Tres focos de luz. Hermoso entorno. Parrillero, salón de baile, piscina alumbrada.
|--- ---|

0338
Chacra San José
Camino La Redención 7095. (Lugar tradicional de eventos, casamientos, fiestas, muy bien arreglado. Hermosos interiores, gran parque, piscina y cancha de césped) 50 x 40. Arcos de 4. De fierro blanco, con estructura y redes. Muy buen césped. Marcaje. Excelente entorno.
--|- ---|

0339-0340
Finca El Rocío
Camino La Redención 6901. (Gran casa de campo. Lugar de eventos, casamientos, restaurante y salones para fiestas. Hermoso parque con piscina, cancha jardín cuadrada y cancha pavimentada) 0339: 38 x 38. Arcos de 4,5. De fierro blanco, simples. Excelente césped. Marcaje esporádico. Cuatro focos de luz. 0340: cancha pavimentada en media cancha de tenis. 19 x 12. Arcos de 3. De fierro blanco, móviles, con estructura y redes. Pavimento negro muy gastado. Cuatro focos de luz. Hermoso entorno.
-|-- ---|
|--- --|-

0341

La Redención, espacio de fiestas

Camino La Redención 6881.
(Hermoso lugar tradicional para casamientos y fiestas. Gran parque con cancha de césped) 38 x 25. Arcos de 3. De fierro blanco con ángulos rojos, simples, con redes. Césped correcto. Lindo entorno.
-|-- ---|

0342

Cancha jardín infantil privada

Camino El Polvorín y Camino La Granja. (En el jardín de la granja, al borde de las plantaciones, cancha de césped) 20 x 8. Arcos de 2. De fierro blanco, simples. Buen césped, cuidado. Cerco de arbustos. Arboleda. Excelente entorno.
|--- ---|

060

0343

Cancha jardín infantil privada

Veraguas 1983. (En zona de jardín estrecha, cancha de césped) 11 x 8. Arcos de 2. De fierro blanco, móviles, con estructura y redes. Buen césped.
|--- -|--

0344-0345-0346

Club Atlético Estrella del Norte

Padre Pablo Pedro Pittini y Dr Alfredo Massa. (Al borde del Arroyo Pantanoso. Dos canchas básicas de césped, de diferente tamaño. Una de ellas con uso modular). 0344: 35 x 25. Arcos de 3,5. De palo grueso, verdes, con estructura y redes verdes en mal estado. Césped malo. Marcaje esporádico. Sin tejido de contención. Arroyo a 13 metros de un lateral. 0345: 90 x 60. Arcos reglamentarios. De fierro blanco, simples. Marcaje. Estado del terreno pasable. Tres focos de luz en cada lateral. Red de contención atrás de un arco. Todo un lateral a pocos metros del arroyo. Seis asientos en un costado de la cancha. Local del club con vestuarios y parrillero. Entorno bastante cuidado. Una vista satelital muestra el marcaje superpuesto de una cancha menor de 65 x 40, con arcos de 5. Contabilizada como 0346.
-	-- -	--
--	- --	-

Descripción de las canchas y clasificación

0347
Club Aviación Lezica Baby Fútbol
Montalvo 6489 frente a Luis Morandi. Entradas por Montalvo y por José Domingo Molas. (Cancha de baby fútbol particularmente cuidada) 60 x 40. Arcos de 4. De fierro blanco, con base de azul y rojo, simples, con redes. Impecable césped renovado con marcaje excelente y completo. Dos puntos de penal a 8 y 9 metros del arco. Dos buenos focos de luz en cada lateral. Entrenamientos nocturnos. Cerco de muro y rejas, cuidado y pintado con los colores del club. Un vasto local del club y otro para los jugadores. Sobre un lateral, mirador y talud para público. Todo con los colores del club. Gran actividad social. Sala de fiestas y servicios de calidad. Cancha y entornos muy cuidados. Un ejemplo.
--|- ---|

0348 A 0353
Colegio Pío IX
Avenida Lezica 6375. (El Colegio ocupa toda la manzana delimitada por Lezica, Veraguas, Luis Lasagna y Guanahani. Comprende cinco canchas de diferente naturaleza y tamaño. Tres pavimentadas y dos de tierra) Panorama general mediocre: mucho desgaste por utilización de las canchas como patios de recreo; cerco mural del colegio en mal estado, de aspecto dejado. 0348: cancha patio pavimentada multideportiva. 25 x 13. Arcos de 3. De fierro blanco, simples, bajo los tableros. Suelo rojo con marcaje de límites, áreas y círculo central. Cierto desgaste. 0349: cancha de tierra. 50 x 30. Arcos de 4. De fierro blanco con ángulos azules, simples, sin redes. Pura tierra. Sin marcaje. Dos focos de luz de cada lado. 0350: cancha alargada de tierra. 45 x 16. Arcos de 3. De fierro blanco, con ángulos azules, simples, sin redes. Desgaste total. Sin marcaje. 0351: cancha patio pavimentada. 40 x 20. Arcos de 3. De fierro blanco con ángulos azules, simples, sin redes. Restos de marcaje: límites, áreas y línea media. Áreas redondeadas recientemente pintadas de color amarillo. Pavimento deteriorado. 0352: cancha multideportiva, básquetbol y fútbol techada. Dimensiones estimadas: 16 x 10. Arcos de 3. De fierro blanco con ángulos azules,

simples, sin redes. 0353: cancha de césped de tipo infantil. 24 x 14. Arcos de 2. De fierro blanco, simples. Poco desgaste.

|--- -|--
--|- |---
--- -	--
--- --	-

0354 A 0357
Canchas del Colegio Pío IX. Complejo del establecimiento
Luis Lasagna 6359. (En parque que ocupa toda la manzana, al lado del recinto del colegio, complejo con dos canchas de fútbol 11 y dos predios para canchas menores) Panorama general: buenas canchas con buen césped; murito bajo; faltan redes de contención; local chico y deteriorado; sin alumbrado. 0354: cancha parque de 65 x 30. Arcos de 4. De fierro blanco, móviles, con estructura. Muy buen césped. Marcaje frecuente. 0355: 85 x 65. Arcos reglamentarios. De fierro blanco, simples, fijos. Excelente césped y marcaje completo. 0356: 35 x 25. Arcos de 4. De fierro blanco, con estructura, móviles.

Cierto desgaste y poca comodidad. Marcaje muy esporádico. 0357: cancha principal. 105 x 70. Arcos reglamentarios. De fierro blanco, simples, fijos. Muy buen césped. Marcaje completo.

--|- --|-
---| ---|
-|-- -|--
---| ---|

0358
Cancha jardín privada
Gutenberg 6335. (Casa grande con extenso jardín de 80 x 40 y cancha de césped) 25 x 16. Arcos de 3. De fierro blanco, quizá móviles. Buen césped. Hermoso entorno. Árboles y mucho espacio.

-|-- ---|

0359
Cancha orillera en terreno baldío
Paralela a Continuación del Apero, frente al Solar 99. Entre Juan de la Cosa y Continuación Durán. (En vasto baldío de 150 x 100, cancha mediana de césped) 40 x 20. Arcos de 4. De fierro blanco, gruesos, simples, despintados. Pura tierra, con desniveles. El desgaste de la vista satelital, típico de un uso pro-

longado, más chico que la cancha actual. Entorno descuidado, muy sucio.
-|-- |---

0360
Covisunca 7
Continuación Victoriano Álvarez. (Cancha de césped en el recinto del complejo habitacional. Integrada a una zona con juegos infantiles) 21 x 15. Arcos de 2,5. De fierro blanco, simples. Mucho desgaste. Buen cerco.
|--- -|--

0361
Covisunca 7
Juan de la Cosa frente al número 619 (solar 12). (Entre un lote de viviendas y el muro que cerca el complejo, cancha de césped apretada) 25 x 7. Arcos de 3. De fierro verde oscuro, simples, sin redes. Bastante desgaste. Césped sin cuidado particular.
-|-- |---

0362
Complejo habitacional 12 de octubre
Guanahaní 1741. Ocupa la manzana delimitada por Veraguas, Montalvo, Guanahaní y Lister. (Una plaza, punto de encuentro. Con buen cerco de tejido, una cancha de césped particular trapezoidal) 17 x 16. Un arco de 4. De fierro blanco, simple, muy herrumbrado. A lo opuesto, una torre con ventana y muro (vestigio) sobre el cual está pintado en azul el otro arco. Pura tierra. Plaza con garita. Circulación de autos alrededor del espacio de juego. Nota especial al final del Tomo 1.
|--- --|-

0363
Iglesia de Jesucristo
Calle Pinta 1839. (Cancha pavimentada multideportiva) 23 x 16. Arcos de 3. De fierro blanco, gruesos, simples. Pavimento gris correcto. Marcaje. Buen cerco. Tejido alto en buen estado. Un foco de luz en cada lateral. Entorno cuidado.
|--- ---|

0364
Cancha jardín privada
Montalvo 6315. (En el centro de la manzana donde se juntan los fondos de las casas, cancha jar-

dín) 16 x 10. Arcos de 3. De fierro blanco, simples. Buen césped. Buen entorno con árboles y piscinita.
|--- --|-

0365
Liceo 74
Luis Lasagna 6283. (Cancha patio pavimentada) 25 x 13. Arcos de 3. De fierro blanco, simples. Suelo rojo con un marcaje que la divide en tres tercios a lo ancho. Estado mediocre. Tableros rotos.
-|-- -|--

0366
Biblioteca Popular Villa Colón
Avenida Lezica 6231. (Predio municipal con casona-biblioteca, vasto local –sala de eventos–, parque con dos rectángulos pavimentados y una cancha en funcionamiento, peculiar, de tipo fútbol 5) 27 x 14. Arcos de 3. De fierro blanco, con estructura y redes. Suelo verde claro con buen marcaje (¿alfombrado?). Seis focos de luz en cada lateral. Cancha abierta con una bóveda metálica y tejido. Hermoso y peculiar conjunto.
-|-- ---|

0367-0368
Canchas gemelas abiertas
Julio Verne frente a Guanahaní. (En vasto terreno tendiente a baldío, junto al club Independiente Lezica, dos canchas gemelas recientes). Ambas de 40 x 25. Arcos de 4. De fierro blanco, finos, simples, despintados. Muy utilizadas. Mucho desgaste. Sin marcaje. Ninguna instalación particular. Ni cerco ni alumbrado.
-|-- -|--
-|-- -|--

0369-0370
Club Social y Deportivo Independiente Lezica
Julio Verne 6336. Acceso a los locales y sede por el Camino Melilla. (Club de baby fútbol. Sede, amplios locales. Dos canchas, una mala y otra buena) 0369: 50 x 33. Arcos de 3,5. De fierro blanco con bases y ángulos rojos, simples, con redes verdes. Césped malo. Mucho desgaste. Desniveles en todo el largo de la cancha. Restos de marcaje. Red lateral de protección en mal estado. Dos focos de luz de cada lado. 0370: cancha principal del club. 60 x 40. Arcos de 4. De fierro blanco

con vivos rojos, con estructuras rojas y redes. Buen césped con cierto desgaste. Marcaje completo. Tres focos de luz de cada lado. Bancos techados de suplentes. Dos tribunitas de madera de seis gradas en un lateral, otra de tres gradas atrás de un arco. Algunos bancos para público. Buen cerco con postes color del club. Prácticas nocturnas. Conjunto completo y cuidado.
--|- -|--
--|- ---|

0371
Cancha parque
Niña 1950. (Gran residencia con vasto parque de media manzana. Propiedad no identificada. Parque con piscina y cancha de fútbol de césped, muy cuidada) 50 x 30. Arcos de 3. De fierro blanco, simples. Buen césped. Sin marcaje. Buen entorno.
--|- ---|

0372
Primera Casa de las hijas de María Auxiliadora.
Avenida Lezica 6187. (El instituto ocupa toda la manzana. Capilla, residencial, centro de estudios. Hermoso parque sobre los dos tercios del predio. Allí, una cancha distractiva) 60 x 40. Arcos de 5. De fierro blanco, móviles, con estructura y redes. Césped impecable. Sin marcaje. Excelente entorno.
--|- ---|

0373
Cancha jardín privada
Camino del Apero 1980. (Ocupando el fondo de la casa, cancha de césped) 22 x 15. Arcos de 3. De fierro blanco, simples, fijos. Buen césped. Entorno apretado.
|--- --|-

0374
Espacio Polideportivo Municipio G
Camino del Pretal 5961. (Recién construido en antiguo terreno baldío. Gran gimnasio multideportivo) 40 x 25. Arcos de 3. De fierro blanco con ángulos negros, móviles, con estructura y redes. Impecable piso sintético azul con áreas naranjas. Marcaje. Dos balcones sobre los laterales. Buena luz. Acompañan el espacio principal dos salas deportivas, vestuarios, baños y cantina. Gran obra.
-|-- ---|

0375
Club Atlético Cuatro Esquinas
Isólica 6124. (Una sede de dos plantas grandes, y otro local detrás. Actividades sociales y deportivas. En el fondo, cancha abierta de fútbol 5) 27 x 15. Arcos de 3. De fierro blanco, simples. Hasta 2016, alfombrado verde. Hoy: pavimento blanco al desnudo. Muy deteriorado. Sin marcaje.
-|-- |---

0376
Cancha orillera de tipo baldío
Cornelio Guerra casi Domingo Basso. (En baldío frente a depósito de residuos) 60 x 40. Arcos de 4,5. De fierro blanco, finos, deteriorados, totalmente herrumbrados, simples. Travesaños arqueados. Suelo gastado y hundido. Entorno sucio. Caballos pastando.
--|- |---

061

0377
Complejo deportivo Club Olímpico Artigas
Fernando Menck 5932. (Cancha de fútbol 5 abierta) 30 x 14. Arcos de 3. De fierro blanco, simples, con redes. Buen marcaje (cambio de marcaje y piso sintético en 2018). Cuatro focos de luz de cada lado. Redes de contención alrededor y arriba. Locales y vestuarios. Entorno espacioso bastante cuidado.
-|-- --|-

0378
Complejo Habitacional Artigas
Camino Carlos López 8350. (Entre dos bloques de habitación, cancha de césped) 47 x 25. Arcos de 5. De fierro blanco, simples, muy despintados. Césped corto, practicable, con mucho desgaste sobre uno de los arcos. Sin marcaje. Sin cerco. Entorno mínimo. Mucho espacio.
-|-- --|-

0379-0380
Cárcel de mujeres. CNR VIVI 39
Camino Carlos López y Dr Ramón Landivar. (En la zona sur, diversos espacios deportivos. Estado general: pésimo. Descuido y abandono. Uso esporádico de una zona de césped, de un patio abierto grande y de una cancha multideportiva pavimentada. Contamos solo dos

de estos espacios como campos de juego. Disputa de partidos entre presas y policías) 0379: espacio de césped identificable por el corte y el cuidado particular. 37 x 25. Arcos de 3. De fierro blanco, móviles, con soportes y redes rotas. Césped malo, pese a cierto cuidado y riego. 0380: cancha pavimentada alargada. 30 x 12. Uso de arcos móviles de 3. De fierro blanco, con soporte y redes rotas. Piso naranja con marcaje múltiple. Tableros deshechos. Altos tejidos de alambrado alrededor. Estado malo.
-|-- -|--
-|-- -|--

0381 A 0384
CA Libertad Washington, Complejo deportivo Jorge Taberna
Victoriano Álvarez 6150. (Trabajos de construcción de la cancha grande. Recinto con los colores del club. Dos canchas con césped renovado y dos terrenos de juego marginales con arcos móviles) Panorama general: una cancha principal buena; una cancha secundaria correcta; espacios marginales en mal estado; locales amplios con sala de gimnasia equipada y vestuarios. 0381: cancha marginal sobre Carmelo Colman. 40 x 15. Arcos de 4. De fierro blanco, móviles, con estructura, sin redes. Pura tierra. Desgaste permanente. 0382: cancha de baby fútbol «vieja». 60 x 40. Arcos de 4. De fierro blanco, con ángulos y bases de amarillo y azul, estructura y redes. Césped renovado. Marcaje completo. Bancos de hormigón a lo largo de un lateral. Bancos techados de suplentes. Tres focos de luz en cada lateral. Cerco en mal estado. 0382: cancha marginal. 40 x 20. Arcos móviles de 4. De fierro blanco, con estructura, sin redes. Pura tierra. 0384: cancha principal. Renovada en 2016. 100 x 65. Arcos reglamentarios. De fierro blanco, simples, con redes. Buen césped. Marcaje completo. Asientos techados para suplentes. Tres focos de luz en cada lateral. Buen cerco y alambrado. Conjunto con los colores del club, amarillo y azul oscuro. Entrenamientos nocturnos. Tribunitas de madera de tres gradas, con los colores del club. Capacidad 60-80 personas. Entorno muy cuidado.
-|-- |---

--	- --	-
---	---

0385
Cooperativa Covisunca 7
Continuación Victoriano Álvarez y Camino Durán. (Cancha de césped apretada entre la playa de estacionamiento y la calle) 18 x 7. Arcos de 3. De fierro blanco, con soportes. Césped gastado. Muro y alto tejido de contención.
|--- --|-

0386
UTU de Colón, Escuela técnica
Camino Carmelo Colman 5274. (Cancha pavimentada multideportiva) 25 x 14. Arcos de 3. De fierro rojo, simples, bajo tableros incompletos. Doble marcaje. Sin línea media. Estado mediocre. Sin alumbrado ni cerco. Invadida por la tierra. Entorno educativo cuidado.
-|-- |---

0387
Establecimiento Tresor
Al término de la calle José Pedro Argul. Entrada por Argul y por Avenida Mayo Gutiérrez. (Cancha jardín en el fondo de vasto terreno del establecimiento) 24 x 20. Arcos de 3,5. De fierro blanco, simples. Buen césped. Sin instalaciones particulares ni marcaje. Entorno mínimo pero cuidado.
|--- --|-

0388 A 0392
Centro de formativas del Racing Club de Montevideo. Juveniles
Camino Carlos López 7798. (Tres canchas grandes más dos terrenos de juego y práctica recientes en la parte norte del complejo. Local del club con vestuarios. Entorno cuidado) 0388: 75 x 45. Arcos reglamentarios. De fierro blanco, móviles. Césped con mucho desgaste. Sin marcaje. 0389: 66 x 40. Arcos reglamentarios. De fierro blanco, móviles. Césped con mucho desgaste. Sin marcaje. 0390: 95 x 65. Arcos reglamentarios. De fierro blanco, simples, fijos, con redes. Mucho desgaste. Sin marcaje. 0391: 90 x 65. Arcos reglamentarios. De fierro blanco, simples, fijos, con redes. Césped correcto. Sin instalaciones particulares. Sin marcaje. 0392: 105 x 70. Cancha principal.

Denominada «cancha Racing Juveniles». Arcos reglamentarios. De fierro blanco, simples, fijos, con redes. Buen césped. Marcaje. Bien cercada. Banco de suplentes en cada lateral. Una torrecita para sacar fotos. Sin alumbrado.
---| -|--
--	- -	--
---	-	--

0393-0394-0395
Planta industrial Alfajores Punta Ballena
Camino Carlos López 7700. (En amplio predio de 325 x 225, cancha grande divisible en dos canchas chicas. Para el personal) 0393: 100 x 70. Arcos reglamentarios. De fierro blanco, móviles, con estructura y redes. Red de contención atrás de un arco. 0394 y 0395: 70 x 50. Arcos de 5. De fierro blanco, móviles, con estructura y redes. Terreno correcto. Cuatro focos de luz sobre un lateral. Entorno muy cuidado.
---| --|-
--|- --|-
--|- --|-

0396-0397
Complejo Northfield
Camino Carlos A. López 7626. (Complejo nuevo con excelentes locales e instalaciones modernas. Canchas de hockey, rugby y fútbol) Dos canchas gemelas de 98 x 56. Arcos reglamentarios. De fierro blanco, con soportes y redes. Césped natural con sistema de riego. Cuidado avanzado. Excelente marcaje. Tejido alrededor y estructuras de contención. Excelente instalación general. Tres focos de luz en cada lateral. Comentarios muy positivos.

0398
Cancha de campo
Camino Manuel Fortet 2467 lindante con la Chacra Los Guanches. (En vasto campo sin cuidado particular, cancha de césped) 40 x 20. Arcos de 5. De fierro blanco, simples. Césped sin cuidado particular. Entorno campero, básico. Mucho espacio.
-|-- --|-

0399 A 0402
Complejo América

Dentro del extenso complejo habitacional América. (Dos canchas pavimentadas y dos campos de juego donde se practica regularmente fútbol. Alternan manzanas de edificios y manzanas de césped con áreas de juego) Panorama general: espacios en estado mediocre; zonas pavimentadas sin mantenimiento; zonas de césped con mucho desgaste. 0399: cancha pavimentada. 21 x 11. Arcos de 3. De fierro blanco, simples. Sin marcaje. Estado del suelo mediocre. Bien cercada. Un solo foco de luz. 0400: cancha pavimentada. 30 x 18. Arcos de 3. De fierro blanco, simples. Suelo recientemente pintado con varios colores, y sobre estos, marcaje futbolístico blanco. Estado mediocre. 0401: ocupando un rectángulo de césped, junto al terreno con el mapa de América del Sur, cancha sin arcos. 26 x 10. Desgaste típico. Césped muy usado. 0402: terreno adjunto a la tercera parcela de skate. 30 x 15. Sin arcos. Mucho desgaste típico.
|--- |---
-	-- -	--

0403
Cooperativa de viviendas Cofavi 90

Delimitada por Camino Durán, Yegros y Santiago de Compostela. Sobre Camino Durán, a nivel de la puerta 3, frente al número 5858. (Adjunta al local comunitario. Cancha pavimentada) 24 x 20. Arcos de 3. De fierro blanco, simples, despintados. Pavimento gris claro, con desniveles. Sin marcaje. Sin alumbrado. Redes de contención en mal estado. Entorno cuidado.
|--- --|-

0404-0405
Parroquia Colón

Avenida Eugenio Garzón 2024, frente a Francisco de los Santos. (Una cancha de césped y una cancha de fútbol 5 techada, también de césped) 0404: 48 x 26. Arcos de 3,5. De fierro blanco, simples. Césped pasable. Desgaste en los arcos. Sin marcaje. Dos focos de luz del lado de la parroquia. Cerco: muro y tejido en mal estado sobre Camino Durán. Alto tejido de contención del lado

de Cufri Helados. 0405: cancha de fútbol 5, techada, de césped. Prolongación del terreno anterior. 28 x 18. Arcos de 3. De fierro blanco, simples. Cierto alumbrado.
-|-- --|-
-|-- --|-

0406
Parque del Castillo de Idiarte Borda
Avenida Lezica 5912. (Parque y castillo renovados y rehabilitados en estos últimos años. Talleres y espectáculos culturales. En el parque, mejora de la cancha pavimentada) 30 x 18. No se identifican arcos. Suelo gris claro en estado mediocre. Nuevo marcaje futbolístico negro con círculo central y áreas. Hermoso entorno.
-|-- -|--

0407
Liceo CIEI
Avenida Lezica 5794. (Casa vieja y locales nuevos. Pequeños espacios de recreo verdes. Una cancha multideportiva alfombrada) 24 x 13. Arcos de 3. De fierro blanco, simples, sin redes. Cierto marcaje. Alfombrado verde, gastado. Tejido de contención lateral y arriba. Sin alumbrado. Entorno cuidado pero estrecho.
|--- -|--

0408
Escuela 208
Carnot 5735 casi Garzón. (Con la escuela 50, ocupa toda la manzana. Cancha pavimentada multideportiva, renovada en 2018) 25 x 13. Arcos de 3. De fierro blanco, simples, bajo los tableros. Pavimento verde nuevo con buen marcaje. Sin alumbrado. Entorno apretado.
-|-- --|-

0409
Yegros FC. Campo de deportes Laureano González
Iris y Camino Durán. (Cancha de baby fútbol con entorno muy bien cuidado. Todo con los colores del club, rojo y blanco) 50 x 30. Arcos de 4. De fierro blanco con ángulos y bases de color rojo, simples, con buenas redes. Césped bastante gastado, fácilmente inundable, pero cuidado. Marcaje completo. Sobre un lateral, dos bancos techados para los suplentes; uno con techo rojo, otro con techo blanco.

Sobre Iris, fuera del cerco, ocho bancos de hormigón pintados de rojo. Del lado de la sede, atrás de un arco, dos tribunitas de tres gradas, una roja y otra blanca. Tres focos de luz de cada lado. En la fachada del local, un cartel de «Bienvenidos». Cerco de rejas rojas. Local sede de gran tamaño. Cancha ejemplar.
--|- ---|

0410
Cancha Plaza Juan Pérez de Marchena
Placita de césped muy alargada de forma triangular, delimitada por la calle Juan Pérez de Marchena. (Juegos infantiles principalmente. El resto, cancha de fútbol. Alargada, bordeada de árboles) 47 x 12. Arcos de 3. De fierro azul, simples. Mucho desgaste en los arcos. Inundable. Sin marcaje. Un solo foco de luz. Pese al mal estado del césped y al entorno precario, cancha simpática por su forma y configuración.
-|-- --|-

0411
CMC Cenadis
Avenida Lezica 5912. (Centro de tratamiento y rehabilitación de niños y adolescentes con problemas mentales complejos. Casona, locales anexos, gran parque. Muy cuidado. Juegos, instalaciones, piscina. Una cancha jardín) 30 x 18. Arcos de 4. De fierro blanco, finos y despintados, simples. Excelente césped. Buen entorno.
-|-- --|-

0412
Cancha jardín privada
Avenida Lezica e Iturbe. (Casona con vasto fondo y cancha de césped) 25 x 15. Arcos de 3. De fierro blanco, simples. Excelente césped. Sin instalaciones. Entorno espacioso y cuidado.
-|-- --|-

0413-0414-0415
Liceo 62
Avenida Lezica 5794. (Cancha patio pavimentada modular. Dividida en dos canchas laterales multideportivas. Arcos en el sentido de la cancha principal y arcos bajo los tableros en el sentido de las dos canchas menores) 0413: 43 x 25. Tamaño de los arcos no determinado. Pavimento gris claro con

restos de marcaje de áreas redondeadas y línea media. Vegetación y tierra invasiva. Sin alumbrado. 0414 y 0415: 25 x 20. Arcos de 3. De fierro blanco, simples.

-|-- -|--
-|-- -|--
-|-- -|--

0416
Yegros FC
Plaza de deportes delimitada por las calles Bobi y Waldemar Hansen. (La cuarta parte de la plaza ocupada por la segunda cancha del Yegros FC) 28 x 18. Arcos de 3,5. De fierro blanco con ángulos y bases de color rojo, simples. Mucho desgaste. Pura tierra. Pequeño local cuidado, con los colores del club. Alambrado precario con postes rojos. Dos focos de luz.

-|-- --|-

0417
Plaza de deportes 9, plaza parque Lázaro Gadea
Sobre la calle Juan Mac Coll, ocupando un cuarto de la plaza. (Pista pavimentada en la cual se cruzan ortogonalmente una cancha de fútbol y otra de básquetbol) 40 x 20. Arcos de 3. De fierro rayado blanco y rojo, con estructura, sin redes. Piso negro asfaltado con buen marcaje de tipo fútbol 5. Estado general: bueno. Pequeño cerco de color que no sirve para contención. Entorno: parque cuidado y agradable.

-|-- --|-

062

0418 A 0425
Complejo deportivo Juveniles de River Plate
Camino Fortet 2616. También entrada por el Camino Hilario Cabrera. (Buenos y grandes locales ampliados en 2019. Seis canchas grandes, una cancha lateral de fútbol 7 y una cancha infantil) Panorama general: complejo cuidado, buen cerco, todo con los colores del club. Arcos fijos, simples o con estructura, de fierro blanco con bases rojas. Estado del césped de correcto a bueno. Algunas canchas, como la 0422 o la 0425 con bastante desgaste general. En todos los terrenos, desgaste en los arcos y en el centro del campo. Marcaje en todas las canchas grandes salvo en las 0422 y 0425. Sin alumbrado.

0418: 105 x 70. Bastante desgaste. 0419: 22 x 15. Arcos de 3,5. 0420: 70 x 40. Arcos reglamentarios. Fijos, con estructura. También arcos de 4, móviles. Utilizada para entrenamientos. 0421: 105 x 70. Arcos reglamentarios. Fijos, con estructura. Desgaste general. Utilizada modularmente. 0422: 85 x 60. Arcos reglamentarios. Fijos, con estructura. Desgaste en una mitad de la cancha. 0423: 105 x 70. Arcos reglamentarios. Fijos, con estructura. Buen estado general. 0424: cancha principal. 105 x 70. Arcos reglamentarios fijos. Estado general bueno. Banco de suplentes techado. Tribuna de hormigón de cuatro gradas sobre una buena mitad de un lateral. 0425: 85 x 60. Arcos reglamentarios fijos, simples. Estado mediocre. Tejido de contención atrás de un arco en estado mediocre.
---| --|-
|--- --|-
--	- --	-

0426
Chacra Estilo Campo
Camino Manuel Fortet 2424. (Casa de campo. Locales para fiestas, parque y cancha) 28 x 13. Arcos de 3. De fierro blanco, finos, con estructura y redes. Excelente césped.
-|-- ---|

0427-0428
Orofino SA. Centro de distribución El Embrujo
Camino Carlos López 6925. (Vasto predio de la empresa con dos espacios de fútbol. Para el personal y el Teletón) Panorama general: buenas canchas; césped correcto con desgaste. Dos canchas gemelas de 44 x 28. Arcos de 4. De fierro blanco, móviles, con estructura y redes. Marcaje esporádico. Un foco de luz entre las dos canchas. Excelente entorno. Espacioso y cuidado.
-|-- ---|
-|-- ---|

063

0429
Fideos Las Acacias Pastas
Perimetral Ferreira Aldunate al lado del número 5773. (Centro de distri-

bución con vasto terreno y cancha de césped básica creada a fines de 2018) 50 x 30. Arcos de 6. De fierro blanco, simples, fijos, con redes. Buen césped, cuidado, sin desgaste. Marcaje esporádico de áreas y de línea media. Buen entorno.
--|- --|-

0430
Cancha campo en establecimiento privado
Sobre el final del Camino La Dorada, en la zona delimitada entre arroyo Miguelete y arroyo Mendoza. (Establecimiento de cría de caballos. Vasto campo, al borde del camino, con cancha de césped) 90 x 55. Arcos reglamentarios. De fierro blanco, con soporte para redes. Césped con cierto cuidado. Sin marcaje. Cerco de alambrado tradicional. Murito atrás de los arcos. Entorno campero agradable.
---| --|-

0431
Chacra Doña Bernardina
Camino El Cordero 3210. (Vasta casa de campo, moderna, con sala de recepción, estar y billar. Campo muy cuidado con cancha jardín) 30 x 25. Arcos de 4. De fierro blanco, simples, sin redes. Césped cuidado, sin marcaje. Hermoso entorno.
-|-- ---|

0432 A 0435
Batallón de Infantería mecanizado número 3, «24 de abril»
Camino Paso del Andaluz y Manuel Basilio Bustamante. (En vasto parque, varios espacios para fútbol) 0432: cancha reciente. 100 x 65. Arcos reglamentarios. De fierro blanco, simples, fijos. Muy buen césped y marcaje completo. Utilización a lo ancho de la media cancha superior, con su marcaje propio. 0433: 65 x 45. No se ven arcos. 0434: 105 x 70. Arcos reglamentarios. De fierro blanco, fijos, simples. Buen césped. Cierto marcaje. Los laterales forman taludes de césped. Sobre un lateral, bajo los árboles, dos hileras de bancos de hormigón pintados de blanco. 0435: 90 x 60. Arcos de 6,5. De fierro blanco, fijos, simples. Marcaje esporádico. Taludes de césped e hilera de bancos sobre un lateral. Buen entorno campero.
---| --|-
--|- --|-

064
0436 A 0444
Complejo los Céspedes, mitad oeste del complejo del Club Nacional de Football
Camino Benito Berges 4481. (Seis canchas de F11 y tres menores en esta parte del Complejo, una de ellas con una utilización modular peculiar) Panorama general: césped bueno, cortado en bandas; algunas canchas con césped pasable; marcaje; arcos en perfecto estado, de fierro blanco, simples, con redes; gran disponibilidad de arcos móviles, grandes y chicos; uso de los espacios adyacentes para picados y entrenamientos; entorno sumamente cuidado con los colores del club; predio cercado con tejido alto sostenido por postes tricolores; locales con todas las comodidades incluyendo sala de instrucción técnica; altos árboles en el entorno de las tres canchas sobre Camino Berges. 0436: 105 x 68. 0437: 105 x 70. Bancos para suplentes. Cuatro postes de luz en cada lateral. 0438: 100 x 70. 0439: 105 x 68. 0440: 100 x 66. Tres focos de alumbrado en cada lateral. Se utiliza modularmente lo que da una cancha de fútbol 8 y dos canchas de fútbol 5. 0441 y 0442: canchas de fútbol 5 o de entrenamiento, marcadas sobre la cancha 0440. 33 x 20. En la vista satelital, arcos de 5. 0443: cancha marcada sobre la 0440, de 70 x 54 con arcos de 5. 0444: 105 x 70. Cancha de césped sintético. Habilitada en 2015. Excelente alumbrado. Conjunto excelente.

-|-- --|-
-|-- --|-
--|- --|-
---| ---|

0445
Espacio barrial de juego
En poblado situado frente al Complejo Los Céspedes, del otro lado del Camino Fenix. Placita delimitada por las calles A, D y B. (Zona de juegos infantiles con cancha de césped) 28 x 13.

Arcos de 3. Artesanales, de madera irregular, color natural, con nudos; ángulos reforzados por una doble escuadra de madera. Pura tierra. Dos bancos de hormigón sobre un lateral, dos atrás de un arco. Entorno apretado.
-|-- -|--

0446-0447
Covi Polo
Camino Paso del Andaluz 5071. (Núcleo poblacional de la cooperativa de ayuda mutua. Al oeste, parque de juegos con una cancha infantil. Al este, cancha orillera un poco más grande. Cerco de tejido de alambrado, alto y sólido) 0446: 18 x 11. Arcos de 2. De fierro blanco, simples, con redes verdes caídas. Terreno muy gastado. 0447: 36 x 24. Arcos de 3,5. De fierro blanco simples, con redes verdes. Menos desgaste. Entorno cuidado.
|--- -|--
-|-- --|-

0448
Cancha terreno privada
Camino Pettirossi 4554. (En vasto terreno de casa, cancha de césped) 30 x 13. Arcos de 3. De fierro oscuro, finos, simples, sin redes. Terreno muy malo. Desniveles, desgaste y barrial. Entorno espacioso pero sin mantenimiento, con vegetación natural desordenada, algo sucio. Cerco de alambrado y portón, en buen estado.
-|-- -|--

0449
Espacio libre Tacuruses
Delimitado por Camino Pettirossi, Ángel Adami y Avenida de las Instrucciones. (Espacio libre con cancha multideportiva pavimentada renovada con la implantación del CAIF UnaLuna) 20 x 9. Se presenta como una cancha exclusivamente basquetbolística, sin arcos. Pero se juega al fútbol con arcos hechos con conos de señalización de obras. Excelente pavimento gris y rojo. Buen marcaje. Bancos de hormigón en los laterales.
|--- --|-

0450
Club Arapey Mendoza y Centro educativo FOEB (Federación de Obreros y Empleados de la Bebida)
En vasta plaza parque de forma trian-

gular delimitada por *Ángel Adami, Camino Pettirossi y Avenida de las Instrucciones*. (Cancha compartida entre el club y el centro cultural) 54 x 40. Arcos de 3,5. De fierro blanco, simples, con ángulos y bases de amarillo y negro, descascarados, con redes. Total desgaste de todo el terreno. Motas altas en los laterales. Marcaje. Bancos techados para suplentes. Cuatro focos de luz en cada lateral. Redes de contención deshechas. Cerco (murito y rejas) en mal estado. Locales bastante grandes, en estado mediocre. Falta mantenimiento.
--|- --|-

0451
Saceem SA
Camino Carlos A. López 4774. (En predio industrial de la empresa constructora, hermosa cancha para el personal) 52 x 32. Arcos de 6. De fierro blanco, simples, con buenas redes verdes. Buen césped. Marcaje claro. Círculo central chico (3 de diámetro). Excelentes estructuras con redes de contención. Sobre un lateral, tres palmeras. En la vista callejera, ovejas pastando. Muy buen alumbrado con tres focos potentes sobre cada lateral.
--|- ---|

065
0452-0453-0454
Complejo Deportivo Los Céspedes
Camino Benito Berges 4481. (Zona este del complejo con una cancha de fútbol 5 y dos canchas de fútbol 11) 0452: 26 x 14. Creada en 2008. Techada a fines de 2019. Arcos de 3. Buen estado. Alfombrado verde bien marcado. Cuatro focos de luz. 0453 y 0454: canchas recientes. Ambas de 105 x 65. Arcos reglamentarios, móviles, con estructura y redes. Sin instalaciones. Césped renovado en 2018, excelente. Marcaje esporádico.
-	-- --	-

0455
Cancha campo de pertenencia indeterminada
Camino Berges 4345. (Al fondo de la casa, pasando el jardín, cancha de césped, cercada) 65 x 38. Arcos de 5,5. De fierro blanco, simples, con

redes verdes. Cierto desgaste. Sin marcaje. Tres focos de luz sobre cada lateral. Altos tejidos de contención en los costados. Entorno cuidado.
--|- --|-

0456
La Canchita
Camino Berges a 400 metros del Complejo Los Céspedes. (Fiestas y alquiler de una cancha de césped) 50 x 30. Arcos de 3. De fierro blanco, con ángulos y bases rojas, simples, con redes verdes. Césped correcto. Delimitación de la cancha y marcaje de áreas de tipo surco. Banderines de córner. Entorno cuidado. Locales modernos y amplios.
--|- ---|

0457
Espacio libre con juegos y cancha
Puntas de Manga. En el centro de la manzana alargada delimitada por Columbia, Unión, Dr Martín Durán y Vía Férrea. (Espacio rectangular de tierra. Cancha creada en 2014) 20 x 13. Arcos de 3. De fierro rojo grueso, con sólidas estructuras para redes. Sobre un lateral y atrás de uno de los arcos, fuerte estructura de contención, de fierro grueso rojo con alambrado. Un foco de luz central. Sobre un lateral, pasaje pavimentado con bancos de hormigón. Entorno sucio.
|--- -|--

0458
Cancha orillera
Borde sureste de Puntas de Manga. A la altura de las calles Clavel y Azahar. (Espacio de juego de fútbol inaugurado en 2016. Las vistas satelitales muestran un terreno que cambia de forma, a veces con una delimitación rectangular bastante clara) 30 x 20. Arcos de 3. Precarios (de constitución indeterminada). Zona con mucho desgaste. Ninguna instalación particular. Entorno de tipo baldío o campo sin cuidado (pastizales altos). Muy utilizada.
-|-- -|--

0459
Club Social y Deportivo Celtic Juniors
Camino Fenix casi José Belloni. (Club barrial con cancha de baby fútbol y local, todo muy cuidado) 44 x 40. Arcos de 4. De fierro blanco, con ángulos azules y bases rojas,

simples, con buenas redes. Césped renovado en 2017. Hoy gastado. Marcaje completo. Banco de suplentes techado en cada lateral. Buenas redes de contención atrás de los arcos. Tres focos de luz de cada lado. Ciertas fotos muestran una tribunita de dos gradas, blanca y compacta, sobre un lateral. Prácticas nocturnas y locales de convivencia barrial y familiar. Entorno con los colores del club. Buen cerco.
-|-- --|-

0460 A 0467
Parque de deportes Andrés Coindre. Colegio Sagrado Corazón
Camino al Paso del Andaluz 3718 esquina Tolon. (Parque recreativo y deportivo del colegio. Configuración cambiante de las canchas. Canchas grandes con modularidad a lo ancho, especialmente la cancha 0460. Salón, baños, parque) Panorama general: buenas canchas, con buen césped, cuidado y marcado; arcos en buen estado, de fierro blanco, reglamentarios fijos simples y chicos móviles con estructura y redes; no hay instalaciones para público ni alumbrado; buen cerco; excelente entorno. 0460: 85 x 50. Arcos reglamentarios. Marcaje completo. Círculo central chico de 6 de diámetro. Se divide con frecuencia en dos canchas menores a lo ancho con su propio marcaje. 0461 y 0462. De 50 x 25. Arcos de 4. 0463: 50 x 30. Arcos de 4. Fue cancha grande. Hoy es cancha de baby fútbol o de fútbol 7-8. Sin marcaje. 0464: 30 x 18. Arcos de 4. Cierto marcaje. 0465: 80 x 50. Arcos reglamentarios. Marcaje completo. Círculo central chico de 6 de diámetro. Se divide en dos canchas a lo ancho de 50 x 30 (0466 y 0467). Arcos de 4.
---| ---|
--|- ---|
--|- ---|
--|- ---|
-	-- ---
--	- ---
--	- ---

0468-0469
Roble Molino fútbol 7
Camino Al Paso del Andaluz 4387. (Dos canchas «de fútbol 7», alquila-

bles. Local y cantina) 0468: 50 x 30. Arcos de 5. De fierro blanco, finos, simples, sin estructura, con redes naranjas pasables. Césped pasable. Cierto marcaje. Banderines de córner. Redes de contención. Tres focos de luz sobre un lateral. 0469: 58 x 38. Arcos de 5. De fierro blanco, simples, con redes naranjas. Estado general malo, abandono. Entorno general campero.
--|- --|-
--|- -|--

0470
El Rancho fútbol 5
Camino Pettirossi 2625. (Cancha de fútbol 5 abierta, creada en 2016) 30 x 15. Arcos de 3. De fierro blanco, con estructura y redes. Buen césped sintético con buen marcaje. Excelente alumbrado. Tejido de contención lateral y arriba. Espacio con bancos y asientos para público sobre un lateral y atrás de un arco. Tablero electrónico. Amplio espacio lateral con parrilla, billar y baños. Buen entorno de tipo club.
-|-- ---|

0471
Club Tacuarembó Junior
Camunda y Camino Pettirossi. (Cancha de baby fútbol y locales del club) 56 x 40. Arcos de 4. De fierro blanco, simples, con ángulos y bases de color rojo, y redes naranjas. Terreno malo. Desgaste, desnivel y descuido. Tejido de contención pasable atrás de los arcos. Techo y bancos precarios para los suplentes. Bancos precarios de tronco para el público. Modesto local del club con escudo rojo y negro. Dos modestos focos de luz de cada lado. Cerco roto. Entorno descuidado y algo sucio.
--|- -|--

0472
Chacra Vanilla
Pettirossi 4320. (Chacra de fiestas y eventos. Con vasto campo. Sobre la carretera, cancha campo) 25 x 15. Arcos de 3. De fierro blanco con ángulos negros, estructura para redes, herrumbrados. Césped sin cuidado particular. Ramas caídas sobre el terreno. Cerco de alambrado. Entorno agradable.
-|-- --|-

0473 A 0480
Complejo Edmundo Kabchi. Boston River
Camino Carlos A. López frente a Teodore Fells. (Entrenan y juegan las inferiores del club Boston River. Cinco canchas de fútbol 11 y 3 canchas de fútbol 5) Panorama general: mediocre a malo. Entorno poco cuidado; canchas generalmente en mal estado, con mucho desgaste y cuidado insuficiente; arcos simples, de fierro blanco, a veces despintados, con redes; césped poco tratado, salvo la cancha principal. Canchas grandes del lado de Pettirossi inauguradas en 2016 (0473-0474-0475). Las tres de 105 x 70. 0473-0474: en estado pasable. 0475: en mal estado, con mucho desgaste. Del lado del Camino Carlos López, dos canchas tradicionales del club. 0476: 90 x 60. 0477: cancha principal. 105 x 70. Con tribunas chicas. Del lado de la estación de Antel, sobre un terreno cedido por esta empresa, tres canchas gemelas abiertas de fútbol 5. 0478-0479-0480: 25 x 15. Arcos de 3. De fierro blanco, simples. Buen alumbrado. Césped sintético. Alumbrado, Tejido de contención en mal estado. Nota especial en el

Tomo 1.
---	--	-
-	-- --	-
-	-- --	-
-	-- --	-

0481
Cancha orillera
Entre el Complejo de Boston River y el Camino Carlos López, a lo largo de la ruta. (Terreno muy practicado. Sin arcos. Desgaste típico) 38 x 15. Restos de un arco de 4.
-|-- |---

0482
Cancha pavimentada privada
Camino Pettirossi frente al número 4118-4228. (En fondo natural, espacio rectangular pavimentado gris de antigua cancha multideportiva) 28 x 15. Un solo arco de 4. Pavimento muy deteriorado. Entorno: depósito, vegetación. Accesible desde la calle. Tejidos de contención y postes de alumbrado.
-|-- |---

0483
Complejo deportivo Carlos María Barrios, jardinero de Manga
Carlos López 4006 frente a Anacahuita. (Cancha de baby fútbol con entorno muy cuidado, locales y cantina) 55 x 38. Arcos de 4. De fierro blanco, con ángulos amarillos y franja central azul, estructura y redes. Tierra pura Muy marcada con doble área y dos puntos de penal a 7,5 y 9. Cerco: murito blanco. Cuatro focos de luz de cada lado. Cuidado excelente. Diversos locales de calidad. Vestuarios y cantina con terraza sobre la cancha. Una tribunita de dos gradas sobre un lateral.
--|- ---|

0484
Plaza orillera
José María Cordero y Calle B. (En plaza terreno orillera, al límite de zona natural, un local, un espacio de juego y una cancha de césped) 40 x 24. Arcos de 3. De fierro gris, simples, inclinados. Desgaste general, importante en los arcos. Sin marcaje. Terreno malo. Ni cerco ni cuidado particular. Sin alumbrado. Entorno precario y descuidado. Zanja con agua.
-|-- -|--

0485
Cancha perdida en medio de zona natural
En espacio natural delimitado por Pettirossi, Camunda y Camino Carlos López, a 100 metros de la zona poblada. (Cancha perdida en medio del monte) 20 x 13. Dos arcos fijos de 4. Inaccesible. Ningún cuidado particular. Sin desgaste.
|--- |---

0486
Cancha orillera
Camino Carlos López y Castor. (Cancha de césped artesanal y precaria) 45 x 25. Arcos de 4. Construcción casera de palo, con travesaños torcidos y redes de pesca blancas. Terreno con mucho desgaste. Irregularidades. Entorno de vegetación natural, desordenada y abundante. Estado malo.
-|-- |---

0487
Pista de atletismo de Manga
En la plaza de deportes que alberga la pista de atletismo, juegos infantiles y el

tablado César Gallo Durán. (Cancha de césped bordeada por la pista) 60 x 40 con arcos de 4. De fierro blanco, simples, sin redes. Tres focos de luz en cada lateral. Cancha que fue especial por el reparto mitad y mitad entre las hinchadas de los cuadros «grandes». En las vistas callejeras de 2017, un arco pintado con franjas que alternan los colores de Peñarol (amarillo y negro) y otro arco con franjas tricolores, de Nacional (rojo, blanco y azul). Lo mismo sucedía con el entorno, postes y bases de los focos de luz: una mitad de Peñarol, otra de Nacional. Esto ya no es así. Todo fue cubierto con pintura blanca. Campo en mal estado, con mucho desgaste en los arcos. Barrial de cada lado. Salva la cancha la presencia de una modesta pista de atletismo y el alumbrado.
--|-- --|-

066

0488
Cancha jardín privada
Camino Paso del Andaluz casi Camino Paso de la Española. (En vasto fondo de casa, en zona agrícola, cancha jardín) 36 x 24. Arcos de 3. De fierro blanco, muy finos, sin redes. Césped cortado, pasable. Entorno desordenado. Entorno: cultivos.
-|-- --|-

0489
Cancha «Los amigos» fútbol 5
Barrio Nuevos Rumbos, a mitad de la calle 17 de diciembre. (Locales para fiestas y cumpleaños infantiles. Cancha techada, cerrada con lonas verdes que sirve a la vez como espacio de fiesta y de fútbol) 25 x 13. Arcos de 3. De fierro blanco con ángulos oscuros, simples, con redes. Césped sintético correcto. Entorno básico y apretado.
-|-- --|-

0490
Plaza de deportes a orillas de los barrios Capra y Nuevos Rumbos
Entre Camino La Cruz del Sur y Camino Paso de la Española, plaza manzana delimitada por las calles 1, 3, 2 y 5. (Juegos para niños, zona de aparatos, un local –¿policlínica?– y una cancha de fútbol) 40 x 30. Arcos de 4. De fierro blanco con ángulos rojos, despintados, simples, sin redes. Terreno muy

gastado y ahuecado. Motas en los laterales. Tres bancos de hormigón sobre un lateral. Ni marcaje ni luz. Entorno poco cuidado.
-|-- -|--

0491
Cancha baldío orillera, informal. Barrios Capra y Nuevos Rumbos
En el ángulo que une los dos barrios, sobre Camino La Cruz del Sur, frente a la calle 30 de Marzo. (En vasto baldío sucio, campo de juego informal) 20 x 12. Arcos formados con piedras y latas. Cancha detectable por el desgaste típico. Pésimo estado del césped.
|--- |---

0492
Cancha baldío, orillera al barrio Nuevos Rumbos
Sobre Avenida 8 de Octubre a la altura de La Casona. (Cancha artesanal en muy mal estado) 20 x 12. Arcos de 2,5. Un arco hecho con dos troncos de poca altura, sin travesaño. Otro hecho con palos torcidos y un travesaño clavado bastante recto que sostiene redes blancas en mal estado. Postes de color oscuro. Desgaste total. Entorno sin ningún cuidado. Vista callejera pintoresca: una silla al borde de la cancha y un caballo a lo lejos.
|--- |---

0493 A 0500
Complejo deportivo Divina Pastora. Colegio y Liceo Divina Pastora
Camino Repetto 3825, al lado de la escuela 139. (En vasto parque perteneciente al Liceo de Piedras Blancas, en lo alto de un jardín rectangular de 300 de largo, entre Repetto y la Cañada Manga, una cancha grande y una serie de siete canchas chicas) Panorama general: buen césped; sin marcaje; excelentes arcos de fierro blanco, con soportes y buenas redes blancas. 0493: cancha de 87 x 44. Arcos reglamentarios. Se subdivide a lo ancho en tres canchas iguales. 0494, 0495 y 0496: 42 x 29. Arcos de 5. Más abajo, dos conjuntos de dos canchas. 0497 a 0500: todas de 40 x 27. Arcos de 5. Cierto desgaste típico. Entorno ideal.
---| ---|
-|-- ---|
-|-- ---|
-|-- ---|

-|-- ---|
-|-- ---|
-|-- ---|
-|-- ---|

0501-0502
Escuela 139
Camino Repetto 3996.
(Establecimiento moderno con una cancha multideportiva pavimentada y un patio de juego informal) 0501: cancha multideportiva. 25 x 12,5. Arcos de 2,5. De fierro gris, gruesos, con soportes. Suelo gris con buen marcaje, estado correcto. Dos focos de luz en cada lateral. Tribunita con tres gradas a lo largo de todo un lateral. Bancos de hormigón sobre el otro. 0502: cancha patio informal. 26 x 16. Marcaje de círculo y punto central. Suelo mediocre. Arcos móviles de fierro gris.
-|-- ---|
-|-- -|--

0503
Complejo Trattford
Camino Repetto 4397. (Primera de tres canchas del complejo creado en 2015) 90 x 60. Arcos reglamentarios. De fierro blanco simples, con buenas redes. Buen césped.

Marcaje esporádico. Cantina, baños y parque de estacionamiento. Sin comodidades para público.
---| --|-

067
0504-0505
Complejo Universidad Católica
Camino Don Bosco, sin número. (Dos canchas de césped gemelas creadas en 2018) Ambas de 105 x 70. Arcos reglamentarios. De fierro blanco, simples, con buenas redes. Césped bien verde. Marcaje. Tres bancos. Local muy modesto y chico.

0506
Cancha orillera informal
Borde norte del Asentamiento 24 de junio. (Terreno de juego informal, sin arcos, reciente) 24 x 20. Ningún cuidado. Tierra y vegetación invasiva alta y desordenada.
|--- |---

0507
Cancha orillera
Domingo Mora y Ángel Zanelli, borde noreste del barrio Villa Don Bosco.

(Cancha que fue informal durante años. Arcos recientes) 30 x 20. Arcos de 3. De fierro blanco, simples. Mucho desgaste típico. Vegetación invasiva desordenada.
-|-- |---

0508
Astori, estructuras para la construcción
Camino Repetto 3520. (Dentro del predio de la empresa Astori, como fondo de un local o casa, cancha para el personal) 50 x 30. Arcos de 4. De fierro blanco, con soportes y redes. Cierto marcaje de límites. Mucho desgaste según la vista satelital. Entre una arboleda y un depósito. Entorno laboral.
--|-- -|--

0509
Club Social y Deportivo Once Rojo
Costanera Arroyo Manga entre Víctor Rabú y Camino Repetto. (Club social y deportivo dedicado al fútbol infantil) Cancha de 60 x 38. Arcos de 4. De fierro blanco, con ángulos de color en algunas vistas, simples, con redes. Mucho desgaste en los arcos y centro de la cancha. Marcaje. Banco techado de suplentes. Tejidos de contención. Tribuna de cuatro gradas sobre un lateral. Alumbrado precario. Locales grandes, precarios.
--|- --|-

0510-0511
Escuela 227
Orestes Acquarone 3493. (Dos canchas muy dejadas. Pura tierra. Una en el frente, sobre la calle; otra en el fondo) 0510: 30 x 17. Arcos de 3. 0511: 15 x 8. Arcos de 3. De fierro oscuro o de palo, con estructuras de sostén, sin redes. Terreno pelado. Murito y rejas del lado de la calle. Algo de alumbrado.
-|-- -|--
|--- -|--

0512
Iglesia de Jesucristo
Ruta 8 casi Justo González, frente al liceo 25. (Fondo de césped cuidado con cancha jardín) 16 x 12. Arcos de 2. De fierro blanco, finos, simples, con redes, algo despintados. Terreno con cierto desgaste. Muro alto sobre un lateral. Buen entorno.
|--- --|-

0513

Juvenil 16 y Huracán Manga

Camino Santos Dumont y Arroyo Manga, al lado del Parque Marco Sastre. (Club con cancha grande para juveniles) 90 x 60. Arcos reglamentarios. De fierro blanco, con estructura. Césped malo. Mucho desgaste, barriales. Descuidado. Motas e irregularidades sobre los laterales. Marcaje. Cerco de alambrado en buen estado. Tres modestos focos de luz en cada lateral. Locales precarios del color verde del club. Entorno sucio. Sin instalaciones para público.

---| -|--

0514

Predio de juego precario

Mangangá frente al número 7790 que marca la entrada de la Casa San José de los Hermanos maristas. (En terreno libre sin mantenimiento, con césped alto, precariamente acondicionado como parque con asientos hechos con ruedas y caños, cancha de césped) 24 x 15. Arcos de 3. Hechos con palos clavados, irregulares, de diferente color. Césped alto poco practicable.

|--- -|--

0515 A 0529

Complejo deportivo Los Maristas Champagnat

En vasto predio cuadrado de 400 x 400, delimitado por las calles Mangangá, Dionisio Fernández, Camino Siete Cerros y José Marcos Monterroso. Acceso principal por Mangangá 7790. (Gran complejo deportivo. Dentro del recinto, diversos locales: Hogar Marista, Casa San José y Escuela Técnica Don Bosco. Trece canchas de diferente tipo, tamaño y calidad; una de ellas de uso modular. Verdadero parque) Panorama general: entorno agradable y bastante cuidado, con muchos árboles. La mitad del lado del Camino Siete Cerros no está cercada. De ese lado, entorno sucio, papeles tirados, caballos pastando.

Canchas de la mitad cercada.
0515: Pavimentada. 20 x 9. Arcos de 3. De fierro blanco, gruesos, simples, sin redes. Suelo azul con áreas y línea media. Pavimento correcto. 0516: cancha desplazada. 37 x 20. Arcos de 5. Herrumbrados, con estructura, uno de ellos roto, sin redes. Buen césped. Poco marcaje. 0517: Cancha en la entrada de la Casa San José. 40 x 25. Arcos

de 4. De fierro muy herrumbrados, simples. Sin redes ni marcaje. Mucho desgaste general. Hundimiento. Cerco hacia la calle correcto pero bajo. 0518: Cancha ligada a la Casa San José. 77 x 54. Arcos de 5. De fierro blanco, simples, en buen estado. Marcaje completo. Césped correcto. Entorno agradable. Cercada. 0519: separada de la precedente por arboleda. 65 x 34. Arcos de 4. De fierro blanco, simples. Una sola área grande marcada. Buen césped y entorno agradable. 0520: Cancha principal de 70 x 45. Arcos de 6. De fierro blanco, simples, herrumbrados. Mucho desgaste. Cancha hundida. Marcaje de límites y línea media. 0521 y 0522: división a lo ancho de la cancha 0520. 45 x 35. Arcos de 4,5. De fierro oscuro, muy herrumbrados, simples. Un solo arco en la 0521. Mucho desgaste general.

Canchas de la mitad abierta.
0523: en la entrada por Monterroso. 55 x 25. Arcos simples, de 4. De fierro blanco, finos, totalmente herrumbrados. Muy utilizada. Totalmente gastada. Entorno mediocre y sucio. 0524: Cancha situada en el centro del parque. 60 x 40. Arcos de 4,5. De fierro blanco, con estructura. Desgaste en los arcos. Sin marcaje. 0525: 90 x 53. Arcos reglamentarios. De fierro blanco, con estructura. Césped pasable con desgaste en los arcos y centro de la cancha. Entorno agradable. Marcaje casi completo en la vista satelital. 0526: 85 x 50. Arcos reglamentarios. De fierro blanco, con estructura. Césped con desgaste general y mucho en los arcos. Marcaje por sistema de surcos. Cerco roto. Entorno agradable. 0527: 85 x 60. Como la cancha anterior. 0528: 95 x 65. Arcos reglamentarios. De fierro blanco, con estructura. Césped pasable, con cierto desgaste general. Mucho desgaste en los arcos. Marcaje. Talud de césped. 0529: 105 x 65. Arcos reglamentarios. De fierro blanco, con estructura. Pista de tierra alrededor. Césped pasable. Terreno ondulado. Ni instalaciones ni alumbrado. Marcaje de tipo surco.

|--- --|-
-|-- --|-
-|-- --|-
--|- --|-

--|- --|-
--	- -	--
-	-- -	--
--	- -	--
--	- --	-

068

0530
Cancha Jacksonville
Ruta 102, Zonamérica. (En vasta zona de tipo parque, al sur del Regency, cancha de la Liga América) 100 x 66. Arcos reglamentarios. De fierro blanco, simples, con redes. Buen césped. Marcaje completo y claro. Ni instalaciones ni alumbrado. Sin locales. Cerco de alambrado básico. Entorno agradable pero limitado.
---| --|-

0531
Cancha orillera, barrio La Esperanza
Avenida del Parque frente al 9221. (Cancha artesanal en medio de altos pastizales) 30 x 25. Un solo arco de 3. De palo torcido, simple. Césped alto, desparejo. Ningún cuidado. Cerco de alambrado básico.
-|-- |---

0532-0533
Chacra Tierra Franca
Camino Mangangá, a 100 metros del Estadio Campeón del Siglo. (Chacra de eventos, con parque de eucaliptos, frutales, piscina, amplios salones, jardines. Dos canchas de césped) 0532: 40 x 20. Arcos de 3. De fierro blanco, simples, con redes. Cinco focos de luz de cada lado. Buen césped. Marcaje. 0533: 90 x 48. Arcos reglamentarios. De fierro blanco, simples, con redes. Buen césped. Sin marcaje. Excelente entorno.
-	-- --	-

0534
Estadio Campeón del Siglo, cancha del Club Atlético Peñarol
Camino Mangangá y Ruta 102. (Inaugurado en 2016. Estadio moderno; tribunas con nombres de

dirigentes; sede, museo y oficinas) Capacidad: 40 mil personas; 36 mil en tribuna y 4 mil en palco. 105 x 68. Nuevo, completo, con excelentes instalaciones y alumbrado. El mejor estadio del país.
---| ---|

070
0535-0536-0537
Cancha modular en zona agrícola. Propiedad indeterminada
Al final (o comienzo) del Camino del Alambrador, llegando al Parque Pesquero Espinillo. (En plena zona agrícola, a proximidad de chacras, ocupando una parcela, cancha modular) 0535: 90 x 45. Arcos reglamentarios. De fierro blanco, simples, con redes. 0536-0537: divisiones de la cancha precedente. 45 x 30. Arcos de 4. De fierro blanco, simples, con redes. Césped bueno, sin desgaste visible y cuidado. Sin marcaje. Un camino circula entre las chacras y la cancha. Ciertas instalaciones lindantes.
---| --|-
-|-- --|-
-|-- --|-

071
0538
Chacra Doña Olga
Sobre el final del Camino del Domador. (Eventos de muy buena calidad. Entorno cuidado y elegante, salones, gastronomía, parque y piscina. Cancha de césped) 40 x 20. Arcos de 3,5. De fierro blanco, simples, con redes. Buen césped, alto en las vistas callejeras. Sin marcaje. Excelente entorno.
-|-- ---|

072
0539
Cancha campo privada en plena zona agrícola
Continuación Camino a Punta Espinillo pasando Camino El Tropero. (Junto a la casa de la granja, cancha de césped) 52 x 30. Arcos de 4. De fierro blanco, simples. Césped correcto, sin desgaste. Sin marcaje. Entorno agrícola.
--|- --|-

0540-0541
Chacra Los Tilos, recinto de eventos
Camino del Tropero 4750. (En her-

mosa y amplia chacra de eventos, fiestas y bodas, con excelentes salones, parque y piscina, dos canchas de césped) 0540: 40 x 25. Arcos de 3. De fierro blanco, simples. Césped correcto. Sin marcaje. 0541: 90 x 60. Arcos reglamentarios. De fierro blanco, simples. Césped pasable, sin desgaste pero con motas. Sin marcaje. Un caballo y una oveja pastando. Cerco de alambrado. Excelente entorno campero.
-	-- ---

0542
Chacra educativa Santa Lucía
Camino Gral Escribano Basilio Muñoz 5572. (En gran propiedad con cultivos, animales y espacios didácticos, cancha jardín) 50 x 30. Arcos de 3. De fierro blanco, con estructura. Césped pasable, con cierto desgaste. Sin marcaje. Entorno natural y agrícola agradable.
--|- --|-

0543
Cancha de chacra
Camino Gral Escribano Basilio Muñoz 4998. (Cancha jardín al lado de las casas) 26 x 15. Arcos de 3. De fierro blanco, simples. Césped correcto. Sin marcaje. Mucho espacio alrededor. Entorno: parque y zona agrícola, muy cuidado.
-|-- --|-

073

0544
Estancia Don Otavio
Camino Gral Escuela Basilio Muñoz 5472, casi Olaguer y Feliú. (Lugar de eventos con vasto parque y cancha de campo) 90 x 60. Arcos reglamentarios. De fierro blanco, móviles, con estructura y redes. Buen césped, sin cuidado particular. Sin marcaje. Buen entorno campero.
---| --|-

0545 A 0548
Complejo Miami Sports
Gobernador Antonio Olaguer y Feliú 10025, a 350 metros de Camino Sanguinetti. (En propiedad agrícola, complejo reciente con tres canchas de fútbol 11 y una más chica de uso esporádico) Panorama general: césped mediocre; sin marcaje ni alumbrado; arcos fijos y móviles de fierro blanco, con redes. 0545:

cancha menor, casi cuadrada, sobre la calle. 85 x 65. Arcos reglamentarios. Móviles. Uso modular esporádico a lo ancho. 0546 a 0550: 100 x 70. Arcos reglamentarios. Fijos.

0549
Diego Perdomo, fines de semana
Camino Sanguinetti, arriba de Peñarol Universitario. (Terreno de 3 hectáreas con casa, piscina y cancha, alquilable los fines de semana. Había una cancha pavimentada. Con la ampliación del local fue reemplazada por una cancha jardín de césped). 30 x 18. Arcos de 4. De fierro blanco, móviles, con estructura y redes. Sin marcaje, ni alumbrado. Buen césped. Cerco de alambrado precario.
-|-- --|-

0550
Complejo Peñarol Universitario
Camino Sanguinetti entre Camino Manuel Flores y Camino O'Higgins. (Cancha situada más al norte del complejo. La mejor del conjunto)

105 x 68. Arcos reglamentarios. De fierro blanco con bases de color amarillo y negro, con soportes y redes. Césped muy cuidado. Marcaje completo. Tres excelentes focos de luz sobre cada lateral. Buena cancha según la opinión general aunque sin bancos de suplentes y sin asientos para público. Entorno cuidado.
---| ---|

074
0551 A 0556
Complejo Fénix Juveniles
Camino Sanguinetti 2653. (Según la configuración más reciente, seis canchas de diferente tamaño y uso. Diversos locales amplios y modernos) Panorama general: canchas correctas; arcos con los colores del club: violeta y blanco; generalmente con soportes y redes; marcaje completo esporádico; entorno cuidado. 0551: vasto terreno con buen césped, preparado para jugar. 150 x 80. En la vista satelital reciente, cancha de 110 x 60. Arcos móviles de diferentes dimensiones. De fierro blanco, con estructura y redes. Desgaste

en diferentes zonas por uso para entrenamiento físico. Muy buen estado general. Sin marcaje. 0552: 105 x 70. Cancha principal. Arcos reglamentarios. Césped pasable con desgaste. Bancos de suplentes. Marcaje esporádico. Ventanal sobre la cancha. Sobre el otro lateral, tribunita de hormigón con tres gradas. 0553: cancha de 96 x 56. Arcos reglamentarios. Césped correcto con cierto desgaste. Marcaje esporádico. Sin instalaciones. 0554-0555: canchas gemelas de 60 x 40. Arcos de 6. Césped pasable, desparejo según la vista satelital. Marcaje esporádico. 0556: 105 x 60. Arcos reglamentarios. Marcaje completo esporádico. Cierto desgaste general. Sin instalaciones particulares.
--	- --	-
--	- --	-

0557
Cancha de propiedad incierta
Avenida Luis Batlle Berres casi Camino Paurú. (Podría pertenecer a un club de barrio. Accesible al público. Sin mantenimiento) 60 x 40. Arcos de 4. De fierro blanco, simples, con ángulos rojos y travesaños amarillos, descascarados. Mucho desgaste en los arcos y toda la zona central. Subsiste un marcaje de límites y áreas. Pequeño local precario sobre un lateral. Cerco muy deteriorado, con postes rojiblancos. Postes de alumbrado sin los focos. Entorno sucio.
--|- |---

0558
Cancha baldío
Avenida Luis Batlle Berres y Camino Paurú. (Adjunta a la cancha anterior, terreno de juego precario, en pésimo estado, con arcos recientes) 57 x 36. Arcos de 5. De fierro blanco, simples. Marcaje escaso.
--|- |---

0559
Complejo Círculo policial
Camino Sanguinetti y Ruta 1. (En predio de tipo campo, con buenos locales y piscina, cancha de césped) 50 x 40. Arcos de 5,5. De fierro blanco, simples, sin redes. Césped pasable. Poco desgaste. Sin mar-

caje. Entorno campero.
--|- --|-

0560
La Martina Casa de campo
Avenida Luis Batlle Berres 9227. (En excelente lugar, con restaurante de categoría, espacios modernos y tradicionales, servicios para fiestas, piscina, una cancha jardín en vasto parque) 40 x 30 Arcos de 3,5. De fierro gris, finos, simples, con redes verdes. Excelente césped.
-|-- ---|

0561
Cancha jardín privada
El Chingolo 2707. (Cancha jardín que ocupa el fondo de la casa) 26 x 13. Arcos de 3. De color oscuro, quizá de palo. Cierto desgaste general.
-|-- --|-

0562
Cancha jardín privada
Al final de Eduardo Dieste en plena zona agrícola. (Casa grande con piscina y cancha infantil) 10 x 8. Arcos de 2. De fierro blanco, móviles, con estructura y redes. Buen césped.
|--- --|-

0563
Cancha jardín privada
Senda de paso que parte del Camino Gori frente a Rogal SA. (Cancha jardín al frente de casita) 22 x 15. Un solo arco de 3. Hecho con palos irregulares, de color oscuro. Ángulos reforzados con tacos de madera. Césped alto y florido.
|--- -|--

0564
Cancha jardín privada
Oficial 2, 3107, entrando por el Camino Manuel Flores. (En medio de zona agrícola, adjunta a casa grande con amplio terreno, cancha de césped relativamente grande) 43 x 25. Arcos de 5. De fierro blanco, móviles, con estructura y redes. Césped correcto. Palmeras atrás de un arco. Hermoso entorno.
-|-- --|-

0565-0566
Complejo El Torque
Camino Curuzú Cuatiá 3070 esquina Mario R. Pérez. (Zona norte del Complejo. Dos excelentes canchas grandes. Complejo en plena transformación) Ambas de 105 x 68. Arcos reglamentarios. De fierro

blanco, con estructura y redes. Césped excelente. Buen marcaje. Sin alumbrado. Buenos locales adjuntos. Cerco de alambrado. La cancha 566 se utiliza con frecuencia de manera modular, como cancha menor con marcaje propio. No contabilizada.

075
0567
Fondo de casa o establecimiento
Camino Los Camalotes 2335. (En vasto fondo donde estacionan media docena de camiones, cancha de césped. Quizá vinculada al parque de estacionamiento de camiones «Patito») 60 x 40. Arcos de 4. De fierro blanco, simples. Césped pasable. Desgaste sobre uno de los arcos. Sin marcaje ni instalaciones particulares.
--|- -|--

0568
Parking de camiones «Patito»
Avenida Luis Batlle Berres y Camino Los Camalotes 2335. (Al fondo de vasto parque de estacionamiento de tierra, campo con arcos) 40 x 32. Arcos de 4 o 5. De fierro blanco, simples, sin redes. Césped sin cuidado particular. Vaga delimitación de la cancha por surco. Entorno natural, árboles y palmeras.
-|-- -|--

0569
Cancha orillera en espacio abierto
Espacio terreno abierto delimitado por Tranvía la Barra y Víctor Jara. (Cancha trapezoidal de césped) Largo 37, ancho de 36 a 30. Arcos de casi 4. De fierro, simples, totalmente oxidados, con cierta inclinación. Uno con redes verdes, otro con redes blancas. Campo muy gastado, tierra y motas. Delimitación del perímetro por surco. Entorno sin cuidado.
-|-- -|--

0570
Cancha jardín privada
Camino de los Orientales entre Tranvía a la Barra y Luis Eduardo Pérez. (Cancha jardín en fondo de casa) 25 x 17. Arcos de 2. De fierro blanco, simples, con redes verdes. Buen césped.
-|-- ---|

0571

Cancha jardín privada

Camino de los Orientales entre Tranvía a la Barra y Luis Eduardo Pérez. (Junto a la anterior. Cancha jardín en fondo de casa) 15 x 8. Un solo arco de 2. Terreno accidentado.
|--- -|--

0572-0573

Iglesia evangélica Los Hermanos

Camino de Los Orientales 2022. Entrada también por Tranvía a la Barra. (Actividades religiosas, culturales y deportivas. Vasto predio con dos canchas de fútbol y juegos infantiles. Entorno natural) 0572: 40 x 25. Arcos de 4. De fierro blanco, simples. Cancha de tierra con motas altas, poco practicable. Marcaje de límites. 0573: 85 x 34. En la vista, arcos de 3. De fierro blanco, con estructura. Césped correcto. Sin marcaje.
-	-- -	--

0574-575-576

Complejo Los Orientales Liga Oeste

Camino de Los Orientales 2115. (Adjuntas a plantación de limones, tres canchas de fútbol 7) Panorama general: canchas cuidadas; buen césped; arcos de fierro blanco, simples, con redes; marcaje; locales en la entrada) 0574: 60 x 40. Arcos de 4. 0575 y 0576: 65 x 35. Arcos de 4. Altos tejidos de contención atrás de los arcos. Entorno agrícola.
--|- --|-
--|- --|-
--|- --|-

0577

Comisión de fomento Cabaña Anaya

Lomas de Zamora 2512. (Local con vasto fondo. Juegos infantiles y una cancha de césped). 45 x 28. Arcos de 3. De fierro oscuro, simples, con redes verdes en mal estado. Césped sin cuidado, mucho desgaste, pastizales y hundimiento. Sin marcaje. Sin alumbrado. Entorno natural.
-|-- -|--

0578

Parquecito abierto

Espacio abierto delimitado por Las Tres Palmeras, Nuevo Llamas y Luis Batlle Berres. (En espacio abierto de césped, una cancha) 50 x 40. Arcos de 4. De fierro blanco, despintados,

simples, sin redes. Terreno malo. Mucho desgaste. Motas y desniveles. Ningún cuidado. Ni marcaje ni alumbrado. Entorno algo sucio.
--|- -|--

0579
Complejo El Torque, Daniel Marsicano
Camino Curuzú Cuaitiá 3070. (Zona norte del complejo) Excelente cancha de 95 x 60. Arcos reglamentarios. De fierro blanco, con soportes y redes. Muy buen césped. Sin alumbrado. Marcaje esporádico. Cierto uso modular.
---| ---|

0580
Cancha jardín privada
Lomas de Zamora frente al 3149. (En el frente de la casa, rodeada de árboles, cancha de césped) 17 x 15. Arcos de 4. De fierro blanco, simples. Buen césped. Entorno cuidado.
|--- ---|

0581
Cancha terreno, probablemente privada, en predio sin cerco
Camino Anaya 2830 a 100 metros de Mario Pérez. (Cancha terreno en fondo de casa al límite de zona natural) 24 x 15. Arcos de 3. De fierro blanco, simples. Césped malo. Entorno desordenado.
|--- -|--

076

0582
Chacra El olivo de Melilla
Camino Los Naranjos 1451. (Chacra de eventos empresariales y familiares. Salón, restaurante, piscina, parque con cancha de césped) 36 x 20. Arcos de 4. De fierro blanco, simples, con redes. Buen césped. Excelente entorno agrícola.
-|-- ---|

0583
Cancha jardín privada
Camino Hamilton 1290. (Junto a la casa, cancha de césped) 20 x 14. Arcos de 2,5. De fierro blanco, simples, sin redes. Césped cuidado. Cerco de madera. Entorno agrícola.
|--- ---|

0584
Cancha jardín privada
Camino Luis Eduardo Pérez 6824.

Descripción de las canchas y clasificación

(Junto a la casa, media cancha de césped) 20 x 18. Un solo arco visible, de 3. De fierro blanco, simple, con redes verdes. Césped pasable. Entorno agrícola.
|--- -|--

0585
Cancha jardín infantil privada o manzanera
Corresponde al fondo de la casa situada en Zanja Reyuna 2017. (Se interna en una zona vegetal vasta que ocupa el centro de una gran manzana triangular. Parece accesible a partir de las otras casas e incluso desde la Avenida Ideario Artiguista) 25 x 13. Arcos de 2,5. De color oscuro, como de palo grueso, con estructura. Redes naranjas de tejido denso. Césped cuidado. Tejido de contención atrás de los arcos. Entorno: arboledas.
-|-- --|-

0586
Cancha terreno privada
Cimarrones 7555. (En el centro de la manzana, cancha de césped que corresponde a la entrada de una casa con amplios locales) 28 x 20. Arcos de 3. De fierro blanco, con estructura. Césped muy cuidado, con poco desgaste.
-|-- --|-

0587
Cancha terreno privada
El Asentamiento 7623. (En el frente de un conjunto de casas, entre dos caminos de entrada, cancha terreno) 35 x 17. Arcos de 3. De fierro blanco, con soportes y redes verdes. Césped sin cuidado particular. Mucho desgaste en los arcos y motas en los costados. Dos focos de luz sobre uno de los laterales. Tejido de contención alrededor. Murito del lado de la calle. Agradable.
-|-- --|-

0588
Cancha manzanera privada
Corresponde a la ubicación Avenida Ideario Artiguista 2246 bis. (En el corazón de una manzana triangular, en zona amplia de vegetación natural) 40 x 23. Arcos de 3. De palo, de color verde claro. Césped correcto. Ni marcaje ni luz. Entorno de arboledas densas.
-|-- --|-

0589
Cancha orillera de tipo baldío
Situada en la zona sur del barrio Los Bulevares, paralela a la calle La Redota, casi a altura de La Carreta. (En vasta zona natural de altos pastizales. Delimitada por el corte de la vegetación) 40 x 23. Un solo arco en la vista satelital, de 3,5. Probablemente de palo irregular. Césped malo. Desgaste general. Sendero de acceso. Entorno descuidado y sucio.
-|-- |---

077
0590-0591-0592
Complejo ABUA
Camino La Granja 6120, casi Camino Luis Eduardo Pérez. (En plena zona agrícola, en medio de plantaciones, complejo creado en 2017. Tres canchas grandes gemelas) Todas de 100 x 58. Arcos reglamentarios. De fierro blanco, con estructura y redes amarillas. Buen césped. Marcaje. Sin locales. Sin alumbrado. Muy básico.

0593
Cancha informal en plaza terreno, esquina de manzana
La manzana está delimitada por el cruce entre Ideario Artiguista y Eduardo Carlos Pérez. La placita se encuentra sobre la calle E. La cancha está frente al 7211 de la calle E. (Una serie de cuatro bancos de ladrillos y en el centro, un banco circular. Ocupando la mitad de la plaza, en espacio estrecho, una cancha de césped improvisada) 20 x 8. Un arco formado con dos palos irregulares de 1 de alto, plantados en la tierra. Otro de 3,5 formado por el espacio que separa dos bancos. Césped irregular y gastado. Sin cuidado particular. Ni marcaje ni alumbrado.
|--- |---

0594-0595-0596
Espacio abierto con tres canchas
Delimitado por Avenida Ideario Artiguista, Pasaje C, Camino de la Higuerita, Calle B y Pasaje A. (Vasto espacio abierto en forma de «L» junto al CAIF del Padre Hurtado. Tres canchas de uso público, dos de césped, una pavimentada) 0594: cancha de césped. 48 x 33. Arcos

Descripción de las canchas y clasificación

de 4. De fierro blanco, despintados, simples. Césped muy gastado. Terreno desnivelado. Tres postes de alumbrado en cada lateral, sin los focos. Estado malo. Ni redes de contención ni cerco. 0595: cancha multideportiva pavimentada. 28 x 14. Arcos de 3. De fierro blanco, simples, muy despintados (tableros deshechos, sin aros). Ni marcaje ni redes de contención. A 12 metros de la cañada. 0596: entre la cañada y una hilera de bancos. Cancha estrecha de 40 x 10. Arcos de 3. Postes de madera. Césped pasable con desgaste en los arcos. Sin red de contención del lado de la cañada. Caballo pastando. Prolongando este terreno, la mitad de un arco de fierro blanco con ángulo negro. Entorno general: descuidado, insuficiente.
-|-- |---
-	-- -	--

078

0597
Centro Don Bosco
Juan P. Lamolle 1639. (En centro de educación informal, cancha patio multideportiva pavimentada) 20 x 16. Arcos de 3. De fierro blanco, simples, bajo los tableros. Suelo gris claro con marcaje borrado. Estado general mediocre. La cancha se prolonga en un espacio de juego de 35 metros. En el espacio agregado, gran círculo central rojo. Tejido de contención bordeando la cancha.
|--- --|-

0598
Espacio abierto parque o plaza
Vasto espacio abierto delimitado por las calles Dr Valentín Álvarez y Pasaje Lateral Nuevo Colón. (A orillas del barrio Nuevo Colón, lindante con el Monte de La Francesa, cancha grande de césped) 90 x 60. Arcos reglamentarios. De fierro blanco, simples, herrumbrados. Desgaste general. Cancha plana, practicable. Un lateral sigue el canal proveniente del Pantanoso. Sin marcaje, sin luz. Entorno sucio y descuidado.
---| -|--

0599
Parque Manuel Lema, Club Atlético Cuatro Esquinas
En espacio abierto triangular delimi-

tado por Cornelio Guerra y Antonio Rubio. Entrada frente al número 6138 de la calle Rubio.* (Cancha grande básica con locales precarios, sin instalaciones) 100 x 70. Arcos reglamentarios. De fierro blanco, simples, sin redes. Cierto marcaje. Desgaste en los arcos pero césped correcto. Ni redes de contención ni cerco. Entorno: pastizales, sucio.
---| -|--

0600
Cancha baldío
Cornelio Guerra casi Pasaje Rincón de la Tablada, frente al número 1301. Zona norte de los barrios Verdisol y Conciliación. (Cancha baldío o que fue baldío) 36 x 20. Arcos de 3. De fierro oscuro, finos, simples. En la vista callejera de 2015: terreno desparejo y sucio. En vistas satelitales recientes: más cuidado y limpio.
-|-- -|--

0601
Escuela 270
Complejo Verdisol, entre calle 1 y calle 6. (Cancha de césped utilizada como patio de la escuela) 20 x 10. Arcos de 2,5. De fierro blanco, simples. Muy gastada. Ni alumbrado ni marcaje. Estado general : malo.
|--- -|--

0602 A 0605
Academia AEBU
Camino del Fortín esquina Camino Tomkinson. (En vasto parque de 190 x 190, cuatro canchas grandes, dos de las cuales recientes) Panorama general: arcos reglamentarios; de fierro blanco, simples, con redes; cierto marcaje; predio sin cerco, fácilmente accesible. Césped pasable, con poco desgaste, pero desparejo, mal cortado. 0602 y 0603: creadas en 2018. 90 x 56. 0604: 90 x 62. 0605: 100 x 66. Ninguna instalación para suplentes o público. Local deteriorado en la entrada. Entorno poco cuidado y básico.

0606 A 0609
Complejo polideportivo Cohami
Complejo Habitacional Millán y Lecocq. Entrada por la esquina de Avenida Millán y Camino Francisco Lecocq. (Dos canchas de baby fútbol

de césped y dos multideportivas pavimentadas) 0606: cancha reciente. 50 x 38. Arcos de 4. De fierro blanco, simples. Desgaste. Sin marcaje. Sin instalaciones particulares. 0607: 55 x 40. Arcos de 4. De fierro blanco, gruesos, simples, con redes amarillas. Mucho desgaste. Marcaje. Banco de suplentes. Local cuidado, con los colores del complejo (rojo, blanco y azul). Murito alrededor de toda la cancha. Atrás de los arcos, redes de contención en mal estado. Tres focos de luz sobre cada lateral. 0608: cancha multideportiva pavimentada. 27 x 13. Arcos de 3. De fierro blanco, simples, despintados. Pavimento verde claro con marcaje multideportivo. Gastado y despintado. Dos focos de luz, alejados, sobre cada lateral. Tejidos de contención. 0609: cancha multideportiva pavimentada. 22 x 12,5. Arcos de 3. De fierro blanco, simples. Pavimento verde oscuro muy gastado. Marcaje. Un foco de luz en cada lateral.
--|- -|--
--|- --|-
-|-- -|--
|--- -|--

0610
Complejo habitacional Millán y Lecocq
Millán y Lecocq. (Contigua pero aparentemente fuera del complejo polideportivo precedente) 54 x 37. Arcos de 4. De fierro blanco, simples. Desgaste en los arcos. Césped desparejo. Sin marcaje. Sin alumbrado. Local adjunto. Cerco correcto. Estado general pasable.
--|- -|--

0611-0612-0613
Pobres Siervos de la Providencia Centro de formación
Avenida Millán 5650. (Vasto predio cercado –muro y rejas– con hermoso parque y locales de calidad. Dos canchas de césped y una pavimentada. Entorno agradable) 0611: de césped. 30 x 14. Arcos de 3. De fierro blanco, simples, sin redes. Entre arboledas. Césped cuidado con desgaste en los arcos. 0612: cancha pavimentada multideportiva. 30 x 15. Arcos de 3. De fierro blanco, simples, bajo los tableros. Pavimento gris pasable. Marcaje borrado. Dos focos de luz sobre cada lateral. 0613: cancha principal, sobre la calle Piribebuy.

75 x 50. Arcos de 6. De fierro blanco, con soportes, sin redes. Sin marcaje. Césped bueno, sin desgaste.
-|-- --|-
-	-- -	--

0614
Cancha en espacio abierto
Manzana espacio abierto delimitada por el Camino Ariel, la calle 7, Piribebuy y la calle 8. Cancha angosta, poco practicable, entre la cañada y la calle. 40 x 20. Arcos de 4. De fierro blanco, despintados, con redes blancas, precarias, estiradas por piedras colocadas en el suelo, simples. Mucho desgaste. Entorno complicado y sucio. Sin contención (la pelota va al agua). Muchachos jugando en la vista callejera.
-|-- -|--

079

0615
IDAP, Liceo Doctor Andrés Pastorino
Carve 5652. (En el patio más grande, de 40 x 23, cancha patio multideportiva pavimentada) 28 x 20. Arcos de 4. De fierro blanco, simples. Pavimento verde claro, gastado. Marcaje. Tres focos de luz en cada lateral. Cerco bajo sobre la calle. Sin contención.
-|-- -|--

0616
Instituto Moroni
Carve 5630. (Cancha pavimentada multideportiva) 25 x 13. Arcos de 3. De fierro gris, simples. Pavimento gris correcto. Marcaje. Un foco de luz de cada lado. Buena contención detrás de cada arco y sobre un lateral.
-|-- --|-

0617-0618-0619
Colegio San José
Avenida Eugenio Garzón 1867. (En vasto patio pavimentado en forma de «T», dos canchas definidas por la implantación de arcos, y otra chiquita, con marcaje. Un par de arcos con tableros chicos soldados sobre los travesaños) 0617: cancha patio de 30 x 15. Arcos de 3. De fierro blanco, simples. Sin marcaje. Alumbrado sobre uno de los laterales. 0618: 21 x 10. Arcos de 2. De fierro blanco, simples. Sin marcaje.

0619: en zona del patio pintada de verde turquesa intenso. 8 x 5, con línea media y pequeñas áreas. No se ven arcos. Uso probable de arcos móviles chicos. Buen entorno.
-|-- --|-
|--- --|-
|--- --|-

0620-0621
La Bodega fútbol 5
Juan Proudfoot, pegado a la Bodega Ángel Fallabrino. (Dos canchas gemelas abiertas de fútbol 5 en muy buen estado) 31 x 17. Arcos de 3. De fierro blanco, con estructura y redes. Buen césped sintético. Marcaje con áreas rectangulares. Tejido de contención lateral y superior. Cuatro focos de luz en cada lateral. Buen entorno. Espacio para público sobre un lateral. Cantina, parrillero, vestuarios.
-|-- ---|
-|-- ---|

0622
Centro Social Libertad Colón
Sede sobre Daniel Zorrilla. Entrada por Vicuña Mackenna 1929. (Galpón precario con los colores del centro: azul, rojo y blanco. Cancha de fútbol 5 cerrada) 25 x 20. Pésimo estado. Entorno descuidado.
-|-- |---

0623-0624-0625
Plaza de deportes
Espacio abierto delimitado por las calles G, E y 10 metros. (Una cancha de césped y dos canchas pavimentadas multideportivas gemelas) 0623: de césped. 65 x 40. Arcos de 4. De fierro blanco, simples, sin redes, despintados. Mucho desgaste y desniveles. Restos de marcaje. Laterales sucios con papeles y basura. Cerco de postes alrededor de la cancha, sin alambrado. A lo largo de todo un lateral, tribuna de hormigón de 4 gradas. Dos reflectores de cada lado, más hilera de alumbrado público. Sin tejido de contención. 0624: cancha pavimentada multideportiva. 27 x 14. Arcos de 3. De fierro blanco, simples, despintados. Suelo gris mediocre. Marcaje. Cuatro focos de luz sobre cada lateral. Entorno sucio. 0625: cancha idéntica a la anterior, en peor estado. Falta un tablero.
--|- -|--
-|-- -|--
-|-- -|--

0626
Escuela 379
Bulevar Aparicio Saravia y Camino Lecocq. (Establecimiento nuevo. Cancha multideportiva pavimentada) 18 x 10. Arcos de 3. De fierro con diversos colores, simples, bajo los tableros. Suelo gris oscuro, bien marcado. Dos focos de luz. Cuatro bancos de hormigón sobre un lateral. Tribuna-escalera de cuatro gradas a lo largo del otro lateral.
|--- ---|

0627
Plaza Profesor Joaquín Fernando Carbonell
Intersección de Camino Casavalle, Camino Lecocq y Eduardo Raíz. (Plaza de césped poco estructurada. Hamacas, aparatos y cancha básica de césped) 32 x 16. Arcos de 4. De fierro oscuro, simples. Desgaste.
-|-- |---

0628
Espacio abierto de tipo plaza precaria
Delimitado por Camino Edison, Pasaje D, Pasaje A y Coronel José María Navajas. (Terreno plaza con cancha de césped básica). 36 x 23. Arcos de 4. De fierro despintado, simples. Uno sin redes, otro con redes rotas. Suelo malo, desnivelado. Sin marcaje. Un foco de luz alejado. Entorno sucio, basura, papeles, escombros, piedras y agua.
-|-- |---

0629
Cancha baldío
Esquina Pedro de Valdivia y Doctor Teófilo Díaz. (Plaza de deportes en estado de abandono, con una cancha de césped que ocupa la esquina de la manzana) 40 x 26. Arcos de 3,5. De fierro blanco, muy despintados; uno con el travesaño arqueado, el otro roto (solo queda un parante), simples. Césped muy gastado. Barrial en los arcos. Ninguna instalación. Caballos pastando en ciertas vistas callejeras. Entorno sucio, basura y agua.
-|-- |---

0630
Beco Baby Fútbol. CA Beco.
Albéniz y Teófilo Díaz. (Cancha de tierra) 48 x 26. Arcos de 4. De fierro blanco, simples, en buen estado, sin redes. Césped casi inexistente. Marcaje. Red de con-

tención detrás de uno de los arcos. Tres focos de luz sobre cada lateral. Cerco de alambrado pasable. Local amplio del lado de la calle Nueva era, con escudo del club. Hilera de bancos de hormigón detrás de uno de los arcos.
-|-- -|--

0631
Isidro Fynn Baby Fútbol
Cancha delimitada por las calles Rufino Blanco Fombona, Isidro Fynn y Camino Fortet. 60 x 35. Arcos de 4. De fierro blanco, con estructura y buenas redes. Restos de marcaje. Pura tierra. Tejido de contención y cerco de alambrado mediocres. Un foco de luz en cada ángulo. Locales amplios que ocupan todo un lateral. Bien cuidados y pintados. Entorno con basura, piedras y agua.
--|- -|--

0632
Centro Integral de Educación Infantil
Badajoz 1740. Cancha del lado de Fombona. (Cancha de césped básica detrás del galpón del centro) 35 x 20. Arcos de 3. De fierro blanco, simples. Mucho desgaste. Estado mediocre. Sin alumbrado ni instalaciones. Sin marcaje. Cerco: muro y alambrado alto.
-|-- -|--

0633
Vogue eventos
Badajoz 5187 esquina Aparicio Saravia. (Casona con vasto jardín, cancha de básquetbol, juegos infantiles y cancha de fútbol de tipo jardín) 30 x 15. Arcos de 3. De fierro blanco, simples. Césped cuidado. Sin contención ni marcaje.
-|-- --|-

0634
Espacio abierto de tipo placita
Picaflor esquina Francisco Álvarez. (En espacio con algunos juegos infantiles, deteriorado, sobre terreno muy gastado, cancha de césped) 25 x 12. Arcos de 3. De fierro blanco, deteriorados, simples, con redes precarias tiradas por ganchos y piedras. Pura tierra, estrecha y muy desnivelada. Vista callejera pintoresca.
-|-- |---

0635

Empresa de transportes Surysalt

Batlle y Ordóñez 6321. (Amplios locales modernos. Adjunto, terreno vasto para el personal, bien cuidado, con buen césped, sobre el cual se disponen arcos móviles con estructura y redes) Cancha máxima de 82 x 45. Disposición en la vista satelital: 40 x 30. Arcos de 4. Cierto desgaste de un solo lado. Entorno muy cuidado. Hilera de árboles, y excelente cerco.

--|- ---|

0636

Club Social y Deportivo Brandi

Doctor Adolfo Rodriguez 6738. (Cancha de baby fútbol sobre Coronel Pedro De León). 60 x 40. Arcos de 4. De fierro blanco con estructura y redes. Estado del césped mediocre, con desgaste general. Cierto marcaje. Cerco: murito con alambrado en estado pasable. Tres focos de luz en cada lateral. Sobre un lateral, tribunas de hormigón pintadas de rojo, de tres gradas, más hilera de bancos. Se juegan encuentros nocturnos. Entorno general cuidado. Esfuerzo notorio. Adjunto terreno de tamaño similar con campos de juego informales detectables por el desgaste típico. Cantina modesta y galpón gimnasio.

--|- ---|

0637

Plaza Brandi

Delimitada por las calles De León, Cúneo y Adolfo Rodriguez. (Espacio renovado recientemente. Cancha multideportiva nueva) 30 x 18. Arcos de 3, bajo los tableros. De fierro blanco, simples, sin redes. Suelo pavimentado gris claro con buen marcaje de color. Tres focos de luz en cada lateral. Faltan tejidos de contención. En ese mismo espacio, contra la cancha de baby fútbol, zona de fútbol informal, sin arcos, no contabilizada.

-|-- --|-

0638

Espacio parque entre dos cooperativas de viviendas, Covimintss Sayago y Cofevi.

Del lado de Waldemar Hansen. (En espacio de tipo parque, estrecho, entre dos caminos, con otras instalaciones, al lado de grandes galpones –gimnasios o locales

colectivos–, cancha alargada de césped) 50 x 12. Arcos de 4. De fierro blanco, con estructura y redes. Césped con mucho desgaste. Sin marcaje ni alumbrado. Incómodo.
--|- -|--

0639
Olimpo Junior.
Camino Edison esquina Lamartine. (Cancha de baby fútbol y sede del club) 56 x 38. Arcos de 4. De fierro blanco, simples, sin redes. Cancha cuidada pero con mucho desgaste en los arcos, esquinas y centro. Cierto marcaje. Cerco de alambrado y muro en buen estado. Redes de contención rotas detrás de cada arco. Tres buenos focos de luz sobre cada lateral. Bancos techados de suplentes, pintados. Locales vastos, precarios, pero cuidados, con los colores del club. Bancos de palo y hormigón para público del lado del Camino Edison. Prácticas nocturnas.
--|- --|-

0640
Cancha abierta en terreno orillero
Detrás de la cancha del Olimpo Junior accesible desde Camino Edison, sobre Lamartine. (Cancha de césped precaria a orillas de vasto terreno natural) 47 x 26. Arcos de 4. De fierro blanco, despintados, simples, con redes verdes en mal estado. Terreno malo. Descuidado.
-|-- -|--

0641
Cooperativa Covimintss de Sayago
Waldemar Hansen 9. (Cancha infantil de césped, triangular, en la extremidad de la cooperativa) 18 x 12. Arcos de 3. De fierro blanco, con estructura y buenas redes. Césped cuidado, muy gastado. Sin alumbrado. Tejido de contención en mal estado atrás de un arco. Cerco de alambrado bajo.
|--- --|-

0642-0643
Canchas precarias en vasto terreno baldío
En vasto terreno baldío delimitado por Camino Edison y Camino General Máximo Santos. Acceso por Camino Edison. (Restos de una cancha grande y reducción de una cancha grande en cancha de baby fútbol) 0642: 105 x 70. En mal estado. Tuvo

arcos. Murito lateral. En estado de
abandono o de renovación. 0643:
Cambió de tamaño recientemente.
Hoy, 50 x 35. Arcos de 3, de fierro
blanco, simples. Césped malo.
Cierto marcaje.
---		---

0644-0645
Boomerang Fútbol 5
*Bulevar José Batlle y Ordóñez 6644
esquina Carafí.* (Dos excelentes
canchas de fútbol 5, abiertas, de
césped sintético) Ambas de 30 x 14.
Arcos de 3, con estructura y redes.
Áreas rectangulares y punto central. Cinco focos de luz sobre cada
lateral. Buen cerco de contención
alto. Locales de madera nuevos.
Bar, parrillero y vestuarios.
-|-- ---|
-|-- ---|

080
0646
Parque espacio libre Cuauhtemoc
*En el ángulo de las calles Carlos M.
Pacheco y Ramón Otero.* (Ocupando
la cuarta parte del parque, cancha
de césped) 27 x 16. Arcos de 4. De
fierro verde con ángulos blancos,
finos, simples. Pura tierra, mucho
desgaste. Ni marcaje ni alumbrado.
Dos bancos de hormigón sobre un
lateral. Entorno cuidado y agradable con grandes árboles.
-|-- -|--

0647
Cancha jardín privada
Camino Fortet frente al número 2025.
(En casa y establecimiento profesional pequeño) 32 x 14. Arcos de 3.
De fierro blanco, simples. Césped
con desgaste, poco cuidado.
Límites marcados. Entorno con
piscina y jardín. Muro de separación con el fondo vecino.
-|-- --|-

0648
Cancha jardín privada
*Camino Besnes e Irigoyen, entre
Rembrandt y Renoir.* (Cancha de
césped en jardín cuidado) 23 x
11. Arcos de 3. De fierro blanco,
simples, despintados. Buen césped,
sin desgaste. Muro y cerco en muy
buen estado. Alto tejido de contención del lado de la calle. Entorno
agradable con árboles.
|--- --|-

0649

Plaza municipal

Renoir y Picasso. (Ocupa una manzana. Juegos infantiles, aparatos, Centro cultural Oriental Colón y cancha de fútbol pavimentada) 27 x 16. Arcos de 3. De fierro grueso, verde oscuro y rojo, con soporte. Suelo gris oscuro con restos de marcaje. Un tronco grande (banco) sobre un lateral. Entorno cuidado. Cierto alumbrado.

-|-- --|-

0650

Club Susana Soca

Susana Soca 1825. (Cancha pavimentada renovada) 25 x 15. Arcos de 3. De fierro blanco, simples, con redes, algo despintados. Pavimento pintado recientemente. Mucho color. Tableros deshechos. Tejido de contención alto en estado correcto. Dos focos de luz en cada lateral. Buenos locales. Entorno cuidado. Cerco en buen estado.

-|-- --|-

0651

Campo Deportivo Durán

Camino Durán 4450 casi Camino Coronel Raíz. (Cancha básica, creada en 2019) 100 x 55. Arcos reglamentarios. De fierro blanco, simples, con buenas redes. Marcaje completo. Césped pasable. Ciertos servicios y parrillero. Locales chicos. Entorno limitado. Playa de estacionamiento chica.

---| --|-

0652-0653

Parque lineal Cañada Watt

Delimitado por las calles Watt, Juan Bautista Crose y Senen Rodriguez. (Atravesado por la cañada Watt. Dos canchas, una de césped, otra pavimentada, dentro del «paseo») 0652: cancha de césped. 80 x 38. Arcos de 4. De fierro blanco, simples, despintados, con redes verdes en mal estado fijadas al suelo con bloques de piedra. Contraste entre el tamaño de la cancha y los arcos. Terreno pésimo. Zonas inundables. Sin marcaje. Dos focos de luz sobre cada lateral. 0653: Cancha pavimentada. 24 x 14. Arcos de 3. De fierro naranja, gruesos, simples, sin redes. Pavimento deteriorado. Césped invasivo. Alumbrado lejano.

---| |---
|--- |---

0654-0655
Canchas de cooperativa de viviendas no identificada
Cruce de Watt y Camino Casavalle. (En el centro de la cooperativa, una cancha pavimentada, otra de tierra) 0654: de 15 x 10. Arcos de 3. De fierro blanco, simples. Pavimento gris. Césped invasivo. Sin marcaje. Cierto alumbrado. 0655: 18 x 14. Arcos de 3. De fierro blanco, simples. Pura tierra. Sin marcaje. Tejido de contención alrededor. Cuatro focos de luz sobre cada lateral.
|--- -|--
|--- --|-

0656
Iglesia de Jesucristo
Senen Rodríguez 4757. (Cancha multideportiva pavimentada). 26 x 16. Arcos de 3. De fierro blanco, simples, bajo los tableros. Estado general bueno. Suelo recientemente pintado de verde con marcaje blanco. Alto alambrado de contención atrás de un arco y sobre un lateral. Un foco de luz en cada lateral. Entorno cuidado. Uso de la cancha como estacionamiento.
-|-- --|-

0657
Complejo habitacional Mesa 2. Complejo deportivo
Senen Rodríguez y Camino Coronel Raíz. (En vasto espacio con instalaciones diversas –gimnasio, cancha de voleibol–, cancha multideportiva pavimentada abierta) 24 x 17. Arcos de 3. De fierro blanco, gruesos, simples, bajo los tableros. Suelo multicolor, rojo, verde y amarillo. Buen marcaje. Tres focos de luz en cada lateral. Tejido de contención alrededor de toda la cancha. Buen entorno deportivo.
|--- ---|

0658-0659-0660
Miramar Misiones
Ingeniero Alberto Caubarrère 4665. (Dos canchas orilleras de césped para práctica de juveniles y niños, una de ellas con modularidad) 0658: 95 x 50. Arcos reglamentarios. De fierro blanco, con soportes y redes verdes. Césped mediocre, mucho desgaste en los arcos y en los laterales. Tendencia a barrial. Marcaje. Bancos en los laterales. Asientos de plástico para los suplentes. Cuatro focos de luz simples de cada lado. Alambrado precario.

Entorno descuidado, sucio, montones de piedras. Sobre esta misma cancha, marcaje superpuesto de una cancha más chica: 0659. 80 x 50. Arcos móviles de 6. 0660: cancha chica anexa. 35 x 20. Arcos de 4. De fierro blanco, simples, sin redes. Césped malo, muchísimo desgaste. Ningún marcaje. Un foco de luz sobre cada lateral, alejado. Situación general del complejo: entorno pobre. Locales en pésimo estado y poco seguros.

-	-- -	--

0661-0662-0663
Base militar. Brigada de comunicaciones
Entrada por Camino Casavalle 4490. (Enorme predio del ejército repartido entre diferentes sectores. Del lado del Camino Hudson, Camino Casavalle y la cañada proveniente del arroyo Miguelete, serie de canchas básicas de césped) 0661: Cancha reciente. 95 x 55. Arcos reglamentarios. De fierro blanco, simples. Poco marcaje. Césped mediocre. 0662: 60 x 40. Arcos de 4. De fierro blanco, simples.

Sin marcaje. Césped mediocre. Entorno descuidado. 0663: 90 x 50. Arcos reglamentarios. De fierro blanco, simples. Restos de marcaje completo. Césped pasable.

---| -|--
--	- -	--

081
0664
Base militar. Batallón de mecánica número 3
Zona sur del vasto predio afectado a esta división. (Cancha campo básica) 90 x 50. Arcos reglamentarios. De fierro blanco, simples. Césped mediocre. Desgaste general según la vista satelital. Sin marcaje.

---| -|--

0665
Molinos Puritas
Antigua Continuación Colman. (Frente a la planta industrial. Cancha para el personal de la empresa. Predio cercado) 65 x 40. Arcos de 5,5. De fierro blanco, simples. Césped sin cuidado particular. Sin desgaste. Sin marcaje. Ninguna instalación particular.

Entorno básico.
--|- -|--

0666
Esquina terreno triangular
*Avenida de las Instrucciones y
Continuación Camino Coralio Acosta.*
(Vasta esquina terreno triangular,
que sirve como espacio de juego y
entrenamiento) 40 x 25. Sin arcos.
Césped pasable.
-|-- |---

0667
Cancha orillera de tipo baldío
*Paralela a la calle Ajedrez entre
Horneros y Rosas.* (En medio de
vasto baldío, cancha de tierra) 38
x 20. Arcos de 3. De fierro blanco,
finos, simples, muy despintados. Terreno totalmente gastado.
Ahuecado en los arcos. Ninguna
instalación. Entorno descuidado y
sucio.
-|-- |---

0668-0669-0670
**Estadio Doctor Carlos Suero.
Colón FC**
*Avenida de las Instrucciones 2578
esquina Carmelo Colman.* (Complejo
de Colón FC compuesto por una
cancha menor, que incluye una
cancha aún más chica, y la cancha mayor, o Estadio Suero) 0668:
cancha menor De construcción
reciente. 85 x 47. Arcos reglamentarios. De fierro blanco, con soportes
y redes. Mucho desgaste, casi pura
tierra. Marcaje completo. Cuatro
focos de luz en cada lateral. La cancha 0668 contiene la cancha 0669,
con marcaje propio. 0669: 73 x 44.
Arcos reglamentarios. De fierro
blanco, móviles, con estructura y
redes. 0670: estadio de la primera
masculina y femenina. 105 x 65.
Arcos reglamentarios. De fierro
blanco con bases rojas, soporte
para redes y redes. Estado del
césped mediocre. Mucho desgaste
general. Modesto alumbrado insuficiente para partidos nocturnos.
Tribuna de siete gradas de hormigón. Invadida por la vegetación.
Capacidad: 2 mil espectadores.
Cerco entre la cancha y la tribuna,
con alambre de púa. Modestas
instalaciones.
---| -|--
--	- -	--

0671-0672
Complejo SACUDE, Salud Cultura Deportes
Los Ángeles 5430. El complejo ocupa toda la manzana. (Una cancha de césped, un gimnasio polideportivo, vastos vestuarios, una zona de aparatos y una pequeña pista de atletismo de 100 metros) 0671: de césped. 55 x 40. Arcos de 6. De fierro blanco con ángulos negros, simples, sin redes. Césped totalmente gastado. Casi pura tierra. Marcaje de límites de tipo surco. Sin marcaje interior. Sin instalaciones para suplentes o público. Alumbrado potente: tres focos de cada lado, cada foco con 7 reflectores. Tejido de contención y cerco de alambrado en estado pasable. 0672: Cancha multideportiva cerrada. 28 x 15. Arcos de 3. De fierro blanco con ángulos y bases de color negro, gruesos, con estructura y redes. Muy cuidada. Excelente pavimento gris y amarillo. Excelente marcaje. Mucho espacio alrededor y luz. Tribunas de hormigón de seis gradas. Muy buen local.
--|- --|-
-|-- ---|

0673
Cancha informal de tipo plaza
Esquina Queretaro y los Ángeles. (En espacio libre, campo de juego detectable por el desgaste típico durable, sin arcos) 20 x 12. Césped malo. Mucho desgaste, pendiente y huecos. Al borde de la calle, sin tejido de contención. Un arco aislado, en otro sentido. De 4. De postes gruesos con travesaño amarillo y verde.
|--- |---

082

0674-0675
Base militar. Fuerzas Satelitales Uruguayas (FAU) y Ecema (escuela)
Avenida de las Instrucciones esquina Carlos López; y Pedro de Mendoza 5553. (En vasto campo, con dos entradas y dos establecimientos –Escuela y Comando General–, atravesado por una pista de césped y una cañada proveniente del arroyo Miguelete, dos canchas de césped) 0674: 90 x 55. Arcos reglamentarios. De fierro blanco, simples. Césped sin mayor cuidado. Sin marcaje. Desgaste sobre una

mitad. Sin instalaciones. 0675: 38
x 22. Arcos de 4. De fierro blanco,
simples, sin redes. Césped pasable.
Vago marcaje (línea media). Cierto
desgaste general. Entorno general
pobre, poco cuidado.
---| -|--
-|-- -|--

0676-0677
Canchas orilleras en vasto campo baldío
Zona central del barrio Manga delimitada por Camino Boiso Lanza, Achar, Camino Capitán Coralio Lacosta y Avenida Don Pedro de Mendoza.
(Espacio cortado por dos cañadas con dos canchas orilleras) 0676: sobre Boiso Lanza frente al número 4642. 90 x 60. Arcos reglamentarios. De fierro blanco, simples, muy herrumbrados. Cierto marcaje. Estado del césped malo, descuidado, gastado, zonas inundables. Entorno sucio. Ninguna instalación particular. 0677: sobre Coralio Acosta frente al pasaje Celiaster. 92 x 68. Arcos reglamentarios. De fierro blanco, simples, muy herrumbrados. Mal estado del césped, sin cuidado y con barriales. Marcaje por surcos con pequeño círculo central. Ninguna instalación. Entorno sucio.

0678-0679-0680
Plaza Coronel Felipe Duarte
Delimitada por Artilleros Orientales y Horacio Arredondo. (Comparte la vasta manzana con una escuela. Rincón de juegos infantiles y cancha de césped modulable. En la reciente renovación, desapareció la cancha de «Veteranos Unidos, Piedras Blancas») 0678: cancha principal de 93 x 60. Arcos reglamentarios. De fierro blanco con ángulos azules, simples. Marcaje completo. Césped malo, zonas inundables. Butacas de plástico sobre los laterales. Tres postes de luz sobre cada lateral. Se divide por marcaje en dos canchas chicas en el otro sentido. 0679-0680: Ambas de 60 x 40. Arcos móviles de 4. Más angostas que la mitad de la cancha principal. En una de estas canchas, redes de contención atrás de cada arco. Entorno sucio y descuidado.
---| -|--
--|- -|--
--|- -|--

Descripción de las canchas y clasificación

0681-0682
Espacio saludable, barrio Los Pinos
Avenida San Martín entre Los Pinos y el barrio Tres Palmas. (En vasto terreno, espacio saludable con aparatos de gimnasia y dos canchas de fútbol de césped) 0681: 100 x 65. Arcos reglamentarios. De fierro blanco, simples, sin redes. Cierto marcaje. Terreno plano, seco, con desgaste importante en los arcos y zona central. Practicable. Sin alumbrado y sin instalaciones particulares. Entorno cuidado y limpio. Caballos pastando. 0682: 100 x 60. Particularidad: arcos de 6. De fierro blanco, simples. Mejor césped que la anterior. Desgaste en los arcos. Sin instalaciones. Sin alumbrado. Entorno cuidado. Cercanía de la fundación Los Pinos.
---	-	--

0683 A 0692
Fundación Los Pinos
Avenida General San Martín 5654. (El establecimiento educativo dispone de un vasto terreno de 400 x 110 más un agregado al sur de 140 x 70, ocupado por canchas de fútbol entrecruzadas. Tiene además un gran gimnasio cerrado donde se practica fútbol. Muy buenos locales y entorno. Las canchas forman un verdadero complejo: dos en el gimnasio, una cancha pavimentada exterior y siete canchas de césped, algunas de las cuales sirven también para rugby) Panorama de las canchas de césped: buen césped; marcaje en algunas; arcos simples de fierro blanco, sin redes ni estructura; ausencia de alumbrado. 0683-0684: gimnasio cerrado básico pero moderno, con pavimento verde de calidad, buena luz y arcos móviles de 3 y 4. De fierro blanco, simples, con redes. El gimnasio mide 50 x 25. La vista interior muestra que se practica fútbol a lo largo (0683: 35 x 25), y a lo ancho (0684: 25 x 15). 0685: Cancha multideportiva pavimentada exterior. 28 x 20. Arcos de 3. De fierro blanco, con estructura y redes. Pavimento verde con marcaje múltiple. Estado correcto. Sin alumbrado. 0686 a 0688: tres canchas gemelas de césped, de 52 x 30, con arcos de 5. Sin marcaje. 0689: cancha mayor. 90 x 60. Arcos reglamentarios. Sin marcaje. 0690:

52 x 30. Arcos de 5. Sin marcaje.
0691-0692: canchas gemelas principales. Ambas de 67 x 56. Arcos de
6. Marcaje completo.
-|-- --|-
-|-- --|-
-|-- --|-
--|- --|-
--|- --|-
--	- --	-
--	- --	-
--	- --	-
--	- --	-

0693-0694
**Centro de Rehabilitación
número 8 (cárcel)**
*Domingo Arena 4399 esquina
Zarpadores.* (Unidad de Internación
«Domingo Arena». Una cancha de
césped con utilización modular)
0693: 87 x 52. Arcos reglamentarios. De fierro blanco, móviles, con
soportes. Césped en mal estado.
Restos de marcaje. Sin alumbrado.
Murito y pavimento a lo largo
de un lateral. Sobre esta cancha
grande se dispone una cancha
chica, con arcos móviles, cuyo uso
regular se evidencia por el desgaste
típico. 0694: 40 x 30. Arcos de 3.

De fierro blanco, con estructura.
Del otro lado de Zarpadores, terreno que fue cancha, con tribuna
pavimentada de 4 gradas, pintada
de rojo. No contabilizado en este
trabajo.
---| -|--
-|-- -|--

0695-0696
**Complejo Cerrito. Formativas
AUFI**
*Camino Capitán Mateo Tula Dufort
esquina Juan Fernando Díaz Quijano.*
(Tres canchas: la cancha principal
de Cerrito, y las anexas, represen-
tadas en esta casilla) 0695-0696:
canchas contiguas gemelas. 93
x 65. Arcos reglamentarios. De
fierro blanco con ángulos verdes
y amarillos, simples, con redes.
Césped malo. Ninguna instalación
particular. Sin alumbrado. Entorno
descuidado, pedrerío, pastizales,
descuido general. Cerco roto.

0697
Cancha baldío
*En terreno baldío delimitado por
Camino Durán y Camino Capitán*

Mateo Tula Dufort. (Cancha informal, sin arcos, evidenciada por el marcado desgaste típico) 26 x 20. Tierra pura. Pésimo estado. Entorno abandonado y sucio.
-|-- |---

0698
Cancha baldío
Camino Capitán Mateo Tula Dufort frente al número 4902. (Terreno baldío con cancha de césped) 90 x 55. Arcos reglamentarios. De fierro blanco con ángulos azul oscuro, simples. Estado de la cancha: pésimo. Desgaste general, hundimiento en los arcos. Entorno abandonado, muy sucio.
---| |---

0699
Escuela 378 y Jardín 333
Pasaje Sauce esquina Camino Capitán Mateo Tula Dufort. (Establecimiento nuevo con cancha multideportiva excelente) 28 x 14. Arcos de 3. De fierro blanco, simples, con redes. Pavimento gris claro. Buen marcaje. Dos focos de luz de cada lado. Entorno impecable, con patios y espacios de césped cuidados.
-|-- ---|

0700
Espacio abierto
Espacio abierto de tipo manzana, delimitado por Camino Capitán Mateo Tula Dufort, Petronila Serrano, Matilde Pacheco y Agustín Vera. (Bordeando la cañada, vasto terreno con cancha de césped deteriorada) 53 x 30. Un arco de 3,5. De fierro blanco, con bases y ángulos rojos, simple. Estado del césped pasable a malo. Hundimiento en los arcos. Sin marcaje. Un foco de luz sobre un lateral. Caballo pastando. Entorno descuidado y sucio.
--|- |---

0701
Espacio abierto de tipo plaza
Ocupando toda la manzana, sobre Matilde Pacheco, al borde de la cañada Iyuí. (Comprende un terreno –caballos pastando–, juegos infantiles y una cancha multideportiva pavimentada) 28 x 15. Arcos de 3. De fierro blanco, simples, muy despintados, bajo los tableros. Suelo gris oscuro con cierto marcaje. Dos focos de luz sobre un lateral. Cinco bancos de hormigón sobre un lateral. Entorno pobre y bastante sucio.
-|-- -|--

0702
Covifu
Camino Teniente Rinaldi 4870. (Cooperativa de viviendas. Canchita pavimentada) 18 x 12. No se ven los arcos. Marcaje de línea media y círculo central. Pavimento gris claro. Estado mediocre. Entorno cuidado.
|--- -|--

083

0703
Cancha baldío
Zona central del barrio Manga. Delimitado por Camino Boiso Lanza, Achar, Camino Capitán Coralio Lacosta y Avenida Don Pedro de Mendoza. (Del lado de Boiso Lanza, cancha en terreno baldío) 87 x 70. Arcos reglamentarios. De fierro blanco, simples, en mal estado: travesaños muy herrumbrados y arqueados. Césped malo. Barrial en los arcos. Cierto marcaje. Entorno descuidado y sucio.
---| |---

0704
Cancha orillera en zona natural
A orillas del barrio Nuevos Rumbos, entre Mercedes Sosa y Santiago Chalar. (A 40 metros de la zona urbanizada. Creación reciente de un espacio de fútbol consecuente a la desaparición de las canchas informales que existían en el barrio en zonas hoy edificadas) 23 x 15. Arcos de 3. Mucho desgaste. Ni marcaje ni instalaciones. Entorno natural con mucha vegetación.
|--- -|--

0705
Perseverancia fútbol 5
Perseverancia 5079. (Cancha de fútbol 5 abierta, creada en 2017) 25 x 15. Arcos de 3. De fierro blanco, con estructura y redes. Césped sintético en buen estado. Tres focos de luz de cada lado. Red de contención alrededor de toda la cancha. Pequeñas instalaciones laterales: vestuarios y cantina. Cancha chica, apretada, pero buena.
-|-- --|-

0706
Club Social Piedras Blancas
Avenida José Belloni 4991. (Una sede de dos pisos con cantina, salas y gimnasio, una pista de patinaje, y una cancha de fútbol 5 techada) 30

Descripción de las canchas y clasificación

x 20. Arcos de 3. De fierro blanco, con estructura y redes. Techo en estado mediocre. Redes de contención en mal estado. Alfombrado correcto. Seis focos de luz en cada lateral. Buena tribuna de hormigón sobre todo un lateral, con cuatro amplias gradas. También un vasto espacio abierto pavimentado de 40 x 25; uso futbolístico no confirmado.
-|-- --|-

0707
Cancha de fútbol 5 techada
Camino Paso de la Española casi Previsión. No hay indicaciones disponibles en cuanto a propiedad, calidad y uso. 30 x 15.
-|-- -|--

0708 A 0714
Complejo deportivo Sagrada Familia. Parque Taborin
Camino Repetto 3825 pasando Rafael. (Canchas SAFA. Siete canchas de césped de diferente tamaño, calidad y uso. Locales, gimnasio y vestuarios.) Panorama general: buen entorno, cuidado y seguro, con arboledas y parque; césped correcto; generalmente, arcos de fierro blanco, fijos, simples; instalaciones insuficientes; disparidad en la calidad de las canchas. Marcaje frecuente. 0708: 95 x 63. Arcos reglamentarios. Césped sin cuidado particular, con plantas en el centro de la cancha. Poco desgaste en la vista satelital. Sin marcaje. Límites trapezoidales. 0709: 100 x 60. Arcos reglamentarios. Césped cuidado. Marcaje completo. Entorno arboleda. 0710: 98 x 60. Arcos reglamentarios. Césped mediocre, desgaste en los arcos y sobre una línea de fondo. Marcaje completo. Entorno: arboleda. 0711: 80 x 42. Arcos de 6. Cierto desgaste general. Marcaje parcial, sin área chica. 0712: 56 x 38. Arcos de 4. De fierro blanco, móviles, con estructura y redes. Diseño de áreas semicirculares. Cierto desgaste. Restos de marcaje. 0713: 60 x 40. Arco de 4. De fierro blanco, simples. Césped con cierto desgaste. Marcaje. 0714: cancha principal. 90 x 48. Arcos reglamentarios. Césped pasable. Desgaste sobre uno de los arcos y sobre una mitad de la cancha. Marcaje completo. Círculo central chico.
---| --|-

\-\-\-| --|-
\-\-\-| --|-
\-\-\-| --|-
--|- --|-
--|- --|-
\-\-\-| --|-

0715 A 0718
Complejo deportivo Central Español
Zona este del complejo. Camino Conocido Pettirossi 3550. (Locales y canchas. Dos de césped grandes, dos de césped medianas. Todas en mal estado. Mucho desgaste y poco cuidado. Algunos bancos de hormigón en los laterales) 0715: 100 x 63. Arcos reglamentarios. De fierro blanco, despintados y herrumbrados, simples. Marcaje esporádico y malo. Sin instalaciones. 0716: 65 x 28. Uso de arcos de diferente tamaño. 0717: 106 x 56. Arcos reglamentarios. 0718: 60 x 43. Arcos de 4. De fierro blanco, simples. Marcaje esporádico.
\-\-\-| -|--
--|- -|--
\-\-\-| -|--
--|- -|--

0719
Cancha orillera
Trinidad Guevara casi Camino Domingo Arena. Entrada por Trinidad Guevara bordeando la cancha de La Lata. (En terreno en mal estado, cancha de baby fútbol) 53 x 33. Arcos de 4. De fierro blanco, simples, fijos, con redes verdes pasables. Terreno malo. Sin marcaje. Sin instalaciones particulares. Entorno descuidado y sucio.
--|- -|--

0720
Asociación Social y Deportiva La Lata. Campo deportivo Cirio De León
Trinidad Guevara no Domingo Arena. (Cancha de baby fútbol. Local amplio, cuidado, con los colores del club, cantina y sala de gimnasia) 57 x 40. Arcos de 4. De fierro blanco con ángulos y bases rojas, simples, con redes. Césped malo. Desgaste total. Marcaje. Dos focos de luz en cada lateral. Bancos para suplentes. Tribunitas de tres gradas en cada lateral (para 30 personas cada una). Cerco rojo y blanco en buen estado.
--|- --|-

Descripción de las canchas y clasificación

0721
CA Los Gorriones Baby Fútbol
Clemente Ruggia 4041 esquina César Batlle Pacheco. (Cancha de césped y sede del club) 58 x 38. Arcos de 4. De fierro blanco, con estructura. Mucho desgaste, poco césped. Marcaje completo. Banco techado de suplentes. Tejido de contención en mal estado del lado de las casas. Tres focos de luz sobre cada lateral. Un banco largo sobre un lateral con techo para el público. Tribunita de tres gradas atrás de un arco. Muro y rejas alrededor en estado mediocre. Entorno sucio.
--|- --|-

0722
Club Estrella de oro Baby Fútbol
Clemente Ruggia frente al número 3674. (Sede y cancha de césped) 60 x 40. Arcos de 4. De fierro blanco con ángulos amarillos y bases verdes, con soportes para redes. Desgaste en toda la cancha. Marcaje completo. Formas circulares aproximativas. Espacio precario de bloques con techo de lata para los suplentes. Nada para el público. Tres focos de luz sobre cada lateral, dos de ellos con 4 y 5 reflectores. Llama la atención el entorno con murito y alambrado recubierto de lona blanca. Locales precarios del club: una parte de bloques sin pintar, otra parte amarilla. Serio esfuerzo de cuidado y mantenimiento, pero técnicas de construcción improvisadas y desordenadas.
--|- -|--

0723
Cancha marginal pegada al Club Estrella de Oro.
José María Buyo y María del Rosario Ramos. (Cancha que empezó informalmente en espacio de césped libre entre la calle y la cancha del Estrella de Oro) 31 x 16. Arcos de 3 instalados en 2017. Simples, sin redes. Mucho desgaste. Terreno malo. Ningún cuidado. Desgaste y barro. Entorno sucio. Cierto alumbrado. La vista callejera del Tomo 1 muestra el espacio informal antes de la instalación de los arcos.
-|-- |---

0724-0725
Cerrito formativas AUFI
Juan Fernando Díaz Quijano y Camino Capitán Mateo Tula Dufort. (Una cancha grande de césped

básica y un espacio de juego marginal) 0724: cancha principal del complejo. 105 x 70. Arcos reglamentarios. De fierro blanco, con ángulos verdes y amarillos, simples, en estado mediocre, con redes verdes rotas. Mucho desgaste. Marcaje completo en la vista satelital. Ninguna instalación. Cierto alumbrado sobre un lateral. Alambrado en estado de abandono. Cañada al borde de la línea de cal. Sin tejido de contención. Entorno descuidado y sucio. 0725: cancha marginal al borde de la cancha principal, sobre Juan Díaz. 30 x 22. Sin arcos. Desgaste total. Entorno descuidado y sucio.
---	-	--

0726
Escuela 66
Matilde Pacheco 4160. (Cancha patio pavimentada multideportiva). 20 x 13. Arcos de 3. De fierro blanco bajo los tableros. Pavimento gris claro, gastado y disparejo. Sin marcaje. Un foco de luz sobre cada lateral.
|--- -|--

0727-0728-0729
Plaza de deportes número 8
Avenida José Belloni 4393. (Piscina abierta, una cancha de fútbol pavimentada exterior, una cancha de césped y un gimnasio cerrado) 0727: cancha pavimentada. 28 x 14. Arcos de 3,5. De fierro blanco con ángulos oscuros, simples. Pavimento gris oscuro. Restos de marcaje. Tres bancos sobre un lateral. Sin alumbrado. Entorno básico. 0728: cancha de césped. 34 x 25. Arcos de 3. De fierro blanco con ángulos oscuros, simples. Césped con desgaste, pero practicable. Sin marcaje. Sin alumbrado. Particularidad: cerco alto con alambre de púa y portón con candado. Acceso con autorización especial. 0729: gimnasio multideportivo con tableros y arcos. 30 x 18. Arcos de 3. De fierro blanco con ángulos oscuros, simples. Gimnasio básico de tipo galpón. Piso de pavimento pulido, gris claro, con marcaje.
-|-- -|--
-|-- --|-
-|-- --|-

0730

Cancha informal permanente en espacio libre de tipo plaza

Plaza delimitada por las calles Capitán Mateo Tula Dufort, El Espíritu Nuevo, Pasaje 8 metros y Pasaje F. (Espacio de césped, cuarta parte de la plaza) 22 x 13. Muy gastado. Sin arcos. Entorno cuidado con juegos infantiles y aparatos.

|--- |---

0731

Liceo 67

Zelmar Ricceto (Calle 6) entre Mateo Tula y Teniente Rinaldi. Entrada por Rafael. (Liceo inaugurado en 2018. Cancha multideportiva pavimentada nueva) 35 x 17. Arcos de 3. De fierro blanco, gruesos, bajo los tableros. Pavimento claro con marcaje múltiple. Tres focos de luz en cada lateral. Entorno espacioso.

-|-- --|--

0732

El Surtidor Fútbol 5

Teniente Rinaldi esquina Avenida Belloni. (Cancha de fútbol 5. Techada desde 2017) 30 x 16. Arcos móviles de 3, con parantes amarillos gruesos. Buen césped sintético. Instalaciones aceptables. Local, vestuario y cantina. Buenos comentarios.

-|-- --|--

0733

Cancha jardín en espacio educativo o lúdico

Rafael frente a Camino Teniente Galeano. (En predio con locales pintados con motivos infantiles, un vagón y dispositivos de juego, una cancha al fondo del jardín) 20 x 13. Arcos de 3. De fierro blanco, con estructura para redes. Mucho desgaste de arco a arco. Ninguna instalación particular.

|--- -|--

084

0734

Lamitex?

Camino Repetto 4680. (En vasto terreno vinculado con la empresa Lamitex –entrada por Camino Repetto 4648–, cancha de césped) 50 x 30. Arcos de 5. De fierro blanco, simples, con redes. Césped cuidado. Marcaje. Tres focos de luz en cada lateral. Tejidos de contención atrás de los arcos. Entorno

campero. La indicación en Google Maps© como «Complejo Repetto» no parece adecuada.
--|- ---|

0735-0736
Complejo Trattford
Camino Repetto 4397. (Tres canchas grandes gemelas, dos de las cuales en esta casilla)Ambas de 95 x 60. Arcos reglamentarios. De fierro blanco, simples, con buenas redes. Buen césped. Marcaje. Tejidos de contención. Cerco de alambrado en buen estado. Locales, vestuarios y cantina. Faltan instalaciones para suplentes y público. Sin alumbrado.

0737
Etosha Ltda
Al fondo de la Senda Peatonal que se origina en Camino Repetto 4095. (En plena zona agrícola. Granja especializada con cancha de tipo jardín) 55 x 25. Arcos de 5. De fierro blanco, con soporte y redes. Buen césped. Sin marcaje. Sin instalaciones particulares. Entorno: arboleda y plantaciones.
--|- ---|

0738-0739
Etosha Ltda?
Frente a la empresa Gerdau situada en Camino Santos Dumont 2239. (Dos canchas contiguas cercadas por alambrado tradicional y un gran portón, al borde de un monte) Camino de acceso desde la granja Etosha. Canchas cuadradas. 55 x 50. Arcos de 4. De fierro blanco, con soporte. Césped correcto, hueco en los arcos. Restos de marcaje. Ninguna instalación particular. Agradable entorno campero. Vista callejera con jóvenes jugando.
--|- --|-
--|- --|-

0740-0744
Campo deportivo del Colegio y Liceo Misericordista
Sobre Camino Repetto frente al número 4800. (Tres canchas de césped de diferente tamaño, una de los cuales se divide en dos canchas menores) 0740: 45 x 30. Arcos de 5,5. De fierro blanco, con estructura para redes. Césped abundante. Poco desgaste. Bien cuidado.
0741: 96 x 52. Cancha principal. Arcos reglamentarios. De fierro blanco, con redes, simples. Césped

Descripción de las canchas y clasificación

correcto. Una mitad gastada. Marcaje completo con elementos circulares achicados. 0742: 80 x 45. Arcos de 6. De fierro blanco, simples, con redes. Mucho desgaste sobre un lateral. Se divide en dos mitades, 0743 y 0744, de 45 x 40, con arcos de 4. Sin marcaje propio. Entorno general agradable, árboles y cerco de arbustos. Vestuario. Sin instalaciones para espectadores. Sin alumbrado.

-	-- --	-
-	-- --	-
-	-- --	-

0745-0746
Complejo deportivo Central Español
Camino Pettirossi 3550. (Zona este del complejo. (Un espacio marginal de juego y una cancha de césped) 0745: cancha marginal. 27 x 15. Arcos de 1,5. Césped pésimo. Ni marcaje ni instalaciones. 0746: 105 x 65. Arcos reglamentarios. De fierro blanco, muy despintados, con soportes. Césped malo, mucho desgaste. Motas en los laterales. Marcaje completo. Buen cerco de alambrado en torno a toda la cancha. Dos filas de butacas sobre un lateral, un banco de hormigón sobre el otro. Sin alumbrado. Local con baños y vestuarios.

-	--	---

0747
Cancha orillera
Barrio Punta de Rieles, sobre Teniente Galeano, al lado de la planta de Colgate Palmolive. (Cancha de césped en libre acceso) 40 x 30. Arcos de 3. De fierro blanco despintados, sin redes. Uno de ellos con estructura. Mucho desgaste, pero practicable. Sin cuidado particular. Sin marcaje. Redes de contención precarias atrás de los arcos. Zanja con agua a 10 metros de un lateral. Buen cerco de alambrado. Acceso por puente metálico. Vista callejera con jóvenes jugando. Entorno cuidado y agradable.

-|-- --|-

0748
Chacra Beraca
Camino Santos Dumont 3924. (Ocupando el frente de la casa, en vasto campo, cancha de cés-

ped) 45 x 16. Arcos de 4. De fierro turquesa, finos, simples, sin redes. Vagos límites. Césped cortado. Cierto desgaste. Terreno desnivelado. Sin marcaje. Alambrado tradicional. Entorno campero.
-|-- --|-

0749
Cancha orillera de tipo baldío
Camino Teniente Galeano frente al número 2328, entre Ovidio Fernández Ríos y Barrio 17 de junio. (En vasto baldío, cancha de césped) 35 x 20. Arcos de 3,5. Precarios, construidos con palos irregulares cruzados en los ángulos. Terreno en pésimo estado. Entorno sucio. Restos de cerco de alambrado.
-|-- |---

0750
Cancha jardín privada
Camino Leandro Gómez frente a Campillo. Vecina del número 3324. (En vasto jardín al fondo de la casa, cancha de césped) 30 x 15. Arcos de 2,5. De fierro blanco, simples. Césped cuidado. Desgaste en los arcos. Ninguna instalación particular.
-|-- --|-

0751
Cancha orillera. Barrio 17 de junio
Entre Calle 1 y Calle 2. 30 x 20. (Cancha orillera ocupando un predio del asentamiento, en pésimo estado). Un solo arco de 3. Terreno muy malo. Pura tierra, contornos inciertos. Entorno descuidado y sucio. Ninguna instalación.
-|-- |---

0752
Club Social y Deportivo Málaga
Campillos 3750. En plaza delimitada por Archidona, Campillos y Torremolinos. (Club de baby fútbol con local y cancha de césped) 60 x 40. Arcos de 4. De fierro blanco, simples, con redes amarillas atadas al murito. Cancha de tierra con motas. Cierto marcaje. Pequeñas gradas del lado del local. Banco techado de suplentes. Redes de contención atrás de los arcos. Tres focos de luz en cada lateral. Prácticas nocturnas. Murito de bloques pintado de blanco alrededor de toda la cancha, sin terminar. Portón de acceso. Local relativamente amplio con cantina y vestuarios, cuidado y pintado con los colores del club (amarillo y verde). Esmero en ba-

rrio con entorno sucio.
--|- --|-

0753-0754
Espacio plaza Punta de Rieles. Plaza de deportes 16
Delimitado por las calles Leonardo Da Vinci, Disraeli y Azorín. (Espacio recientemente renovado. Locales nuevos, cancha de césped y nueva cancha multideportiva pavimentada) 0753: cancha de césped. 60 x 37. Arcos de 4. De fierro blanco con bases y ángulos rojos, simples, correctos. Campo: pura tierra, desnivelado. Cierto marcaje. Alambrado en mal estado. Amplios tejidos de contención en estado mediocre. Tres modestos focos de luz sobre cada lateral. Entorno sucio. 0754: cancha pavimentada nueva, multideportiva. 28 x 15. Arcos de 3. De fierro oscuro, gruesos. Pavimento gris claro con marcaje blanco. Un foco de luz. Sin tejido de contención. Entorno básico.
--|- -|--
-|-- --|-

085
0755
Cancha orillera, zona sur del barrio Don Bosco
Al borde del Arroyo Manga, en el cruce de Bartolomé de los Reyes y Costanera Bernardo de la Torre. (En terreno de césped triangular, cancha básica mala) 60 x 40. Arcos de 4. De fierro blanco, simples, herrumbrados y despintados. Césped sin cuidado. Desgaste en los arcos, motas en los laterales. Marcaje. Entorno algo sucio. Caballo pastando.
--|- -|--

0756
Cancha jardín privada
Costanera Manga y Mas de Ayala (calle 7). Casa vecina al número 7576. (Ocupa todo el frente de la casa) 26 x 10. Arcos de 2. Formados con bloques de piedra blanca, contra el enrejado, y fierros finos herrumbrados. En la foto callejera, un niño con vestimenta de futbolista (camiseta rayada amarilla y roja) pintando el área chica con cal. Del otro lado, otra área chica, con un punto penal. Cuadro simpático.
-|-- --|-

0757-0758
Plaza Victoria
Delimitada por Juan García y Fernández, y Antonio Fagiani. (Plaza de césped triangular con juegos infantiles, recientemente renovada. Una antigua cancha de césped y una cancha nueva, pavimentada, multideportiva) 0757: de césped. 40 x 20 (achicada en 2018). Arcos de 4. De fierro blanco, simples, con ángulos negros. Desgaste concentrado en los arcos. Terreno desparejo, con desniveles pero cuidado. Ni marcaje ni alumbrado. 0758: cancha pavimentada reciente «multifuncional» (2018). 18 x 10. Arcos de 3. De fierro blanco, gruesos, con estructura para redes. Suelo negro con marcaje blanco. Falta tejido de contención.
-|-- --|-
|--- --|-

0759
Cancha orillera accesible desde el complejo educativo
Leandro Gómez 3640. (Cancha de césped detrás de la escuela 140) 74 x 40. Arcos de 7. De fierro blanco, simples. Límites inciertos. Estado general malo con mucho desgaste en los arcos y en toda la mitad del lado de la escuela (uso probable como patio). Sin marcaje.
--|- -|--

0760 A 0763
Complejo educativo compuesto por el Liceo 49 y la escuela 140
Camino General Leandro Gómez y Ruta 8. (Cada establecimiento tiene sus canchas. Tres canchas pavimentadas y una de césped) 0760-0761: ligadas al liceo. Dos canchas pavimentadas idénticas. 26 x 13. Arcos de 2,5. Simples. Pavimento gris claro, en mal estado. Vegetación invasiva. Ni instalaciones ni alumbrado. 0762: cancha multideportiva ligada a la escuela 140. Buen estado. 23 x 13. Arcos de 3. De fierro gris, gruesos, bajo los tableros. Pavimento gris claro. Sin marcaje. Sin alumbrado. Sin tejidos de contención. 0763: cancha de césped ligada a la escuela. 25 x 14. Arcos de 3. De fierro blanco, simples, despintados. Césped muy gastado sobre una mitad.
--- --	-
-	-- -	--

0764-0765
Escuela de Suboficiales del ejército
Camino Leandro Gómez 7208. (Vasto predio multideportivo con dos canchas de tenis, una de básquetbol, y un frontón. Una cancha grande de césped con uso modular) 0764: 90 x 55. Arcos reglamentarios. De fierro blanco, simples, con bases rojas y redes en estado correcto. Restos de marcaje. Cierto desgaste. Ninguna instalación particular salvo «troncos-asientos» detrás de uno de los arcos. Sobre esta cancha, a lo ancho, la 0765: 45 x 55. Con arcos móviles de 4. De fierro blanco y bases rojas, con estructura para redes. Marcaje propio.
---| --|-
-|-- --|-

0766
Cancha orillera no estructurada
Camino Leandro Gómez y Perseo. Límite de Punta de Rieles. (En punta de manzana, cancha informal en terreno de césped descuidado) 25 x 16. Arcos hechos con palos cortos clavados en la tierra. Mucho desgaste.
-|-- |---

0767-0768-0769
Brigada de Infantería número 1. Batallón Florida
Ruta 8, 7110. En vasto predio delimitado por Siberia y Camino Cerdeña. (Tres canchas de césped básicas, de calidad similar) Panorama general: desgaste, cierto marcaje, sin instalaciones particulares ni alumbrado. 0767: 90 x 63. Arcos reglamentarios. De fierro blanco, simples, con ángulos y bases oscuras. 0768: 95 x 60. Arcos reglamentarios. De fierro blanco, simples, con ángulos y bases oscuras. 0769: cancha principal. 100 x 60. Arcos reglamentarios. De fierro blanco, simples, con ángulos y bases oscuras.

0770
Cancha orillera
Frente a Servidumbre 7211. (En vasto predio natural de tipo baldío, cancha precaria) 25 x 15. Arcos de 4. Artesanales, fabricados con palos irregulares cruzados y atados en los ángulos. De color verde claro. Terreno totalmente gastado, sin instalaciones ni cuidado.

Desnivelado, en caída. Entorno sucio.
-|-- |---

0771
Cancha orillera
Frente a Servidumbre 7081. (En vasto predio natural y baldío, cancha grande de césped) 90 x 60. Arcos reglamentarios. De fierro blanco, simples. Uno en buen estado, otro totalmente despintado. Mucho desgaste. Desnivel. Motas y basura en los laterales. Tres modestos focos de luz sobre cada lateral. Ninguna instalación particular.
---| -|--

0772
Cancha plaza no estructurada
Ocupando media plaza, en manzana delimitada por Escorpión y Piscis. (Cancha sin arcos. Mucho desgaste típico) 26 x 16. Terreno en mal estado, sin ningún cuidado, desnivelado. Entorno sucio. Un modesto foco de luz sobre un ángulo.
-|-- |---

0773
Cancha orillera no estructurada
Frente a Servidumbre 7015. (Sobre terreno baldío, cancha sin verdaderos arcos) 27 x 14. Arcos compuestos con palitos de 1 metro de alto plantados en la tierra. Ancho de los arcos incierto. Desgaste pronunciado. Desnivel. Descuido general. Entorno sucio.
-|-- |---

0774-0775
Escuelas 338 y 179
Complejo educativo delimitado por las calles Camino Guerra, Cefeo y Ruta 8. (Dos canchas pavimentadas multideportivas correctas) 0774: 17 x 12. Arcos de 3. De fierro rayado blanco y azul oscuro, simples, bajo los tableros. Marcaje reciente con áreas de color verde. Tres focos de luz sobre un lateral. 0775: 18 x 10. Arcos de 3. De fierro blanco, gruesos, simples, bajo los tableros. Suelo claro con marcaje negro. Sin alumbrado.
|--- --|-
|--- --|-

0776
Club Punta de Rieles Baby fútbol
Servidumbre y Varsovia. (Cancha de césped y modestos locales) 58 x 38. Arcos de 4. De fierro

blanco, simples, con ángulos y bases verdes. Estado general de la cancha: pésimo. Desgaste total y motas en los laterales. Sin cuidado particular. Restos de marcaje. Alambrado deteriorado atrás de un arco. Tres focos de luz sobre cada lateral. Troncos para público sobre un lateral y bancos de hormigón en el otro. Tejidos de contención en mal estado. Locales precarios de bloques sin revoque. Entorno inmediato sucio.
--|- -|--

0777
Cancha orillera artesanal
Camino Delfín al sureste de Punta de Rieles. (En descampado con tendencia a baldío, cancha de césped sin cuidado) 60 x 35. Arcos de 4. Bajos, con postes oscuros, gruesos, probablemente de palo. Desgaste. Terreno plano, practicable. Motas en los laterales. Entorno algo sucio.
--|- -|--

087
0778 A 0781
Haras Paraná Guazú
Ruta 102, km 26,5. (Lugar de eventos con gran campo parque, a orillas del arroyo Carrasco. Dos canchas de césped, una de las cuales se divide en dos o cuatro canchas chicas. Excelente entorno) 0778: 58 x 26. Arcos de 4. De fierro blanco, con estructura y redes naranjas, móviles. Buen césped, poco desgaste. Marcaje claro, con una sola área, cuadrada, de 10 de lado, y sin círculo central. Algunos bancos sobre el lateral. Talud. 0779: cancha principal. 105 x 70. Arcos reglamentarios. De fierro blanco, simples. Buen césped. Marcaje completo. Se subdivide a lo ancho en dos o cuatro canchas con su propio marcaje. 0780-0781: sobre la cancha principal. De 70 x 26. Arcos de 4. Con estructura y redes naranjas. Marcaje como la 0778.
--	- ---
--	- ---
--	- ---

089
0782
Cancha jardín privada
Camino del Leñador, a 650 metros Camino del Tropero. (En plena zona

agrícola, cancha de césped junto a la casa de la granja) 50 x 25. Arcos de 4. De fierro blanco, con soportes para redes, algo despintados. Césped correcto, bastante cuidado. Ni marcaje ni instalaciones particulares. Entorno agrícola.
--|- --|-

0783
Parque Punta Espinillo
Camino del Tropero. En la entrada del parque. (Cancha en pleno entorno natural) 55 x 35. Arcos de 3. De fierro blanco, simples. Desgaste general. Ni marcaje ni instalaciones. Buen estado general.
--|- --|-

090
0784-0785-0786
Canchas Altos de Espinillo
Camino General Escuela Basilio Muñoz 4007. (En plena zona agrícola, tres canchas de césped y pequeño local) 0784: cancha principal. 98 x 66. Arcos reglamentarios. De fierro blanco con ángulo izquierdo naranja, estructura y redes. Algo despintados. Césped correcto. Cierto marcaje. Sin instalaciones. 0785-0786: 47 x 33 y 40 x 33. Arcos de 4. De fierro blanco, simples, sin redes. Césped alto y florido. Sin marcaje. Muy buen cerco con portón.
---| --|-
-|-- -|--
-|-- -|--

091
0787 A 0800
Complejo Peñarol Universitario «Julio Gorga»
Camino Sanguinetti y Camino O'Higgins, Ruta 1 km 17. (Nueve canchas grandes, cuatro medianas y tres más chicas. En esta casilla, ocho canchas grandes) Panorama general: arcos de diferente tipo, de fierro blanco, o con base amarilla, simples, con soportes o con estructura; un local chico con baños y cantina; ni cerco ni protección en cuanto al acceso a las canchas; sin instalaciones para el público ni para los suplentes salvo algún modesto banco; césped correcto, cuidado, con poco desgaste. Marcaje esporádico. Las canchas chicas y las canchas grandes situadas más al sur son las más recientes.

Descripción de las canchas y clasificación

0787: 105 x 68. Arcos reglamentarios. Marcaje esporádico. 0788: 55 x 45. Arcos de 5,5. Sin marcaje. Probablemente, lugar reservado a entrenamiento y calentamiento. 0789: 105 x 68. Arcos reglamentarios. Marcaje esporádico. 0790: 105 x 68. Arcos reglamentarios. Marcaje esporádico. 0791: 105 x 68. Arcos reglamentarios. Marcaje esporádico. 0792-0793-0794: 58 x 35, arcos de 6. Sin marcaje. 0795 y 0796: 105 x 68. Arcos reglamentarios. Marcaje esporádico. 0797: 105 x 68. Arcos reglamentarios. Sin marcaje. 0798: 97 x 64. Sin marcaje. 0799 y 0800: 45 x 22. Arcos de 4.
---| -|--
--	- --	-
--	- --	-
--	- --	-
--	- --	-
-	-- --	-
-	-- --	-

0801-0802
Complejo Verde
Camino Sanguinetti y Camino O'Higgins, entre el Complejo Peñarol Universitario y el Liceo 43. (En plena zona agrícola, dos canchas grandes gemelas.) Ambas de 100 x 68. Arcos reglamentarios. De fierro blanco, con soporte y redes. Césped correcto. Marcaje esporádico. Locales no identificados. Canchas básicas.

0803
Liceo 43
Camino O'Higgins y Camino Sanguinetti. (Cancha patio multideportiva pavimentada creada en 2016. El patio mide 30 x 20. La cancha ocupa la mitad) 20 x 15. Arcos de 3. De fierro gris oscuro, gruesos, simples, bajo los tableros. Pavimento claro con marcaje. Cuatro focos de luz y alto alambrado.
|--- --|-

0804-0805
Complejo Rural Oeste
Camino Sanguinetti y Camino O'Higgins. (Obra del presupuesto

participativo. Deportes y recreación. Junto a locales para gimnasia y juegos. Doble cancha exterior pavimentada: una cancha principal de fútbol; una cancha secundaria multideportiva) Panorama general: Pavimento gris, con marcaje, en buen estado. Alumbrado (cuatro focos en cada lateral). Alambrado alto alrededor y tejido superior. 0804: cancha secundaria. Básquetbol y fútbol. 26 x 15. Arcos de 3. De fierro amarillo, simples, bajo los tableros. 0805: cancha principal. 40 x 20. Arcos de 3. De fierro amarillo, simples.
-|-- --|-
-|-- --|-

0806
Espacio de juego
Camino Sanguinetti 4854. (En pequeño terreno entre ranchos y quiosco, un espacio de juego de césped con un solo arco precario) 10 x 6. Un arco de 2,5. De palo fino. El otro compuesto por estructuras de colgar ropa. Césped en mal estado, irregular, con mucha vegetación alta.
|--- |---

0807
Chacra de eventos Espeto Corrido
Camino Conde 4761. (En vasto parque con juegos infantiles y espacios para fiestas, cancha lateral sobre el camino Conde) 48 x 32. Arcos de 3. De fierro blanco, móviles, con estructura y redes. Pura tierra. Marcaje esporádico. Buen cerco de alambrado. Buen entorno.
-|-- --|-

0808-0809-0810
Granja particular con diversas instalaciones deportivas
Camino Conde 4981. (Tres canchas separadas por plantaciones de frutales en terreno con casas. Dos de césped, una pavimentada) 0808: 45 x 22. Cancha de césped muy cuidado. Arcos de 4. De fierro blanco con estructura para redes. Sin marcaje. Alambrado de delimitación. Tres postes altos con tejido en mal estado detrás de cada arco. Zanja marcando los límites laterales. 0809: Cancha pavimentada multideportiva: tenis y fútbol. Zona de tenis en verde, el resto en naranja. 40 x 30. Arcos de 4. Móviles, con estructura. En buen estado. Marcaje múltiple. Tejido de

contención. 0810: cancha reciente internándose en los campos. 80 x 50. Arcos reglamentarios. De fierro blanco, simples. Estado pasable. Marcaje esporádico.
-|-- --|-
-	-- --	-

092
0811 A 0814
Complejo Picapiedra. Rampla Juniors.
Brigadier Manuel Oribe, Ruta 1 km 17. (Complejo destinado a las prácticas y partidos de los juveniles de Rampla Juniors. Cuatro canchas grandes de césped, básicas, de diferente calidad, en entorno carente de instalaciones mínimas) Todas de 105 x 68. Césped pasable con desgaste en los arcos. Arcos reglamentarios. De fierro blanco, simples, algo despintados, con redes. Solo la 0813 con césped más cuidado y marcaje esporádico. Alambrado precario delimitando el predio. Pocas instalaciones. Galpones y depósitos que sirven de vestuario, baño, y para guardar material. Ninguna instalación para público y suplentes. Sin alumbrado.
---	--	-

0815
Chacra Los Álamos
Camino Manuel Flores 9097. (Chacra de fiestas y eventos con gran parque jardín, piscina e instalaciones) En el fondo, cancha de césped. 50 x 25. Arcos de 4. De fierro blanco, con estructura y redes verdes. Césped muy cuidado. Hermoso entorno.
--|- --|-

0816
Complejo Daniel Marciscano. Club El Torque
Curuzú Cuatiá esquina Mario Pérez. (En este mapa, solo la cancha situada más al sur. Totalmente renovada en 2017) 100 x 60. Arcos reglamentarios. De fierro blanco, con estructura y redes. Sin instalaciones particulares ni alumbrado. Sin marcaje en las vistas satelitales. Excelente entorno.
---| ---|

0817
Cancha jardín privada
Camino Manuel Flores 8142. (En vasto jardín de casa vieja. Cancha de césped rodeada de árboles y rosales) 30 x 15. Arcos de 2,5. De fierro blanco algo herrumbrados, simples, con redes verdes. Césped cuidado. Lindo entorno.
-|-- --|-

0818
Cancha de granja
Camino O'Higgins 9441. (En vasto predio de buen césped muy cuidado, cercado con sólido alambrado, junto a casa y diversos locales y depósitos, cancha lateral particular) 50 x 25. Arcos de 4. La vista callejera muestra dos arcos reglamentarios, móviles. De fierro oscuro con estructura para redes. Detrás de uno de ellos un arco chico, de 4. De fierro blanco, sin redes, fijo. Cancha sin marcaje ni alumbrado. Poco desgaste.
--|- --|-

0819
Casa de campo Santa Catalina
Camino O'Higgins 8764. (Fiestas y eventos. Vasto jardín con instalaciones y espacios naturales) Cancha de 40 x 20. Arcos de 3. De fierro blanco, con estructura y redes. Césped impecable, hermoso entorno.
-|-- ---|

0820-0821
Complejo Sport 11
Camino O'Higgins casi Camino Garcés. (Dos canchas gemelas de fútbol 11) Ambas de 96 x 65. Arcos reglamentarios. De fierro blanco, con soporte. Una muy reciente. Buen césped, bien cuidadas. Una con buen alumbrado. Sin más instalaciones. Un local lateral sirve de vestuario. Playa de estacionamiento.

0822
Granja San Francisco
Camino O'Higgins 8590. (Casa de campo, eventos y fiestas. Vasto parque con diversas instalaciones. En el fondo, campo de juego) 40 x 20. Arcos de 3. De fierro blanco, móviles, simples, con redes verdes caídas. Buen césped. Buen entorno.
-|-- --|-

Descripción de las canchas y clasificación

093

0823 A 0826
Complejo Daniel Marciscano. Club El Torque
Curuzú Cuatiá esquina Mario Pérez. (Cancha modular techada de césped sintético. Techo arqueado de tipo galpón abierto en los extremos) Cancha principal de fútbol 7 o 9: 70 x 28. Arcos de 5. Se divide a lo ancho en tres canchas de fútbol 5 con marcaje propio y arcos móviles de 3. Las tres canchas (0824 a 0826) de 28 x 22.

--|- ---|
-|-- ---|
-|-- ---|
-|-- ---|

0827
County de Lomas de Zamora. Club Liverpool
Lomas de Zamora 2488. (Lugar de concentración del equipo de primera división de Liverpool, con gran casa y locales para comedor, sala de gimnasia, habitaciones, vestuarios, etcétera) 95 x 67. Arcos reglamentarios. De fierro blanco, simples, con bases azules. Césped cuidado. Poco desgaste. Buen marcaje. Del lado interior de la manzana, tres tribunitas de tres gradas. No hay alumbrado. Tejido de protección precario atrás de los arcos. Uso de marcajes superpuestos de canchas chicas con arcos móviles, para práctica y picados. Cerco de alambrado. Entorno campero.

---| --|-

0828
Cancha grande en progresivo abandono
Frente a la entrada del County de Liverpool. Lomas de Zamora. (Campo de juego grande. En la vista callejera se ve un solo arco en el fondo, bastante despintado, con restos de redes) Dimensiones estimadas: 70 x 50. Arco de 6. De fierro blanco, simple, despintado. Pastizales. Ningún cuidado del césped. Ni instalaciones ni marcaje. Desgaste reciente del lado del arco.

---| |---

0829
Cancha descubierta de fútbol 5 en centro de manzana
Lomas de Zamora 3048. (Cancha de tipo fútbol 5, perteneciente a particular) 26 x 14. Arcos de 3. De fierro blanco, simples. Césped sintético

con marcaje de áreas rectangulares. Estado correcto. Tejido de protección. Sin alumbrado.
-|-- --|-

0830
Cancha privada
Pegada a la cancha anterior. (Cancha de césped en el centro de la manzana) 40 x 20. Arcos de 3. De fierro blanco, simples, con redes. Sin marcaje. Césped correcto.
-|-- --|-

0831
Cancha jardín
Lomas de Zamora 3048. (En el frente de casona con local lateral en construcción) 10 x 10. Dos buenos arcos de 3. De fierro blanco, móviles, con estructura y redes, sobre terreno en estado mediocre. Antes del inicio de las obra se jugaba en el otro sentido sobre una cancha más grande.
|--- -|--

0832
Cancha jardín pintoresca
Eduardo Cayota 2970. (En vasta propiedad de construcciones modestas, con casa y varios galpones precarios, frente de césped con cancha) 28 x 12. Arcos de 3. De fierro herrumbrado, simples, sin redes. Bordeando un camino para autos. Ovejas y caballos pastando. Vista callejera pintoresca.
-|-- --|-

0833
Cancha jardín
Camino Zendote 3949. (En jardín parque de casa de campo, vasto y cuidado, con piscina, al borde de plantaciones, cancha de césped) 30 x 23. Arcos de 3. De fierro blanco, con estructura y redes amarillas. Césped con desgaste. Entorno muy agradable.
-|-- --|-

0834
Chacra La Encontrada, salón rural
Camino Zendote 3929. (Casa de eventos y fiestas con vasto parque. Cancha de césped) 23 x 15. Arcos de 3. De fierro blanco, simples, sin redes. Césped muy cuidado. Terreno con ondulaciones. Entorno muy agradable.
|--- --|-

094

0835
Cancha jardín
Camino El Jefe 2570. (En parque de vasta casa, al lado de la empresa Pacifil. Cancha jardín) 30 x 20. Arcos de 4. De fierro blanco, con soportes. Césped impecable. Alumbrado. Entorno muy cuidado, casi lujoso, con muchas flores.
-|-- ---|

0836-0837-0838
Complejo Huracán FC
Camino El Jefe sin número al lado de los talleres Nantes. (Tres canchas grandes de forma y calidad diferentes. Dos de ellas separadas por un hilo de agua, inundables, en mal estado) Panorama general: canchas desparejas, con mucho desgaste. Descuido. Marcaje esporádico de la 0836. Arcos reglamentarios. De fierro blanco, simples o con estructura, con redes. 0836: 93 x 57. 0837: 100 x 68. 0838: 105 x 68. A un costado, largo galpón con vestuarios, baños y pequeña sala de estar. Sin cerco.

0839 A 0843
Campo Deportivo Villa María
Camino Sosa Chaferro 2550. (Complejo deportivo privado. Liga América. Cinco canchas de césped. Tres canchas grandes y dos canchas de baby fútbol) Estado general: buenas canchas; césped correcto; marcaje; ninguna instalación. Arcos de fierro blanco en buen estado con buenas redes, simples o con estructura. 0839: 90 x 68. Arcos reglamentarios. 0840: 45 x 30. Arcos de 4. 0841: 45 x 30. Arcos de 4. 0842: 105 x 65. Arcos reglamentarios. 0843: 105 x 65. Arcos reglamentarios. Sin playa de estacionamiento. Cerco de alambrado precario.
---| -|--
-|-- -|--
-	-- -	--

0844-0845
Complejo Racing Universitario
Camino Sosa Chaferro frente al Campo Deportivo Villa María. (En plena zona agrícola, dos canchas grandes gemelas) 105 x 67. Arcos reglamentarios. De fierro blanco, simples.

Ambas en buen estado, con buen césped y buen marcaje. Ni cerco ni instalaciones mínimas. Tampoco alumbrado.

0846 A 0851
Complejo Lokura Fútbol
Camino Sosa Chaferro justo al sur del Racing Universitario. (Liga Lokura. Seis canchas de fútbol 7. Tres de ellas por estrenar. Césped natural) Todas de 50 x 35. Arcos de 5. De fierro blanco con ángulos y bases negras, estructura y redes. Buen césped con marcaje completo. Tejidos de contención altos alrededor de cada cancha. Sin alumbrado. Locales pequeños en la zona sur del complejo.
--|- --|-
--|- --|-
--|- --|-
--|- --|-
--|- --|-
--|- --|-

0852
Liceo 24 Carlos Sabat Ercasty
Presbítero José Nicolás Barrales 2500. (Cancha de césped detrás del establecimiento) 45 x 30. Arcos de 3. Simples, con postes gruesos. Mucho desgaste. Ninguna instalación particular.
-|-- -|--

0853 A 0856
Complejo La Familia
Camino Sosa Chaferro y camino Manuel Flores. (Recientemente renovado. Cuatro canchas de césped de diferente formato. Liga América) Buen estado general. Arcos reglamentarios. De fierro blanco, simples. Marcaje. 0853: 100 x 64. 0854: 97 x 68. 0855: 90 x 46. 0856: 93 x 48. Cerco sólido. Vestuarios, cantina y baños limitados. Sin instalaciones para público. Sin alumbrado.

095

0857
Chacra Las Lucianas
Extremidad del Camino de la Chimenea. (Modesta chacra donde se organizan fiestas y casamientos,

con jardín y cancha de césped) 32 x 24. Arcos de 3,5. De fierro blanco, simples. Poco desgaste. Algunos bancos en los laterales. Entorno campero con espacio y juegos.
-|-- --|-

0858
Cancha terreno, fondo de casa
Anatole France 2160. (Rodeada de árboles, en fondo de casa desordenado y descuidado) 35 x 15. Arcos de 3. Artesanales, de postes verdes, con redes. Césped con desgaste. Suelo desnivelado. Ninguna instalación particular.
-|-- -|--

0859
Cancha artesanal en baldío
Las Pitas frente a Guy de Maupassant. Entre Las Pitas y el arroyo Pantanoso. (Vasto terreno que tiende a ser baldío con cancha de césped artesanal) 30 x 20. Arcos chicos, de 3 o de 2. De palo irregular, cruzados y atados en los ángulos, con redes blancas. Sin delimitación salvo la natural impuesta por algunos árboles. Entorno bastante sucio. Adyacente a esta cancha, zona de juego precaria con un arco compuesto por dos bloques. No contabilizada.
-|-- -|--

0860
Club Alianza Montevideo
Las Pitas, pegada a la cancha de Racing. (En zona de tipo parque. Predio cedido al club Alianza – divisiones infantiles–). Cancha de césped no cercada. 40 x 25. Arcos de 5. De fierro oscuro, finos, simples. Desgaste. Sin marcaje. Sin instalaciones.
-|-- -|--

0861-0862
Doble cancha Club Racing AUFI
Las Pitas frente a Oscar Wilde. (Cancha de césped con doble marcaje delimitando dos canchas: una grande, otra menor) 0861: 55 x 40 (arcos móviles de diferente tamaño). 0862: 85 x 55. Arcos reglamentarios. De fierro blanco, simples, con bases y ángulos verdes. Césped pasable, falta de corte en ciertas partes, desgaste importante en las áreas chicas. Sobre un lateral, algunos bancos y una tribunita. Arcos móviles en el entorno. Cerco con postes pintados

de verde y blanco. Local cuidado.
Buen alambrado.
--	- --	-

0863
Cancha abierta en espacio público
Las Pitas entrando por Fedor Dostoievsky. En el vasto terreno-parque entre Las Pitas y el arroyo Pantanoso. (Pegado al Racing Aufi, separado por árboles del arroyo. Cancha con un solo arco visible) Dimensiones estimadas 40 x 20. Arco de 5. De fierro blanco, simple. Desgaste en los arcos. Marcaje esporádico.
-|-- --|-

0864
Cancha terreno en fondo de casa
Camino Tomkinson 1891 y Camino de la Chimenea. (En vasto terreno, casona de ladrillos de varios pisos y locales profesionales adjuntos. Cancha de tipo jardín) 25 x 17. Arcos de 4. De fierro blanco, simples, despintados, sin redes. Fondo poco cuidado.
-|-- -|--

0865-0866
Complejo Luis Martínez. San Eugenio Universitario.
Camino Paso de la Arena 1851. (Muy buen conjunto con espacio de césped adyacente para práctica y una cancha principal particularmente buena) 0865: Espacio anexo. 65 x 25. Arcos reglamentarios. Móviles, de fierro blanco, con soportes y redes. 0866: 105 x 65. Arcos reglamentarios. De fierro blanco, con soportes y redes. Poco desgaste. Buen marcaje. Banco techado para suplentes. Hilera de bancos azules sobre uno de los laterales. Buen alumbrado con tres postes de luz en cada lateral y uno atrás de cada arco. Local con los colores del club (azul y blanco). Entorno muy cuidado con sólido cerco de alambrado. Comentarios muy favorables, (buena cancha y vestuarios). Según algunos, mejor que ciertas canchas profesionales.
--	- ---

0867
Club La Chimenea
Ocupa buena parte de la plaza-manzana delimitada por Camino Paso de

la arena, José Monegal y José Miguel Pallejas. (Espacio de césped triangular sin alambrado y sin delimitación, con una cancha en la zona ancha) 90 x 50. Arcos reglamentarios. De fierro blanco, simples, despintados, sin redes. Césped mediocre con mucho desgaste en los arcos. Restos de marcaje. Entorno descuidado. A lo largo de un lateral, bancos de hormigón. Club en reformas o en vías de desaparición.
---| -|--

0868-0869-0870
Tres canchas de fútbol 5 a 6
Luis Batlle Berres 6874, y Camino Cibils. (Canchas de diferente tipo y calidad. Dos abiertas, una techada. Todas alumbradas. Con arcos de fierro blanco, simples, y buenos tejidos de contención) 0868: 36 x 16. Arcos de 3. Alfombrado verde con marcaje. 0869: cancha techada más reciente. 30 x 16. Arcos de 3. Césped sintético. 0870: 40 x 20. Arcos de 3. Pavimento verde con buen marcaje. Tejido arriba y entorno general correcto. Ciertos locales.
-|-- --|-
-|-- --|-

-|-- --|-

0871
Cancha de parque
Sobre Camino Tomkinson del lado del el Pantanoso. (En pleno parque, cancha de césped rodeada de árboles y vegetación densa) 47 x 25. Arcos de 4. De fierro blanco, simples. Césped pasable, con cierto cuidado. Poco desgaste. Sin marcaje. Sin instalaciones.
-|-- --|-

0872
Cancha de parque
Sobre Camino Tomkinson. (Similar a la cancha precedente. Idéntico entorno) 40 x 28. Arcos de 3. De fierro blanco, finos, simples, despintados. Pegada a la cancha del Tigre. Desnivelada. Mucho desgaste en los arcos. Entorno bastante sucio.
-|-- -|--

0873
Cancha de parque
Las Pitas y Camino Tomkinson. Ángulo inferior del parque delimitado por Las Pitas y el Pantanoso. (Adjunta a la cancha del Tigre, campo de juego en franja de terreno estrecha

al borde de la calle) 35 x 20. Arcos de 4. De fierro blanco, con soporte para redes. Terreno muy gastado, con árboles muy cerca de un arco. Sin marcaje.
-|-- -|--

0874
Club Atlético Tigre baby fútbol
Las Pitas y Camino Tomkinson. (Cancha del club con entorno, cerco y locales cuidados. Con los colores del club, verde, blanco y rojo) 60 x 40. Arcos de 4. De fierro blanco con ángulos verdes y bases rojas, con estructura. Césped cuidado pero muy gastado. Buen marcaje. Banco techado para suplentes. Tejido de contención precario pero cuidado. Estructuras de hormigón para público sobre un lateral, en mal estado. Locales del club con cantina y vestuarios. Entorno algo sucio. Buena opinión general.
--|- --|-

0875
Cancha plaza artesanal precaria
Delimitada por la calle Selma Lagerloff, denominada «Espacio libre Roberto Gómez». (En plazuela de césped, canchita muy gastada y ahuecada) 35 x 15. Arcos de 3,5. De factura artesanal, con palos irregulares. Uno de los arcos hecho con dos parantes altos plantados en el piso, sin travesaño. El otro, con un parante plantado en el piso, más un travesaño que lo une a un árbol. Este arco tiene una red verde deshecha. Sin tejido de contención. Al borde de la calle.
-|-- |---

0876
Me fui a examen
Coronel Santiago Artigas 2286 equina Selma Lagerloff. (Local de la Congregación Evangélica Menonita. En el jardín de la esquina, canchita de césped) 12 x 7. Arcos de 2. De fierro amarillo, gruesos, simples. Mucho desgaste, terreno ahuecado. Buen entorno. Uso permanente.
|--- --|-

0877
Fútbol 5 del Club Social y deportivo Paso de la Arena?
Luis Batlle Berres entre Camino Tomkinson y Alfredo Moreno Venditto. (Cancha del club de barrio. De fútbol 5, abierta) 25 x 15. Arcos de

3. De fierro amarillo despintados, con estructura y redes. Piso verde claro de alfombrado, con marcaje rectangular, gastado. Dos focos de alumbrado público sobre cada lateral. Entorno modesto, algo dejado.
-|-- -|--

0878-0879-0880
Complejo Sportivo Huracán FC (Huracán Paso de la Arena)
Avenida Alfredo Moreno Venditto y Camino Tomkinson. (Complejo en plena transformación. Entorno general pasable. Tres canchas, dos grandes –una de ellas es el «estadio», el Parque Bossio– , una chica) Panorama general: Canchas cuidadas y marcadas, pero con mucha tierra y poco césped, salvo el Parque Bossio, de mayor calidad. Conjunto modesto. Arcos de fierro blanco, simples. Entrada poco atractiva. 0878: 100 x 68. Tres focos de luz en cada lateral. 0879: 65 x 35, arcos de 6. Dos tribunitas sobre un lateral. Tres focos de luz en cada lateral. 0880: Parque Bossio. 105 x 68. Una tribuna lateral con capacidad supuesta para 2 mil personas. Las imágenes satelitales comparadas muestran que las canchas 0878 y 0879 cambiaron de posición y de orientación en el marco de la construcción de la nueva sede. La cancha principal, 0880, permaneció incambiada.
---| -|--
--	-- --	--

0881-0882
Escuelas 150 y 307
Avenida Luis Batlle Berres 6373. (Una cancha patio pavimentada; otra de césped en el fondo de la escuela) 0881: cancha pavimentada. 17 x 9. Arcos de 2. De fierro blanco, simples. Pavimento gris gastado. Poco cuidada. Vegetación invasiva. Sin marcaje. 0882: 28 x 14. Arcos de 3. De color oscuro en la vista satelital. Muchísimo desgaste, pura tierra. Ninguna instalación.
|--- -|--
-|-- -|--

0883
Casa Joven (Instituto del hombre)
Tomkinson 2614. (Cancha pavimentada creada en 2016 en el lugar de una anterior cancha de césped) 20 x 10. Arcos de tamaño no determinable. Pavimento gris claro con

marcaje de áreas y línea media. Estado pasable. Dos focos de luz sobre un lateral.
|--- -|--

0884-0885
Dos canchas orilleras
En el ángulo de las calles 2 y 5. (Dos canchas de césped cercadas por altos postes y tejido de contención verde) 0884: 48 x 30. Arcos de 4. De fierro blanco, simples, con redes verdes, despintados. Desgaste general. Todo alrededor, postes que sostienen un gran tejido de contención en estado mediocre. 0885: 50 x 32. Arcos de 4. De fierro blanco, simples, despintados, sin redes. Como la anterior: mucho desgaste, arcos de fierro blanco despintados, sin marcaje, tejido de contención en mal estado. Cuatro focos de luz, uno en cada ángulo. Poco cuidado. Al margen de estas canchas estructuradas, una zona de juego informal, sin arcos, con desgaste típico, no contabilizada.
-|-- -|--
--|- -|--

0886
Asociación cultura deportiva 3 de abril. Complejo Pablo Rodriguez. Cancha Roberto Espil
Avenida Luis Batlle Berres y Calle 2 frente a Pintín Castellanos. (De la cooperativa Covicenova. Cancha de baby fútbol muy cuidada) 54 x 35. Arcos de 4. De fierro blanco, simples, en buen estado. Desgaste en los arcos. Buen marcaje. Banco techado de suplentes. Tres dobles focos en cada lateral. Recinto y tejido de contención alrededor. Amplios y buenos locales del club con los colores verde, rojo y blanco.
--|- --|-

0887
Cancha multideportiva de la cooperativa Covicenova
Avenida Luis Batlle Berres y Calle 6 frente a Pintín Castellanos. (Probablemente administrada por la ACD 3 de abril. Cancha multideportiva pavimentada) 30 x 16. Arcos de 3. De fierro, despintados, con estructura, bajo los tableros. Pavimento gris, desnivelado y descuidado. Césped invasivo. Marcaje gastado. Tejido de contención en mal estado. Alambrado roto. Un

solo foco de luz sobre un lateral.
-|-- -|--

096

0888
Cancha infantil con arcos móviles. Casa ligada a empresa
Camino Melilla casi Camino del Fortín, frente a Agritec. (En vasto terreno de casa muy cuidado y alambrado, en recinto de empresa importante no identificada, cancha infantil) 15 x 10. Arcos móviles de 3. De fierro blanco, con estructura para redes. Diferentes disposiciones según las vistas. Desgaste visible. Mucho espacio alrededor. Buen entorno.
|--- --|-

0889
Balaguer SA
Islas Canarias 6271 esquina Camino Lecocq. (En el predio de la empresa, casa con vasto terreno jardín y cancha) 30 x 18. Arcos de 3. De fierro blanco, móviles, con estructura y redes. Césped cuidado. Buen entorno.
-|-- --|-

0890-0891
Campo deportivo Los Vascos
Camino Mecanizado a la Tablada 6102. (Dos canchas de fútbol, una grande, otra de baby fútbol) Situación general: césped corto pero seco, con bastante desgaste; arcos de fierro blanco, simples, en buen estado; entorno poco cuidado; ninguna instalación particular; alambrado en mal estado. 0890: 85 x 50. Arcos de 7. Restos de marcaje. 0891: 55 x 30. Arcos de 4. Locales y parrillero para eventos y fiestas.
---| -|--
--|- -|--

0892-0893
Escuela y colegio Madre Paulina
Carmelo de Arzadum 6023. (En vasto terreno, dos canchas de césped, de recreo y práctica deportiva) 0892: 27 x 15. Arcos de 2. 0893: 53 x 20. Arcos de 4. De fierro blanco, finos, con ángulos azules, simples, sin redes. Césped con bastante desgaste. Sin marcaje. Entorno bueno. Sin instalaciones particulares.
-|-- --|-
--|- --|-

0894
BHM Barraca de hierros
Avenida Islas Canarias 6251. (En vasto terreno al frente de predio industrial cuidado y moderno, cancha de césped impecable) 45 x 22. Arcos de 4. De fierro blanco, con estructura. Césped sin desgaste. Nin marcaje ni instalaciones particulares.
-|-- --|-

0895
Escuela 236
Islas Canarias 5950, esquina Alberto Gómez Ruano. (En vasto predio de casi una manzana, locales repartidos en tres zonas. Cada una con su espacio recreativo. Cancha recreativa básica de césped) 25 x 15. Arcos de 4. De fierro blanco, simples. Mucho desgaste.
-|-- -|--

0896
Cancha precaria en conjunto de viviendas cooperativas
Entre Cañada Jesús María y María Orticochea. (Ocupando el espacio de una casa, delimitado en los costados por muritos de bloques, cancha con un solo arco de fierro gastado y otro hecho con piedras) Espacio casi cuadrado. 23 x 20. Arco de 4. De fierro blanco, despintado, torcido, simple. Terreno muy gastado. Pura tierra ahuecada.
-|-- |---

0897-0898
Canchas establecidas en media manzana
Media manzana delimitada por Oficial 2, Pasaje Barrio 6 de diciembre y Carlos María de Pena. (Dos canchas recientes, una pavimentada, otra de césped) 0897: cancha pavimentada multideportiva, básquetbol y fútbol. 30 x 18. Arcos nuevos de 3. De fierro blanco, con estructura, bajo los tableros. Pavimento gris. Tierra invasiva. Sin marcaje. Sin tejido de contención. Un foco de luz en cada ángulo. Cuatro bancos de hormigón alrededor. 0898: cancha de césped. 40 x 30. Arcos de 4. De fierro blanco, con soporte para redes, nuevos. Terreno descuidado. Tierra y pedrerío. Sucio. Cuatro focos de luz, uno en cada ángulo. Falta contención: la pelota se va a la calle.
-|-- -|--
-|-- -|--

0899

Cancha manzana

En manzana de césped alargada delimitada por las calles Yugoeslavia, Juan Martínez de los Santos y José de Vera Perdomo. (En manzana de tipo espacio abierto de césped, cancha muy gastada) 40 x 17. Arcos de 4. De fierro celeste, simples. Césped totalmente gastado. Terreno ahuecado. Sin instalaciones. Cierto alumbrado reciente. Entorno bastante sucio. Niños jugando en la foto callejera.

-|-- -|--

0900

Club Asociación Juvenil Roberto Gutiérrez

Ocupando media manzana, delimitada por Vittorio Venetto y Emilio Bonecarrere. (Cancha de baby fútbol con pequeño local). 60 x 38. Arcos de 4. De fierro blanco, con soportes, descascarados. Cancha gastada, prácticamente de tierra. Buen marcaje. Doble punto penal. Banco techado de suplentes. Tejido de contención en mal estado. Tres focos de luz sobre cada lateral. Bancos de hormigón en un lateral y una «tribunita-talud» atrás de un arco, compuesta por una decena de troncos dispuestos sobre el suelo. Bien pero mucho para mejorar según los comentarios.

--|- --|-

0901-0902

Dos canchas en manzana de tipo plaza

Ocupando la manzana, delimitada por Yugoeslavia, Islas Canarias y Francisco García de la Paz. (Una de césped, otra pavimentada) 0901: de césped. 54 x 39. Arcos de 4. De fierro amarillo, gruesos, simples. Suelo irregular, sin ningún cuidado. Mucho desgaste en la zona de los arcos. El resto, tierra y motas. Sin delimitación lateral. Alumbrado reciente. Algunos bancos de piedra en los costados. Entorno sucio, con muchos papeles tirados. 0902: pavimentada, básquetbol y fútbol. 28 x 14. Arcos de 3. De fierro amarillo, simples. Estructura de tableros soldada sobre los arcos. Pavimento gris deteriorado. Césped invasivo. Marcaje precario. Sin el necesario tejido de contención. Sin alumbrado.

--|- -|--
-|-- -|--

0903
Estadio Parque Salus
Carlos María Pena 5620. (Estadio del Salus FC) 105 x 68. Arcos reglamentarios. De fierro blanco, simples, en buen estado. Césped gastado. Sobre el lateral Pena, una tribuna en dos partes, de hormigón, con ocho gradas. Del lado de Silvestre Pérez Bravo, un talud de césped. Capacidad anunciada: 4 mil espectadores. Altos postes para alumbrado, sin focos. Recinto de bloques todo alrededor. Entorno sucio. Presentación exterior descuidada, con señas de abandono. Boletería y locales en mal estado.
---| -|--

0904
Club Social y Deportivo Lanza México
Timote y Anagualpo. Sede: Timote 5572. (Cancha de baby fútbol en extensa plaza de césped) 55 x 37. Arcos de 4. De fierro blanco con ángulos y bases de color rojo y azul, simples. Mucho desgaste, pura tierra. Marcaje. Tejido de contención deshecho. Un solo foco de alumbrado. Sin instalaciones para espectadores. Pequeño local con los colores del club, bastante cuidado. Cerco de alambrado y murito. Entorno: la otra mitad de la plaza con juegos infantiles nuevos y parque relativamente cuidado.
--|- -|--

0905
Centro de historia familiar. Iglesia de Jesucristo
Luis Batlle Berres 5770 esquina Camino de las Tropas. (En el jardín detrás de la iglesia, cancha multideportiva renovada) 22 x 14. Arcos de 3. De fierro blanco, simples, bajo los tableros. Suelo verde con marcaje múltiple recientemente renovado. Alta estructura de contención de calidad en todo el ancho atrás de los arcos.
|--- ---|

0906
Cancha orillera
Extremidad de la calle La Rioja. (En vasto terreno orillero, cancha de césped) 94 x 55. Arcos reglamentarios. De fierro blanco muy despintados en las bases, simples. Césped pésimo, con mucho desgaste, huecos y zonas inundables. Estacionamiento de autos y sende-

ros. En la última vista satelital, restos de marcaje completo (se juegan partidos «serios»). Sin alumbrado ni tejido de contención. En las vistas callejeras, caballos pastando. Entorno descuidado.
---| |---

097
0907
Cancha no estructurada en espacio libre
Espacio libre con juegos infantiles delimitado por las calles 4, 2 y 5. (Adjunta a la zona de juegos, en terreno de césped con arbolitos, cancha improvisada) 30 x 10. «Arcos» de 3. Del lado de la calle 4, arco formado por un arbolito y una piedra. Del lado de la calle 5, por dos piedras. Césped correcto, cortado y limpio. Suelo ondulado. Poco desgaste. Sin instalaciones.
-|-- -|--

0908
Escuela 376 tiempo completo
Confederada 1375. (Cancha multideportiva pavimentada) 20 x 11. Arcos de 3. De fierro blanco, simples, con redes verdes. Buen pavimento gris. Marcaje futbolístico completo. Alumbrado bueno en cada ángulo. Bancos sobre un lateral. Buen alambrado alto y muro de contención.
|--- ---|

0909
Plaza Barrio 14
Mercedes Pinto 1043, esquina Pasaje Blanca Luz Brum. (En plaza de barrio con juegos infantiles, cancha pavimentada) 17 x 10. Arcos de 2,5. De fierro blanco con ángulos y bases negras, simples. Sin redes. Pavimento en mal estado con tierra invasiva. Restos de marcaje de voleibol. Postes de color para red de voleibol. Ninguna instalación particular.
|--- -|--

0910
Salón parrillero cooperativa de viviendas Mesa 3
José Batlle y Ordóñez entre Avenida Garzón y Olazabal. (Terreno de tipo jardín utilizado como cancha infantil con arcos móviles) 20 x 10. Arcos móviles chicos, de 2. Con estructura y redes. Ninguna instalación particular. Buen cerco

alrededor. Entorno cuidado.
|--- --|-

0911
Cancha de la cooperativa de viviendas Mesa 3
José Batlle y Ordóñez y Avenida Garzón. (Terreno sobre el ángulo de las calles, con buen cerco pero sin el necesario tejido de contención) 46 x 23. Arcos de 4. De fierro blanco, simples, sin redes. Césped cuidado, con mucho desgaste en los arcos. Un foco de luz sobre uno de los arcos. Sin marcaje. Cancha acortada sobre un ángulo.
-|-- -|--

0912
Club social y deportivo CODET
Avenida Garzón 1180 casi José Batlle y Ordóñez al lado de la Barraca Garzón. (Amplios locales para eventos culturales y fiestas. Cancha de fútbol 5 abierta, alquilable, en el fondo de la propiedad) 30 x 13. Arcos de 3. De fierro blanco, simples, con ángulos negros, sin redes, contra el muro. Piso de alfombrado verde claro con marcaje. Tejido de contención superior. Cinco focos de luz de cada lado. Cuidada aunque no nueva.

Buena opinión de los usuarios.
-|-- --|-

0913
Cooperativa de Viviendas de Guardas COVIGU
Camino Máximo Santos 1970-1999. (Cancha en el fondo de la cooperativa del lado de la vía férrea) 34 x 13. Arcos de 3. De fierro blanco, simples, sin redes. Cierto desgaste. Un foco de luz para la cancha, dos en la zona parrillero. Terreno adjunto para asados y encuentros. Entorno muy cuidado.
-|-- --|-

0914
Complejo de viviendas Juan Pablo II
Entrada por Juan Bautista Saá 1449. Cancha situada sobre la avenida Millán. (En vasto terreno, con cerco de alambre de púa, cancha de césped) 40 x 20. Arcos de 4. De fierro blanco, con estructura y redes. Césped con desgaste en los arcos. Un foco de luz. Entorno básico. Ni tejido de contención ni marcaje. Entorno: casitas y terrenos.
-|-- --|-

0915
Cancha jardín privada
Camino Ariel 5781 casi Olazabal.
(Cancha jardín en el fondo de linda casita, en el centro de la manzana) 14 x 8. Arcos móviles de 3. De fierro blanco, con estructura. Muy verde. Apretada, poco espacio.
|--- -|--

0916
Gimnasio Sayago
28 de febrero 1131. (Gimnasio creado en 2016. Grande, de calidad) 50 x 25. Arcos de 3. De fierro blanco, simples. Hermoso piso de parquet claro con marcaje negro multideportivo. Buen espacio, luminoso y cuidado. Arcos que forman una cancha a lo ancho, no contabilizada.
--|- --|-

0917-0918-0919
Centro Juvenil Salesiano
Bulevar Batlle y Ordóñez 6182, entre Cerro y Aurare. (Cancha grande de césped con marcaje múltiple para utilización modular) 0917: 86 x 30. Arcos de 6. De fierro blanco, simples, fijos. Se divide en 0918 y 0919: de 40 x 30. Arcos de 4. De fierro blanco, con bases amarillo y negro, móviles, con estructura y redes. Desgaste general. Cuatro modestos focos de luz en cada ángulo. Sin tejido de contención ni instalaciones particulares. Entorno poco acogedor.
---| -|--
-|-- -|--
-|-- -|--

0920
Cooperativa de viviendas Grupo 64
María Orticochea y Juan Bautista Saá. (En terreno con espacio para juegos infantiles, cancha de césped) 35 x 20. Arcos de 3. De fierro blanco, con ángulos redondeados de color, sin redes. Cancha totalmente gastada. Sin alumbrado ni instalaciones particulares. Cerco de alambrado.
-|-- -|--

0921
Cancha de gran complejo de viviendas
Avenida Millán y Juan Camejo Soto. (En terreno dentro del recinto cercado del complejo, cancha de césped) 25 x 15. Arcos de 3. De fierro

blanco, finos, simples, con redes de mallas grandes y rotas (¿móviles?) Mucho desgaste. Ninguna instalación particular.
-|-- -|--

0922
Iglesia de Jesucristo
Camino Ariel y Avenida Garzón. (En vasto parque que ocupa el centro de la manzana, cancha multideportiva pavimentada recientemente renovada) 27 x 16. Arcos de 3. Bajo los tableros. Pavimento verde con buen marcaje múltiple. Tejido de contención atrás de cada arco. Dos focos de luz sobre cada lateral. Excelente entorno. Espacioso y cuidado.
-|-- ---|

0923
Cancha en terreno de predio industrial
Danubio 5045 y 5023. (Gran predio con depósitos y terreno al fondo. En dicho terreno, hamacas y arcos que forman una cancha) 14 x 11. Arcos de 3. De fierro blanco, móviles, con estructura y redes. Suelo desparejo, descuidado.
|--- -|--

0924
Cancha sur de gran complejo de viviendas
María Orticochea y continuación Juan Camejo Soto. (Terreno protegido y cercado. Cancha de césped) 50 x 35. Arcos de 4. De fierro blanco, con soportes. Mucho desgaste sobre un arco. Sin marcaje. Entorno pasable, con vegetación desordenada.
--|- -|--

0925
Parque de los Fogones
Del lado de Millán frente a Martín Ximeno. Al borde de la cañada Jesús María. (Cancha multideportiva pavimentada creada en 2016) 28 x 16. Arcos de 3. De fierro blanco, gruesos, simples, bajo los tableros. Pavimento gris claro, áreas y centro azul. Buen estado. Sin alumbrado ni instalaciones. Ni tejido de contención ni cerco. Entorno: vegetación frondosa, agradable.
-|-- --|-

0926
La Isla, Barrio 26 de Octubre
Romina Vives casi María Orticochea. (Predio de conjunto de viviendas

con cancha de césped) 20 x 13. Arcos de 3. De fierro blanco, con estructura. Desgaste. Suelo con desniveles. Sin marcaje. Sin instalaciones. Entorno pasable.
|--- --|-

0927
Cancha del Parque de los fogones.
Abajo de Gabito y de la cañada Jesús María. (Cancha de césped muy gastada, en entorno agradable) 30 x 15. Arcos de 3. De palo grueso y oscuro, simples. Sobre un lateral, dos focos de alumbrado público. Sin marcaje. Sin instalaciones.
-|-- -|--

0928-0929
Club Social y Deportivo Sayago
Camino Ariel 4691 casi 28 de febrero. (Dos canchas de fútbol 5 techadas, una de ellas nueva) 0928: 35 x 20. 0929: 30 x 17. Ambas con arcos de 3. De fierro blanco, gruesos, con estructura y redes. Césped sintético correcto. Buen alumbrado y entorno. Sede del club sobre Camino Ariel.
-|-- --|-
-|-- --|-

0930
Cancha no estructurada en manzana de césped
Manzana delimitada por Juan Bautista Saá, Juan Martínez de los Santos, Juan Camejo Soto y Juan de Vera Suárez. (Espacio de césped donde se juega al fútbol) 44 x 17. Arcos de 3,5. Hechos con piedras grandes. Terreno pelado pero practicable. Desgaste en los arcos. Ninguna instalación.
-|-- |---

0931
Cancha en terreno semi baldío
María Orticochea y Cristóbal Cayetano de Herrera. (En vasto campo al sur del Parque de Los Fogones, cancha sin cuidado. Vasto terreno cercado pero accesible) 46 x 32. Arcos de 3. Precarios, de fierro oscuro, simples, con redes verdes caídas. Desgaste sobre los arcos. Motas y desniveles. Ni marcaje ni instalaciones. Entorno descuidado.
-|-- -|--

0932
Facultad de Agronomía
Al fondo del predio de la facultad, sobre el Parque de los Fogones. (Cancha

reciente de césped) 26 x 16. Arcos de 3. De fierro blanco, simples. Césped con desgaste. Ninguna instalación particular.
-|-- -|--

0933-0934-0935
Parque de la Facultad de agronomía
Avenida Garzón 809. (Sobre la avenida, dos canchas de césped, una de ellas modular) Panorama general: desgaste; terreno ahuecado; ni alumbrado ni instalaciones; marcaje completo. 0933: 86 x 55. Arcos reglamentarios. De fierro blanco, simples, sin redes. 0934: en la vista satelital reciente, en el campo de juego principal, dos arcos de 4 delimitando una cancha de 50 x 35. Desgaste muy visible por el uso frecuente. 0935: 60 x 35. Arcos de 4. De fierro blanco, simples, con ángulos y bases verdes.
---| -|--
--|- -|--
--|- -|--

0936
Club Estrella del Norte, campo de juego Edgar García
Camino Ariel 4527, entre Vedia y Bell.
(Cancha de baby fútbol y sede del club, más gimnasio con actividades de boxeo) 56 x 33. Arcos de 4. De fierro blanco, con soportes y redes. Césped con mucho desgaste. En reciente vista, cancha bien marcada. Tres focos de luz en cada lateral. Atrás de un arco, tribunitas desmontables de diferentes tamaño, hasta ocho gradas. Locales y entorno con los colores del club: amarillo y verde.
--|- --|-

0937
Parque Osvaldo Roberto. Cancha de Racing Club de Montevideo
Millán 4712, casi avenida Sayago. Entrada también por Tacuabé.
(Modesto estadio) 105 x 68. Buen césped. Buenos arcos. Cuatro tribunas bajas, de hormigón, de 6 a 12 gradas. Capacidad estimada: 4 500 espectadores. Sin alumbrado. Aspecto exterior: pobre. Cuidado relativo. Locales dispares del lado de Millán. Poca comodidad.
---| -|--

0938-0939
Racing Fútbol 5
Millán 4712, casi avenida Sayago.

(Adjuntas al estadio de Racing, dos canchas abiertas de fútbol 5) 34 x 16. Arcos de 3. De fierro amarillo, con estructura y redes. Césped sintético pasable. Marcaje. Tejido de contención lateral y arriba, correcto. Buen alumbrado: tres focos sobre cada lateral. Entorno poco acogedor. Entrada directa con portón de rejas en estado de abandono. Instalaciones exiguas.
-|-- --|-
-|-- --|-

0940
Plaza Francisco Martínez
Tomás de la Sierra y Tomás González de Padrón. (En plaza renovada, juegos infantiles y policlínica. Cancha multideportiva pavimentada) 25 x 19. Arcos de 3. De fierro blanco, gruesos, bajo los tableros. Sin redes. Pavimento gris claro con buen marcaje multicolor. Alto tejido de contención alrededor. Un ángulo alumbrado.
-|-- --|-

0941
Estrella Federal baby fútbol
Ocupando la manzana delimitada por Tomás de la Sierra, José de León, Pedro de Almeida y Isidro Pérez de Roxas. Entrada por Tomás de la Sierra casi de León. (Cancha de baby fútbol) 56 x 38. Arcos de 4. De fierro blanco con ángulos y bases rojos, simples. Muy gastada. Buen marcaje. Banco de suplentes techado. Bancos de hormigón y troncos para el público sobre los laterales. Tres focos de luz en cada lateral. Locales precarios. Entorno con los colores del club: rojo y blanco. Alambrado roto. Voluntad de cuidado.
--|- --|-

0942
Cooperativa de viviendas Covium 99
José de León frente a la cancha de Estrella Federa. (Espacio alargado delimitado por un muro de 2 de alto. Acceso por portón de rejas) 30 x 9. Arcos de 3. De fierro blanco, finos, simples, oxidados, con redes verdes. Césped muy gastado y ahuecado. Cierto alumbrado.
-|-- -|--

0943
Cooperativa de viviendas Cotledam
Entrada por Islas Canarias 3479. Al

extremo de la calle Silvestre Pérez Bravo. (Cancha jardín en el centro de la cooperativa) 20 x 14. Arcos de 3. De fierro blanco, simples, con redes. Mucho desgaste. Entorno agradable en vasto parque con árboles. Buena protección y buenas instalaciones colectivas.
|--- --|-

0944
Cancha en terreno abandonado
Detrás de la cancha del Club San Francisco. (En terreno sin ningún cuidado, cancha de césped pésima) 45 x 23. Arcos de 3,5. De fierro muy herrumbrado, simples, con redes. Mucho desgaste, motas y vegetación invasiva, desnivel. Sin marcaje. Sin instalaciones.
-|-- |---

0945
Club San Francisco
José Fernández Medina y Cristóbal Cayetano de Herrera. (Cancha de baby fútbol con local) 60 x 40. Arcos de 4. De fierro blanco, simples, despintados, con ángulos y bases de color amarillo y negro. Mucho desgaste, poco césped. Bordes con césped alto. Motas y muchos desniveles. Buen marcaje. Tejido de contención bajo. Dos hileras de bancos sobre un lateral. Tres focos de luz sobre los laterales y dos atrás de los arcos. Sede y locales modestos con cierto descuido. Alambrado con postes pintados de amarillo y negro. Cerco de bloques.
--|- --|-

0946
Cancha con un solo arco del Club San Francisco
Junto a la cancha principal, en la entrada por Cayetano de Herrera. (Cancha de tierra, incompleta) 14 x 12. Un solo arco de 4. De fierro simple, totalmente herrumbrado. Suelo de tierra pura.
|--- |---

0947
Jardín escuela 122 Villa Teresa
Avenida Garzón 645. (En vasto predio escolar, con parque y árboles, cancha pavimentada multideportiva) 26 x 14. Arcos de 3. De fierro blanco bajo los tableros. Pavimento con desniveles. Gris, con áreas rojas y amarillas. Vegetación invasiva. Buen entorno.
-|-- --|-

0948
Parque de la Dirección General de Servicios Agrícolas
En la zona sur del parque. (Cancha recreativa) 40 x 30. Arcos de 4. De fierro blanco, simples, sin redes. Muy verde. Sin desgaste. Ni marcaje ni instalaciones particulares.
-|-- --|-

0949-0950-0951
Gran Parque Colombo. Club Atlético Villa Teresa
Avenida Islas Canarias 4978. (Sede a un lado de la avenida, complejo del otro lado. Dos canchas de fútbol 5 recientes y una cancha grande de césped) 0949-0950: descubiertas de fútbol 5. 33 x 18. Arcos de 3. De fierro blanco, con estructura y redes. Buen césped sintético. Buen marcaje. Tres focos de luz en cada lateral. 0951: cancha de césped del club Villa Teresa. 100 x 65. Arcos reglamentarios. De fierro blanco, simples, totalmente herrumbrados, con redes verdes rotas. Césped mediocre. Desniveles. Sin marcaje. Ni instalaciones ni alumbrado.
-|-- --|-
-	-- --	-

0952
Cooperativa de viviendas Covitinm
Tampico 930 y Doctor Carlos María de Pena. (En el centro de la cooperativa, cancha de césped) 16 x 3. Arcos de 3. De fierro blanco, simples, sin redes. Mucho desgaste. Dos focos de luz sobre uno de los laterales. Buen cerco.
|--- -|--

0953
Cancha orillera
Sobre María Orticochea casi Bernardino Guas. (En vasto predio en desuso y sin cuidado) 50 x 28. Arcos de 4. De fierro blanco, herrumbrados, simples. Terreno malo, desnivelado y sucio. Sin instalaciones.
--|- |---

0954
Cancha orillera
Sobre Bernardino Guas casi María Orticochea. (Lindante con la cancha precedente) 36 x 20. Arcos de 4. De fierro blanco, herrumbrados, simples. Terreno más liso y limpio que el anterior.
-|-- -|--

098

0955
Base militar
Camino Casavalle 4490. (Verdadero complejo deportivo con múltiples canchas) 100 x 60. Arcos reglamentarios. De fierro blanco con ángulos negros, simples. Césped mediocre. Marcaje. Bancos de hormigón sobre un lateral. Tres focos de alumbrado sobre cada lateral.
---| --|-

0956
Base militar
Camino Casavalle 4490. (En el centro mismo del vasto predio que compone la base militar, cancha que en la vista satelital aparece muy verde. Recientemente achicada) 100 x 70. Arcos reglamentarios. De fierro blanco y ángulos negros, simples. Restos de marcaje. Desgaste sobre un lateral. Sin alumbrado.
---| --|-

0957
Liceo secundario del Norte
Marconi 1481 y Camino Edison. (Cancha multideportiva pavimentada, básquetbol y fútbol) 24 x 13. Arcos de 3. De fierro blanco con ángulos rojos, simples. Pavimento verde, con círculos blancos. Estado correcto. Buen marcaje. Sin instalaciones particulares ni alumbrado.
|--- --|-

0958
Centro de barrio Peñarol
Sobre la calle Schiller casi avenida Sayago, en plaza administrada por el Centro de Barrio Peñarol. (Cancha multideportiva pavimentada, de construcción reciente) 27 x 16. Arcos de 3. De fierro gris, con estructura, bajo los tableros. Pavimento gris con restos de marcaje y áreas rojas. Alta estructura metálica de contención del lado de la calle. Sin alumbrado. Voluntad de cuidado. Entorno algo sucio pero agradable.
-|-- --|-

0959
Cancha de la empresa Motociclo
Avenida Sayago 1385 y Camino Gral Máximo Santos. (Vasto predio de la empresa distribuidora de motos y electrodomésticos. Cancha cercada y bordeada de árboles) 90 x 58. Arcos reglamentarios. De fierro blanco, simples, con redes. Césped

gastado, pura tierra. Cinco focos de luz en cada lateral. Algunos bancos sobre uno de los laterales. Marcaje completo en la vista satelital. Entorno industrial.
---| --|-

0960
Base militar
Camino Casavalle 4418. (Cancha denominada «Cancha nacional». Del Batallón Comunicaciones 2) 90 x 50. Arcos reglamentarios. De fierro blanco, simples. Mucho desgaste sobre una buena media cancha. Marcaje. Tres focos de luz sobre cada lateral. Sin más instalaciones. Entorno muy cuidado.
---| --|-

0961-0962-0963
Fanáticos fútbol 5
Bulevar Aparicio Saravia 4561, esquina Dante Alighieri. (En club nuevo, con espacio para fiestas, una cancha infantil techada y dos canchas de fútbol 5 techadas) 0961: 20 x 9. Arcos de 3. De fierro blanco, simples, contra la pared. Buen piso de alfombrado con marcaje. 0962-0963: 35 x 18. Arcos de 3. De fierro blanco, con estructura y redes.

Césped sintético bueno. Excelente alumbrado. Entorno muy bueno, con cantina y espacio de estacionamiento. Muy buenos comentarios.
|--- ---|
-|-- ---|
-|-- ---|

0964
Liceo 40
Gustavo Adolfo Bécquer 1420, esquina Camino Edison. (Cancha multideportiva pavimentada con marcaje de color) 24 x 15. Arcos de 3. De fierro blanco, simples. Pavimento gris con áreas rojas y zonas verdes. Gastado, con desniveles, Sin el necesario tejido de contención. Sin instalaciones.
|--- -|--

0965
Plaza Pinerolo
Camino Edison y Guillermo Santos Cuadri Garrido. (Cancha multideportiva nueva) 20 x 13. Arcos de 3. De fierro blanco, gruesos, simples, bajo los tableros. Pavimento gris claro correcto con marcaje verde. Bancos en los laterales. Escalera-tribuna atrás de un arco. Árboles alrededor. Sin alumbrado y sin el

necesario tejido de contención.
|--- -|--

0966
Cancha informal en espacio libre
En vasto espacio libre delimitado por Schiller y Hamburgo. (En reemplazo de la canchita sobre la calle Schiller, espacio informal sobre Hamburgo) 25 x 17. Arcos hechos con piedras. Desgaste.
-|-- |---

0967
Tiempo Extra fútbol 5
Baltimore 1565. (Cancha reciente en el centro de la manzana. Entrada por casa particular) 30 x 16. Arcos de 3. De fierro blanco, simples. Césped sintético con buen marcaje. Buen cerco de alambrado.
-|-- --|-

0968
Cancha jardín
Julio Casal, del lado de Camino Casavalle. (En fondo de casa, casi sobre el pasaje, cancha jardín de césped muy verde) 32 x 14. Arcos de 3. De fierro blanco, móviles, con estructura y redes. Buen césped. Particularidad: perfectamente marcada, con áreas redondeadas, círculo central, y arco de esquina.
-|-- ---|

0969
Cancha jardín
Julio Casal, del lado de Aparicio Saravia. (En fondo de casa, casi sobre el pasaje, cancha jardín) 30 x 15. Arcos de 3. De fierro blanco, simples. Césped muy verde.
-|-- --|-

0970
Club Social y Deportivo Donald
Aparicio Saravia 4473. (Club con instalaciones para fiestas y eventos) Cancha de 60 x 40. Arcos de 4. De fierro blanco, simples, con bases y ángulos negros, despintados. Césped alto. Terreno de juego mediocre. Marcaje. Sin instalación particular salvo focos de luz sobre uno de los arcos.
--|- -|--

0971
La Tuna fútbol 5
Pastor 1149, y Batlle y Ordóñez. (Cancha de fútbol 5 abierta) 26 x 14. Arcos de 3. De fierro blanco, simples, despintados, con redes

rotas. Alfombrado mediocre. Tres focos de luz en cada lateral. Tejido de contención mediocre. Tribunitas con cuatro gradas atrás de un arco. Modestos locales. Comentarios negativos.
-|-- -|--

0972
Jardines del Prado
Arangua y Camino Coronel Raíz. (En parque plaza, con espacio para juegos y paseo, restos de cancha de fútbol) 36 x 20. Arcos de 4 recientes según ciertas vistas satelitales. En la vista callejera: desgaste típico y arcos compuestos con bloques de piedra. Césped pasable.
-|-- -|--

0973-0974-0975
Royal Baby Fútbol Club
Yacutujá 1250 esquina Tacuarí. (Sede del club con locales bastante grandes y cuidados. Un espacio de entrenamiento y fútbol informal, y detrás de la sede, dos canchas de césped) 0973: espacio informal, en el espacio libre delimitado por Tacuarí y Yacutujá. 30 x 20. Sin arcos. Práctica visible en vistas callejeras. Desgaste típico. 0974: Cancha accesoria. 50 x 35. Arcos de 4. De fierro blanco, simples, herrumbrados. Terreno descuidado. En mal estado. Sin marcaje ni instalaciones. 0975: cancha principal, sobre Instrucciones. 51 x 40. Arcos de 4. De fierro blanco, con ángulos rojos y redes, estructura y redes. Muy gastada. Marcaje. Bancos para público sobre un lateral. Tres focos de luz en cada lateral. Instalaciones bastante cuidadas con los colores del club (blanco y rojo). Murito y alambrado. Tejido de contención en mal estado. Entorno barrial sucio. Portones de entrada en mal estado.
--|- |---
--|- -|--
--|- -|--

0976
Colegio Integral Montevideo
Instrucciones 1299 esquina Máximo Santos. (Cancha patio multideportiva pavimentada) 15 x 12. Arcos de 3. De fierro blanco, simples. Pavimento gris, con marcaje gastado. Alambrado alto alrededor y arriba. Muy chica y apretada.
|--- -|--

0977
Cancha patio, Escuela 184
Camino Gral Máximo Santos 4293.
(Cancha patio pavimentada) 22
x 12. Arcos de 3. De fierro gris,
simples. Pavimento gris con vago
marcaje. En estado mediocre, con
desniveles. Sin instalaciones.
|--- -|--

0978-0979
Plaza Lavalleja
*Dr José María Silva entre Charcot y
Jenner.* (Una cancha de césped y
otra multideportiva pavimentada)
0978: de césped. 23 x 17. Arcos de
4. De fierro blanco, simples, en
buen estado. Desgaste. Ninguna
instalación. 0979: cancha multideportiva con tableros negros. 25
x 15. Arcos de 3. De fierro blanco,
con estructura. Pavimento gris oscuro bien marcado, en buen estado.
Entorno sucio. Ni alumbrado ni
tejido de contención.
-|-- -|--
-|-- -|--

0980-0981-0982
Lokura Fútbol 5
*Camino Ariel 4511 frente a Rosalía de
Castro.* (Tres canchas, una abierta
de fútbol 7, dos cerradas de fútbol
5) De césped sintético, con alumbrado, cantina y vestuarios. Arcos
de fierro blanco, con ángulos y bases negros, con estructura y redes.
Mantenimiento pasable. 0980: 43
x 25. Arcos de 4. Buen alumbrado.
0981: 30 x 15. Arcos de 3. 0982: 28
x 15. Arcos de 3.
-|-- --|-
-|-- --|-
-|-- --|-

0983
Centro educativo Líbano
*Molinos de Raffo 900 frente a la calle
Clara.* (Cancha patio multideportiva pavimentada) 27 x 18. Arcos
de 3. Pavimento gris, con cierto
marcaje. Estado malo. Ninguna
instalación. Entorno apretado.
-|-- -|--

0984
Salón de fiestas Villa Rosa
*Molinos de Raffo 892 pegado al Centro
Líbano.* (Modesto salón de fiestas
en casona antigua. Estrecha cancha
jardín lateral) 28 x 10. Pequeños
arcos de fierro violeta (¿1,5?) con
redes oscuras. Desgaste.
-|-- |---

0985
Cotolengo Don Orione
Avenida de las Instrucciones 1115 y Bulevar José Batlle y Ordóñez. (En la entrada del predio, al costado del camino central, en franja de césped cuidado, cancha muy utilizada) 40 x 16. Arcos móviles de 4. Con estructura y redes. Desgaste típico.
-|-- -|--

0986
Espacio libre con cancha incompleta
En vasto espacio libre con juegos infantiles en mal estado, ocupando la esquina delimitada por Cantares Gallegos y Benito Álvarez. (Cancha con un solo arco) 24 x 15. Arco de 4. De fierro muy herrumbrado. El otro arco hecho con piedras. Desgaste típico, muy utilizada. Terreno con césped corto y ondulaciones.
|--- |---

0987
Cancha de la cooperativa de viviendas COVIMT 9
Dieulafo y Pasarela Camino Santos. (En plena la manzana, en el espacio libre, en el centro de un vasto parque, cancha de césped) 35 x 25. Arcos de 3. De fierro blanco con ángulos verdes, simples, sin redes. Desgaste cerca de los arcos. Sin marcaje ni límites. Sin instalaciones particulares. Mucho espacio alrededor. Parque cuidado y limpio, en contraste con el entorno del barrio, sucio y degradado.
-|-- --|-

099
0988
Liceo 69 y Colegio Divino Cristo Obrero
Antillas 5475 y Arana Iñiguez. (Cancha de césped sobre el frente) 50 x 22. Arcos de 4. De fierro blanco, con estructura para redes, despintados, en mal estado. Desgaste total, pura tierra. Terreno inclinado. Ni instalaciones ni marcaje. Cerco de alambrado bajo. Falta tejido de contención. Entorno del liceo y colegio, pasable. Entorno de barrio, sucio.
--|- -|--

0989
La Gruta Fútbol 5
Antillas y Popayán. (Cancha de

fútbol 5 techada. De construcción reciente) 28 x 16. Arcos de 3. De fierro blanco, con estructura y redes verdes. Césped sintético bueno. Alambrado de contención todo alrededor. Modestas instalaciones: parrillero y salita. Entorno callejero muy inmediato. Al borde de la cancha, tierra y piedras.
-|-- --|-

0990
Cancha no estructurada
En manzana alargada situada en el centro del barrio delimitado por Antillas, Curitiba y Parahiba. (Terreno de juego con desgaste típico permanente) 28 x 14. Arcos probablemente constituidos con piedras. Un foco de alumbrado público.
-|-- |---

0991
Cancha no estructurada
Sobre Matilde Pacheco de Batlle y Ordóñez casi Campinhas. (En espacio reducido, entre casas, cancha de tierra) 17 x 15. Arcos hechos con piedras. Muy utilizada y gastada. Ninguna instalación.
|--- |---

0992-0993-0994
Liceo Jubilar
Arana Iñiguez 5321. (En el fondo del establecimiento, cancha principal con subdivisión en dos canchas chicas. Todos los arcos de 4, de fierro blanco, simples, con ángulos amarillos y verde oscuro, en buen estado, sin redes) 0992: 40 x 28. 0993 y 0994: 28 x 20. Mucho desgaste en toda la cancha. Límites imprecisos. Talud de césped sobre un costado y estructura en homenaje a Cecilia Roselli (ver nota especial). Dos focos de luz en cada lateral y uno atrás de los arcos principales. Cerco con murito blanco con marcas amarillo y verde. Alto alambrado de contención.
-|-- --|-
-|-- --|-
-|-- --|-

0995-0996-0997
Base militar
Camino Casavalle 4320. (Reserva general del ejército. En vastísimo predio, con múltiples canchas de fútbol –ver mapa 098–, tres canchas de césped de tamaño diferente) Características comunes: sin

Descripción de las canchas y clasificación

instalaciones particulares ni alumbrado; césped apenas correcto (motas al pie de los postes de los arcos); arcos de fierro blanco, simples, con ángulos negros, sin redes. Vistas satelitales recientes muestran un marcaje claro en las dos canchas grandes con rarezas y disparidades. 0995: 83 x 52. Marcaje con proporciones particulares. Arcos reglamentarios. Poco desgaste. 0996: 87 x 68. Marcaje de las áreas erróneo, en particular la porción de círculo adyacente al área grande. Arcos reglamentarios. Poco desgaste. 0997: 30 x 25. Arcos de 2,5 (¿móviles?). Poco desgaste.
-	-- -	--

0998
Cancha manzana, cooperativa Covifadi
En el centro de un conjunto de viviendas recientes delimitado por las calles 10, 7, Rodolfo Almeida Pintos, y Víctor Escardó y Anaya. (Cancha de césped muy gastada) 35 x 15. Arcos de 4. De fierro blanco, simples. Pura tierra roja. Sin instalaciones.
-|-- -|--

0999
Cancha manzana, cooperativa Covifadi
En media manzana de conjunto de viviendas recientemente construidas en el barrio Borro, sobre Víctor Escardó y Anaya. (Cancha de césped) 27 x 17. Arcos de 4. De fierro blanco, simples. Pura tierra. Sin instalaciones.
-|-- -|--

1000
Plaza del barrio Borro
En espacio en plena reconstrucción, sobre la calle Dr. Martirene. (Cancha de césped que se ha vuelto cancha de tierra) 28 x 15. Arcos de 3. De fierro rojo oscuro, simples. Un foco de luz en cada ángulo. Sin otras instalaciones.
-|-- -|--

1001
Cancha fondo de casa
En fondo de casa. Esquina de Horacio García Lagos y Dr Ricardo Mackinson. (Junto a un basural, cancha de césped) 33 x 17. Arcos de 4. De fierro blanco, simples. Descuido. Entorno malo. Ninguna instalación.
-|-- |---

1002

Cancha jardín

Dr Ricardo Mackinson y Orsini Bertani. (En jardín, frente de casa) 20 x 10. Arcos relativamente grandes, de 4. De fierro blanco, móviles. Césped pasable. Poco desgaste según la vista satelital. Obstáculos en la cancha. Entorno desordenado.

|--- -|--

1003

Liceo 73

Dr Carlos Fosalba 5280. (Cancha multideportiva pavimentada, chica, con buenas instalaciones) 18 x 9. Arcos de 3. De fierro oscuro, bajo los tableros. Buen marcaje sobre pavimento gris. Tres focos de luz sobre un lateral. Muy buen alambrado de contención, alto y elegante. Sobre un lateral, escalera que forma una verdadera tribunita de cuatro gradas.

|--- --|-

1004

Cancha del San Martín Bonomi Baby Fútbol

Sobre Pablo Scremini esquina Enrique Figari. (Cancha de baby fútbol) 50 x 32. Arcos de 4. Simples, desmontables. En la vista callejera, soportes sobre los cuales se calzan arcos de palos gruesos, blancos con bases y ángulos negros. Césped muy gastado. Marcaje completo en la vista satelital con doble punto penal. Tres focos de luz en cada lateral. Algunas estructuras precarias de hormigón sobre un lateral. Entorno sin cuidado. Sin cerco. Sin local.

--|- -|--

1005 A 1008

Cancha principal del centro Tacurú salesianos

Bulevar Aparicio Saravia, entre Avenida de las Instrucciones y Arq. Bernardo Poncini. (Cancha modular de césped. Una cancha grande a lo largo, y sobre ella, una cancha mediana marcada) La cancha menor que empieza donde terminan las áreas grandes de la cancha mayor. También uso modular a lo ancho, sin marcaje específico. Arcos dispuestos para ello. Desgastes típicos del uso modular. Cancha mayor con arcos fijos, simples, de fierro blanco, reglamentarios. Canchas modulares y menores con arcos móviles, de fierro blanco con estructura. Césped mediocre a malo, desparejo, con zonas de mucho desgaste. Buen marcaje. 1005: 100 x 58. 1006: 66 x 45. 1007 y 1008: pueden componerse de 60 x 50, o de 45 x 33. Arcos de 4. Tejido de contención malo. Sobre un lateral: tres focos de luz dobles. Un talud lateral con bancos de hormigón para poco público, y un minúsculo local. Buen cerco de alambrado. Entorno poco acogedor.

---| -|--
--|- -|--
-|-- -|--
-|-- -|--

1009-1010
Centro Juvenil Nueva Vida
Rodolfo Almeida Pintos 5003, canchas sobre Camino Gral Leandro Gómez. (En predio descuidado, una cancha de césped y otra pavimentada) 1009: 50 x 30. Arcos de 3. De fierro oscuro, simples. Terreno malo. Sin instalaciones particulares. 1010: 22 x 14. Arcos de 3. De fierro blanco, simples. Pavimento gastado. Sin instalaciones.

--|- -|--
|--- -|--

1011
Cancha no estructurada
Camino General Leandro Gómez entre Justo Montes Pareja y Rodolfo Almeida Pintos. (En terreno no construido, del tamaño de una pequeña manzana, con desgaste y senderos. Cancha definida con cuatro balizas de tráfico que forman los arcos) 25 x 12. Arcos de 3,5. Entorno sucio, sin cuidado. Desgaste y desnivel.
-|-- |---

1012
Cancha del Rosario Park
Senda 8 entre Senda 15 y Senda 13. (Según los comentarios, cancha en vías de abandono) 90 x 50. Arcos reglamentarios. De fierro blanco, simples, deteriorados. Césped en pésimo estado, mucho desgaste y descuido. Sin marcaje. Caballos pastando. Sin instalaciones. Caserío pegado a los arcos.
---| |---

1013
Escuelas 178 y 319
Continuación José Martirene 4970. (Dos escuelas en un mismo conjunto. Cancha pavimentada. Baja calidad) 17 x 10. Arcos de 3. De fie-

rro blanco, simples. Pavimento gris claro en mal estado. Sin marcaje. Entorno básico.
|--- -|--

1014
Cancha informal en baldío
En media manzana que se convierte en terreno baldío, sobre Pasaje central, a la altura de Volpe y Pasaje 312. (Tres arcos visibles. Una cancha en uso con desgaste) 22 x 11. Arcos de 3,5. De fierro oscuro, simples, en mal estado. En sentido inverso, del lado de Volpe, un arco de 4. De fierro blanco, simple, con ángulos oscuros. Entorno general muy sucio, con papeles y bolsas.
|--- |---

1015-1016-1017
Tacurú Salesianos
Arquitecto Bernardo Poncini 1521 esquina Aparicio Saravia. (Conjunto de tres canchas, una de césped, dos pavimentadas. Todas con cierto alumbrado) 1015: 43 x 24. Arcos de 6. De fierro blanco, simples. Terreno gastado. Límites imprecisos. Marcaje esporádico. Redes de contención atrás de los arcos. Dos focos de luz en cada lateral.

Arboleda sobre un lateral. 1016: cancha pavimentada. 27 x 19. Arcos de 4. De fierro blanco, simples. Pavimento gris con marcaje. Dos focos de luz en cada lateral. 1017: cancha multideportiva nueva. 24 x 13. Buen marcaje. Arcos de 3. De fierro blanco, simples, bajo tableros chicos. Dos focos de luz en cada lateral.
|--- -|--
-|-- -|--
|--- --|-

1018
Cancha abierta en espacio libre
Arq. Juan María Aubriot y Arq. Bernardo Poncini. (En vasto espacio libre de una manzana, cancha de césped) 30 x 20. Arcos de 3. De fierro blanco, simples, recientes, colocados en noviembre de 2019. Césped mediocre. Ondulaciones, desgaste. Sin cuidado particular, pero corto y parejo. Sin marcaje. Entorno bastante sucio.
-|-- -|--

1019
Cancha pavimentada en espacio libre
Bernardo Poncini y Cayetano Moretti.

(En vasto espacio libre descuidado, del tamaño de una manzana, cancha pavimentada que fue multideportiva) 25 x 15. Arcos de 3. De fierro blanco muy herrumbrados, uno torcido. Pavimento gris oscuro con marcaje blanco, mediocre. Faltan los tableros de básquetbol. Un soporte detrás de uno de los arcos. Ninguna instalación. Modesto alumbrado público. Caballos pastando. Entorno desolado y sucio.
-|-- -|--

1020
Escuela 92
Arq. Juan María Aubriot, entre Poncini y Giuria. (Sobre Poncini, cancha multideportiva pavimentada) 24 x 14. Arcos de 3. De fierro blanco, con soportes, despintados. Pavimento gris con cierto deterioro. Cierto marcaje. Dos focos de luz sobre un lateral. Sin el necesario tejido de contención. Entorno: patios cuidados. Buen cerco de alambrado alto.
|--- --|-

1021
Cancha orillera
Bulevar Aparicio Saravia frente a Gustavo Volpe a dos cuadras del Miguelete. Al borde de la zona norte del Parque Lineal del Miguelete. (Cancha orillera reciente) 50 x 30. Arcos de 4. De fierro blanco, simples. Terreno bastante gastado. Sin marcaje. Ninguna instalación. Entorno sucio y desordenado.
--|- -|--

1022-1023
Plaza Casavalle
Delimitada por las calles Volpe, Martirene, Aparicio Saravia y Pasaje 322. (Renovada totalmente en 2014. Dos canchas: una pavimentada, multideportiva, de muy buena calidad; otra de césped, anterior a la renovación) 1022: cancha multideportiva. 26 x 15. Arcos de 3. De fierro blanco, gruesos, simples, bajo los tableros. Pavimento azul con marcaje múltiple. Rejas de contención altas en todo el entorno. Cuatro focos de luz en cada lateral y dos detrás de uno de los arcos. 1023: cancha de césped con mucho desgaste. 41 x 23. Arcos de 4. De fierro blanco nuevos, gruesos, simples, sin redes. Falta tejido de contención. Sobre uno de los laterales, un borde largo de hormigón para el

público. Dos focos de luz sobre un lateral. Buen entorno.
-|-- ---|
-|-- --|-

1024
Estadio Parque Maracaná
Bulevar Aparicio Saravia 1327 esquina Burgues. (Estadio del Club Sportivo Cerrito) Construido en 2008. 108 x 70. Arcos reglamentarios. De fierro blanco, con estructura. Césped mediocre. Sin alumbrado. Ciertos elementos del estadio pintados con los colores del club, amarillo y verde. Tres tribunitas. Tribuna principal con ocho gradas de hormigón y de madera, del lado del Bulevar Saravia. Cuatro taludes de césped. Capacidad de público estimada: 8 mil espectadores. Poca comodidad. Locales magros. Recinto exterior: hormigón pintado de blanco, malo. Entorno general descuidado.
---| -|--

1025
Cancha de conjunto de viviendas económicas
En conjunto de viviendas ocupando el predio delimitado por avenida Burgues, Bulevar Aparicio Saravia y avenida Gral San Martín. (Frente al estadio de Cerrito. En parque poco cuidado, cancha de césped) 40 x 20. Arcos de 3. De fierro blanco, simples. Césped gastado. Cerco de alambrado en mal estado. Ninguna instalación. Entorno sucio.
-|-- |---

1026
Cancha de parque
Al borde del camino que linda el Parque Lineal del Miguelete, que sigue la forma del Miguelete, entre el Miguelete y el Parque. (Cancha creada en 2016) 80 x 60. Arcos de 6. De fierro blanco, simples. Césped sin cuidado. Desgaste sobre los dos arcos. Sin marcaje. Ninguna instalación salvo cuatro bancos de hormigón sobre un lateral.
---| -|--

1027
Cancha orillera
Al este del Parque Lineal del Miguelete, sobre avenida San Martín entre Julio Suárez y Gilberto Bellini. (Cancha de césped) 92 x 63. Arcos reglamentarios. De fierro, en buen estado, amarillos con ángulos y bases de color rojo oscuro, simples, sin

redes. Césped con mucho desgaste en los arcos. Marcaje frecuente y particular. Utilizada de modo modular. En un costado, rectángulo gastado, probable zona de fútbol 5 (no contabilizada). Ninguna instalación. Entorno poco cuidado.
---| -|--

100

1028
Parque Ferro
Camino Teniente Rinaldi frente a Oficial 3. (En vasto baldío denominado «parque», entre cañada y basurales, cancha de fútbol muy utilizada) 68 x 25. Arcos de 4. De fierro rojo, descascarados, simples. Césped pésimo: desgaste, desniveles y vegetación invasiva. Entorno sucio.
--|- |---

1029
Cancha manzana
En manzana delimitada por Machies, Pedro Petrone y Ernesto Quintela. (Cancha abierta de uso público) 70 x 40. Arcos reglamentarios. De fierro totalmente herrumbrado, simples. Campo de juego con mucho desgaste, desparejo. Sin marcaje. Ninguna instalación. Queda un foco de luz sobre seis. Entorno descuidado y sucio.
--|- |---

1030-1031
Club Flores Palma
Camino Carmelo Colman 5654. (Dos canchas de baby fútbol. Una abierta, para los entrenamientos de los chicos y accesible al barrio; otra protegida, del club, denominada «Campo Fidel Castro») 1030: cancha secundaria. 58 x 36. Arcos de 4. De fierro blanco, simples, muy despintados y herrumbrados, con ángulos rojos, estructura y redes. Terreno malo, con zonas peladas o con césped alto. Sin marcaje. Ninguna instalación. 1031: cancha principal, muy cuidada. 60 x 42. Arcos de 4. De fierro blanco con ángulos rojos, y estructura para redes. Césped cuidado y bueno. Desgaste en los arcos. Buen marcaje. Banco techado de suplentes. Buen cerco de alambrado. Tres focos de luz de cada lado. Locales escasos.
--|- -|--
--|- --|-

1032

Cancha informal en vasto terreno

Sobre Agustín Jouve, entre Vehicular Peatonal y Camino Pedro de Mendoza. (Espacio de juego utilizado de modo permanente. Desgaste típico. Sin arcos) 50 x 28. Tejido de contención alrededor en mal estado. Terreno practicable sin cuidado particular. Entorno espacioso.

--|- |---

1033

Cancha multideportiva de plaza

Plaza de poca factura delimitada por la avenida Gral San Martín y Ernesto Quintela. (Cancha multideportiva pavimentada) 28 x 15. Arcos de 3. De fierro blanco, simples. Pavimento gris claro muy usado. Ninguna instalación. Entorno descuidado y sucio.

-|-- |---

1034

Cancha orillera

Al límite este del barrio Padre Cacho, sobre Ernesto Quintela. (Cancha orillera en pésimo estado) 30 x 18. Arcos de 4. De fierro blanco, simples, en mal estado. Predio natural, descuidado. Cañada adyacente. Ninguna instalación. Entorno sucio. Animales pastando.

-|-- |---

1035-1036

Escuela 350

Gral Leandro Gómez casi Gral San Martín. (Dos canchas, una pavimentada, multideportiva, recientemente renovada; otra de césped) 1035: pavimentada. 24 x 12. Arcos de 3. De fierro blanco, simples. Pavimento gris con marcaje mediocre. Arcos nuevos, con estructura. 1036: 34 x 18. Arcos de 3. De fierro amarillo, simples, en buen estado. Césped con mucho desgaste. Un foco de luz para las dos canchas.

|---   -|--

-|--   -|--

1037

Cancha manzana no estructurada

En manzana delimitada por Dr José Verocay y Dr Muinos. (Espacio de juego de césped, con desgaste típico) 30 x 12. Quizá arcos recientes. Espacio sin cuidado ni instalaciones. Entorno dejado.

-|-- |---

1038
Cancha en complejo de viviendas
Camino Gral Leandro Gómez y avenida Pedro de Mendoza. Entrada por Mendoza, a altura del número 4271 por ejemplo. (En recinto de vasto conjunto de viviendas económicas, cancha de césped) 37 x 25. Arcos de 3. De fierro blanco, herrumbrados, con estructura. Terreno gastado y ahuecado. Sin marcaje. Cerco de alambrado sólido. Sin instalaciones ni alumbrado. Entorno básico pero cuidado.
-|-- --|-

1039-1040
Espacio Stella Maris
Sobre Camino Leandro Gómez, frente a Avenida 30 metros. (Una cancha multideportiva pavimentada de construcción reciente y una cancha de césped más antigua) 1039: pavimentada. 23 x 13. Arcos de 3. De fierro blanco, gruesos, con estructura, bajo los tableros. Pavimento celeste y verde. Muy bien marcada. Sin tejido de contención ni alambrado. Sobre un lateral, hilera de bancos de hormigón para público. 1040: de césped. 30 x 18. Arcos de 4. De fierro blanco, simples. Muy gastada. Sin marcaje. Sin instalaciones. Sin locales. Entorno mínimo.
|--- --|-
-|-- -|--

1041
Cancha no estructurada
Bulevar Aparicio Saravia 3787-3795, entre San Martín y Juan Acosta. (En espacio de césped sobre el frente de conjunto de viviendas modestas – obra San Vicente–, franja utilizada por los niños para jugar al fútbol. 20 x 7. Arcos de 2. Hechos con conos de tráfico. Desgaste típico. Terreno pelado, inclinado. Cerco de alambrado pasable.
|--- |---

1042
Obra del Padre Cacho .
Organización San Vicente
Bulevar Aparicio Saravia 3622 casi Enrique Castro. (En espacio de tipo patio, cancha pavimentada incompleta) 28 x 15. Un solo arco de 4. De fierro blanco, simples. Pavimento gris claro. Restos de marcaje negro: círculo central. Murito y alambrado.
-|-- |---

1043
Escuela de oficios Don Bosco
Bulevar Aparicio Saravia 3725, esquina José Iraola. (En manzana ocupada por la escuela, cancha pavimentada) 22 x 11 (según marcaje). 22 x 20 (dimensiones totales del espacio). Arcos de 3. De fierro amarillo, simples, en buen estado. Pavimento en mal estado. Restos de marcaje. Ninguna instalación.
|--- -|--

1044
Cancha recientemente estructurada
En esquina de terreno cruce de Pasaje H y Dr Buttaro. (Espacio de juego, informal durante años. Arcos recientes). 40 x 16. Arcos de 4. De fierro blanco, simples. Mucho desgaste. Terreno apretado, desnivelado y sucio, atravesado por un sendero. Cercanía de las casas y la calle. Sin instalaciones.
-|-- |---

1045
Iglesia Emanuel
Avenida Don Pedro de Mendoza frente a la calle Niágara. (En el fondo de los locales de la iglesia, cancha básica en espacio estrecho) 26 x 14. Arcos de 3. De fierro blanco, simples. Césped correcto. Entorno muy apretado.
-|-- -|--

1046
Volcano Fútbol 5
Ignacio Bazzano 4009. (Cancha de fútbol 5 abierta) 29 x 11. Arcos de 3. De fierro rojo, gruesos, simples. Alfombrado mediocre. Tejido de contención alto y bueno. Tres focos de luz sobre cada lateral. Entorno escaso con un pequeño local para cambiarse y baños. Por debajo de las dimensiones mínimas (15 de ancho).
-|-- -|--

1047
Club Social y Deportivo Niágara
Ignacio Bazzano 4007. (Club de baby fútbol con equipo en la Liga Universitaria) Locales del club y cancha de menores. 50 x 35. Arcos de 4. De fierro blanco, simples. Un arco grande en terreno adjunto. Cancha gastada, casi de tierra según la vista satelital. Buen marcaje. Tejidos de contención en mal estado. Tres focos de luz en

cada lateral. Sin instalaciones para el público. Recinto mural. Se entra por un gran portón con los colores del club. Locales modestos. Un incendio destrozó todo en 2017.
--|- -|--

1048-1049-1050
Liceo Impulso
Avenida Gral San Martín 4722 esquina Gilberto Bellini. (En el recinto del liceo, cancha pavimentada exterior modular) La cancha principal se divide a lo ancho en dos canchas multideportivas con su propio marcaje. Seis arcos en total. De fierro blanco con ángulos y bases en negro, simples, sin redes. Buen pavimento verde con marcaje de áreas. Sin alumbrado. 1048: 40 x 20. Arcos de 3. 1049-1050: 20 x 9. Arcos de 3. Entorno excelente.
-|-- ---|
|--- ---|
|--- ---|

1051
Cancha en espacio libre
Espacio libre de tipo plaza, de forma triangular, delimitado por las calles Iraola e Itacumbú. (Utilizado informalmente desde hace años) 40 x 20. Arcos de 3. Recientes. De fierro blanco, simples. Terreno gastado y ondulado. Sin alumbrado. Sin instalaciones. Entorno sucio.
-|-- -|--

1052
Cancha esquina
Gral Enrique Castro y Dr José Bonaba. (En esquina de césped) 23 x 15. Arcos de 3. De fierro blanco, simples, en estado pasable. Terreno muy gastado y ahuecado. Barrial frecuente. Tres bancos de hormigón sobre un lateral, uno atrás de un arco. Falta tejido de contención. Sin alumbrado. Uno de los ángulos convertido en basural. Pintura mural sobre el tema de la Celeste.
|--- -|--

1053
Cooperativa Covitric
Julio Suárez 4660 esquina Milo Beretta. (En espacio colectivo de la cooperativa, con local, parrillero y espacio verde, cancha de césped) 17 x 14. Arcos de 3. De fierro blanco con ángulos negros, en buen estado, con estructura. Terreno gastado. Pasto alto en los laterales. Buenas rejas y tejido de

contención alrededor de toda la cancha. Cuatro focos de luz de tipo alumbrado público. Entorno muy cuidado.
|--- --|-

1054
Cancha plaza
Enrique Amorín y Juan Saint Clement. (En plaza de juegos y deportes, cancha multideportiva pavimentada). 24 x 15. Arcos de 3. De fierro multicolor, simples. Pavimento gris con restos de marcaje. Gastado. Cuatro focos de alumbrado. Sin instalaciones. Espacio cuidado.
|--- --|-

1055-1056-1057
Las Acacias. Club Atlético Peñarol
José Possolo 4097. (Sede histórica del club. Estadio creado en 1916. Más una cancha lateral, de baby fútbol o de fútbol 7, y una cancha marginal de fútbol infantil) 1055: Estadio José Pedro Damiani. Ex estadio principal de Peñarol, centro de entrenamiento y de concentración. Hoy, estadio de las formativas y del plantel femenino. 105 x 68. Arcos reglamentarios. De fierro blanco, con soporte para redes. Césped en buen estado con poco desgaste y buen marcaje. Tribunas con capacidad para 12 mil espectadores, de hormigón y de madera. Problemas de seguridad y de comodidad. Cerco de bloques con postes amarillos en estado mediocre. Sin alumbrado. 1056: cancha lateral de baby o de fútbol 7. 68 x 54. Uso de arcos móviles de diferentes tamaños. Arcos herrumbrados. Marcaje completo. Terreno en muy mal estado, con mucho desgaste y cuidado insuficiente. 1057: cancha menor. 46 x 20. Arcos de 4 visibles en ciertas vistas satelitales. Mucho desgaste típico. Pura tierra. Sin marcaje.
---| -|--
--|- -|--
-|-- -|--

1058
Cancha jardín de la Parroquia de los Sagrados Corazones
José Possolo 4025. (En amplio jardín cuidado, cancha de césped) 27 x 16. Arcos de 3. De fierro blanco, simples. Poco desgaste. Rodeada de árboles. Ninguna instalación.
-|-- --|-

Descripción de las canchas y clasificación

1059-1060

Escuela 361

Avenida Gral Flores 4868. Dos canchas, una pavimentada, otra de césped. 1059: pavimentada multideportiva. 18 x 10. Arcos de 3. De fierro blanco, simples, bajo los tableros, en buen estado. Poco marcaje. Pavimento gris en estado mediocre. Falta tejido de contención. Tres focos de luz. Particularidad: una tribunita lateral con dos gradas. 1060: canchita de tierra. 13 x 8. Arcos de 3. De fierro amarillo, gruesos, simples. Falta tejido de contención. Al borde de la calle. Un reflector ilumina el espacio.

|--- -|--

|--- --|-

1061

Liceo 65

Avenida Gral Flores 4860. (Cancha multideportiva) 22 x 13. Arcos de 3. De fierro blanco, simples, en buen estado. Pavimento gris. Restos de marcaje. Doble foco de luz sobre cada lateral. Entorno correcto.

|--- --|-

1062-1063

Complejo deportivo Ituzaingó

Iberia 3573. (Una piscina cerrada, una cancha de fútbol de césped, un gimnasio multideportivo cerrado y completo, y una cancha multideportiva pavimentada abierta que no forma parte de esta casilla). 1062: cancha de césped sobre la calle Iberia. 30 x 20. Arcos de 4. De fierro blanco, simples. Desgaste visible. Sin marcaje ni instalaciones. 1063: cancha de gimnasio. Desde 2012. Gimnasio completo, con instalaciones de buena calidad. 30 x 22. Arcos de 3. De fierro blanco, simples, con redes. Marcaje impecable sobre piso pavimentado pulido gris. Tablero electrónico.

-|-- -|--

-|-- ---|

1064

Liceo 13

Francisco Echagoyen 4991. (Cancha multideportiva pavimentada) 26 x 14. Arcos de 3. De fierro blanco, simples. Pavimento gris claro con buen marcaje. Dos focos de luz sobre cada lateral.

-|-- --|-

101

1065
Potencia FC. Campo José López
Avenida José Belloni esquina Gral Leandro Gómez. (Club de baby fútbol. Cancha y locales modestos, con cantina y vestuarios). 60 x 36. Arcos de 4. De fierro blanco con ángulos y bases rojos, con estructuras. Terreno pelado, pura tierra. Restos de césped en las líneas de fondo. Cierto marcaje. Tribunitas de hormigón de tres gradas atrás de un arco y de dos gradas sobre un lateral. Tejido de contención en mal estado. Tres focos de luz sobre cada lateral. Entorno con los colores del club: blanco y rojo. Murito blanco cercando toda la instalación.
--|- --|-

1066
Cancha abierta
Camino Leandro Gómez y César Batlle Pacheco. (En vasto espacio libre de 180 x 45, cancha de fútbol básica muy gastada) 65 x 30. Arcos de 6. De fierro, muy herrumbrado, simples. Entorno poco cuidado y sucio. Otras zonas de práctica de fútbol informal (arcos con piedras y desgastes típicos, no contabilizadas aquí.
--|- -|--

1067-1068
INISA, Instituto Nacional De Inclusión Social Adolescente. Complejo Belloni
Avenida José Belloni 3688 entre Aparicio Saravia y Hungría. (Vasta manzana de 270 x 150. Establecimiento y talleres. Penal de adolescentes. Dos canchas de césped) 1067: 28 x 17. Arcos 4. De fierro blanco, simples, con redes. Pura tierra. Sin instalaciones ni marcaje. 1068: cancha reciente de césped. 70 x 48. Arcos reglamentarios. De fierro blanco, simples. Poco desgaste. Sin marcaje. Mucho césped. Sin instalaciones.
-	-- -	--

1069
Cancha abierta en baldío
Hungría frente a Álvaro Figueredo. (En vasto campo baldío de 300 x 100, cancha grande abierta) 95 x 65. Arcos reglamentarios. De fierro blanco, con ángulos y bases azules, simples, en mal estado. Terreno de

juego muy disparejo, con motas, flores, sin cuidado alguno. Ni marcaje ni instalaciones.
---| -|--

1070-1071
Ituzaingó baby fútbol
Avenida José Belloni entre Hungría y Gregorio Rodriguez. (Dos canchas de césped) 1070: cancha secundaria. 50 x 30. Arcos de 4. De fierro blanco con ángulos rojos, simples. Gastada y ahuecada. Ninguna instalación. 1071: cancha principal. 58 x 40. Arcos de 4. De fierro blanco con ángulos rojos, simples. Muy gastada. Marcaje correcto. Banco techado de suplentes. Sin local. Murito blanco con alambrado. Bancos de hormigón en los laterales. Tres focos de luz sobre cada lateral. Entorno pasable.
--|- -|--
--|- --|-

1072
Cancha plaza
Delimitada por las calles Bérgamo, Lacio y Locarno. (En manzana triangular de césped de tipo placita, cancha abierta básica) 50 x 20. Arcos de 3. Postes de madera, cruzados y reforzados en los ángulos, simples. Desgaste. Ni tejido de contención ni alumbrado.
--|- -|--

1073
Cancha jardín
En fondo de casa abandonada, probablemente accesible por la casa vecina. Locarno 3650 entre Lacio y José Pedro Pintos. (Cancha jardín) 22 x 8. Arcos de 3. De fierro oscuro, simples. Césped pasable. Entorno apretado. Alta estructura de contención atrás de un arco.
|--- -|--

1074
Cancha manzana
Delimitada por las calles José Pedro Pintos, Locarno y Módena. (En manzana triangular de tipo placita, cancha de césped) 38 x 18. Arcos de 3. De fierro gris, simples. Terreno gastado y ahuecado. Sin instalaciones. Entorno espacioso, sucio.
-|-- -|--

1075
Centro cultural y deportivo El Hornero
En placita triangular delimitada por

las calles Lacio, José Piendibene y Antonio Martínez. (Centro cultural con local y juegos infantiles. Cancha de césped) 44 x 22. Arcos de 4. De fierro blanco, simples, muy despintados. Terreno muy gastado y ahuecado en los arcos. Ningún cuidado. Motas y papeles. Focos de luz en tres ángulos.
-|-- -|--

1076
Estadio Jardines del Hipódromo «María Mincheff de Lazaroff». Danubio FC
Avenida Dr Carlos Nery sin número. (Estadio de Danubio) Cancha de 105 x 70. Césped bueno. Cuatro tribunas. Capacidad teórica: 18 mil espectadores. Capacidad real: 10 mil entradas. En constante renovación. Tribunas modernizadas, con buen aspecto y confort. Sin alumbrado. Exterior del estadio, pasable. Sin estacionamiento.
---| --|-

1077
Plaza John Lennon.
Plaza triangular delimitada por las calles Albania, Lucrecia y Novara. (Canchita multideportiva pavimentada recientemente creada) 16 x 9. Arcos de 3. De fierro negro, gruesos, con estructura. Buen marcaje. Estructuras de contención atrás de los arcos. Tribunita de tres gradas sobre un lateral. Buen alumbrado con tres reflectores sobre un lateral. Entorno renovado y cuidado.
|--- ---|

1078
Club Social y Deportivo Primavera
Ocupa dos manzanas: una con la sede y el jardín de fiestas; otro con la cancha. Entrada de la sede: Jaén 5724. Cancha en Dr Carlos Nery entre Palencia y Jaén. (Locales amplios y bien cuidados. Exterior característico verde y blanco. Cancha de baby fútbol) 50 x 35. Arcos de 4. De fierro blanco con vivos verdes, simples. Pura tierra. Marcaje. Banco techado de suplentes. Tres dobles focos de luz de cada lado. Tejido de contención en mal estado. Bancos de hormigón y una estructura de troncos sobre un lateral. Vestuarios y baños. Murito y buen alambrado.
--|- --|-

1079-1080
Complejo deportivo Washington Piccardo. Club Ombú Juniors

Libia 3331 esquina Cno Maldonado. (Amplios, cuidados y luminosos locales. Práctica de baile, patinaje, y organización de eventos. Con vista sobre las canchas. Dos canchas de césped de diferente calidad ocupando parte del parque del Instituto Nacional de Ciegos. Entorno cuidado con los colores del club: tricolor, blanco, azul y rojo) 1079: cancha secundaria de tierra. 60 x 35. Arcos de 4. De fierro blanco, con estructura y redes. Terreno muy malo: tierra con motas, desparejo y difícil. Marcaje. Cierto alumbrado. Utilizado para prácticas. 1080: miniestadio Antonio Andrich. Excelente cancha. 60 x 35. Arcos de 4. Impecables, de fierro blanco, con ángulos y bases azules, estructura y redes. Buen césped. Muy buen marcaje. Tribunita con una grada, techada. Detrás, local luminoso para el público con vista sobre la cancha. Buen alumbrado con cuatro focos de luz sobre cada lateral.
--|- -|--
--|- ---|

1081
Parque del Instituto Nacional de Ciegos

Camino Maldonado 5745 esquina Libia. Se entra por Cno Maldonado y se sigue un largo sendero hasta los locales del instituto. (Parque parcialmente ocupado por canchas de fútbol de diferente tamaño y calidad. La cancha correspondiente a esta casilla es la que se halla más al norte) 35 x 20. Arcos de 4. De fierro blanco, simples, en mal estado. Modesto alumbrado detrás de cada arco. Sin cuidado particular ni instalaciones. Vistas satelitales anteriores muestran que en esta zona del parque hubo más canchas, cruzadas, con arcos en diferentes sentidos. Se contabiliza solo la cancha actualmente en uso.
-|-- |---

102

1082
Espacio libre con cancha incompleta

En terreno libre correspondiente a media manzana, sobre Orestes Baroffio y Vicente Salaverri. (Cancha de césped con un solo arco) 37 x 20. Arco de

3. De fierro blanco, fino, simple, en avanzado estado de deterioro, oxidado y torcido. Otro «arco» hecho con dos piedras. Terreno pésimo, con mucho desgaste, hundimiento. Ningún cuidado. Caballo pastando en la vista callejera. Ninguna instalación. Entorno sucio.
-|-- |---

1083
Centro comunitario Bella Italia
Aparicio Saravia 2931. (De construcción reciente. Cancha infantil pavimentada) 13 x 13. Arcos de 2. De fierro blanco, móviles. Muy bien pintada y marcada, verde y naranja. Entorno apretado.
|--- --|-

1084
Colegio Sagrado Corazón de Jesús. Liceo Vedruna
Camino Maldonado 6641 y Estepona. (Escuela y colegio. En el vasto fondo del establecimiento, cancha de césped) 53 x 26. Arcos de 3. De fierro blanco, simples. Césped pasable, sin cuidado particular. Desgaste en los arcos. Ni instalaciones ni marcaje. Cerco mural y alambrado. Entorno bueno, con árboles y mucho espacio.
--|- --|-

1085-1086
Club La Bomba Piria, también llamado La Bomba- Basañez
Bulevar Aparicio Saravia y Rafael. (Club de Baby fútbol con fuerte vocación social. Locales modestos, baños y vestuarios. Una cancha grande bien cercada con murito y alambre de púa, sobre la cual se marca la cancha menor) 1085: 90 x 54. Arcos reglamentarios. De fierro blanco con vivos amarillos, simples. Césped sin cuidado. Desgaste. Dos bancos de hormigón con respaldo sobre un lateral. Un foco de luz en cada ángulo. 1086: para fútbol juvenil, marcada sobre la cancha grande. Largo entre los bordes de las áreas de la cancha principal. 54 x 45. Arcos de 4. De fierro blanco, con estructura y redes, móviles. Mucho desgaste.
---| -|--
--|- -|--

1087
Parque Alba Roballo
A la altura del Pasaje 13, parque dividido en diferentes espacios de césped.

(Cancha multideportiva reciente) 26 x 16. Arcos de 3. De fierro blanco, gruesos, bajo los tableros. Pavimento gris claro con marcaje de áreas. Tejido de contención atrás de los arcos. Un foco de luz doble en cada ángulo. Cuatro bancos de hormigón en cada lateral. Entorno renovado, bueno.
-|-- --|-

1088-1089
Juana de América Baby fútbol
Entrada por Felisberto Hernández. Canchas delimitadas por esta calle y por la calle 8 metros. (Dos canchas de césped y muy modesto local) 1088: cancha principal. 55 x 35. Arcos de 4. De fierro blanco, ángulos naranjas y bases verdes, simples, con redes. Cancha en mal estado con mucho desgaste. Tres focos de luz sobre uno de los laterales. 1089: cancha secundaria para entrenamiento. Estructurada recientemente. Desgaste típico permanente desde 2018. 50 x 25. Arcos de 4. De fierro blanco, simples, despintados. Césped malo y sin cuidado. Ni marcaje ni instalaciones.
--|- -|--
--|- -|--

1090
Espacio recuperado
Copérnico y Florencia. En ángulo de manzana, punto inicial o final del parque Alba Roballo. (Cancha reciente, de tierra) 22 x 14. Arcos de 4. De fierro blanco, gruesos, simples. Suelo de tierra. Dos focos de luz sobre un lateral. Tejido de contención del lado de la calle. Un banco de hormigón sobre un lateral.
|--- -|--

1091
Iglesia de Jesucristo
Camino Maldonado casi Rosario. (En el fondo, detrás de la iglesia, cancha multideportiva pavimentada renovada) 26 x 15. Arcos de 3. De fierro blanco, bajo los tableros. Pavimento verde con buen marcaje múltiple. Entorno apretado.
-|-- -|--

1092
Escuela 262
Abipones 6172. (Cancha pavimentada reciente) 24 x 14. Arcos de 3. De fierro blanco, simples. Pavimento gris claro con marcaje.
|--- -|--

1093

Cancha orillera

Entre Senda 3 y el arroyo Chacarita. Al borde de un asentamiento sin nombre. (Cancha básica de césped, muy utilizada) 45 x 35. Arcos de 3. De fierro blanco, simples. Césped muy malo, sin cuidado particular. Mucho desgaste. Ninguna instalación. Entorno natural.
-|-- |---

1094

Covibam

Pasaje Francisco Imhof 6225 casi Camino Chacarita de los Padres. (Cancha infantil de la cooperativa de viviendas. Muy chica y en espacio estrecho) 14 x 8. Arcos de 3. Uno de fierro blanco, otro rojo oscuro, simples. Césped totalmente gastado. Un tejido de contención. Buen cerco de rejas. Entorno cuidado. Sin más instalaciones.
|--- --|-

1095

Cancha manzana

En terreno de manzana triangular formada por Camino Géminis y Nápoles. (Cancha recientemente estructurada) 40 x 25. Arcos de 3, bastante bajos. De fierro blanco, simples. Muy utilizada. Césped sin cuidado, gastado y desparejo. Motas. Jugadores en la vista callejera. Ni tejido de contención ni alumbrado. Entorno descuidado. Calle inmediata, extensión del asentamiento. Entorno bastante sucio.
-|-- -|--

1096-1097

Complejo Varese

Camino Chacarita de los Padres, a altura del pasaje A, 3205 bis. (Dos canchas de buen césped, bien cuidadas, una mediana, otra grande) Ambas con arcos reglamentarios. De fierro blanco, simples, con redes. Césped bueno, con marcaje. 1096: 60 x 100. 1097: 95 x 60. Banco techado de suplentes. Escasos bancos para público. Sin vestuarios. Sin alumbrado. Parrillero pero instalaciones escasas. Playa de estacionamiento.

1098-1099-1100

Liceo 45

Camino Maldonado 5890. (Cancha patio pavimentada modular. Una

Descripción de las canchas y clasificación

cancha principal de fútbol, dividida en dos medias canchas multideportivas) 1098: cancha principal. 32 x 26. Arcos de 4. De fierro blanco, con estructura y redes. 1099-1100: medias canchas multideportivas con marcaje propio. 26 x 16. Arcos de 3. De fierro blanco, bajo los tableros. Pavimento gris claro en estado pasable, con marcaje múltiple. Dos focos de luz sobre cada lateral. Buen entorno.
-|-- --|-
-|-- --|-
-|-- --|-

1101-1102
Liceo 58
Camino Maldonado 5870. (Una cancha pavimentada exterior reciente; un gimnasio). 1101: pavimentada. 28 x 16. Arcos de 3. De fierro blanco, con redes, bajo los tableros. Pavimento gris claro. Buen marcaje. Seis focos de luz. Falta tejido de contención. Dos bancos laterales. 1102: gimnasio. 29 x 20. «Arcos» de 3, pintados en azul sobre las paredes de bloques. Pavimento pulido con marcaje.
-|-- ---|
-|-- -|--

1103
Escuela 238
Camino Maldonado 5952. (Cancha en el fondo de la escuela) 25 x 20. Arcos de 3. De fierro blanco, simples, bastante despintados. Pura tierra. Alambrado y tejido de contención alrededor deteriorados. Entorno pasable. Sin más instalaciones.
-|-- -|--

1104
Escuela 359
Calle 17 metros casi Camino Maldonado, atrás del liceo 45. (Cancha de tierra alargada en un costado del predio de la escuela) 30 x 7. Arcos de 3. De fierro blanco, finos, simples, muy oxidados. Desgaste total. Ninguna instalación. Entorno mínimo.
-|-- -|--

1105
Cancha orillera
Venecia entre Pintado y Marcos Salcedo. Al borde de la cooperativa de viviendas Coviluyfa. (Cancha de césped de contornos inciertos. Rodeada de terrenos naturales con abundante vegetación) 45 x

20. Arcos de 4. De fierro blanco, simples, en mal estado. Terreno en estado de abandono. Ninguna instalación.
-|-- |---

1106-1107
Polideportivo de la Escuela de policía
Susana Pintos 3001. (En vasto predio de 700 x 350, locales y dos canchas grandes de fútbol) Ambas canchas con arcos reglamentarios, de fierro blanco, simples. 1106: 100 x 64. Césped mediocre. Marcaje parcial. Cuatro focos de luz alejados sobre cada lateral. Pista alrededor. 1107: 100 x 64. Césped mediocre. Cierto marcaje. Ninguna instalación. Terreno con poco mantenimiento. Caminos de acceso bien alumbrados y prolijos. Entorno pasable.

1108
Durulte SA
Susana Pinto 3086. (En vasto parque de la fábrica de alfajores, cancha grande de césped) 90 x 60. Arcos reglamentarios. De fierro blanco, simples. Césped muy cuidado, sin desgaste. Ninguna instalación salvo un sólido cerco de alambrado. Entorno muy bueno.
---| --|-

1109-1110
Instituto Nacional de Ciegos
Camino Maldonado 5745. (Entrando al parque, inmediatamente sobre la derecha: una cancha mediana y una cancha chica. Ambas con mucho desgaste, pura tierra) 1109: 60 x 37. Arcos de 4. De fierro blanco, en mal estado, con estructura y redes. Marcaje esporádico. Cuatro focos de luz en cada lateral. 1110: 37 x 20. Arcos de 4. Con estructura, en alto estado de deterioro y herrumbre. Al borde de la calle. Murito y alambrado de altura insuficiente. Entorno deprimente.
--|- -|--
-|-- -|--

1111
La Vaca Loca fútbol 5
José Raúl Porto 3329 esquina Camino Maldonado. (Cancha de fútbol 5 cerrada) 25 x 17. Arcos de 3. De fierro rayado de negro y blanco, simples. Buen césped sintético. Tablero electrónico. Buena instalación.

Buen alumbrado. Locales, vestuarios, baños buenos. Cancha chicas. Buenas instalaciones. Opiniones positivas.
-|-- --|--

1112
Escuela Egipto 182
Camino Maldonado 5768. (En el fondo de la escuela, cancha de césped muy gastada) 25 x 16. Arcos de 4. De fierro blanco, despintados, simples. Ninguna instalación. Entorno pasable, espacioso.
-|-- -|--

1113
Cancha orillera
Susana Pintos al lado de la empresa Pangiorno-Larinur. (Terreno utilizado para fútbol desde hace años) Instalación reciente de arcos. 30 x 20. Arcos de 3. De fierro blanco, simples. Césped sin cuidado particular. Ninguna instalación.
-|-- -|--

1114-1115
Parque Plaza Vista linda
Calle 8 de 17 metros. (Dos canchas orilleras en espacio bien cuidado. Una cancha pavimentada multideportiva y una cancha de césped) 1114: pavimentada, en buen estado, recientemente mejorada. 28 x 16. Arcos de 3. De fierro blanco, gruesos, bajo los tableros. Pavimento gris muy bien marcado. Vasto espacio alrededor. Tres focos de luz de tipo alumbrado público. 1023: cancha de césped muy gastada. 60 x 40. Arcos de 4. De fierro blanco, oxidados, simples. Tres focos de luz de tipo alumbrado público sobre cada lateral. Entorno correcto.
-|-- --|--
-|-- --|--

103

1116
Cancha orillera
Camino Delfín y Varsovia. (En esquina de terreno muy dejado, cancha de césped) 37 x 15. Arcos de 3. Artesanales, de palo muy fino, con travesaño arqueado. Desgaste, desnivel y motas. Entorno sucio. Ninguna instalación.
-|-- |---

1117
Cancha orillera muy precaria
Camino Delfín frente a Pasaje A.

(Canchita precaria de césped) 15 x 9. Arcos chicos, de 2. Artesanales, hechos con palos finos, cruzados en los ángulos. Desgaste, desnivel, ninguna instalación. Entorno sucio. Caballos pastando en la foto callejera.
|--- |---

1118
Cooperativa Covitrema
Géminis 6460. (Cancha de baby fútbol de la cooperativa de viviendas) 44 x 25. Arcos de 3,5. De fierro blanco, simples, en buen estado. Césped muy gastado, hundido en la zona de los arcos. Sin alumbrado. Sin instalaciones. Buenas rejas verdes. Entorno muy cuidado.
-|-- --|-

1119
Cancha de granja
Avenida Punta de Rieles 3070 entre Arroyo Carrasco y Camino Delfín. (Cancha de tamaño y orientación variable) 20 x 14. Arcos de 3. De fierro blanco y bases negras, móviles, con estructura y redes. Césped sin cuidado particular. Buen entorno. Espacioso.
|--- --|-

1120 A 1124
Cárcel de Punta de Rieles
Camino Dionisios entre avenida de Punta de Rieles y Camino Chacarita de los Padres. (Mínimo cinco canchas, repartidas entre la cárcel vieja en la parte norte y la nueva en la parte sur: dos pavimentadas multideportivas, tres de césped. Pocas vistas callejeras de la zona norte, ninguna de la zona sur. 1120: cancha multideportiva. Recientemente renovada y techada. 27 x 17. Arcos de 3. De fierro gris, simples. Pavimento gris claro, bueno. 1121: cancha principal de la vieja cárcel. Poseía tribunitas que ya no existen. 73 x 43. Arcos reglamentarios. De fierro blanco con ángulos negros, despintados, simples, con redes rotas. Césped descuidado con muchísimo desgaste, tierra y motas. 1122: cancha multideportiva nueva. 27 x 17. Arcos de 3. De fierro blanco, simples. Pavimento gris con marcaje múltiple. 1123-1124: en un mismo vasto terreno situado en el ángulo sudeste de la cárcel, dos canchas contiguas creadas a principios de 2018. La primera: 80 x 40. Arcos de 5. La segunda: 90 x 45. Arcos reglamentarios. De fierro blanco,

con estructura, quizá móviles. Césped correcto sin marcaje. Se supone que los arcos son buenos y nuevos. Sin otras instalaciones. Sin alumbrado.
-	-- --	-
-	-- --	-

1125 A 1128
Complejo La Coruña OFA
Susana Pintos 3390 casi Camino Felipe Cardoso. (Seis canchas, cinco grandes y una de fútbol infantil. En este mapa aparecen las cuatro canchas de la parte norte del complejo: la chica, más las canchas 3, 4 y 5) Utilizadas por el fútbol amateur. Panorama general: buen césped; arcos de fierro blanco, simples, con redes; buen marcaje. Ni bancos para suplentes ni instalaciones para público. 1125: 58 x 38. Arcos de 4. 1126: 98 x 60. Arcos reglamentarios. 1127: 95 x 70. Arcos reglamentarios. 1128: 95 x 65. Arcos reglamentarios. Estas canchas no tienen alumbrado (sí lo tienen las canchas 1 y 2, que no corresponden a esta casilla). Buenos locales, parrillero, espacios para fiestas, cocina, etcétera. Vestuarios sin ducha.
--	- --	-

104
1129
Cancha de campo
A mitad del Camino al Puente Roto. (En casa de campo con vasto terreno) Cancha de 42 x 24. Arcos de 4. Postes de color oscuro, simples, quizá de palo, sin redes. Buen césped. Sin desgaste. Sin marcaje. Entorno muy bueno.
-|-- --|-

107
1130
Comisión de fomento
Camino Sanguinetti (al lado del 5993) a tres cuadras de Carlín Bertolotti. (Terreno descuidado detrás de local mínimo, cancha de césped) 40 x 25. Arcos de 4. De fierro blanco, simples, despintados. Sin mantenimiento. Entorno: bosque.
-|-- -|--

108

1131
Cancha de campo
Camino de los Álvarez a 200 metros al norte de Camino Pajas Blancas. (En plena zona agrícola) 35 x 20. Arcos de 3. De fierro blanco, simples, con redes. Césped correcto, poco desgaste. Tejido de contención atrás de los arcos. Entorno cuidado.
-|-- --|-

1132
Cancha de granja
Camino Pajas Blancas 9350 bis. (Cancha de césped en plena zona agrícola) 43 x 25. Arcos de 3. De fierro blanco, en mal estado, simples, con redes rotas. Terreno descuidado, cruzado por un camino para camiones.
-|-- -|--

1133
Cancha de campo
Camino Echegaray 5800. (Cancha de campo en plena zona agrícola) 30 x 18. Arcos de 3. De fierro blanco, simples. Césped correcto. Entorno muy bueno.
-|-- --|-

1134
Cancha de campo
Término sur del Camino de los Pascuas y Senda del Paso. (En plena zona agrícola, establecimiento particular, con cartel indicando «Bienvenidos, Casa Keiro». Posible lugar de eventos. Cancha de césped) 48 x 27. Arcos de 4. De fierro blanco, herrumbrados, simples. Césped pasable, sin desgaste. Ninguna instalación. Buen entorno.
-|-- --|-

109

1135
Cancha jardín
Camino O'Higgins frente a la granja San Francisco. (Casco de granja con casona y vasto jardín muy cuidado) Cancha de 37 x 20. Arcos de 3. De fierro blanco, simples. Muy buen entorno. Poco desgaste.
-|-- ---|

1136-1137
Dos canchas de campo entre parcelas agrícolas y bosque
Acceso por Camino O'Higgins y Camino Pajas Blancas. (En plena

zona agrícola, al lado de bosque con muchas palmeras, dos canchas de césped, adjuntas, de dimensión y calidad similar. Una con arcos fijos, otra con arcos móviles) Cancha fija de 75 x 35. Cancha «móvil» de 85 x 35. Arcos de 5. De fierro blanco, simples. Césped correcto, con desgaste típico. Muy esporádicamente, tenue marcaje. Un sendero mínimo separa los dos campos. Instalación reciente de un local de 25 x 11 (probablemente vestuarios). Acceso privado.

1138
Zona norte de La Cajita Feliz. Probable extensión del complejo del Flores Universitario
Camino Leoncio López, junto al Flores Universitario. (Forma parte de un conjunto de dos canchas recientes) 110 x 70. Arcos reglamentarios. De fierro blanco, simples, en estado mediocre. Césped cortado, pasable. Sin marcaje. Entorno muy poco trabajado. Pastizales, ninguna instalación.
---| -|--

1139-1140
Flores Universitario. La Cajita feliz.
Camino Leoncio López 4900, al norte del Camino Pajas Blancas. (Dos canchas con césped verde y cuidado) 1139: 100 x 65. 1140: 90 x 50. Arcos reglamentarios. De fierro blanco, simples, en buen estado. Marcaje. Entorno de pastizales. Ninguna instalación, ni locales, ni bancos. Tejido de contención deshecho. Sin cerco.

110

1141
Quincho de Varela
Camino O'Higgins 7830 y Camino El Colorado. (Local para asados, con jardín, piscina techada y cancha chica, bien cuidada, al borde del camino) 27 x 15. Arcos de 3. De fierro blanco, simples, con ángulos rojos, bases negras y redes. Buen césped. Un foco de luz. Ni tejido de contención ni cerco.
-|-- --|-

1142-1143
Capilla de la Inmaculada Concepción
Camino de la Capilla 3853. (Una cancha grande sobre la cual se instala una cancha menor a lo ancho) Panorama general: Cuatro arcos fijos. Césped muy cuidado y bien marcado. Alambrado alrededor en estado correcto. Arcos de fierro blanco, simples, algo despintados. 1142: 86 x 40. Arcos reglamentarios. 1143: 40 x 30. Arcos de 4. Entorno muy agradable.
---| ---|
-|-- ---|

1144 A 1147
Complejo Duarte
Camino O'Higgins y Servidumbre. (Complejo de alta calidad con muy buenas instalaciones, cantina, vestuario, parrillero, estacionamiento. En los sitios se anuncian canchas de fútbol 7 y 8 en cierta cantidad. Según las vistas callejeras y satelitales entre 2015 y 2020: cuatro canchas de fútbol 11, dos de la cuales con alumbrado) Panorama general: Buen marcaje de las canchas. Arcos reglamentarios, de fierro blanco, simples, con buenas redes. Entorno muy agradable. 1144: 90 x 70. Con alumbrado. 1145: 85 x 62. 1146: 105 x 66. Con alumbrado. 1147: 92 x 60.

1148 A 1152
Complejo Walter Devoto
Camino O'Higgins 7549 y Camino Prieto. (Formativas de Wanderers, club de primera división. Cinco canchas de fútbol 11, numeradas de 1 a 5, de norte a sur. La cancha 2 (1149) con cierto alumbrado. Utilización modular con arcos móviles. Canchas divididas sin marcaje propio. No contabilizadas aquí). Panorama general: buenos arcos reglamentarios; de fierro blanco con soportes y buenas redes; césped correcto; locales y vestuarios amplios; cerco de arbustos; locales de entrada acogedores. 1148: cancha 1; 105 x 68. Cierto marcaje. Una tribunita de tres gradas. 1149: cancha 2; 105 x 68. Cierto marcaje. Alumbrado. 1150, 1151 y 1152: 100 x 68. Sin marcaje.

1153-1154-1155
Complejo O'Higgins
Camino O'Higgins y Camino de la Capilla. (Inaugurado a principios de 2017. Utilizado por el Club Atlético Progreso. Tres canchas de fútbol 11) Panorama general: arcos de fierro blanco, con estructura y redes en perfecto estado; césped mediocre según los usuarios; Bastante desgaste, coloración muy despareja y ausencia de marcaje; locales, vestuarios y cantina, limitados, en el fondo del predio. Las tres canchas de 100 x 68. La del fondo, 1155, con cuatro focos de luz en cada lateral. Redes de contención detrás de ciertos arcos.

1156
Cancha abierta
Camino Leoncio López 4901 esquina Enrique Andreoli. (Segunda cancha de un conjunto de dos) 100 x 66. Arcos reglamentarios. De fierro blanco, simples, en estado mediocre. Césped sin cuidado particular. Sin marcaje. Ni instalaciones ni mantenimiento.
---| -|--

111

1157 A 1176
Campus del Oeste
Camino Manuel Flores 7063-7073, a 550 metros de Camino Tomkinson. (Uno de los complejos más grandes de Montevideo. Ocupa un terreno rectangular de 450 x 350. Dispone de un parque de estacionamiento del tamaño de una cancha grande) Panorama general. Casa y ciertos modestos locales en la entrada, no dentro mismo del complejo. Dos canchas situadas al este del complejo aparecen abandonadas en las últimas vistas satelitales (no se contabilizan aquí). Veinte canchas en total: cinco de fútbol 11, cuatro de fútbol 9, once de fútbol 7. Las canchas aparecen en la continuidad del mismo terreno, a veces separadas por algunos árboles o por pequeños taludes menos cuidados. Las canchas 1173 a 1176, de fútbol 7, son recientes. Los arcos

fueron renovados. Arcos fijos con soporte para redes, y también arcos con estructura para redes y arcos móviles. En ciertas vistas callejeras, arcos chicos para fútbol infantil, rayados rojo y blanco. Ausencia de instalaciones para público y para suplentes; césped pasable; entorno poco trabajado; buen marcaje y buenos arcos en todas las canchas. Las canchas de fútbol 9 y 7 son todas de igual formato: 80 x 55, y 60 x 40, con arcos de 5,5 y 4 respectivamente. Las canchas de fútbol 11 tienen tamaños diferentes. Todas con arcos reglamentarios, de fierro blanco, con soportes y redes: 1157: 103 x 68 (también utilizada con largo menor). 1158: 101 x 68. 1159: 105 x 68. 1163: 105 x 68. 1164: 100 x 68. Canchas de fútbol 9: 1160, 1165, 1166, 1167: todas de 80 x 55 con arcos de 5,5. Canchas de fútbol 7: 1161, 1162, y 1168 a 1176. Todas de 60 x 40, con arcos de 4. Entorno general: campero.

\---| --|-
\---| --|-
\---| --|-
\---| --|-
--|- --|-
--|- --|-

\---| --|-
\---| --|-
--|- --|-
--|- --|-
--|- --|-
--|- --|-
--|- --|-
--|- --|-
--|- --|-
--|- --|-
--|- --|-
--|- --|-
--|- --|-
--|- --|-
--|- --|-
--|- --|-

1177
Marmir's
Tomkinson 2925 casi Los Olmos.
(Salón de fiestas, local para baile y cancha de tipo jardín alargada) 36 x 14. Arcos de 3,5. De fierro blanco, simples. Cierto desgaste. Bien cuidada. Sin alumbrado. Particularidad: alto tejido de contención verde todo alrededor.
-|-- --|-

1178
Cancha orillera
En espacio delimitado por Los Olmos, Los Plátanos y Las Azucenas, prolongación norte del Parque Tomkinson, al

borde de la cañada. (Cancha precaria de césped) 40 x 16. Arcos de 3,5. De fierro oscuro, oxidados, finos, con estructura. Redes verdes. Terreno gastado. Restos de estructura con tejido de contención del lado de la cañada.
-|-- -|--

1179
Cancha plaza
Camino Tomkinson y Los Cipreses. (En espacio verde libre, cancha de césped) 37 x 20. Arcos de 4. De fierro blanco, simples. Muy gastada, ahuecada e inundable. Ninguna instalación. Contexto descuidado tendiendo a sucio.
-|-- -|--

1180
Parque Tomkinson
Chacra Nueva y calle Al parque, frente al número 2984. (Cancha artesanal improvisada en la orilla del parque. Estructurada primero en el sentido de la calle. Hoy orientada en sentido perpendicular a la calle El Parque.) 16 x 12. Arcos de 3. De palo torcido, con redes de pesca negras. Uno de los arcos con una estructura caótica de tres postes verticales y uno transversal. Entorno agradable.
|--- -|--

1181
Cancha plaza no estructurada
En plaza manzana de césped, de forma triangular, delimitada por las calles Los Pinos, Los Robles y Los Durazneros. (Cancha sin arcos. «Arcos» formados con piedras) 38 x 20. «Arcos» de 4. Desgaste típico permanente. En ciertas vistas satelitales, se percibe un arco. Terreno pelado y gastado, pero espacioso.
-|-- |---

1182
Cancha cantero
En cantero central de la calle Francisco de Goya, frente a Las Orquídeas. (Cancha alargada de césped entre dos calles) 37 x 10. Arcos de 3. De palo, simples. Construcción particular de los arcos, con dos altos parantes de madera de idéntica altura y bastante rectos plantados frente a frente. Uno de los arcos con escuadras de madera destinadas a soportar el travesaño. Ciertas vistas satelitales recientes parecen confirmar una evolución

en la construcción de los arcos.
Terreno muy gastado, desnivelado,
con motas. Sin cuidado particular.
Lugar estrecho, pegado a la calle.
Sin tejido de contención.
-|-- |---

1183
Cancha orillera informal
*Costanera Tomkinson y Pasaje E.
Borde este del barrio Maracaná. (En
franja angosta de un vasto predio triangular en obras. Cancha
informal utilizada desde 2012) 20 x
9. Las últimas vistas satelitales parecen indicar la instalación reciente
de arcos. Pésimo estado, mucho
desgaste. Terreno muy desnivelado.
Entorno sucio, t*
|--- |---

112
1184
**Club Social, Deportivo y Cultural
Naranja Mecánica**
*Costanera Parque Tomkinson y Los
Plátanos. (Club de Baby Fútbol,
cancha de césped y locales) 53 x 37.
Arcos de 4. De fierro blanco con
ángulos rojos, despintados, simples, con redes en estado mediocre.*

Terreno de juego muy gastado.
Marcaje. Precarios bancos de
suplentes. Tres focos de luz sobre
un lateral. Un tronco para público.
Muy modestos locales adjuntos.
Cerco de red en mal estado.
--|- -|--

1185
Cancha informal en espacio libre
*Espacio libre delimitado por Camino
Cibils y Enrique Granados, a la altura
de Mirunga. (Cancha informal
con pronunciado desgaste típico
utilizada desde hace años) 30 x 15.
Sin arcos. Césped malo. Ninguna
instalación.*
-|-- |---

1186
Cancha orillera informal
*Al borde del barrio, en la esquina de
Dolores Candales y Romeo Gavioli.
(Espacio de césped alargado utilizado desde hace años) 24 x 10. Sin
arcos. Mucho desgaste. Una red de
contención.*
|--- |---

1187-1188
Liceo 46
Camino de las Tropas 2428, esquina

Luis Batlle Berres. (Predio compartido con la escuela técnica. Una cancha de césped y otra pavimentada) 1187: de césped. 34 x 20. Arcos de 3. De fierro blanco, simples. Mucho desgaste. Ningún cuidado. Ninguna instalación particular. 1188: cancha chica de básquetbol. 16 x 9. Suelo en buen estado. Sin arcos de fútbol pero se juega.
-|-- -|--
|--- |---

1189
Cancha orillera no estructurada
Los Cedros y calle 3. (Varias zonas de juego no estructuradas en la entrada de vasto terreno natural) 44 x 17. Sin arcos. Desgaste típico extremo. Entorno desolado.
-|-- |---

1190
Cancha orillera
Entre Los Cedros y el arroyo Pantanoso (Cancha orillera reciente al noreste del barrio Maracaná) 44 x 30. Arcos de 4. Artesanales. Mucho desgaste. Ninguna instalación. Entorno sucio y descuidado.
-|-- |---

1191
Escuela 385
Calle 3 y Primera al Norte. (Escuela renovada. Cancha infantil multideportiva pavimentada nueva en el fondo de la escuela) 16 x 9. Arcos de 2. Pavimento gris bien marcado. Sin instalaciones. Entorno: patios de tierra.
|--- --|-

1192
Escuela 324 barrio Maracaná
Sobre la calle Maracaná. (Escuela reciente. Cancha multideportiva pavimentada) 25 x 14. Arcos de 3. De fierro blanco, bajo los tableros. Pavimento gris. Buen marcaje. Sirve también de patio. Sin otras instalaciones.
-|-- -|--

1193
Planta industrial del diario El País
Camino Cibils y Ruta 1 (Manuel Oribe). (En el jardín del frente, en un ángulo apretado, cancha de césped) 30 x 18. Arcos de 3. De fierro blanco, simples, probablemente móviles. Tejido de contención atrás de los arcos. Césped natural. Buen marcaje. Cuatro focos de luz. La

vista satelital muestra bastante desgaste dentro y alrededor de la cancha.
-|-- --|-

1194
«El Cacha» Fútbol 5
Manuel Oribe y calle 17 metros. (Cancha de fútbol 5 de césped) 23 x 13. Arcos de 3. De fierro blanco, simples. Totalmente gastada, pura tierra, en pésimo estado. Sin marcaje. Cuatro focos de luz en cada lateral. Locales y entorno precarios. Alto tejido verde de contención, alrededor y arriba.
|--- -|--

1195
Cancha orillera no estructurada
Nuble Yic y Camino Cibils. (En vasto predio natural orillero, cancha de césped) 30 x 20. Arcos hechos con piedras. Desgaste típico importante.
-|-- |---

1196
Cancha orillera artesanal
Nuble Yic frente al número 009. (En vasto predio natural orillero, cancha con un solo arco) 25 x 18.

Arco de 3,5. Con palos. Red negra deshecha. Terreno muy gastado, atravesado por un sendero.
-|-- |---

1197
Servipiezas Randon
Camino Burghi 2479. (Cancha existente desde hace unos años. En perfecto estado, para el personal) 60 x 40. También utilizada con dimensiones menores. Arcos de 5. De fierro blanco, con estructura y redes, móviles. Muy buen césped. Sin desgaste. Un foco de luz. Tejido de contención atrás de un arco.
--|- ---|

1198
Pepsi Cola
Camino Burghi 2645. (En vasto predio detrás de la planta, cancha de césped para el personal) 50 x 30. Arcos de 3. De fierro blanco, móviles. Césped cuidado pero mediocre. Ninguna instalación.
--|- --|-

1199
Espacio libre José Pedro Costigliolo
Delimitado por las calles Gorgonio

Aguiar, Juan Bautista Méndez y Congreso del Arroyo de la China. (Cancha multideportiva pavimentada. Hasta hace poco, pavimento gris con una franja diagonal negra) 25 x 13. Arcos de 3. De fierro naranja, gruesos, de base cuadrada, simples. Límites de la cancha difusos. Pavimento gris claro. Sin marcaje. Cuatro bancos de hormigón sobre un lateral. Ni luz ni tejido de contención. En la misma plaza, una zona de césped donde se juega al fútbol, no contabilizada.
-|-- -|--

1200-1201
Jardín de infantes o escuela no identificable
Camino Paso de la Boyada esquina Congreso de Ávalos. (Dos canchas de césped) Sobre Camino Paso de la Boyada: 1200: 15 x 20. Arcos de 2,5. De fierro oscuro, con estructura. Pura tierra. Sobre Congreso de Ávalos: 1201: cancha de césped muy gastada. 16 x 14. Arcos de 2,5. De fierro blanco, simples, en buen estado. Buen entorno, moderno, cuidado y protegido.
|--- --|-
|--- -|--

1202
Cancha orillera no estructurada
Camino Paso de la Boyada y Servidumbre del Paso. (En terreno utilizado para jugar al fútbol desde hace años, zona con desgaste típico y quizá arcos rudimentarios) 30 x 15. Ni instalación ni cuidado. Entorno muy dejado.
-|-- |---

113

1203-1204
Escuela técnica Paso de la Arena
Camino de las Tropas 2428, esquina Luis Batlle Berres. (En la entrada del predio, dos canchas. Una de césped, otra pavimentada recién techada) 1203: de césped. 44 x 28. Arcos de 3. De fierro blanco, con estructura. Césped muy gastado. Tres focos de luz sobre un lateral, dos sobre el otro. Particularidad: una tribunita de hormigón de cuatro gradas a lo largo de todo un lateral. Capacidad: 300 personas. 1204: cancha multideportiva pavimentada. 24 x 14. Arcos de 3. De fierro blanco en buen estado, bajo los tableros. Pavimento gris, con marcaje múltiple. Gastado.

Techada recientemente (abierta en la vista satelital del Tomo 1).
-|-- --|-
|--- --|-

1205
Espacio libre
Emancipación frente al Pasaje 13. (Al fondo de espacio libre, con juegos para niños, cancha de tierra) 23 x 22 (casi cuadrada). Arcos de 4, proporcionalmente grandes. De fierro rojo, finos, simples, descascarados. Desgaste total del césped. Ni alumbrado ni instalaciones. Entorno descuidado, bastante sucio.
|--- -|--

1206
Coviafez
Timote 5022 a 5042. (Cancha de la cooperativa de viviendas. Del lado de Timote, juegos infantiles y canchita de césped) 16 x 10. Arcos de 2,5. De fierro verde y blanco, con estructura. Terreno con mucho desgaste. Tejido de contención atrás de un arco. Tres focos de alumbrado. Entorno cuidado.
|--- --|-

1207
Cancha abierta
Se accede a la cancha por Timote entre Aldao y Lascano. (Cancha internándose en los terrenos, detrás de un campo baldío) 40 x 29. Arcos de 4. De fierro blanco, despintados, con redes verdes. Mucho desgaste. Conoció su «momento de gloria». Dispone de algunas instalaciones para público y tejido de contención. Tuvo hasta tres focos de luz sobre cada lateral. Hoy, mucho deterioro. Atravesada por un sendero. Entorno baldío.
-|-- |---

1208
Escuela 384
Complejo de viviendas Plan Juntos, barrio Sarandí. (Escuela nueva. Cancha de fútbol de césped) 17 x 13. Arcos de 3. De fierro blanco con soportes y redes. Cuatro focos de luz. Entorno muy cuidado, agradable, pero apretado. Tejidos y alambrado bajos.
|--- --|-

1209
Escuelas 177 y 337
Yugoeslavia 307. (Cancha de tierra

sobre Yugoeslavia. Quizá alguna otra cancha) 37 x 20. Arcos de 3. De fierro, pintados con diferentes colores, simples. Césped muy gastado. Pura tierra. Tres focos de luz. Algunos bancos de hormigón sobre uno de los laterales. Falta tejido de protección.
-|-- -|--

1210
Cancha orillera
En espacio delimitado por Camino de las Tropas, calle 4 y Juan Canaro. (Cancha orillera muy descuidada) 50 x 28. Arcos de 4. De fierro fino, simples, herrumbrados, con redes caídas fijadas al suelo con piedras. Mucho desgaste en los arcos. El resto motas. Atravesada por un sendero. Sucia, muchos papeles. Ninguna instalación.
--|- -|--

1211
Espacio Cuatro vientos
Organización Social Comunitaria El Tejano
Carlos de la Vega y Cañas. (Junto al local, cancha multideportiva pavimentada en mal estado. Tableros deshechos) 28 x 14. Arcos de 3. Uno de fierro verde; otro totalmente despintado; bajo los tableros. Vegetación invasiva. Contornos difusos. Casi sin marcaje. Con algunos pozos. Ni tejido de contención ni alumbrado.
-|-- |---

1212
Cancha jardín
Tres Cruces y Luis Batlle Berres. (Cancha chica en fondo de casa sobre Luis Batlle Berres) 13 x 8. Arcos de 3. De fierro blanco, simples. Césped correcto. Sobre Tres Cruces, alambrado en mal estado. Entorno apretado. Ninguna instalación.
|--- -|--

1213
Cancha artesanal en espacio libre
Ameghino 5203, a la altura de la calle Cordobés. (Ocupando una pequeña porción de un vasto espacio libre al frente de complejo de viviendas, cancha con arcos artesanales, original y perenne) 20 x 35. Arcos de 3,5. Hechos con palos torcidos. Redes amarillentas agujereadas. Mucho desgaste cerca de los arcos. Ninguna instalación ni alumbrado.

Entorno bastante sucio y a la vez pintoresco.
|--- -|--

1214
Campo deportivo
El Independiente
En la manzana delimitada por Eulogio Caballero, Ameghino y la calle Alagoas. (Interesante cancha de baby fútbol) 60 x 40. Arcos de 4. De fierro blanco, sólidos, con buena estructura y redes. Blancos en ciertas vistas, de amarillo y negro en otras. Césped cuidado. Buen marcaje con círculo central chico y medio círculo sobre las áreas. Tejido de contención alrededor. Tres dobles reflectores sobre cada lateral. Del lado de Ameghino, dos tribunas de cuatro gradas. Una con grada de asientos, rojiblanca. Buena obra.
--|- ---|

1215
Cancha permanente no estructurada. Complejo habitacional Viviendas Blancas
Complejo delimitado por las calles Cañas, Ameghino y la avenida Luis Batlle Berres. (En la manzana central, de césped, cancha no estructurada utilizada de modo permanente) 32 x 17. «Arcos» de 2 o 3, hechos con piedras bien visibles en las sucesivas vistas satelitales y en la vista callejera.
-|-- |---

1216
Escuela 148
Ameghino 4960. (Cancha patio con marcaje incompleto y asimétrico) 16 x 14. Arcos chicos de 1,5 o 2. Pavimento mediocre de color gris. Línea media con pequeño círculo central y áreas redondeadas. Reciente zona adjunta de 11 x 8, pintada de verde, con línea media blanca. Uso desconocido.
|--- -|--

1217
Espacio libre
Vasto espacio libre triangular, delimitado por Rodolfo Rincón y bulevar Manuel Herrera y Obes. (Cancha de césped en mal estado) 28 x 15. Arcos de 3. De fierro blanco, simples, en estado correcto. Terreno pelado y hundido. Ninguna instalación particular. En la vista callejera, marcaje por surco de

los límites, áreas y línea central. Entorno espacioso.
-|-- -|--

1218
Cancha abierta
Antonio Bachini y Camino de las Tropas. (Límite norte del barrio, en pleno asentamiento. Cancha de césped) 84 x 45. Arcos reglamentarios. De fierro blanco, simples, en estado pasable. Terreno con mucho desgaste. Huecos, pasaje de autos y senderos. Marcaje por surcos. Tejido de contención en mal estado detrás de cada arco. Sin alumbrado. Entorno sucio.
---| |---

1219-1220
Parque Plaza Tres ombúes
Groenlandia y Gral Agustín Muñoz. (Plaza totalmente renovada. Dos canchas, una de césped sintético, otra pavimentada multideportiva) 1219: linda cancha de césped sintético. 32 x 21. Arcos de 4. De fierro gris, simples, sin redes. Buen marcaje. Tres focos de luz sobre cada lateral. Escalones a lo largo de un lateral y atrás de un arco formando tribunitas. 1220: cancha multideportiva con marcaje múltiple. 27 x 14. Arcos de 3. De fierro blanco, simples, bajo los tableros. Pavimento gris claro correcto. Marcaje oscuro. Tres focos de luz sobre un lateral. Cuatro bancos de hormigón sobre un lateral.
-|-- ---|
-|-- --|-

1221
Colegio Nuestra Señora de Montserrat
Alaska 748 frente a Ascasubi. (En el parque del colegio, cancha pavimentada multideportiva) 28 x 14. Arcos de 3. De fierro blanco, en buen estado, con estructura. Pavimento gris claro, gastado. Sin marcaje. Bancos de hormigón en los laterales. Sin alumbrado. Buen entorno.
-|-- --|-

1222
Cancha de plaza
Placita del barrio La Boyada, pegada a la escuela 95, entre Peatonal 1 y Peatonal 2. (En espacio con muchos juegos para niños, cancha de césped totalmente gastada) 18 x 14. Arcos de 3. De fierro blanco, finos,

simples, en estado pasable. Terreno de tierra pura. Sin instalaciones. Poca comodidad de juego. Entorno pasable.
|--- -|--

1223
Cancha de asentamiento
Alaska y Miguel Coppetti. (En zona de desarrollo del asentamiento, sobre una extensión de tierra al borde del pasaje) 34 x 9 en la parte más ancha, x 4 en la parte invadida por ranchos. Arcos de 3. De fierro gris, finos, simples, oxidados y algo torcidos. Tierra pura salvo restos de césped en los laterales. Molestas instalaciones de desagüe. Ranchos de lata sobre uno de los arcos. En la vista callejera, un caballo atado a un poste, pastando. Entorno muy sucio.
-|-- |---

1224
Cancha de barrio abierta
Ocupa media manzana delimitada por Yapeyú, Ascasubi y Gowland. (Cancha de baby fútbol que fue correcta. Hoy muy descuidada) 56 x 37. Arcos de 4. Uno con postes rojos, otro con partes negras. Simples, en mal estado, descascarados y oxidados. Cancha pelada pero plana. Se puede jugar. Cierto marcaje difuso. Tejidos de contención deshechos. Tres focos de luz sobre cada lateral. Entorno sucio.
--|- -|--

1225
Cancha fondo
Ameghino y Juan Molina. Entrada por Molina 546. (Canchita reciente de césped en el fondo apretado de una casa) 16 x 13. Arcos de 3. De fabricación artesanal, con palos cruzados blancos. En las vistas satelitales recientes, marcaje de línea media y áreas, probablemente de tipo surco. Entorno: fondo de tierra de tipo taller con estacionamiento. Sobre la calle, cerco precario. Poco espacio.
|--- -|--

1226
Esquina terreno con espacio de juego no estructurado
Carlos Tellier y Gregorio Camino. (Espacio de césped con desgaste típico) 25 x 15. Sin arcos. Terreno ahuecado y disparejo con césped pelado. Ninguna instalación.
-|-- |---

1227
Frontoy
Ameghino 4481 entre Inclusa y Juan Molina. (En la esquina de Real y Molina, dentro del recinto muy cerrado de la empresa Frontoy, cancha de fútbol de césped) 25 x 13. Arcos de 3. De fierro blanco, simples. Desgaste y poco cuidado. Ninguna instalación. Espacio utilizado para depositar material. Largos períodos de inhabilitación.
|--- |---

114

1228
Club Iriarte
Tampico 829, entre Iquique y Emancipación. (Club de baby fútbol con local grande, cuidado, con los colores del club: blanco, verde y rojo) 56 x 38. Arcos de 4. De fierro rojiverde y estructura para redes. Mucho desgaste, pura tierra. Cierto marcaje. En los laterales y atrás de un arco, bancos de hormigón para el público, y un tronco. Tres focos de luz sobre cada lateral. Recientes esfuerzos de mejora del entorno.
--|- --|-

1229
Centro barrial La Casona
Gral Hornos casi Tampico. (Vinculado al club Iriarte. Cancha reciente de tipo fútbol 5 abierta) 25 x 13. Arcos de 3. De fierro blanco, simples. Buen césped (¿sintético?). Buen marcaje. Cuatro focos de luz sobre un lateral. Espacio apretado.
-|-- --|-

1230
Plaza Tambores
Lorenzo y Calleros. (Cancha multideportiva pavimentada creada en 2014) 27 x 14. Arcos de 3. De fierro gris, simples, bajo los tableros. Pavimento azul con buen marcaje múltiple. Dos bancos de hormigón con respaldo sobre un lateral. Ni alumbrado ni instalaciones particulares. Entorno amplio y agradable. Espacio cuidado.
-|-- --|-

1231
Cooperativa de viviendas
General Hornos 5013. (En cooperativa de viviendas no identificada, cancha de tierra) 14 x 8. Arcos de 3. De fierro blanco, simples. Quizá algo de alumbrado. Entorno cui-

dado. Espacio estrecho.
|--- -|--

1232
Cooperativa Luanvinp
General Hornos 4978. Cancha sobre la calle Aragón a la altura de Oberá. (Cancha de césped) 23 x 15. Arcos de 3. De fierro gris, con estructura. Muy gastada. Tejido de contención pasable atrás de los arcos. Ni instalaciones ni alumbrado. Cerco: murito.
|--- -|--

1233
Parque del Ministerio de Ganadería, Agricultura y Pesca (MGAP)
Garzón 456, entrada del parque por Dr Carlos María de Pena. (Cancha de césped rodeada de árboles) 40 x 22. Arcos de 4. De fierro blanco, simples. Poco desgaste. Entorno cuidado pero ir y venir de autos, y estacionamiento al borde de la cancha. Ni marcaje ni alumbrado.
-|-- -|--

1234
Cancha plaza privada
Entrada por María de Pena 4663 o Gral Hornos 4678. (En el centro de gran manzana de dos cuadras de lado, plaza de conjunto habitacional con zona central de césped. Cancha desde 2016) 24 x 17. Arcos de 3. De fierro blanco, simples. Cierto desgaste. Sin marcaje. Entorno cuidado, poco lúdico. Faltan redes de contención. Circulación y estacionamiento alrededor. Sin instalaciones.
|--- -|--

1235
Cancha orillera
Sobre Coronel Anastasio Suárez y Carlos María de Pena. (Paralela a la vía férrea, cancha de baby fútbol vieja) 53 x 38. Arcos de 4. De fierro blanco, oxidados, con buena estructura. Terreno gastado. Motas y flores en los laterales. Dos bancos de hormigón sobre un lateral. Sobre el otro, tres focos de luz. Ningún cuidado. Cerco: baranda oxidada. Entorno campero, sucio.
--|- -|--

1236-1237
Escuela 96
Santa Lucía 4436 casi Garzón. (Escuela alargada. A un costado,

el edificio principal; al otro, el patio pavimentado principal. En el fondo, zona de césped ocupada con dos canchas) 1236: 12 x 9. Arcos de 3,5. De fierro blanco, simples. 1237: 30 x 14. Arcos de 4. De fierro blanco, simples. Mucho desgaste. Ninguna instalación.
|--- -|--
-|-- -|--

1238
Complejo habitacional 36
Entrada principal por Emancipación entre Gregorio Mas y Calle 1. (En la zona central del complejo, cancha de césped) 22 x 15. Arcos de 3. De fierro blanco, simples. Desgaste total. Inundable. Ninguna instalación. Entorno mínimo pero cuidado.
|--- -|--

1239
Colegio y liceo San Francisco de Asís
Vitoria 67 y José Llupes 4651. Sobre la esquina de José Llupes y Ladina. (Cancha de césped) 37 x 27. Arcos de 3,5. De fierro blanco con ángulos rojos, simples. Terreno muy gastado, pura tierra, con hundimientos. Tejido de contención sobre la calle en estado mediocre. Ninguna otra instalación. Buen entorno.
-|-- --|-

1240
Club de Pesca Belvedere
Santa Lucía y Vitoria. (Cancha del Santa Lucía Belvedere. Campo deportivo Washington González) 56 x 35. Arcos de 4. De fierro blanco con ángulos azules, simples. Tierra pura. Restos de césped en los laterales. Bien marcada. Banco techado de suplentes. Tejido de contención atrás de los arcos en mal estado. Tres focos de luz en cada lateral. Sobre un lateral, mini tribuna con barras de hormigón de dos alturas diferentes. Atrás de un arco y en un costado, troncos para público. Locales modestos con baños y vestuarios. Cerco de postes con los colores del club (amarillo y azul) en estado pasable. Esfuerzo de cuidado.
--|- --|-

1241
Cancha terreno no estructurada
Gauchos y Esmeralda. (En terreno

que ocupa la esquina) 21 x 14. «Arcos» de 3,5. Hechos con bloques. Zona de juego muy hundida, pura tierra. Cerco de tejido alambrado y postes de hormigón; en estado correcto, con portón. Niños jugando en una vista callejera. Entorno sucio.
|--- |---

1242
Estadio Belvedere. Liverpool FC
Julián Laguna 4401. (Estadio del Liverpool FC. Creado en 1909) 105 x 68. Estado general correcto. Buen césped. Exterior mediocre. Cuatro focos de alumbrado precario. Tribunas laterales de ocho y cuatro gradas. Tribuna de cuatro gradas detrás de uno de los arcos. Pintadas con los colores del club, azul y negro. Capacidad estimada: 10 mil espectadores.
---| --|-

1243
Estadio Belvedere. Cancha adjunta de fútbol 5
Julián Laguna 4401. (Cancha abierta de fútbol 5 pavimentada dentro del recinto del Estadio Belvedere) 30 x 16. Arcos de 3. De fierro blanco.

Pavimento gris en estado mediocre. Marcaje despintado. Tribunas atrás de un arco y sobre un lateral, de cuatro y cinco gradas, pintadas de azul y negro, y de dos gradas sobre el otro lateral. Sin alumbrado.
-|-- --|-

1244
Fútbol 5 Belvedere
Julián Laguna 4360. (Cancha miniatura abierta de césped sintético) 20 x 12. Arcos de 3. De fierro blanco, simples. Césped sintético bueno. Cuatro focos de luz de cada lado. Locales, cantina y vestuarios chicos. Muy chica.
|--- -|--

1245-1246-1247
Colegio y Liceo San José de la Providencia
Julián Laguna 4323 o Carlos María Ramírez 56. (Tres canchas: una pavimentada exterior, otra de césped, y un gimnasio) 1245: Cancha patio pavimentada. 35 x 15. Arcos de 3. De fierro blanco con ángulos y bases rojos, simples. Pavimento azul con marcaje múltiple. Bastante gastada. Cierto alumbrado. 1246: cancha de césped. 44 x 22. Arcos de 4.

De fierro blanco, con ángulos rojos, simples. Pura tierra. Arboleda sobre un lateral. Tres focos de luz sobre cada lateral. Algunos bancos. 1247: gimnasio cerrado multideportivo de forma alargada. 30 x 12. Arcos de 3. De fierro blanco, simples, con redes. Muy buen marcaje multicolor. Pavimento pulido de color marrón.
-|-- -|--
-|-- -|--
-|-- --|-

1248
Cancha informal de plaza
Extremidad de la Plaza del Cementerio de La Teja. Luis Batlle Berres y Gobernador del Pino. (Desgaste típico en zona utilizada desde hace tiempo para jugar al fútbol) 30 x 15. Un arco de 3. En la vista callejera, un poste y una piedra formando uno de los arcos. Vistas satelitales recientes muestran una forma que se parece a un arco del lado de la punta de la plaza. Espacio de juego atravesado por un sendero.
-|-- |---

1249
BM Fútbol 5
Basagoity 4266. (Antes «La línea fútbol 5. Cancha de fútbol 5 cerrada, renovada, en galpón intacto) 25 x 16. Arcos de 3. De fierro blanco, con ángulos rojos y bases negras, simples. Suelo sintético correcto. Alumbrado correcto. Poco espacio. Poca comodidad para público. Baños y vestuarios ínfimos.
-|-- -|--

1250
Iglesia de Jesucristo
Dr Rodolfo Larrea frente al Parque Bellán. (En pequeño parque de la monumental iglesia, cancha pavimentada en excelente estado recientemente renovada) 20 x 13. Arcos de 3. De fierro blanco, móviles, con estructura. Pavimento verde con buen marcaje. Alambrado de contención alto alrededor. Un foco de luz en cada ángulo. Entorno muy cuidado.
|--- ---|

1251
Iglesia y comunidad Roca Eterna
Luis Batlle Berres 4272 frente a Ruperto Pérez Martínez. (En el

fondo, una cancha de césped) 28 x 20. Arcos de 3. De fierro blanco simples, con redes verdes. Cierto desgaste. Tejido de contención alrededor. Ninguna instalación. Entorno muy apretado.
-|-- -|--

1252
Cancha calle con arco pintado
Esquina de Inclusa y Real. (Sobre los altos muros de ladrillo de la empresa Frontoy, varios arcos pintados en blanco con indicación de ángulos) Dimensiones inciertas.
|--- |---

1253
Club Universal
Carlos de la Vega 4015. (Estrecho gimnasio básico, multideportivo y sala de reunión) 21 x 11. Arcos de 3. De fierro blanco con bases negras, simples. Buen marcaje múltiple multicolor. Estado general pasable.
|--- -|--

1254-1255-1256
Plaza de deportes número 7
Entrada principal por Cno Castro. Delimitada por Marcelino Díaz, Agraciada y Camino Castro. (Vasto parque y plaza de deportes completa con diversas canchas, gimnasio y piscina) 1254: cancha abierta de tierra. 50 x 35. Arcos de 5. De fierro blanco con bases negras, simples. Muy gastada, muy utilizada por escolares. Entorno agradable y cuidado, espacio y árboles. Tres focos de luz sobre cada lateral. 1255: cancha exterior chica de fútbol 5. 23 x 14. Arcos de 3. De fierro blanco, simples, con redes. Césped sintético. Buen marcaje. Alto alambrado de contención todo alrededor. Dos focos de luz en cada lateral. 1256: gimnasio clásico, multideportivo. Suelo de parquet muy bien mantenido. 28 x 20. Arcos de 3. De fierro blanco y negro, simples, con redes. Buen marcaje. Tribuna sobre un lateral.
--|- --|-
|--- ---|
-|-- ---|

115

1257-1258
Raffo 5
Molinos de Raffo 796 entre Follas Novas y Ferreri Odetto. (Dos can-

chas de fútbol 5, una cerrada, otra abierta, con ciertos locales. Cantina y salón. Entorno apretado) 1257: Cancha cerrada con espacio lateral para público. 29 x 17. Arcos de 3. De fierro blanco con ángulos y bases de color negro, con estructura. Buen césped artificial. Alumbrado. 1258: canchita abierta. 21 x 14. Arcos de 3. Alfombrado correcto. Cuatro focos de luz en cada lateral.
-|-- -|--
|--- -|--

1259
Escuelas 62 y 275
Millán 4429 entre Pondal y Las Violetas. (Detrás de los locales y del parque, zona amplia de patio con cancha pavimentada) 20 x 9,5. Arcos de 3. De fierro blanco, simples. Pavimento rosado gastado. Restos de marcaje. Ninguna instalación.
|--- -|--

1260-1261
Colegio y Liceo Andersen
Millán 4392 esquina Las Violetas. (Dos canchas, una pavimentada, otra de césped sintético, en buen entorno de tipo parque) 1260: cancha pavimentada parcialmente techada. 35 x 18. Arcos de 3. De fierro blanco con redes verdes, móviles. Pavimento gris claro, pasable, con cierto marcaje. Cierto alumbrado. 1261: cancha de más reciente (antes, de césped natural). Descubierta. 20 x 10. Arcos de 3. Móviles, de fierro blanco, gruesos con redes. Buen césped sintético. Marcaje futbolístico con áreas rectangulares. Tejido de contención atrás de los arcos.
-|-- --|-
|--- --|-

1262
Iglesia La Floresta
3 de Febrero 4373 esquina Las Violetas. (Pegada a la iglesia, cancha de césped) 22 x 16. Arcos de 3. De fierro blanco con ángulos oscuros, simples. Bastante gastada. Sin instalaciones. Buen entorno de tipo parque.
|--- -|--

1263
Cancha del conjunto habitacional Plan Nacional de Viviendas
3 de Febrero entre Las Violetas y

Coronel Raíz. (Tocando el fondo del liceo, cancha pavimentada) 30 x 15. Arcos de 3. De fierro blanco, simples. Pavimento gris con vegetación invasiva. Sin marcaje. Sin alumbrado. Contexto pasable.
-|-- -|--

1264
Cancha de césped, de pertenencia incierta
3 de Febrero entre Las Violetas y Coronel Raíz. (Detrás de la cancha anterior. Pegada al liceo. Podría pertenecer al Teologado Salesiano) 35 x 20. Arcos de 3. De fierro blanco, simples. En pleno parque, poco utilizada. Sin instalaciones. Entorno agradable.
-|-- --|-

1265-1266
Cooperativa de viviendas Coinfa
Cayetano Silva 4210 llegando a Clémenceau. (Dos canchas. Una pavimentada con arcos recientes, otra de césped) 1265: 24 x 17. Pavimentada. Arcos de 3. De fierro, simples. Pavimento gris en estado mediocre. Sin alumbrado. Tres bancos de hormigón sobre un lateral. 1266: de césped. 36 x 27.

Arcos de 4. De fierro blanco, finos, con redes verdes rotas. Césped correcto. Cierto desgaste. Muro alto sobre un lateral. Tejido de contención alto del lado de las casas. Sin luz ni instalaciones pero agradable. Buen cerco de rejas.
|--- -|--
-|-- --|-

1267-1268
Zona norte del Parque Andalucía
Mariscal Foch y José Batlle y Ordóñez. (En vasto parque, dos canchas. Una de césped, otra pavimentada) 1267: cancha de césped bastante gastada. 55 x 30. Arcos de 4. Móviles. Césped corto, pasable. Marcaje. Tres troncos para sentarse, sobre cada lateral. 1268: cancha multideportiva pavimentada. 28 x 16. Arcos de 3. De fierro gris, bajo los tableros. Pavimento gris. Recientemente renovada. Sin marcaje. Ni tejidos ni alumbrado. Entorno espacioso.
--|- -|--
-|-- --|-

1269
Cancha jardín
Pertenece probablemente a la casa

situada en Mazangano 794. (En fondo de casa poco cuidado, canchita de césped) 12 x 10. Arcos de 2,5. De fierro blanco, simples. Césped correcto. Muy apretada.
|--- -|--

1270
Town Park
Millán 4250. (En nuevo espacio residencial privado con parque muy cuidado, cancha multideportiva de gran calidad) 26 x 14. Arcos de 3. De fierro blanco, con estructura y redes. Césped sintético con excelente marcaje. Alumbrado potente en cada uno de los ángulos. Buen entorno con espacio, juegos, árboles.
-|-- ---|

1271
Asociación nacional para el niño lisiado, escuela Roosevelt
Avenida Millán 4205 frente a Clémenceau. (En parque de la asociación, cancha de césped rodeada de árboles) 30 x 20. Arcos de 4. De fierro blanco, simples. Césped bueno, con poco desgaste. Ninguna instalación particular.
-|-- --|-

1272
Escuela 42
Avenida Millán 4163 esquina Clémenceau. (Sobre vasto patio, cancha de tierra) 26 x 15. Arcos de 3. De fierro blanco, con soportes, despintados. Pura tierra. Ninguna instalación. Muro de mediana altura sobre Millán.
-|-- -|--

1273
Parque lineal del arroyo Miguelete.
Rambla Costanera María Abella de Ramírez frente a Cayetano Silva. (Utilizada por Liverpool femenino. Cancha abierta) 98 x 52. Arcos reglamentarios. De fierro blanco, con ángulos y bases azules. Césped pelado, terreno inclinado. Marcaje frecuente. Un solo foco de luz. Ni cerco ni instalaciones particulares. Muy al borde de la rambla. La atraviesa un sendero.
---| -|--

1274
Club Social y Deportivo La Espada
Domingo Torres Prado y Duque de los Abruzos. (En amplio espacio

pavimentado gris, playa de estacionamiento del club, cancha) 26 x 14. Arcos de 3. De fierro blanco y ángulos azules, despintados, simples. Cerco de alambrado, tejido de contención y plantas. Poco cuidada. Tres focos de luz en cada lateral, algunos colocados sobre el frente del alto local. Entre 2012 y 2014, piso de sintético verde con buen marcaje, retirado en 2015. Entorno dejado.
-|-- |---

1275
Liceo 59
María Orticochea 4236 esquina Ernesto Herrera. (Cancha multideportiva pavimentada) 21 x 15. Arcos de 3. De fierro gris, bajo los tableros. Pavimento gris. Sin marcaje. Sin contención ni alumbrado. Altas rejas. Entorno mínimo pero cuidado.
|--- -|--

1276-1277
Liceo 63
Ernesto Herrera 790 frente a Albardón. (Dos canchas: un gimnasio cerrado chico y una cancha exterior pavimentada) 1276: gimnasio modesto.

20 x 14. Arcos de fierro blanco de 3. Suelo pavimentado. Bien marcado. Estrecho. 1277: multideportiva pavimentada. 37 x 16. Arcos de 3. De fierro blanco, simples, bajo los tableros. Pavimento gris. Sin marcaje, en estado mediocre. Sin tejido de contención Dos modestos focos de luz. Entorno cuidado.
|--- -|--
-|-- -|--

1278-1279-1280
Colegio y Liceo 36
María Orticochea 4710 esquina Camino Castro. (Tres canchas: una de césped, un gimnasio cerrado, otra pavimentada abierta. 1278: de césped. 26 x 14. Arcos de 3. De fierro blanco, móviles, con estructura y redes. Cierto desgaste. Un foco de luz. 1279: gimnasio clásico. 26 x 14. Arcos de 3. De fierro blanco, simples. Piso de pavimento pulido gris. Marcaje múltiple, azul, amarillo y blanco. Tribunita. Entorno pasable. 1280: cancha exterior multideportiva pavimentada. 28 x 16. Arcos de 3. De fierro blanco, simples, oxidados, bajo los tableros. Pavimento gris correcto. Marcaje múltiple. Dos focos de luz sobre cada lateral.

Entorno cuidado y espacioso.
-|-- -|--
-|-- --|--
-|-- --|-

1281-1282-1283
Escuela Roosevelt. Niño lisiado
Millán 4205 frente a Casaravilla.
(Dos canchas de tipo patio sobre un mismo pavimento, y sobre la cancha mayor, a lo ancho, tercera cancha chica multideportiva con marcaje propio) 1281: cancha principal. 42 x 26. Arcos de 4. De fierro blanco, simples. Pavimento gris en estado muy mediocre. Restos de marcaje con áreas redondeadas. Tejido de contención todo alrededor. Focos triples en cada ángulo. Entorno pasable. 1282: división a lo ancho de la anterior. 26 x 20. Arcos de 3. De fierro blanco bajo los tableros. Marcaje más claro que en la cancha principal con zonas en azul. Alumbrado en dos ángulos. 1283: cancha pavimentada anexa. 23 x 12. Arcos de 3. De fierro blanco, simples. Restos de marcaje (áreas redondeadas). Sin alumbrado ni instalaciones particulares.
-|-- -|--
-|-- -|--

|--- -|--

1284
Parque lineal del arroyo Miguelete. Cancha abierta
Rambla Costanera María Abella de Ramírez frente a Paso del Rey. (En la vista callejera, un solo arco muy herrumbrado en mal estado. En vistas satelitales más recientes, dos arcos) 50 x 25. Arcos de 4. De fierro blanco, simples. Césped pelado, muy gastado en la zona de los arcos. Cancha ahuecada. Dos modestos focos de luz sobre cada lateral. Ni marcaje ni instalaciones. Mucho espacio alrededor.
--|- -|--

1285
Estadio Celta F5
Avenida Islas Canarias 4387. (Cancha de fútbol 5 cerrada) 28 x 18. Arcos de 3. De fierro blanco, con estructura y redes. Buen césped sintético. Tribuna de diez gradas, tipo estadio de básquetbol, pintada en rojo y blanco. Vestuarios y cantina chica. Estacionamiento. Entorno general correcto.
-|-- ---|

1286
Club Carlitos Prado. Baby fútbol
Avenida Islas Canarias frente a Duque de los Abruzos. (En la entrada del predio, un pequeño teatro de verano en estado precario. Cancha de césped con local) 50 x 35. Arcos de 4. De fierro blanco, con ángulos y bases en azul oscuro, con estructura y redes. Terreno malo, con mucho desgaste, césped solo en los laterales. Marcaje completo. Un foco de luz. Tribunita de hormigón de tres gradas sobre un lateral. Local modesto con cantina y vestuarios. Cerco: murito blanco cuidado.
--|- --|-

1287
Cancha jardín
Carlos María de Pena a una casa del Liceo Bethesda. (Muy apretada entre la casa y los locales del liceo) 20 x 8. Arcos de 2,5. Césped correcto. Espacio muy estrecho. Poca comodidad. Ninguna instalación.
|--- -|--

1288
Liceo evangélico Bethesda
Carlos María de Pena casi Capitán Basedas. (Liceo reciente. Cancha pavimentada que es el patio central, con marcaje múltiple. Centro del liceo, «la plaza») 50 x 35. Arcos de 4. De fierro blanco con ángulos y bases oscuras, estructura y redes. Pavimento gris. Marcaje multicolor. Tejido de contención en los laterales. Cinco focos de luz sobre uno de los laterales.
--|- --|-

1289-1290
Urunday Universitario
María Orticochea 4199 y Ramón Cáceres. Continuación sur del Parque Lineal del Miguelete. (Dos canchas de césped del club Urunday Universitario –sede, gimnasio y cancha de básquetbol en el centro de la capital–. Recientemente renovadas. Una grande, otra chica. Obras de la Comisión de padres y apoyo del Municipio G. Gran obra de mejora más trabajo social de becas) 1289: cancha de baby fútbol. 58 x 33. Arcos de 4. De fierro blanco, excelentes, con soportes y redes. Buen césped. Buen marcaje. Cierto desgaste en los arcos. Espacio para público con tribunita lateral. Instalaciones renovadas.

Vestuarios completos. Espacio con parrillero, cerco de gran calidad, sistema de riego y buen alumbrado. 1290: cancha principal. Renovada. 94 x 55. Arcos reglamentarios. De fierro blanco, con soportes y redes. Buen marcaje. Cierto desgaste en los arcos. Alumbrado y sistema de riego. Carece de instalaciones para espectadores. Buen cerco. Muy buen conjunto.
--	- ---

1291-1292
Parque Posadas
Zona norte del Parque. Costanera Francisco Lavalleja y Avenida Felipe Carapé. (Dos canchas: una multideportiva pavimentada, otra de césped). 1291: cancha pavimentada. 26 x 14. Arcos de 3. De fierro blanco, simples, despintados, bajo los tableros. Pavimento gris, en estado mediocre, con restos de marcaje múltiple. Dos focos de luz detrás de cada arco. Mucho espacio alrededor. Entorno cuidado y agradable con taludes de césped. 1292: cancha de césped muy gastada. 50 x 38. Arcos de 4. De fierro blanco, simples. Vago marcaje de los límites. Sin otra instalación. Entorno: precaria pista de atletismo. Un foco de luz en cada ángulo.
-|-- --|-
--|- --|-

1293
Club Atlético Repecho
Caicobé 3460 esquina Trébol. (Club social. Amplios locales de dos pisos con bar y comida. Fiestas y eventos. Cancha infantil lateral renovada, denominada «Repechito») 19 x 8. Arcos de 3. De fierro blanco, móviles. Piso pavimentado verde bien marcado en reemplazo del anterior alfombrado. Tejidos de contención alrededor. Poco espacio. Utilizada para ferias y comidas.
|--- -|--

1294-1295-1296
Stockolmo fútbol 5
Camino Castro 404 esquina Carlos María de Pena. (Tres canchas de fútbol 5, descubiertas) Cada cancha de 40 x 18. Arcos de 3. De fierro amarillo grueso, con estructura y redes. Piso sintético en buen estado. Bien marcado. Tejidos de contención altos y alambrado en muy buen estado. Tres focos de luz

sobre cada lateral. Algunos bancos y techitos para depositar ropa. Locales a proximidad. Norte del Parque del Prado. Buen entorno. También escuela de hockey.
-|-- ---|
-|-- ---|
-|-- ---|

1297-1298
Colegio y Liceo Bethesda
Carlos María de Pena 4164 casi Ramón Cáceres. (Dos canchas, una en gimnasio cerrado; otra de tipo patio) 1297: gimnasio multideportivo. 22 x 14. Arcos de 3. De fierro blanco, con ángulos y bases de color negro, con estructura. Buen marcaje. Buen pavimento pulido, gris y azul. Balcón-tribuna en el primer piso para público. 1298: pavimentada de tipo patio. 33 x 16. Arcos de 3. De fierro blanco con bases y ángulos oscuros, con estructura. Marcaje múltiple sobre pavimento de color verde. Tres focos de luz en cada lateral. Muy buen contexto con parque y piscina. Excelentes instalaciones.
|--- ---|
-|-- ---|

1299
Club Atlético River Plate AUFI
Ramón Cáceres frente a Bernardo Susviela. Al borde del Miguelete, en la zona sur del Parque Lineal. Cancha de césped con locales) 81 x 46. Arcos reglamentarios. De fierro blanco, con bases rojas y estructura para redes. Cancha pelada, casi pura tierra. Bien marcada. Tejido de contención atrás de los arcos. Tres focos en cada lateral. Arcos móviles más chicos a disposición. Dos bancos chicos de hormigón sobre un lateral. Entorno con los colores del club: rojo y blanco. Buen cerco de alambrado con los postes rojo y blanco. Un local chico y modesto, pero cuidado y pintado. Espacio cuidado.
---| --|-

1300 A 1303
Liceo Militar General Artigas
Camino Castro 290. Zona norte del Parque Prado. (En el vasto predio utilizado por el Liceo Militar, múltiples instalaciones deportivas) 1300: reciente polideportivo. 92 x 54. Cancha afectada principalmente al hockey. Prevista en el proyecto como cancha utilizable

Descripción de las canchas y clasificación

para fútbol, divisible en cuatro canchas chicas. Arcos reglamentarios. De fierro blanco, con estructura y redes, móviles. Césped sintético. Gran calidad. Pista de atletismo completa y tribunita techada. 1301: gimnasio cerrado multideportivo. 28 x 15. Arcos de 3. De fierro blanco, con estructura y redes verdes, móviles. Buen piso de parquet. Uso múltiple. Entre otras actividades: esgrima. 1302: cancha patio al lado de las canchas azules de básquetbol y tenis. 30 x 18. Arcos de 3. De fierro blanco, móviles, simples, con redes verdes. Uso esporádico. Espacio también utilizado para ejercicios militares y como estacionamiento. 1303: cancha de césped. 41 x 32. Arcos de 4. De fierro blanco, con estructura y redes. Mucho desgaste. Ninguna instalación. Marcaje esporádico.
---| ---|
-|-- --|-
-|-- -|--
-|-- -|--

1304
Stockolmo baby fútbol
Ramón Cáceres frente al número 475. (Campo deportivo del Club Atlético Stockolmo, con cancha de césped y locales) 60 x 40. Arcos de 4. De fierro blanco, con ángulos azules y buena estructura. Mucho desgaste. Marcaje. Tejido de contención del lado del arroyo y atrás de los arcos, en mal estado. Tribunita de cuatro gradas de hormigón, pintada de azul, dividida en dos sectores. Capacidad para 150-200 personas. Tres focos de luz en cada lateral. Cerco de alambrado correcto. Local modesto con vestuarios y baños. Entorno algo descuidado.
--|- --|-

1305
Huracán Buceo
Pantaleón Sotelo y Vasco da Gama. (Cancha de césped de baby fútbol y fútbol 7) 54 x 38. Arcos principales de 5. Arcos móviles de 4 en los costados de la cancha. Todos de fierro blanco, con bases en negro y rojo, y soportes. Césped gastado en todo el largo de la cancha. Banco techado de suplentes. Cuatro y tres focos de luz en los laterales. Largas barras de hormigón en los laterales para el público. Local habitado y ciertas instalaciones precarias para

los jugadores. Alambrado correcto con postes negros y rojos.
--|-- --|--

1306-1307-1308
Club Cosmos Corinto
Francisco Torres casi Enrique Guarnero. (Tres canchas de césped de diferente tipo. Amplios locales con cantina, salón y vestuarios) 1306: cancha marginal con arcos viejos, en mal estado. 25 x 15. Arcos de 4. De fierro blanco, móviles. Mucho desgaste. Sin marcaje. Alambrado y portón. Contexto campero. 1307: cancha secundaria. 48 x 38. Arcos de 4. De fierro blanco, con ángulos oscuros, simples. Gastada. Con cierto marcaje. Buen alambrado, árboles y locales del club. Tres focos de luz en cada lateral. 1308: cancha principal. 58 x 38. Arcos de 4. Nuevos, con estructuras. Buen esfuerzo de renovación y cuidado. Césped mejorado. Buen marcaje. Banco techado de suplentes. Sobre un lateral: dos tribunitas de tipo circo (estructura de fierro y bancos de madera) de cinco gradas, una con los colores del club, naranja y azul. Buenas redes de contención.

Alambrado correcto. Tres focos de luz de cada lado.
-|-- -|--
-|-- --|--
--|-- --|--

1309
Wanderers AUFI. Cancha Tito Borjas.
Vasco Da Gama y Pantaleón Sotelo. (Cancha de césped con locales y tribunita) 60 x 40. Arcos de 6. De fierro blanco, móviles, herrumbrados, con estructura y redes. Césped cuidado con mucho desgaste en la zona de los arcos y en el centro. Tribunita de tres gradas en la punta de un lateral. Tres focos de luz en cada lateral. Cerco de alambrado pasable. Buenos locales. Entorno correcto, cuidado.
--|-- --|--

1310
Iglesia de Jesucristo
Avenida Millán y Pantaleón Sotelo. (En espacio estrecho, pegado a la monumental iglesia, cancha pavimentada multideportiva) 22 x 13. Arcos de 3. De fierro blanco, simples, bajo los tableros. Renovada recientemente. Pavimento verde

bien marcado. Alto y sólido tejido de contención del lado de las casas. Dos focos de luz en cada lateral.
-|-- --|-

1311-1312
Guinda!
Avenida Millán 3872 frente a Pantaleón Sotelo. (Buenas canchas de fútbol 5 y 7 en recinto del Club Viramián) Césped sintético, tejidos de contención, buen alumbrado, espacio muy cuidado con vestuarios y cantina. Muy buen conjunto. 1311: cancha de fútbol 7. Creada a fines de 2019. 36 x 20. Arcos de 4. De fierro blanco, con soportes y redes. Muy buen marcaje con áreas rectas. Dos focos de luz en cada lateral y uno atrás de los arcos. 1312: cancha de fútbol 5, de césped sintético, creada en 2016 y recientemente renovada. Entorno de tipo jardín. 28 x 15. Arcos de 3. De fierro blanco, con soportes y redes. Marcaje con áreas redondeadas. Particularidad: sobre todo un lateral, una escalera de cuatro escalones sirve de tribuna. Dos focos de luz en cada lateral.
-|-- ---|
-|-- ---|

1313
Narcóticos anónimos
Francisco Bicudo 3883. (En vasto fondo de la casona que sirve de centro de salud, cancha de césped básica) 23 x 13. Arcos de 3. De fierro blanco, simples. Terreno gastado. Entorno: parque y árboles. Ninguna instalación.
|--- --|-

1314
Club Sudamérica
Parque de las Duranas, Carlos Reyes y Bayona. (Cancha del Club Sudamérica) 63 x 40. Arcos de 6. De fierro blanco, con soportes y redes verdes pasables. Pura tierra. Sobre un lateral, una tribunita de hormigón con seis escalones, pintados de naranja, más talud de césped. Sobre el otro lateral, hilera de cinco bancos alternando naranja y negro. Cerco de alambrado y tejido de contención atrás de los arcos en estado pasable. Cuatro dobles focos en cada lateral. Vestuarios y baños de color naranja. Entorno bastante sucio.
--|- --|-

1315

Estadio Alfredo Víctor Viera

Avenida Buschental y Atilio Pelosi. (Estadio del Montevideo Wanderers FC. Creado en 1933) 105 x 70. Césped bueno. Buen marcaje. Estadio chico y simpático. Correctas instalaciones para los equipos. Cuatro tribunas pintadas en blanco y negro, los colores del club. Una con palco cerrado y cabinas de transmisión para radio y televisión. Entorno cuidado con murito bajo pintado en blanco y negro. Alumbrado desde 2018. Capacidad actual: 15 mil espectadores. Confort relativo. Renovación reciente de baños y accesos. Playa de estacionamiento chica. Tribunas con nombres de grandes jugadores: Obdulio Varela, René Borjas, Jorge Barrios y Cayetano Saporiti.
---| --|-

1316-1317-1318

Campo Deportivo del Colegio San Pablo. Castillo Soneira

Avenida Joaquín Suárez 3781. (En vasto predio del castillo, parte del Parque Prado, reciente campo deportivo del Colegio San Pablo. Dos canchas de césped y entorno de árboles) 1316: cancha principal. 68 x 30. Arcos de 5. De fierro blanco, móviles. Cierto desgaste. Sin marcaje. Alto tejido de contención sobre un lateral. 1317: cancha menor de uso esporádico. 25 x 15. Arcos de 3. De fierro blanco, móviles. Cierto desgaste. 1318: cancha menor de uso esporádico. 30 x 20. Arcos de 3. De fierro blanco, móviles. Cierto desgaste. Ciertas instalaciones en el entorno del castillo.
--|- --|-
-|-- --|-
-|-- --|-

1319

Residencia presidencial Suárez y Reyes

Avenida Joaquín Suárez 2727. (En vasto parque de la residencia, cancha en espacio ocupado antes por helipuerto. Creada por Julio María Sanguinetti) 50 x 34. Arcos de 4. De fierro blanco, con soporte para redes. Muy buen césped. Ninguna instalación. La presidencia se niega a dar información por «motivos de seguridad».
--|- --|-

1320

Cancha jardín pavimentada

Luis Alberto de Herrera 4447. (En vasto fondo de casona, cancha pavimentada) 18 x 10. No se ven arcos. Pavimento verde con marcaje miniatura completo. Muy buen entorno.

|--- ---|

1321

Cancha jardín

Carlos Reyes frente a Florencio Escardo. (En fondo de casa con muchos árboles, canchita de césped) 13 x 10. Arcos de 3. De fierro blanco, simples. Buen césped. Poco desgaste. Buen entorno con piscina y espacio.

|--- --|-

116

1322

Cancha baldío

Calle Privada frente a la calle Proy. (En baldío que ocupa la manzana. Instalación de arcos en 2017) 41 x 33. Arcos de 3,5. De fierro blanco, simples. Terreno malo, sucio, con sendero. Caballos pastando.

-|-- |---

1323-1324

Centro Salesiano Aires Puros

Bulevar Batlle y Ordóñez 5020. (Dos canchas infantiles: una de césped, otra pavimentada) Espacio cuidado pero muy modesto en cuanto a instalaciones. Buen cerco de alambrado alto y sólido 1323: de césped. 20 x 15. Arcos de 2,5. De fierro blanco, simples, bastante despintados. Pura tierra. Buen tejido de contención del lado de las casas. 1324: cancha multideportiva. 13 x 8. Arcos de 2,5. De fierro blanco, simples. Pavimento verde con marcaje blanco y amarillo. Algo gastado. A lo ancho, sobre una mitad, cancha de básquetbol con tableros bajos.

|--- --|-
|--- --|-

1325

Marconi Fútbol Club

Manzana delimitada por Lancaster, Cotopaxi y Pública. (Cancha de baby fútbol con locales) 50 x 38. Arcos de 4. De fierro blanco, simples, con redes naranjas finas atadas al alambrado del cerco. Mucho desgaste. Tendencia a barrial en la cercanía de los arcos. Marcaje. Tejidos de

contención verdes mantenidos por soportes de madera, atrás de los arcos, en estado correcto. Modesto local del club con los colores azul y blanco. Cerco: murito blanco y alambrado cuidado. Evidente esfuerzo de cuidado general.
--|- --|-

1326
Complejo Ciclón del Cerrito
Rancagua 3992 esquina Lauro Ayestarán. (Complejo muy cuidado, con entorno completamente rojiblanco. Aquí, cancha marginal al lado de la cancha principal registrada en la casilla 117) 50 x 30. Arcos de 4. De fierro blanco, con ángulos y bases de color rojo, simples. Pura tierra. Tejido de contención atrás de los arcos en buen estado. Tres focos de luz sobre cada lateral. Hilera de bancos para público sobre un lateral. Buenos locales. Buen cerco de alambrado con postes pintados.
--|- --|-

1327
Cancha jardín
Teodoro Álvarez 3714 casi Florentino Castellanos. (En jardín al lado de la casa, cancha de césped) 22 x 13. Arcos de 3. De construcción particular: postes verticales de fierro blanco, gruesos, y travesaño de fierro marrón, fino, inserto en los parantes laterales. Césped cuidado, con bastante desgaste. Terreno inclinado. Sin instalaciones.
|--- --|-

1328-1329-1330
Base militar. Grupo Artillería 5
Burgues y Francisco Plá. (Conjunto de instalaciones deportivas, con piscina y frontón. Tres canchas de fútbol, una pavimentada, dos de césped) 1328: pavimentada 38 x 20. Arcos de 3. De fierro blanco, simples. Pavimento gris, gastado, en mal estado, verde despintado. Restos de marcaje. Quizá tribunita en un costado. 1329: en franja de césped al costado de la cancha principal. 50 x 26. Arcos de 3. De fierro blanco, con estructura, móviles. Buen césped. Marcaje. Particular diseño de las áreas. Entorno espacioso y agradable. 1330: cancha principal con pista alrededor. 98 x 70. Arcos reglamentarios. De fierro blanco, con soportes y redes, despintados, con

redes mediocres. Césped pasable. Marcaje. Tres focos de luz sobre cada lateral. Tejido de contención en mal estado. Una tribunita mínima.
-|-- -|--
--	- --	-

1331
Cancha invadida por obras
Hum y Lancaster. (Cancha vieja en media manzana con obras. Se mantienen los arcos separados por montículos de tierra. Se sigue jugando) Medidas de la cancha libre: 50 x 33. Arcos de 4. De fierro blanco, con ángulos y bases verdes, en estado mediocre. Terreno muy gastado. Entorno sucio.
--|- |---

1332
Batallón de Ingenieros de combate 1
Chimborazo 3642 esquina Avenida Gral San Martín. (Junto al terreno de equitación, campo de juego de césped de estructuración reciente) 54 x 25. Arcos de 4. Con postes negros y ángulos amarillos, simples, móviles. Redes verdes que flotan. Buen césped. Ni marcaje ni luz. Ninguna instalación.
--|- --|-

1333
Espacio cultural Las Duranas
Pedro Trápani y Bayona. Extremidad norte del Parque de las Duranas, al lado del teatro. (Cancha pavimentada, multideportiva, recientemente renovada) 28 x 18. Arcos de 3. Nuevos, de fierro blanco, gruesos bajo los tableros. Piso azul con áreas violetas y zona externa verde. Muy buen marcaje. Buenas estructuras con tejidos de contención en los laterales. Tres dobles focos de luz en cada lateral. Bancos en los laterales. Espacio estimulante.
-|-- ---|

1334-1335
Plaza de Deportes número 4
En la manzana formada por León Pérez (entrada), Francisco Romero, Santa Ana y Juan Arteaga. (Dos espacios de fútbol: un gimnasio cerrado y una cancha alargada marginal pavimentada) 1334: gimnasio completo de parquet, con tribunas, tableros de diferentes tamaños, arcos, marcaje completo,

etcétera. Práctica de básquetbol, hockey, fútbol. 34 x 17. Arcos de 3. De fierro blanco, simples, bajo los tableros. Todo muy bien cuidado, impecable. Tribuna de seis gradas sobre todo un lateral. 1335: al lado del gimnasio, espacio pavimentado gris, estrecho, con pocas comodidades. 21 x 8. Arcos de 3. De fierro rayado en blanco y negro, con estructura.
-|-- ---|
|--- -|--

1336-1337
Colegio Misericordista
Avenida Gral San Martín 3850. (Ocupa la manzana. Una cancha patio y un gimnasio multideportivo) 1336: cancha patio muy usada. 38 x 20. Arcos de 3,5. De fierro blanco, simples. Pavimento gris en mal estado, con desniveles. Restos de marcaje. Sin instalaciones. Entorno apretado. 1337: gimnasio cerrado, básico. 34 x 22. Arcos de 3. De fierro de diferentes colores, simples. Pavimento gris claro con marcaje múltiple.
-|-- -|--
-|-- --|-

1338
Plaza del Ombú
Plaza triangular delimitada por la Avenida San Martín, Bruno Méndez y Alejandría. (Sobre Alejandría, cancha de césped) 21 x 15. Arcos de 3,5. De fierro blanco, con bases y ángulos rojos, simples. Pura tierra. Ninguna instalación particular. Un foco de alumbrado público.
|--- -|--

1339
Parque social CAMBADU
Luis A. de Herrera 4196 esq. Burgues. (Reservado a los socios del Centro de Almaceneros Minoristas, Baristas, Autoservicistas y Afines del Uruguay. Gran parque con gimnasio, casa, parrillero, zonas de práctica deportiva. Sobre la calle Vaz Ferreira, cancha sin delimitación clara ni instalaciones) 37 x 20. Arcos de 4. De fierro amarillo, finos, con estructura. Cierto desgaste. Entorno muy agradable.
-|-- --|-

1340
Club Juventud Unida
Felipe Contucci entre Darwin y Mariano Soler. (Cancha de baby

fútbol) 48 x 35. Arcos de 4. De fierro blanco. Uno con estructura para redes, otro con soportes. Tierra pura. Marcaje. Tejidos de contención en mal estado atrás de los arcos. Hilera de bancos de hormigón sobre los laterales, en mal estado. Tres focos de luz simples en cada lateral. Muy modestos locales con los colores del club: amarillo y rojo. Cerco: murito bajo pintado y alambrado en estado correcto con postes de los colores del club.
-|-- --|-

1341-1342
Colegio Elisa Queirolo de Mailos
Norberto Ortiz 3837. (Dos canchas: una cancha de césped y una cancha patio pavimentada) 1341: de césped. 38 x 17. Arcos de 3. De fierro blanco y rojo, simples. Gastada. Sin marcaje. Delimitada por un borde de material. Sin instalación particular. Buen entorno. 1342: cancha multideportiva pavimentada. 24 x 15. Arcos de 3. De fierro blanco, simples, bajo los tableros. Suelo en mosaico, con marcaje amarillo. Escalera tribunita. Buen entorno.
-|-- --|-
|--- --|-

1343
Club Albatros
Luis Alberto de Herrera 4235 casi Carlos Vaz Ferreira. (Gimnasio cerrado dividido en dos partes: cancha de básquetbol y cancha-escuela de tipo fútbol 5) 28 x 20. Arcos de 3. De fierro amarillo, con soportes y redes. Césped sintético. Buen marcaje. Separada de la otra mitad por una tela. Poca comodidad.
-|-- -|--

1344-1345
Colegio y Liceo Clara Jackson Heber
Luis Alberto de Herrera 4142. (En vasto parque del instituto, dos canchas, una de césped, otra pavimentada) 1344: de césped. 86 x 47. Arcos de 6. De fierro blanco, simples. Terreno con desgaste pero en buen estado. Marcaje. Buen entorno. 1345: simpática cancha pavimentada, junto a canchas de tenis, voleibol y hockey. 30 x 15. Arcos de 3. De fierro blanco, con estructura. Pavimento verde con marcaje. Estado correcto. Alto y sólido alambrado de contención atrás de los arcos. Tres focos de luz en cada lateral. Bancos de hormigón

sobre un lateral. Entorno agradable con árboles y mucho espacio.
---| --|-
-|-- --|-

1346-1347
Varadero fútbol 5
Luis Alberto de Herrera 4171 casi Nelson. (Dos canchas de fútbol 5, una cerrada, otra abierta) Ambas de 28 x 17, con arcos de 3. De fierro blanco, con bases y ángulos verdes, con estructura. Alambrado insuficiente. Tablero electrónico. 1346: cancha cerrada. Poco atractiva. Depósito básico. Alfombrado correcto. 1347: cancha exterior. Alfombrado correcto. Falta tejido de contención. Estado general pasable. Buen entorno, con espacio en un costado para público. Práctica de niños y jóvenes. Parrillero y cantina con ciertas comodidades. Lugar de festejo más que deportivo. Buenos comentarios.
-|-- --|-
-|-- --|-

1348
Club Atlético Carabelas, Campo José Echenique
Pablo Ehrlich 3974 esquina Darwin. (Club de baby fútbol con dos locales de dos pisos). 50 x 35. Arcos de 4. De fierro blanco, con soportes y redes. Pura tierra. Buen marcaje. Banco de suplentes. Tribunita de cuatro gradas azules: capacidad 80 personas. Tres focos de luz en cada lateral. Cerco: murito y alambrado en buen estado. Entorno muy cuidado, todo pintado con los colores del club, azul y blanco. Buen esfuerzo.
--|- ---|

117

1349
Ciclón del Cerrito, Complejo deportivo
Rancagua 3661. (Cancha principal del complejo. Inaugurada en el 2000) 60 x 40. Arcos de 4. De fierro blanco, con ángulos y bases rojas, simples. Desgaste pero cuidada. Buen marcaje. Buenos tejidos de contención atrás de los arcos. Cerco: muro y alambrado, sólido y en muy buen estado, con los colores del club. Locales cuidados con los colores del club. Vestuarios y parrillero. Cuatro focos de luz en cada lateral. Sobre un lateral,

bancos y tribunita de 3 gradas. Instalaciones ejemplares.
--|- ---|

1350
Zona militar. Batallón de Ingenieros número 1
Sobre Rancagua, al norte de la base, entre San Martín y Juan Acosta. (Cancha básica en vasto predio) 92 x 66. Arcos reglamentarios. De fierro blanco con bases y ángulos negros, algo despintados, simples. Césped con cierto desgaste general, corto, poco cuidado. Marcaje flojo. Sólido alambrado. Algo sucia.
---| -|--

1351
Club Corralito
Rancagua, adjunta a la cancha anterior. (Se presenta como el club decano del baby fútbol en Uruguay) 60 x40. Arcos de 4. De fierro blanco, con ángulos y bases de color oscuro, simples. Estado de la cancha: malo. Mucho desgaste y desniveles. Banco techado de suplentes. Asientos casi todo alrededor. Una hilera de diez asientos de metal con respaldo. En ciertas partes, asientos de hormigón formando dos gradas. Tres focos de luz en cada lateral. Pequeño local con los colores del club. Baños y vestuarios. Buen cerco de alambrado.
--|- --|-

1352-1353
Zona militar. Batallón de Ingenieros número 1
Chimborazo 3642. (Dos canchas grandes básicas) 1352: 100 x 60. 1353: 105 x 72. Arcos reglamentarios. De fierro blanco con bases y ángulos negros, despintados, simples. Césped con desgaste general, descuidado. Marcaje. Ninguna instalación.

1354
COVINE 7
Rancagua y Juan Acosta. (Salón y cancha de césped de la cooperativa de viviendas) 26 x 20. Arcos de 3. De fierro rojo, simples. Terreno muy gastado. Ni alumbrado ni tejido de contención. Cerco: rejas verdes en buen estado. Entorno cuidado.
-|-- --|-

1355

COVIMT 10

Rancagua y Juan Rosas. (Cancha de la cooperativa con modesto local adjunto) 28 x 12. Arcos de 3. De fierro blanco, con estructura y redes, móviles. Mucho desgaste. Sin alumbrado. Falta tejido de contención. Cerco: buenas rejas. Contexto cuidado.

-|-- --|-

1356

Cancha plaza

Plaza alargada delimitada por Camino Corrales, Río Guayas y Rancagua. (Cancha pavimentada multideportiva en mal estado, sin los tableros) 26 x 14. Arcos de 3. De fierro blanco con ángulos y bases rojos, simples. Suelo gris oscuro, sin marcaje, con fisuras y hundimientos, pero pasable. Ni alumbrado ni tejidos de contención. Entorno algo sucio.

-|-- -|--

1357

Centro Comunal 11. Comisión Pro Fomento Barrio Las Acacias, y Club Las Acacias y adyacencias

Bagé 3790. (Cancha patio multideportiva) 27 x 13. Arcos de 3. De fierro blanco, con ángulos y bases negras, estructura y redes, móviles. Pavimento gris en mal estado. Restos de marcaje. Entorno encerrado. Cierto alumbrado. Altos alambrados de contención visibles desde la calle. Amplios locales para diferentes actividades.

-|-- -|--

1358

Escuelas 102 y 195

Carreras Nacionales 3763 esquina Saint Bois. (Media cancha patio. En gran patio pintado de diferentes colores) 48 x 20. Un solo arco de 3. De fierro blanco, móvil, con estructura, bajo el tablero. Bancos de hormigón cortan el patio en dos.

-|-- |---

1359

Complejo deportivo Ituzaingó

Saint Bois entre Iberia y Gronardo. (Cancha multideportiva pavimentada. Muy prolija) 26 x 17. Arcos de 3. De fierro azul, gruesos, simples, bajo los tableros. Pavimento gris oscuro, correcto. Buen marcaje. Dos dobles focos sobre cada lateral. Bordeada por una franja pavimen-

tada y un espacio de césped.
-|-- --|-

1360
Viviendas MVOTMA Río Guayas
Río Guayas entre Gral Flores y Cayambé. (Espacio estrecho de césped entre las habitaciones, transformado en cancha) 23 x 9. Arcos de 4. De fierro blanco, simples. Césped bueno. Poco desgaste. Ninguna instalación.
|--- |---

1361
Santa Ana Baby Fútbol
Gral Flores 4779 y Río Guayas. (Cancha de tierra y locales) 56 x 35. Arcos de 4. De fierro blanco, con soportes. Restos de césped en los laterales. Banco de suplentes. Tejido de contención pasable. Tres focos de luz en cada lateral. Locales del club, bastante cuidados pero modestos. Cerco: murito roto y alambrado en mal estado. Entorno sucio.
--|- -|--

1362
Iglesia de Jesucristo
Gral Flores entre Camino Corrales y Trafalgar. (Cancha multideportiva pavimentada) 26 x 14. Arcos de 4. De fierro gris, bajo los tableros. Suelo gris, bastante gastado. Marcaje múltiple visible. Buenas estructuras altas de contención. Dos focos de alumbrado sobre cada lateral. Espacio apretado. Entorno cuidado.
-|-- --|-

1363
Cancha baldío
Corumbé entre Camino Corrales y Minuanes. (Cancha especial ubicada en una parcela de terreno sin construcciones) 30 x 23. Arcos de 4. De fierro gris, finos, con soportes, móviles. Travesaños muy oxidados. Densas redes grises en estado mediocre. Césped sin ningún cuidado, alto, desparejo. Terreno desnivelado. Entorno bastante sucio. Niños jugando al fútbol en la vista callejera.
-|-- -|--

1364
Plaza Porvenir
Delimitada por la avenida Al Hipódromo, que de un lado es una verdadera calle, del otro un camino

de tierra. (Cancha multideportiva pavimentada, reciente y moderna) 26 x 14. Arcos de 3. De fierro blanco, simples, bajo los tableros. Pavimento gris claro. Buen marcaje con áreas rojas. Dos focos de luz en cada lateral. Baranda alrededor.
-|-- --|-

1365
Escuela 137
José Serrato 3631. (Gimnasio construido en 2014 con instalaciones multideportivas. Chico) 17 x 14. Local básico, luminoso, con pavimento pulido gris. No hay vistas del interior terminado.
|--- -|--

1366
Iglesia Bautista
José Serrato y Bruselas. (Cancha multideportiva pavimentada) 27 x 14. Arcos de 3. En las vistas callejeras de 2015, arcos en pésimo estado, uno sin travesaño, otro oxidado. Tejidos de contención arriba. Altos muros laterales. Dos focos de luz en cada lateral. En las vistas satelitales recientes, nuevo marcaje, quizá nuevas instalaciones.
-|-- -|--

1367
Colegio y Liceo Regina Martyrum
José Serrato 3536 entre Corumbé y Pablo Pérez. (Establecimiento con gimnasio multideportivo) 26 x 18. Arcos de 3. De fierro blanco, con ángulos y bases negras, simples. Bien marcado. Buenas instalaciones. Piso de parquet.
-|-- --|-

1368
Club Social y Deportivo Industria
José Serrato 3528, junto al Colegio Martyrum. (Salón de fiestas con patio, cantina y parrillero. Cancha cerrada de fútbol 5) 30 x 15. Arcos de 3. De fierro blanco, con ángulos rojos y bases negras, muy despintados, simples, con buenas redes. Alfombrado correcto. Cancha básica, sin diseño. En venta después de cierta renovación.
-|-- -|--

1369
Plaza Gerardo Cuesta
Jaime Roldós y Pons. (Cancha multideportiva pavimentada reciente). 26 x 15. Arcos de 3. De fierro blanco, simples, bajo los tableros. Piso azul con buen marcaje blanco.

Dos focos de luz en cada lateral. Obras realizadas en 2008 para aislar la plaza: altos alambrados de contención entre la vieja cancha de césped y las casas.
-|-- --|-

1370
Complejo habitacional Centenario 4
Parque delimitado por las calles Añaquito, Gavilán y Costanera del Arroyo Cerrito. (Con diferentes instalaciones. Cancha de césped en extensa zona agradable y cuidada) 47 x 45. Arcos de 4. De fierro blanco, muy oxidados pero sólidos, simples. Desgaste en la zona de los arcos. Terreno plano con césped corto. Se puede jugar muy bien. Espacio y árboles alrededor. Niños jugando en la vista callejera.
-|-- --|-

1371-1372
Regimiento de blandengues de Artigas. Área ecuestre
Gral Flores 3920, o Tobas frente a José Joaquín Olmedo. (Dos canchas de césped en vasto campo, una grande, otra mediana. Básicas) 1371: cancha principal, con entorno cuidado. 98 x 60. Arcos reglamentarios. De fierro blanco, simples. Buen césped. Poco desgaste. 1372: espacio de fútbol. Configuración variable. Situación actual: cancha de 56 x 35. Arcos de 4. De fierro blanco, móviles. Marcaje. Ninguna instalación.
---| --|-
--|- -|--

1373-1374
Complejo Habitacional Campo Español
José Irureta Goyena 3354 frente a Sebastián Elcano. (En el centro del complejo, vasto predio con juegos y dos canchas de césped) 1373: 45 x 20. Arcos de 4. De fierro amarillo, con estructuras. Buen entorno, cuidado. Ninguna instalación. Mucho espacio alrededor. 1374: Cancha lateral de 37 x 16. Arcos de 4. De fierro blanco, con soportes. Cierto desgaste. Buen entorno, limpio.
-|-- --|-
-|-- --|-

1375
Parque Fossa. Estadio de la Institución Atlética Sud América
Héctor Luis Odriozola. (Estadio

creado en 1935) 105 x 68. Césped mediocre a malo. Tribunas laterales. Una parte con asientos. Capacidad: 6 mil personas. Entorno limitado. Alambrado pasable, vegetación entre las gradas. Sin alumbrado. Acceso complicado. Sin playa de estacionamiento. Cuidado escaso.
---| -|--

1376
Rentistas formativas
Costanera del Cerrito y José Serrato. (Formativas del club. Cancha de césped mediana) 63 x 40. Arcos de 6 en la vista satelital. De fierro blanco, con bases rojas, simples. Si se comparan las vistas callejeras de 2015 y vistas posteriores, se observa una mejora en el cuidado y en el césped. Fotos aún más recientes muestran un césped malo y zonas enteras de pura tierra. Tejido de contención en mal estado. Tribuna mínima de dos niveles, con asientos rojos. Tres dobles focos de luz en cada lateral. Cerco de alambrado correcto. Locales modestos con los colores del club: rojo y blanco.
--|- -|--

118

1377
Plaza Don Tico
Delimitada por las calles Lisboa y Pontevedra. (En plaza de césped triangular, cancha de césped) 33 x 20. Arcos de 4. De fierro blanco, móviles, con estructura. Césped gastado. Doble reflector sobre cada lateral. Entorno espacioso.
-|-- --|-

1378
La Curva Fútbol 5
Camino Maldonado 5597. (Cancha de fútbol 5 abierta creada a fines del 2017) 33 x 17. Arcos de 3. De fierro blanco, con soportes y redes. Buen césped sintético. Buen marcaje. Redes de contención todo alrededor en buen estado. Mucho espacio circundante. Cinco focos de luz simples sobre cada lateral. Buenas instalaciones. Buenos comentarios sobre la calidad de la cancha.
-|-- ---|

1379
Cancha esquina
Juan Quevedo y Barros Arana. (En terreno libre que ocupa la esquina de la manzana, cancha de césped) 35

x 24. Arcos de 3. De fierro blanco, gruesos, muy oxidados, simples. Terreno muy gastado y hundido, sin ningún cuidado. Murito atrás de uno de los arcos. Falta tejido de contención. Entorno muy sucio.
-|-- -|--

1380
Escuela 330
José María Guerra frente a Coronel Juan Belinzon. (Escuela reciente con instalaciones modernas y funcionales. Cancha multideportiva pavimentada situada en el fondo del predio, quizá compartida con la UTU Cea) 25 x 11. Arcos de 3. De fierro blanco, bajo los tableros. Pavimento gris, gastado. Cierto marcaje. Dos focos de luz sobre cada lateral. Entorno espacioso.
-|-- --|-

1381-1382-1383
Colegio y Liceo Notre Dame
José Belloni 3350. (En vasto parque de 100 x 80, tres espacios deportivos) 1381: pequeño gimnasio cerrado, multideportivo. Buen marcaje. Pavimento verde. 25 x 15. Arcos de 3. De fierro blanco, simples. 1382: cancha de césped en pleno parque. 44 x 18. Arcos de 4. De fierro blanco, simples. Terreno gastado y hundido. Sin marcaje. 1383: patio exterior. 18 x 10. Arcos de 3. De fierro blanco, con estructura, móviles. Marcaje. Tribunitas rojas de seis escalones todo alrededor. Muy buen entorno.
-|-- --|-
-|-- --|-
|--- --|-

1384
Nuevo Salón Azul
José Belloni 3342 casi Washington Pérez. (Salón de cumpleaños infantiles. En el fondo del establecimiento, cancha dc césped chica) 23 x 12. Arcos de 3. De fierro blanco, simples, algo despintados. Mucho desgaste. Espacio apretado. Dos focos de luz en cada lateral. Buena estructura de contención. Locales con terraza y vista sobre la cancha. Entorno cuidado.
|--- --|-

1385-1386
Danubio FC AUFI
Osvaldo Cruz 5533 y Arbolito. (Formativas de Danubio. Dos canchas de césped, una grande,

otra mediana) Panorama general: locales cuidados pero modestos; terreno pasable con desgaste en los arcos; buenos arcos de fierro blanco, simples; marcaje) 1385: cancha principal. 100 x 62. Arcos reglamentarios. Tres focos de luz sobre cada lateral. 1386: cancha secundaria. 72 x 48. Arcos de 6. Sin alumbrado. Atrás de los arcos nuevos se ven arcos reglamentarios alejados totalmente herrumbrados (antigua cancha grande). Cerco de alambrado pasable.

---| --|-
--|- --|-

1387
Iglesia de Jesucristo
Osvaldo Cruz 5494. (Detrás de la iglesia, cancha multideportiva pavimentada) 25 x 15. Arcos de 3. De fierro gris, bajo los tableros. Pavimento gris con buen marcaje. Sólidas estructuras de contención atrás de los arcos y sobre un lateral. Un foco de luz en cada ángulo. Entorno cuidado.

-|-- --|-

1388-1389
Club Ciclista Fénix
Camino Maldonado 5438. (Amplios locales. Espacios para boxeo y gimnasia. Dos canchas: una de fútbol 5 de alfombrado y una de césped para escuela de fútbol infantil) 1388: cancha de fútbol 5 techada. 25 x 18. Arcos de 3. De fierro multicolor, blanco, azul y rojo, simples, con redes. Alfombrado correcto. Buen marcaje. Entorno pasable. 1389: Cancha exterior. 50 x 30. Arcos de 4. De fierro multicolor, blanco, azul y rojo, simples, con redes. Pura tierra. En muy mal estado. Sin alumbrado. Poco atractiva. Atrás de un arco, tribuna de hormigón de cuatro gradas. Marcaje escaso. Cerco: muro de 2 de altura.

-|-- --|-
--|- -|--

1390
Siete Estrellas Baby Fútbol
Alberto Susviela Guarch 3221 y Barros Arana. (Club de baby fútbol con amplios locales muy bien cuidados) 53 x 37. Arcos de 4. De fierro blanco, simples, con redes, buenos. Buen césped. Buen marcaje. Tejido

de contención atrás de un arco, en buen estado. Cuatro focos de luz en cada lateral. Particularidad notable: tribunitas macizas de doble escalón alto, con los colores del club (rojo y blanco), sobre cada lateral. Capacidad: 350 personas. Entorno: muro blanco bastante alto todo alrededor. Un ejemplo de cuidado y desarrollo.
--|- ---|

1391-1392
Complejo Italia
Entrada por Carreras Nacionales 3485, entre Garay y Alberto Calamet. (Canchas del lado de Gerónimo Piccioli. Vasto predio con locales caóticos, disponible para fiestas. Alquiler de canchas. Dos canchas, una de fútbol 7, otra de fútbol 5) 1391: de césped. 40 x 21. Arcos de 4. De fierro blanco, simples. Buen césped. Talud de césped alrededor. Buen cerco. Tres focos de luz sobre cada lateral. Altos tejidos de contención. Buen estado general y entorno. 1392: de césped sintético. 30 x 18. Arcos de 3. De fierro blanco con ángulos rojos, estructura y redes. Césped sintético correcto. Tres focos de luz en cada lateral. Muro y tejido de contención. Algunos bancos en los laterales.
-|-- --|-
-|-- --|-

1393
Maroñas Fútbol 5
Coronel Juan Belinzon y Carreras Nacionales. (Cancha de fútbol 5, techada, para alquiler y escuela de fútbol. Galpón nuevo, con cantina y vestuarios laterales de tamaño reducido) 35 x 18. Arcos de 3. De fierro naranja, con estructura y redes. Césped sintético correcto. Tejido de contención. Buena cancha con buenas instalaciones. Espacio cuidado.
-|-- --|-

1394
Boxing Club de Maroñas
Gerónimo Piccioli 3411 entre Calamet y Belinzon. (Frente al local de boxeo, gran patio que sirve también de espacio de estacionamiento) 26 x 16. Restos de marcaje. Subsisten tejidos de contención detrás de la zona de los arcos. No se ven arcos. Tres focos de luz sobre cada lateral.
-|-- |---

1395
Cancha de tipo fútbol 5
Camino Maldonado casi Areguati. (Ocupa el fondo de una casa) 23 x 15. Arcos de 3. De fierro blanco, con redes. Buen césped sintético. Buen marcaje. Tres focos de luz sobre cada lateral. Espacio cuidado.
|--- --|-

1396
Parroquia Santa Gema. Casa Nazaret
Roma y Arbolito. Acceso por Roma y por José Belloni. (Terreno de la parroquia y de la Casa Nazaret con instalaciones y locales diversos. Se indica «Grupo Scout 51 Domingo Savio») 30 x 18. Arcos de 4. De fierro verde, despintados y oxidados, simples. Muy mal estado del césped. Inundable en la zona de los arcos. Cercada por muro de altura media. Sin cuidado particular.
-|-- -|--

1397-1398
Colegio Domingo Savio
Gerónimo Piccioli 3272 y Fonseca. (Tuvo tres canchas de césped. La construcción de locales sobre la calle Fonseca eliminó una de ellas) 1397: 40 x 24. Arcos de 5,5. De fierro blanco con bases y ángulos negros, con estructura. Césped correcto. Marcaje esporádico. 1398: 45 x 25. Arcos de 4. De fierro blanco, gruesos, con bases y ángulos negros, simples. Césped correcto. Marcaje esporádico. Buen entorno con árboles y mucho espacio. Cerco: murito en estado pasable.
-|-- --|-
-|-- --|-

1399
Liceo 37
Segundo piso del edificio del Colegio Domingo Savio. Entrada por José Vasconcellos y Osvaldo Cruz. (Cancha con acceso reservado pero con cerco roto) 45 x 25. Arcos de 4. De fierro blanco, finos, herrumbrados, simples. Césped con desgaste. Ninguna instalación. Entorno algo sucio.
-|-- -|--

1400
Club Huracán Villegas
Virrey Elío y Vicenza. (Club social y deportivo, con modestos locales pintados con los colores del club,

blanco y negro) 58 x 40. Arcos de 4. De fierro blanco, con ángulos y bases negras, estructura y redes naranjas. Terreno muy gastado y desnivelado. Bancos para suplentes. Tres modestos focos de luz en cada lateral. Tejidos de contención deshechos. Bancos de hormigón en los dos laterales. Cerco modesto hecho con barreras blancas y negras. Entorno sucio.
--|- -|--

1401-1402
Club Deportivo Uruguayo
Virrey Elío y Ricardo Cossio. (Una cancha de baby fútbol, un espacio de fútbol, ambos de césped. Locales amplios) 1401: 54 x 37. Arcos de 4. De fierro blanco con ángulos azules, simples. Césped muy gastado. Marcaje. Banco techado para suplentes. Tres buenos focos de luz sobre cada lateral. Bancos de hormigón para el público en los laterales, pintados de celeste. 1402: espacio de juego anexo de forma alargada. 40 x 10. Un solo arco visible en la vista callejera. De 4. De fierro blanco con ángulos azules, simple. Un banco en el fondo y algunos bancos celestes sobre un costado. Locales bastante amplios, modestos pero cuidados, con vestuarios y cantina. Cerco con barandas celestes, postes y alambrado en estado pasable)
--	- --	-

1403
Cancha en espacio libre
Espacio libre delimitado por Virrey Elío y Ricardo Cossio. (Junto a juegos infantiles, cancha de césped mediana) 40 x 17. Arcos de 4. De fierro blanco, herrumbrados, simples. Césped con bastante desgaste y desniveles. Sin cuidado particular. Sin instalaciones. Al borde de la calle.
-|-- -|--

1404
The One fútbol 5
Camino Maldonado 4960 esquina Ródano. (Cancha de fútbol 5 techada, en galpón nuevo pero básico, apretado y oscuro) 28 x 13. Arcos de 3. De fierro blanco, simples, con redes. Césped sintético correcto. Tablero electrónico. Mucho espacio para fiestas.
-|-- -|--

1405
Plazuela León Duarte
Pavón y Juan José de Soiza Reilly.
(Cancha incompleta en plaza con juegos infantiles) 36 x 20. Un solo arco de 4. De fierro pintado con varios colores, simple. Desgaste sobre ese arco. Del otro lado, según la vista callejera de 2015, restos de un palo de fierro que, con un árbol, forma el otro arco. Un foco de luz del lado del arco.
-|-- |---

1406
Fair Play Fútbol 5
Pavón 4648. (Cancha de fútbol 5 cerrada, anunciada también como de fútbol 6) 38 x 26. Arcos de 3. De fierro blanco, con soportes y redes. Césped sintético correcto. Mucho espacio para público sobre un lateral. Buen tejido de contención. Entorno correcto. Vestuarios y espacio para fiestas, parrillero, etcétera.
-|-- --|-

1407
Cancha de fútbol 5 del Club Huracán Villegas
Gerónimo Piccioli 3008. En el centro de la manzana delimitada por Vicenza, Manuel Calleros y Gerónimo Piccioli. (Detrás de la sede del club, cancha de fútbol 5 abierta) 30 x 15. Arcos de 3. De fierro rojo con ángulos blancos, estructura y redes. Buen alfombrado. Marcaje. Buen alumbrado. Tejido de contención correcto. Entorno bueno.
-|-- --|-

119
1408
Coviobo
Cooperativa de viviendas situada en la manzana delimitada por Justino Jiménez d Aréchaga, 12 de Octubre y Marcos Salcedo. (Cancha infantil en el frente de la cooperativa junto a los locales colectivos) 16 x 13. Arcos de 3. De fierro blanco, algo despintados, simples. Suelo muy ahuecado, con zonas de gran desgaste y otras con motas de pasto. Tejidos de contención alrededor. Sin alumbrado. Entorno cuidado pero muy apretado. Un arco pintado en una pared lateral.
|--- -|--

1409

Cancha de complejo de viviendas

En el ángulo de las calles Luis Braille y Justino Jiménez de Aréchaga. Pertenece al conjunto de viviendas cooperativas cuyo local comunal da sobre Continuación Juana Manso. (En vasto terreno de 50 x 50, cancha de césped) 35 x 27. Arcos de 3. De fierro blanco, simples. Césped desparejo, gastado. Suelo desnivelado. Entorno cuidado y vasto. Ninguna instalación. Juegos infantiles más lejos. Las vistas satelitales revelan cambios de formato de la cancha. Niños jugando en la vista callejera. Cerco: muro blanco con indicación repetida: «propiedad privada».
-|-- --|-

1410-1411-1412

Complejo deportivo Las Cebras

Continuación Carlos Reyes Lerena. En plena zona natural, a orillas del barrio Nuevo Carlomagno. (Tres canchas de fútbol 11) Todas con arcos reglamentarios fijos. De fierro blanco, con soportes y redes. Bien marcadas. Ni alumbrado ni instalaciones para suplentes o público. 1410: 104 x 68. La mejor en cuanto a estado del césped. 1411: 95 x 62. Bastante desgaste. 1412: 95 x 62. Bastante desgaste. Entorno espacioso. Buenos locales, vestuarios y cantina. Conjunto correcto.

1413-1414

Celiar FC. Campo deportivo Ramón Santana

Ulises Favaro 5603. (Un espacio anexo de césped, utilizado esporádicamente como cancha chica con su marcaje propio, y una cancha principal también de césped) 1413: cancha anexa. Sobre Sebastopol. 30 x 20. Arcos de 3. De fierro blanco, con estructura y redes, móviles. Marcaje esporádico completo. Terreno pelado pero practicable. Su estructuración redujo el tamaño de la cancha principal. 1414: con la renovación de las veredas y las calles adquirió su formato actual. 54 x 32. Arcos de 4. De fierro blanco, móviles, con estructura y redes. Césped muy gastado en todo el campo. Marcaje. Tres focos de luz sobre cada lateral. Tejido y buen alambrado todo alrededor. Sede y local del club, amplio, pero viejo y

poco funcional. Entorno cuidado.
-|-- -|--
--|- --|-

1415-1416
Complejo Cupra. Club Seminario
Acceso por Cochabamba. (Complejo perteneciente a la comunidad jesuita –alumnos, padres, comunidades–. Una cancha de rugby y dos canchas de fútbol 11, básicas. En pleno campo, todas canchas de tipo campero con cerco de alambrado) Panorama general: Arcos reglamentarios. De fierro blanco, simples. Marcaje esporádico. Césped pasable. Sin instalaciones. Sin locales en las cercanías de los espacios de fútbol. Entorno algo sucio. 1415: 90 x 60. 1416: 93 x 70.

1417 A 1421
Centro Educativo Los Tréboles
Cochabamba 2900. Creado en 2009. (Dispone de un vasto terreno de 300 x 200. La mitad ocupada por campos de juego, rugby y fútbol. Configuración variable en función de las necesidades. Configuración más frecuente: una cancha pavimentada y cuatro de césped. A veces, una nueva cancha chica o una cancha grande suplementaria) 1417: cancha multideportiva pavimentada de suelo gris. 22 x 12. Arcos de 3. De fierro azul, simples. Pavimento gris con marcaje futbolístico en estado pasable. Ninguna instalación alrededor. 1418-1419-1420: 35 x 18. Tres canchas de césped. Buenos arcos de 4, con redes y sólida estructura. Disponibilidad de arcos móviles dispuestos en diferentes sectores. Marcaje esporádico. 1421: visible en vistas satelitales recientes. De césped. 50 x 35. Arcos de 4. De fierro blanco, con estructura, móviles. Marcaje esporádico completo. Césped cuidado, estado correcto. Entorno vasto y cuidado.
|--- -|--
-|-- --|-
-|-- --|-
-|-- --|-
--|- --|-

1422-1423
Plaza Flor de Maroñas
Delimitada por las calles Manuel Acuña, Del Fuerte, Ruben Darío e Itazurubí. (Creación de un impor-

tante complejo cultural y deportivo de dos plantas. Antes: una cancha multideportiva y una cancha de baby fútbol muy gastada con ciertas instalaciones. Destruidas a fines de 2018. Proyecto SACUDE (Salud, Cultura y Deporte) como en la plaza Casavalle. Se anuncia una cancha multideportiva, y una cancha de fútbol 5, cubierta, además de otros espacios) En la casilla 119, situación anterior en línea de puntos, dos nuevas canchas proyectadas en línea continua.
-|-- ---|
-|-- ---|

1424
Estadio Obdulio Jacinto Varela
Parque Guaraní, calle 5 y calle 4. (Estadio construido en 2002. Del club Villa Española) 105 x 70. Césped correcto, con buen marcaje. Sin alumbrado. 3400 asientos. Capacidad de público: 6 a 8 mil personas. Cuatro tribunas y cuatro taludes. Tribuna principal con los colores del club. Vestuarios modestos. Seis cabinas de prensa. Sin playa de estacionamiento. Cercado por un murito blanco bajo. Boleterías sobre la calle 5. Estadio modesto pero coqueto.
---| --|-

1425
Escuela 382
Calle 5 entre Veracierto y Parque Guaraní. (Inaugurada en 2014. Cancha multideportiva pavimentada) 30 x 16. Arcos de 3. De fierro blanco, con estructura y redes. Suelo gris claro con buen marcaje de color. Dos focos de luz en cada lateral. Establecimiento cuidado y moderno.
-|-- --|-

1426-1427
Plaza del Parque Guaraní
En el centro del complejo de viviendas, plaza delimitada por Guaviyú, Itacumbú, Yaguareté y Mandiyú. (Amplia plaza con dos canchas de césped, una de ella multideportiva) 1426: sobre Itacumbú, cancha multideportiva. 28 x 20. Arcos de 3. Particularidad: no pavimentada, Pura tierra, ahuecada. Sin marcaje. Arcos de fierro blanco, simples, bajo tableros en estado correcto. Postes para voleibol. Un foco de luz detrás de uno de los arcos. 1427: sobre Guaviyú, en vasto

espacio de césped cortado y cuidado. 30 x 12. Arcos de 2 x 1 de alto. De fierro blanco. Con una estructura artesanal extraña: tres hileras verticales de alambre grueso cruzadas con cinco hileras horizontales. Césped cuidado. A proximidad: juegos, aparatos, alumbrado. Buen entorno.
-|-- -|--
-|-- --|-

1428
Cancha orillera incompleta
Costanera Maestra Aurelia Viera e Itapeby. (En vasta franja de terreno, cancha de césped con un solo arco) 33 x 17. Arco de 3. De fierro blanco, con ángulos de verde oscuro, muy oxidado y despintado, simple. Cancha muy utilizada. Mucho desgaste. Entorno cuidado. Al lado, una cancha de básquetbol abierta.
-|-- |---

1429
Parque Guaraní Baby Fútbol
Itapeby frente a Urutau. (Cancha de fútbol, local sede y vestuarios) 58 x 38. Arcos de 4. De fierro blanco, finos, algo despintados, uno con soporte para redes, otro simple con redes amarillas. Estado de la cancha: malo, mucho desgaste, mucho desnivel. Tierra en el centro, pasto alto en los laterales. Cierto marcaje. Tejido de contención en mal estado. Modestos bancos de hormigón sobre los laterales y atrás de los arcos. Tres focos de luz sobre cada lateral. Alambrado en mal estado. Locales modestos pero cuidados con los colores del club, azul y rojo. Cartelera de prácticas.
--|- -|--

1430-1431
Covifami
Cooperativa de viviendas delimitada por las calles Violín de Becho, Itapeby, Calle 5 y Calle 3. (Dos canchas en la manzana de la cooperativa. Sobre la calle 3, cancha de césped. Sobre la calle 1, cancha pavimentada) 1430: de césped. 23 x 14. Arcos de 3. De fierro blanco, simples, con redes verdes. Mucho desgaste. Cerco de alambrado. Espacio muy apretado. 1431: cancha pavimentada alargada. 24 x 8. Arcos de 2,5. De fierro blanco, con estructura. Marcaje.
|--- -|--
|--- --|-

1432

Coviesfe, Cooperativa de viviendas Esfuerzo y fe

Calle 1 entre calle 3 y calle 4. (Cancha pavimentada) 26 x 14. Arcos de 3. De fierro blanco, simples. Pavimento gris claro. Sin marcaje. Con alumbrado. Locales para uso comunal (sala de fiestas, etcétera). Entorno cuidado pero parco.

-|-- -|--

1433

Cancha baldío

Sobre Camino Felipe Cardoso. (Cancha en terreno baldío. Las vistas satelitales recientes parecen indicar un cambio de orientación y de tamaño de la cancha, siempre en el mismo estado deplorable) 30 x 17. Arcos de 3. De fierro blanco con base azul, muy herrumbrados y torcidos, con redes de pesca en pésimo estado, y un banquito en el centro de uno de los arcos. Terreno malo. Mucho desnivel. Desgaste en los arcos. Sucio. Caballos pastando. Entorno abandonado.

-|-- |---

120

1434 A 1439

Complejo La Coruña OFA

Susana Pintos 3390 casi Camino Felipe Cardoso. (Zona sur del complejo y acceso) Muy buenos locales, muy buen entorno y buenas canchas, cuidadas y marcadas, con muy buen césped. Arcos de fierro blanco, simples, con buenas redes. Ni bancos de suplentes ni instalaciones para el público. Una cancha con buen alumbrado. 1434: 98 x 68. Única iluminada. Cuatro focos de luz en cada lateral. 1435: 98 x 65. Las canchas 1436 a 1439 corresponden a cuatro canchas de fútbol 7 recientes. Construidas en 2018. Visibles en las vistas satelitales. Buen marcaje en las dos primeras. Las otras dos en vías de habilitación. 1436 a 1439: 60 x 35. Arcos de 5.

--	- --	-
--	- --	-
--	- --	-
--	- --	-

121
1440 A 1466
Complejo Los Ceibos
Camino Gigantes y Camino Brunel.
(Gran complejo deportivo de los exalumnos ASPROE, colegios Monte VI y Los Pilares. Sede social, cabaña, espacio de esparcimiento, y un amplio predio rectangular de 420 x 260. Diez canchas, una de las cuales, reciente, para hockey. De las nueve canchas restantes, siete anotadas como de fútbol y dos de rugby. Según los marcajes visibles en las vistas satelitales, todas las canchas de césped (nueve en total) son utilizadas para fútbol, tanto en su sentido principal, como de manera modular, dividiendo la cancha en dos mitades a lo ancho) Panorama general: buen campo, con muchos arcos móviles de calidad; una cancha con tres focos de luz sobre cada lateral; una cancha sobre Gigantes con tribunitas laterales y asientos techados para los suplentes. Cambio frecuente en el tamaño y marcaje de las canchas en particular en la parte sur del complejo. Se cuentan aquí tres canchas por campo de juego principal. Campos principales de diferente tamaño. Todos con buena calidad de entorno y césped correcto. La gran modularidad del dispositivo permite contar con canchas de fútbol 11, baby fútbol, fútbol 8 y 7, fútbol 5, canchas juveniles e infantiles. Arcos reglamentarios, de 6 y de 4. Generalmente móviles. Los de 6 con estructura y redes; los de 4, simples con redes. Pero también fijos, simples, con redes. Diferentes niveles de marcaje según las vistas satelitales. 1440: 110 x 74. Arcos reglamentarios. También utilizada para rugby. 1441-1442: mitades de la anterior: 74 x 55. Arcos de 6. 1443: 74 x 46. Arcos de 6. 1444-1445: mitades de la anterior: 46 x 37. Arcos de 4. 1446: 76 x 52. Arcos de 6. 1447-1448: mitades de la anterior. 52 x 38. Arcos de 4. 1449: 94 x 58. Arcos reglamentarios. 1450-1451: mitades de la anterior: 58 x 47. Arcos de 6. 1452: 100 x 66. Arcos reglamentarios. 1453-1454: mitades de la anterior: 66 x 50. Arcos de 6. 1455: 105 x 68. En esta cancha, arcos reglamentarios; asientos amplios techados para suplentes o público; dos tribunitas en los laterales: una de tres gradas de hormigón y otra chica, roja, de

dos gradas. Esta cancha aparece denominada en Wikipedia como «Estadio Juan Pons». Utilizada por el Tape Universitario. 1456-1457: mitades de la anterior: 68 x 52. Arcos de 6. 1458: 100 x 65. Tres focos de luz en cada lateral. Arcos reglamentarios. 1459-1460: mitades de la anterior: 65 x 50. Arcos de 6 en ciertas vistas. 1461 y 1464: 100 x 65, Arcos de 6 en ciertas vistas. 1462-1463-1465-1466: mitades de las dos canchas grandes precedentes: 65 x 55. Arcos de 4.

---| ---|
--|- ---|
--|- ---|
--|- ---|
-|-- ---|
-	-- ---
--	- ---
--	- ---
--	- ---
--	- ---
--	- ---
--	- ---
--	- ---
--	- ---

---| ---|
--|- ---|
--	- ---
--	- ---
--	- ---
--	- ---
--	- ---

1467-1468-1469
Complejo S y F

Servando Gómez 2636 frente a la quinta La Verdurita. (En 2015, tres canchas idénticas, orientadas norte-sur, con buen marcaje y alumbrado. Desde fines de 2018, tres canchas de 100 x 65, con diferente disposición y orientación) Arcos reglamentarios. De fierro blanco, simples, con redes. Tejido de contención atrás de ciertos arcos. Césped en estado pasable. En una vista satelital, marcaje de línea media en la 1467. En otra, arcos móviles de 5, con estructura y redes, formando dos canchas de 50 x 30 en la mitad superior de la 1469 (no contabilizadas). Ninguna instalación en las canchas, ni bancos ni alumbrado. Entorno sin cuidado particular, en obras, con

muchas zonas de tierra revuelta y zanjas. Dos locales chicos en la entrada. Playa de estacionamiento sobre Servando Gómez.

1470
Cancha jardín infantil
Camino Pichincha antes de Costanera San Nicolás. (En jardín de casona recientemente construida, cancha de césped) 16 x 8. Arcos de 2. De fierro blanco, móviles. Buen césped. Espacio apretado.
|--- --|-

1471
Chacra San Nicolás
Guadalajara entre Costanera San Nicolás y Timbó. (En vasta propiedad con campo de 200 x 100, casco hermoso y cancha de campo) 40 x 30. Arcos de 3. De fierro blanco, con estructura y redes. Buen césped. Ni marcaje ni alumbrado.
-|-- --|-

1472
Cancha campo
En establecimiento de cría de caballos con entrada sobre Camino Miguel Rubino 2586, sobre Camino Brunel a la altura de La Perseverancia. (Cancha de campo) 40 x 35. Recientemente estructurada con arcos de 3. De fierro blanco, simples. Sin desgaste. Límites de la cancha marcados en la vista satelital de noviembre de 2017. Sin marcaje de áreas o línea central.
-|-- --|-

1473
Cancha jardín
Arapey y Cremona. (Casona con piscina y cancha jardín) 18 x 10. Buenos arcos de 3. Móviles, de fierro blanco, con estructura y redes. Buen césped. Espacio apretado.
|--- --|-

1474 A 1483
Complejo La Masía
Servando Gómez 2970 abajo del vivero Musacco. (Alquiler de canchas. Cuatro canchas grandes, tres de ellas divididas en dos mitades que forman canchas de fútbol 7, con marcaje propio) Panorama general. Buenos arcos reglamentarios, con soportes y redes. Arcos chicos, de fierro blanco, móviles, con estruc-

tura y redes. Marcaje múltiple en las canchas modulares. Tejidos de contención atrás de los arcos principales y secundarios. Dos canchas con alumbrado. Ninguna instalación para público o para suplentes. Vestuarios y parrillero. Espacio de estacionamiento. Los comentarios y las vistas satelitales coinciden en cuanto al estado muy variable de las canchas, de bueno a malo. 1474: 90 x 58. Arcos reglamentarios. Cuatro focos de luz en cada lateral. 1475-1476: mitades de la anterior: 58 x 45, arcos de 6. 1477: 90 x 58. Arcos reglamentarios. 1478-1479: mitades de la anterior: 58 x 45, arcos de 6. 1480: 90 x 60. Arcos reglamentarios. Cuatro focos de luz en cada lateral. 1481-1482: mitades de la anterior: 60 x 45, arcos de 6. 1483: 93 x 56. Arcos reglamentarios. Cuatro focos de luz en cada lateral.
---| --|-
--|- --|-
--	- --	-
--	- --	-
--	- --	-
--	- --	-

--	- --	-

1484
Cancha jardín
Cremona frente a Avenida del Lago. (En jardín de casona con piscina, cancha de césped) 15 x 9. Arcos de 2. De fierro blanco, móviles, con estructura. Buen césped.
|--- --|-

1485
Cancha jardín
Cremona frente a Arapey. (En jardín de casona con piscina, cancha de césped) 17 x 8. Arcos de 3. De fierro blanco, con estructura y redes. Buen césped.
|--- --|-

1486
Cancha jardín
Cremona y Camino Pichincha. Entrada por Cremona. (Casona con vasto jardín y cancha de césped) 28 x 20. Arcos de 3,5. De fierro blanco, simples. Quizá alumbrado. Cerco y árboles. Muy buen entorno.
-|-- --|-

1487 A 1492
Complejo Tercer Tiempo
Servando Gómez 2850, esquina Senda del Paso, entre Senda del Paso y Miguel Rubino. (Franja de terreno con hilera de canchas. Canchas alquiladas a instituciones educativas, clubes y particulares. Se organizan fiestas. Tres canchas de fútbol 11 (dos en esta casilla), una de hockey y fútbol 8, otra de fútbol 5. Una de las canchas utilizada de manera modular, con marcaje múltiple, constituyendo dos canchas de fútbol 7 o cuatro canchas de fútbol 5) Panorama general. Arcos fijos de fierro blanco simples, y muchos arcos móviles a disposición, de fierro blanco, con estructura y redes. Todas las canchas alumbradas. Marcajes variables y estado de las canchas también variable, de malo a bueno. Tejidos de contención detrás de cada arco grande. Local con vestuarios y barbacoa. 1487: cancha de césped de fútbol 5. 40 x 23. Arcos de 4. Marcaje parcial. Un foco de luz detrás de cada arco. 1488: cancha de hockey y fútbol. 70 x 40. Arcos de 4. Superposición de marcajes en ciertas vistas. 1489: 92 x 60. Tres focos de luz sobre cada lateral. Generalmente marcada. Arcos reglamentarios. De fierro blanco, con soportes y redes. Esta cancha aparece frecuentemente dividida en dos canchas de fútbol 7, dos mitades de 60 x 46 con arcos de 4, móviles, y a veces en cuatro canchas de fútbol 5, con su marcaje propio, de 44 x 26. Se contabilizan aquí dos canchas de fútbol 7 con los números 1490 y 1491. 1492: 92 x 60. Tres focos de luz en cada lateral.
-|-- --|-
--	- --	-
--	- --	-
--	- --	-

1493
Cancha jardín
Baycurú entre Avenida del Lago y Avenida Daymán. (Casona con jardín y cancha) 23 x 8. Arcos de 3. De fierro blanco, simples. Buen césped. Entorno apretado.
|--- --|-

1494
Cancha jardín infantil
Avenida Daymán frente a Baycurú.

(Casona con jardín y cancha) 12 x 9. Arcos de 2. De fierro blanco, móviles. Buen césped. Buen entorno.
|--- --|-

122
1495 A 1498
Complejo Tercer Tiempo
Servando Gómez 2850, esquina Senda del Paso. (Últimas canchas del complejo) Panorama general. Canchas de calidad dispar. Arcos reglamentarios simples, y arcos chicos, móviles, con estructura. 1495: 90 x 60. Arcos reglamentarios. Marcaje en ciertas vistas satelitales. Tres focos de luz sobre cada lateral. Esta cancha es utilizada a lo ancho constituyendo dos canchas de 60 x 40 (1496 y 1497), con marcaje propio y arcos móviles de 4. 1498: cancha del fondo, reciente, utilizada desde 2018. 65 x 32. Sin marcaje. Arcos de 4. Muy gastada, poco cuidada, utilizada probablemente como complemento, anticipando la instalación de una cancha correcta.
---| --|-
--|- --|-
--|- --|-
--|- -|--

125
1499 A 1502
Pablán Baby Fútbol
Plaza delimitada por Capitán Pedro Mesa y Castro, entre Gil Lemos y Clairac. (Plaza de 215 x 75. Clínica, espacio de juegos infantiles y dos canchas de fútbol de césped administradas por el club) 1499: cancha principal. 60 x 38. Arcos de 4. De fierro blanco, con soportes. Césped pasable. Marcaje frecuente. Buen cerco de alambrado. Tejido de contención atrás de los arcos. Asientos para suplentes en estado mediocre. Sobre un lateral, dos tribunitas azules de 5 gradas. También alrededor, serie de bancos de hormigón. Entorno cuidado con los colores del club: azul, rojo y blanco. 1500: cancha secundaria. 58 x 38. Arcos de 4. De fierro blanco, con soportes. Utilizada también a lo ancho, dividida en dos canchas, 1501 y 1502: 38 x 29. Arcos de 3 o de 4. Estado del césped malo, con mucho desgaste general y poco cuidado. Cerco de alambrado en estado mediocre. Accesible desde la calle. Falta tejido de contención. Locales renovados en 2013 con buenos vestuarios y baños separa-

dos, para niñas y niños. Espacio de estar.
--|- --|-
--|- -|--
-|-- -|--
-|-- -|--

1503
Escuela 190
José Aldama y Ortega 5555. Cancha sobre Capitán Mesa. (Vasto predio orillero. Cancha alargada) 40 x 12. Pura tierra. Arcos de 4. De fierro oscuro y oxidado, finos, con estructura para redes y redes muy finas en mal estado. Cerco de alambrado. Accesible al público. Entorno campero.
-|-- -|--

1504 a 1509
Otro Mundo Emprendimientos. Casa de campo, parque de vacaciones
Camino Pedro Sanguinetto 4835. (Vasto parque de 6 hectáreas con piscina, dormitorios, salones, espacio para campamento y complejo deportivo con diversas canchas que se alquilan. Muy buen entorno general) Panorama general. Arcos de fierro blanco, con soportes, y también arcos móviles de fierro blanco, con estructura y redes. Buen césped. Marcaje esporádico en las canchas 1508 y 1509. 1504: cancha infantil de césped de 28 x 14. Arcos de 3. De fierro blanco finos, simples, algo despintados. Césped bueno. Buen entorno. 1505: de césped. 40 x 30. Arcos de 4. Muy buen estado. 1506: 90 x 50. Muy buen césped. Arcos reglamentarios. De fierro blanco, con soportes. Sin marcaje. 1507: cancha multideportiva pavimentada. 26 x 14. Arcos de 3. De fierro blanco, simples, bajo los tableros. Pavimento gris. Estado mediocre. Marcaje múltiple. 1508: 90 x 45. Arcos reglamentarios. De fierro blanco, con soportes. Marcaje. A veces reducida lo que da la cancha 1509: 60 x 45, con su propio marcaje y arcos móviles.
-|-- --|-
-	-- --	-
-	-- -	--
--	- --	-

1510
Club UTC, parque de vacaciones
Camino Sanfuentes 4001 casi Capitán

Descripción de las canchas y clasificación **261**

Luis de Medina Torres. (Parque de la Unión de Trabajadores de Cutcsa con una cancha mediana de césped, básica. Dos piscinas y locales para encuentros y fiestas) 60 x 40. Arcos de 4. De fierro blanco, con soportes. Césped corto y cuidado. Cerco de alambrado en buen estado. Entorno agradable. Alto tejido de contención atrás de un arco. Sin marcaje.
--|- --|-

126
1511
Cancha de campo
Camino Leoncio López 4973. (En fondo de casa de campo. Extenso terreno con cancha de césped) 42 x 20. Arcos de 3. De fierro blanco, simples, con redes. Césped en buen estado con poco desgaste. Muy buen entorno.
-|-- --|-

1512 A 1519
Complejo Sebastián Bauzá. Club Atlético Bella Vista
Camino Tomkinson 4851. Vasto predio delimitado por Camino Tomkinson y Camino Salaberry. (De 550 x 250. Seis canchas de fútbol 11 y dos de baby fútbol o fútbol 7, una de las cuales marcada sobre una de las canchas grandes) Panorama general. Césped pasable, cuidado, con desgaste en los arcos y la zona central. Marcaje completo en casi todas las canchas. Uso de arcos fijos, de fierro blanco, a veces con vivos amarillos. También arcos móviles, de fierro blanco, simples para las canchas chicas. 1512: cancha principal. 105 x 68. Tribuna de hormigón de cuatro gradas sobre un lateral, pintada en blanco y amarillo, de 70 de largo. Cerco de alambrado sólido. 1513: 100 x 65. Sobre esta cancha grande, marcaje de una cancha menor. 1514: cancha menor de 70 x 40. Marcaje propio. 1515: 105 x 63. 1516: 103 x 66. 1517: 105 x 68. 1518: 60 x 40. Marcaje esporádico. Terreno en mal estado. 1519: 105 x 68. Marcaje esporádico. Terreno en mal estado. Cerco precario. Entorno inmediato descuidado. Locales amplios con cantina y vestuarios. Falta de instalaciones sanitarias.
--	- --	-

--	- -	--

1520
Cancha de campo
Camino Salaberry 5112. (En casa de campo con vasto terreno, cancha de césped) Dimensiones y posición de la cancha muy variables. Arcos de 3. De fierro blanco, finos, móviles, sin redes. Sin marcaje. Césped correcto. Terreno desnivelado. Buen entorno.
-|-- --|-

1521 A 1529
Complejo La República. Inferiores de Liverpool FC
Camino Salaberry y Camino Methol. Entradas por los dos caminos.
(Complejo creado en 2017. Diez canchas de fútbol 11) Con todos los defectos de la mayoría de los complejos: locales chicos y alejados; ninguna instalación en el entorno de las canchas, ni para público ni para los suplentes. Todas las canchas de 105 x 68. Todos los arcos de fierro blanco con soportes y redes.

Muchos arcos móviles chicos para prácticas y partidos de fútbol 7 y 5. Las canchas 1521, 1522, 1523, 1524 y 1525 son las mejores, con marcaje claro. Las otras cinco, menos cuidadas y menos marcadas. Esta casilla presenta las canchas 1521 a 1529.

---	--	-

127

1530
Complejo La República. Inferiores de Liverpool FC
Camino Salaberry y Caino Methol. Entradas por los dos caminos.
(Décima cancha del complejo ya descrito) 105 x 68. Arcos reglamentarios. De fierro blanco con soportes y redes. Cierto marcaje. Poco cuidada.
---| -|--

1531
Cancha de campo
Camino Methol casi Camino Bajo de la Petisa. (Casco de granja con jardín. En medio de los viñedos, cancha de césped alargada) 44 x 16. Arcos de 4. De fierro blanco, simples. Buen césped. Buen entorno.
-|-- --|-

1532
Cancha orillera
Alejandro Otero casi Ruben Paleo. Continuación oeste del barrio La Paloma. (Cancha de tierra pura) 30 x 18. Arcos de 3. De fierro blanco, finos, herrumbrados, móviles, con estructuras bajas y redes verdes en mal estado. Suelo pelado y hundido, inundable. Entorno natural con vegetación desordenada, sucio.
|--- |---

1533
Capilla Sagrado Corazón
Camino Sanfuentes 3268 esquina Adolfo Pastor. (Acceso a la cancha por una escalerita sobre Adolfo Pastor. Capilla pobre. Cancha de césped) 36 x 20. Arcos de 3. De fierro blanco, finos, herrumbrados y torcidos. Terreno de pastizales altos sin mantenimiento. Entorno general abandonado. Sin instalaciones.
-|-- |---

1534
Cancha en espacio libre
Espacio libre delimitado por Camino Sanfuentes entre Boldo y Los Helechos. (Espacio triangular no construido, con juegos infantiles y cancha de césped totalmente gastada) 38 x 24. Arcos de 3. De fierro gris, finos, en mal estado, simples, con redes rotas, una verde y otra blanca, mantenidas con bloques de piedra. Mucho espacio en los costados. Desgaste y huecos. Césped solo sobre los laterales. Seis bancos de hormigón sobre un lateral.
-|-- -|--

128

1535
Cancha orillera en vías de desaparición
Continuación oeste del barrio La Paloma. Orilla norte de la calle Mártires de la industria frigorífica. (En 2015 había una verdadera cancha con marcaje de límite y línea

central) 70 x 40. Arcos de 4. De fierro blanco, finos, muy gastados, con restos de redes. Terreno en pésimo estado, con desgaste y zonas de motas. Deterioro y suciedad.
--|- |---

1536
Cooperativa Curticuer
Camino Cibils 4865. (Cancha multideportiva pavimentada) 26 x 12. Arcos de 3. De fierro blanco, gruesos, con ángulos y bases rojas, despintados, bajo tableros deteriorados. Pavimento multicolor (suelo rojo y áreas verdes) gastado y despintado. Buen marcaje. Tejido de contención alrededor. Cierto alumbrado. Entorno cuidado.
-|-- --|-

1537
Cooperativa Covimt 12
Camino Cibils 4821. (Cancha multideportiva pavimentada) 20 x 11. Arcos de 2,5. De fierro blanco, bajo los tableros. Pavimento con marcaje multicolor correcto (suelo azul y áreas amarillas), gastado. Tejido de contención alrededor. Entorno apretado. Cierto alumbrado.
|--- --|-

1538
Cancha fondo
Juan de León 2369 y Luis de la Rosa. (Cancha de césped privada en fondo de casa con taller) 29 x 18. Arcos de 2,5. De fierro blanco, con estructura. Cuidada. Sin desgaste.
-|-- --|-

1539 A 1545
Complejo de canchas de césped
Camino Buffa sin número a tres cuadras de Pasaje 5 de enero. (Complejo creado en 2015. No identificado. Una cancha de fútbol 7 a 9, y seis canchas de tipo fútbol 5, todas descubiertas) Panorama general. Buenos arcos de fierro blanco, con estructura y redes. Buen césped, con marcaje completo peculiar: áreas semicirculares y gran círculo central del mismo radio. Locales extendidos en 2018. Vestuarios y cantina. Parque de estacionamiento. Entorno correcto. Todas las canchas cercadas por altos y sólidos tejidos de contención. Sin alumbrado. 1539: 60 x 35. Arcos de 4. 1540 a 1545: 38 x 18. Arcos de 3.
--|- --|-
-|-- --|-
-|-- --|-

-|-- --|-
-|-- --|-
-|-- --|-
-|-- --|-

1546
Cancha fondo
Camino Cibils casi Samuel Lafone. (Cancha fondo en espacio rectangular apretado) 26 x 12. Arcos de 3,5. De fierro blanco, móviles. Buen césped.
-|-- --|-

1547
Cancha fondo
Camino Cibils casi Samuel Lafone. (Cancha fondo) 24 x 13. Arcos de 3. De fierro blanco, móviles. Buen césped. Entorno apretado.
|--- --|-

1548
Cancha fondo
Pernambuco entre el número 2002 y el 2036. (Cancha fondo. En vasto terreno descuidado, con palmeras y vegetación natural) 22 x 11. Arcos de 3. De fierro blanco, simples. Cambio de disposición entre 2015 y ahora. Césped correcto.
|--- --|-

1549
Covinfu
Entrada: Camino Sanfuentes 2682. Al fondo de la cooperativa, llegando a Camino Buffa. (En fondo de 70 x 55, local comunitario y cancha de césped cuidada) 30 x 18. Arcos de 4. De fierro blanco, simples, con redes verdes. Buen entorno. Poco desgaste. Cerco mural.
-|-- --|-

1550-1551
Coviatu 18
Camino Buffa 2531 y 2525. (Canchas de césped en los espacios comunitarios) 1550: en espacio de 40 x 15, cancha de césped de 20 x 12. Arcos de 3. De fierro blanco, simples. Mucho desgaste. Tejido de contención. Entorno cuidado y apretado. 1551: en espacio de 50 x 16, cancha de 26 x 13. Arcos incompletos de 3,5. Compuestos solo por postes laterales. Mucho desgaste.
|--- --|-
|--- -|--

1552-1553
Escuelas 372 y 373
Camino Buffa 2563. (Dos canchas: una cancha patio pavimentada,

y una cancha de césped que forma parte de un vasto fondo) 1552: patio pavimentado. 21 x 11. Pavimento gris con áreas de color: una verde, otra roja. No se ven arcos. Tres focos de luz. 1553: de césped. 34 x 13. Arcos de 2. De fierro blanco, simples. Mucho desgaste.
|--- -|--
-|-- -|--

1554-1555
Covicenova
Vasta cooperativa de viviendas delimitada por Camino Buffa, Camino Cibils y Surinam. (Al norte, cancha de baby fútbol, con ciertas instalaciones y local. Al extremo sur, cancha multideportiva pavimentada, sobre Continuación del Camino La Paloma) 1554: «cancha de Covicenova». 60 x 40. Arcos de 4. De fierro blanco, simples, con ángulos rojos. Césped con desgaste en los arcos. Marcaje. Banco de suplentes techado. Local con vestuarios. Cerco mural y alambrado en estado mediocre. Tres focos de luz en cada lateral. Dos tribunitas de hormigón sobre un lateral, de tres gradas, con los colores del club: verde, rojo y blanco. Cerco: muro y alambrado sólido. Entorno con los colores del club. 1555: cancha multideportiva pavimentada. 22 x 11. Arcos de 3. De fierro blanco, simples, bajo los tableros, despintados y herrumbrados, en mal estado. Sin marcaje. Pavimento en estado mediocre. Vegetación invasiva. Entorno descuidado y sucio, abandonado.
--|- --|-
|--- |---

1556
Espacio libre, cancha «1950»
La Paloma y Camino de las Tropas. (En espacio libre de forma triangular, cancha de fútbol 5 abierta, de construcción reciente) 27 x 16. Arcos de 3. De fierro blanco, con estructura. Césped sintético. Buen marcaje. Buen cerco alto de contención. Alumbrado. Encuentros organizados vía las redes sociales.
-|-- --|-

1557
Centro Juvenil 33 Orientales
Porto Alegre entre Viscaya y Río de Janeiro. (Cancha de césped en pésimo estado, con un solo arco) 78

x 45. Arco de 5. De fierro blanco, con ángulos rojos, muy herrumbrado, torcido, con estructura rota. Césped sin cuidado: sucio, motas, mucho desgaste. Tres focos de luz en cada lateral. Locales amplios en buen estado.
---| |---

1558
Cancha manzana
En manzana de césped delimitada por Camino Sanfuentes, Pilar Bastida y Pasaje Molino. (Cancha de césped que ocupa la manzana) 80 x 45. Arcos reglamentarios. De fierro blanco, con soportes, muy herrumbrados. Terreno pésimo, muy gastado y desnivelado. Pozos de tierra en la zona de los arcos, cubiertos con chapas, tablas o ramas. Cancha en un nivel bajo con cortos taludes de césped atrás de un arco y sobre un lateral. Sin instalaciones. Entorno sucio y descuidado.
---| -|--

1559-1560-1561
Club Social y Deportivo Sauce
Plaza delimitada por Avenida Federico Capurro, Filipinas, Pasaje Sauce y Cuba. (Club con la casaca de Nacional. Tres espacios de juego y un local modesto con salón y vestuarios) 1559: espacio lateral de juego con un solo arco. 26 x 9. Arco de 3. De fierro blanco, con estructura, muy herrumbrado. Mucho desgaste, pura tierra. 1560: cancha multideportiva pavimentada. 27 x 16. Arcos de 3. De fierro blanco, despintados, bajo los tableros. Sin marcaje. Pavimento gris pasable. Césped invasivo. Tres bancos de hormigón en cada lateral. Tres focos de luz en cada lateral. 1561: cancha del Club Sauce. 60 x 40. Arcos de 4. De fierro blanco, con ángulos rojos y bases azules, con estructura. Pura tierra. Cierto marcaje. Banco de suplentes. Tejido de contención. Tres focos de luz en cada lateral. Cerco de sólido alambrado. Espacio cuidado e iluminado. Entorno correcto.
-|-- |---
-|-- -|--
--|- --|-

1562
Iglesia Evangélica Cristiana
Paso de Morlán casi Pasaje de la Vía. (Cancha fondo, con buen césped) 40 x 20. Un solo arco en la vista sa-

telital. Arco de 4. De fierro blanco, simple. Desgaste notable en la vista de 2015; menos en vistas más recientes. Cerco mural. Ninguna instalación especial.
-|-- --|-

1563-1564
El Golazo Fútbol 5
Paso de Morlán 2503. (Dos canchas de fútbol 5. Una techada, anterior; otra abierta muy reciente. Espacio cuidado) 1563: Cancha techada. 32 x 20. Arcos de 3. De fierro blanco y ángulos azules, con estructura y redes. Césped sintético correcto. Espacio alrededor. Galpón luminoso. Cerco con buenas rejas. 1564: cancha descubierta construida a fines de 2019. 32 x 20. Arcos de 3. De fierro blanco con estructura. Césped sintético bueno. Buen alumbrado. Estacionamiento y vestuarios
-|-- --|-
-|-- --|-

1565-1566-1567
Centro Educativo y Liceo Providencia
Continuación Estados Unidos 2472 a 2497. (Ocupa dos manzanas que se hallan frente a frente cruzando Estados Unidos. En la manzana norte, cancha de fútbol principal de césped y cancha multideportiva pavimentada, techada en 2012. En la manzana sur, cancha de césped secundaria, estructurada recientemente. 1565: cancha principal. 41 x 20. Arcos de 4. Buenos, de fierro blanco y ángulos negros, con soportes. Mucho desgaste. Entorno cuidado y agradable. 1566: cancha multideportiva techada. 25 x 14. Arcos de 3. De fierro blanco, con ángulos negros, simples. Pavimento gris oscuro, correcto. Buen marcaje blanco. 1567: cancha sur, de césped. Sustituye una cancha anterior en cuyo espacio se erige hoy la parte nueva del liceo. 35 x 25. Arcos de 4. De fierro blanco, simples. De tierra. Buen entorno.
-|-- --|-
-|-- --|-
-|-- --|-

1568
Cancha jardín
Continuación Estados Unidos 2573. (En vasto jardín con piscina y árboles, cancha de césped) 35 x

20. Arcos de 3. De fierro blanco, simples. Césped cuidado, con desgaste. Buen entorno, espacioso, con jardín y árboles.
-|-- --|-

129
1569
Base militar. Grupo de artillería 1
Avenida Santín Rossi frente a la escuela 371. (Cancha grande de césped) 100 x 65. Arcos reglamentarios. De fierro blanco, simples. Buen césped. Cierto marcaje. En las últimas vistas satelitales, tribunita sobre un lateral. Se utiliza también para ejercicios militares. Buen entorno.
---| --|-

1570-1571
Escuela 371
Avenida Santín Rossi 4750. (Escuela recientemente ampliada. Dos canchas multideportivas pavimentadas) 1570: 18 x 10. Arcos de 3. De fierro blanco, gruesos, bajo los tableros. Pavimento gris con marcaje futbolístico. Cuatro bancos de hormigón en cada lateral. Dos focos de alumbrado en cada lateral. 1571: 25 x 13. Arcos de 3. De fierro blanco, simples. Pavimento gris claro con marcaje. Dos focos de alumbrado en cada lateral. Locales modernos. Entorno cuidado.
|--- --|-
-|-- --|-

1572
Parque Sixto Causeglia
Continuación Carambú. (Cancha orillera en vasto espacio abandonado con ciertos juegos infantiles. 40 x 25. Arcos de 4. De fierro blanco, despintados y oxidados, simples. Estado del césped: pésimo. Inundado en las vistas callejeras. Ni marcaje ni instalaciones. Entorno sucio. Pastizales.
-|-- -|--

1573
Cancha orillera
Gregorio Camino frente al 994 bis. (Utilizada como base para obras) 45 x 15. Arcos de 4. De fierro blanco, finos, algo despintados. Suelo de tierra y piedras. Un foco de luz en cada ángulo. Entorno descuidado y sucio.
-|-- -|--

1574

Centro Educativo Comunitario de La Teja. Vencedor

Heredia 4430, esquina Inclusa. (Cancha patio multideportiva) 18 x 12. Arcos de 3. De fierro blanco, con ángulos, bases y parte del travesaño de negro, finos, con soportes. Pavimento gris con desniveles. Marcaje múltiple amarillo y azul. Cerco: alambrado y murito. Contención atrás de los arcos.
|--- --|-

1575-1576

Club Atlético Cerro. Canchas de fútbol 5

Dentro del recinto, en el entorno del Estadio Luis Tróccoli, a 30 metros del estadio. (Dos canchas de fútbol 5 abiertas, creadas en 2017) 35 x 19. Arcos de 3. De fierro blanco, móviles, con estructura. Buen césped sintético. Marcaje. Sin alumbrado. Cerco de alambrado alto.
-|-- --|-
-|-- --|-

1577

Club Atlético Cerro. Estadio Luis Tróccoli

Acceso principal por la Avenida Santín Carlos Rossi. (Creado en 1964) 105 x 68. Buen césped. Capacidad: 25 mil espectadores. Tribunas y pista de atletismo alrededor. Tribunas parcialmente pintadas con los colores del club: blanco y celeste. Palco, confitería y cabinas de transmisión en la tribuna oficial «Argentina». Iluminada desde los cuatro ángulos. Recinto con mural de Leopoldo Novoa.
---| --|-

1578

Cancha orillera, recinto del Estadio Luis Tróccoli

Orilla del barrio El Tobogán. Entre el barrio y el Tróccoli. (Básica. Uno de los arcos a veinte metros de la tribuna) 60 x 30. Arcos de 4. De fierro blanco, finos, oxidados, simples. Terreno muy gastado y ahuecado. Entorno descuidado y sucio.
--|- -|--

1579

Cancha de complejo de viviendas

Cancha de las viviendas que ocupan la manzana delimitada por José Mármol, Camambú, Laureles y Concordia. (En terreno esquina triangular muy apretado, canchita de césped) 15 x

6. Arcos de 2,5. De fierro blanco, oxidados, simples. Terreno chico, de forma extraña, incómodo, con arcos pegados a los locales. Cerco: muro bajo, sin redes de contención.
|--- -|--

1580
Escuela 104
Carlos María Ramírez 1000. (Cancha patio multideportiva en desuso) 22 x 13. No se ven arcos. Pavimento gris gastado. Marcaje futbolístico completo. Tableros rotos.
|--- |---

1581-1582
Liceo 38.
Ruperto Pérez Martínez 922. (Dos canchas pavimentadas) 1581: cancha patio para fútbol. 19 x 10. Arcos de 3. De fierro blanco, simples. Pavimento gris claro. Estado mediocre. Sin marcaje. Particularidad: escalera grande sobre un lateral y atrás de un arco formando una tribuna de siete gradas. 1582: cancha multideportiva pavimentada, chica. 19 x 12. Buenos arcos de 3. De fierro blanco, con redes, bajo los tableros. Pavimento gros, gastado. Marcaje múltiple multicolor. Alambrado de contención alto y bueno todo alrededor. Un foco de luz sobre cada lateral.
|--- -|--
|--- --|-

1583 A 1587
Colegio y Liceo Divina Providencia. Salesianos
Dionisio Coronel 1012. (Ocupa toda la manzana. Muchos espacios para práctica deportiva) 1583: cancha de básquetbol pavimentada gris. 20 x 10. «Arcos» de 3. Pintados en blanco sobre un muro verde situado detrás de cada tablero. Pavimento mediocre, desgaste y deterioro. 1584: cancha patio pavimentada gris oscuro con marcaje múltiple: fútbol a lo largo y dos canchas de voleibol a lo ancho. 45 x 20. Arcos de 4. De fierro blanco, despintados, simples. Cierto marcaje con áreas semicirculares y línea media. Estado general pasable. 1585: de césped. 60 x 40. Arcos de 4. De fierro blanco, simples. Dividida a lo ancho en dos canchas de 40 x 30 (1586 y 1587). Arcos de 4. De fierro blanco, simples. Terreno bastante

pelado, con desgaste, pero entorno muy agradable, de tipo parque, con espacio y árboles.
|--- --|-
-|-- --|-
--|- --|-
-|-- --|-
-|-- --|-

1588
Club de la Alegría. Salesianos
Humboldt y Dionisio Coronel. (Gran patio con juegos infantiles y cancha pavimentada) 21 x 17. Arcos de 3. Uno de fierro blanco, otro de fierro rojo, con estructura y redes de cuerda gruesa. Suelo gris oscuro con marcaje de línea media y límites. Estado mediocre. Tejido de contención. Entorno correcto.
|--- --|-

1589
Cancha esquinera abierta
Pasaje Bahía y Avenida Santín Rossi. (En zona de cooperativas, cancha abierta de césped) 35 x 25. Arcos de 3. De fierro blanco, con estructura. Totalmente oxidados, con redes verdes rotas. Mucho desgaste. Sin cuidado. Entorno sucio.
-|-- -|--

1590
Liceo 70
Avenida Santín Rossi sin número, casi Haití. (Cancha de fútbol pavimentada) 25 x 14. Arcos de 3. De fierro blanco, simples. Pavimento gris con marcaje futbolístico blanco. Estado pasable. Sin alumbrado, sin instalaciones particulares.
-|-- --|-

1591
Colegio Jesús Isaso. Niños con Alas
Avenida Santín Rossi 4454 esquina Haití. Solar 16 del predio que ocupaba el Frigorífico Artigas. (Cancha de césped incompleta) 53 x 30. Un solo arco de 4. De fierro blanco, simple, bastante despintado. Terreno con desgaste, motas y hundimiento. Entorno: talud de césped y palmeras.
--|- -|--

1592
Programa APEX Cerro
Haití y Avenida Santín Rossi. (Prolongando el predio anterior, cancha de césped administrada por el programa APEX). 72 x 53. Arcos

reglamentarios. De fierro blanco, con ángulos y bases grises, simples. Césped con bastante desgaste, sin cuidado, pero practicable. Cancha bastante sucia. Alumbrado modesto con tres focos bajos sobre cada lateral. Entorno pasable.
--|- --|-

1593
Plaza de Deportes número 10
Delimitada por las calles Juan C. del Campo, Río de Janeiro, Pedro Castellino y Bogotá. (Cancha multideportiva pavimentada) 25 x 13. Arcos de 3. De fierro amarillo bastante despintados, simples, bajo los tableros. Suelo gris claro, pasable. Marcaje renovado con grandes áreas azules. Tejidos de contención en mal estado atrás de los arcos. Dos focos de luz detrás de cada arco. Entorno correcto, espacioso.
-|-- --|-

1594
Cerromar Babyfútbol
Delimitada por las calles Juan C. Plaza Rodney Arismendi. Se indica la siguiente dirección: Carlos María Ramírez 1068. (Club con locales y cancha de césped) 60 x 40. Arcos de 4. De fierro blanco con base azul, despintados y oxidados, con soportes. Mucho desgaste, pura tierra, pero cuidada, con muro celeste y bancos de hormigón sobre los laterales. Cuatro focos de luz sobre cada lateral. Locales del lado de Japón. Modestos, en mal estado. Alambrado correcto. Buen aspecto general.
--|- --|-

1595
Cancha orillera baldío
Carlos María Ramírez y Japón. Entre los límites del barrio Cerro Norte y el Pantanoso. (En vasto baldío, cancha de césped) 95 x 68. Arcos reglamentarios. De fierro blanco, con ángulos verdes, simples. Terreno pésimo con montículos de tierra y suciedad. Ni marcaje ni instalaciones. Pastan caballos.
---| |---

1596
Progreso Marítima
Carlos María Ramírez y Arroyo Pantanoso. (Cancha grande orillera) 100 x 68. Arcos reglamentarios. De fierro blanco con bases rojas,

muy oxidados y despintados, simples. Cancha pésima, desgaste y hundimiento. Ningún cuidado salvo cierto corte del césped y palitos plantados en diferentes puntos para marcar límites. Cierto marcaje en vistas satelitales recientes. Sin instalaciones.
---| -|--

1597
Escuela Técnica Superior Marítima
General Leonardo Olivera 4215, y Benito Riquet. (Cancha pavimentada) 23 x 15. Arcos de 3. De fierro rayado en blanco y rojo, con estructura. Pavimento gris claro, en estado mediocre. Césped invasivo. Sin marcaje. Una escalera lateral forma una tribuna de siete gradas. Entorno: terreno sin cuidado.
|--- -|--

1598
Cancha orillera
Dr Martín Berinduague y Curuzú. Frente a la refinería de ANCAP. (En esquina de vasto terreno, con cerco mural y alambrado roto, cancha de césped) 34 x 17. Arcos de 3. De fierro blanco, finos, totalmente oxidados, algo torcidos, con redes rotas. Un arco a 30 metros del agua. Sin tejido de contención. Césped totalmente gastado. Entorno abandonado y algo sucio.
-|-- -|--

1599
Estadio Abraham Paladino. Club Atlético Progreso
Emilio Romero 1164 y Rambla Baltasar Brum. (Creado en 1926) 105 x 68. Cierto desgaste. Tres tribunas construidas en 1980, la cuarta en 2002. De hormigón, con los colores del club, en estado mediocre. Capacidad 5 400 espectadores. Sin alumbrado. Marcaje de canchas chicas sobre el marcaje principal. Entorno cuidado.
---| --|-

130
1600 A 1604
Plaza de Deportes número 6
Delimitada por Carlos María Ramírez, Carlos Tellier, Laureles y Gral Agustín Muñoz. (Muy bien equipada, con piscina, gimnasio multideportivo, y una cancha grande pavimentada,

divida a lo ancho en dos canchas menores) 1600: gimnasio cerrado multideportivo. 30 x 22. Arcos de 3. De fierro blanco con soportes, bajo los tableros. Pavimento pulido, azul oscuro, correcto. Marcaje múltiple de diferentes colores. Entorno agradable, con mucha luz natural. 1601: cancha de fútbol pavimentada. 40 x 30. Arcos de 3. De fierro blanco, gruesos, simples, despintados. Pavimento negro pasable. Tenue marcaje de la cancha principal. Tres focos de luz sobre cada lateral. Se divide en dos canchas a lo ancho, 1602 y 1603, de básquetbol y fútbol, con su propio marcaje, buenos arcos y tableros. Ambas de 27 x 15, con arcos de 3. De fierro blanco, gruesos, bajo los tableros, despintados. Marcaje mucho más fuerte que el de la cancha principal. 1604: cancha infantil marginal de tierra. 18 x 8. Arcos bajos de 3. De fierro amarillo, finos, con estructura. Mucha tierra. Sin marcaje ni instalaciones.
-|-- --|-
-|-- --|-
-|-- --|-
-|-- --|-
|--- --|-

1605
Club barrial Los Magos
Real 4303-4293. (Cancha de fútbol 5 o infantil, pavimentada) 22 x 10. Arcos de 3. De fierro blanco, simples, en buen estado. Suelo verde. Marcaje blanco. Alto tejido de contención alrededor y arriba. Cerco de muro y alambrado. Cuatro focos de luz sobre un lateral. Local modesto con los colores del club. Entorno cuidado.
|--- --|-

1606
Cancha infantil particular
Fraternidad y Dr José María Vidal. (Configuración especial. En fondo de casa no identificada, cancha pavimentada o de césped sintético, ocupando el centro de la manzana) 22 x 7. Arcos de 3. De fierro blanco, simples. Marcaje de áreas rectangulares. Punto penal a 6 de los arcos. Cuadrado central en vez de círculo. Estado correcto.
|--- --|-

1607
Plaza Juan María Pérez
Delimitada por la calle Dr Vicente Basagoity. (Renovada en

2018. Cancha multideportiva pavimentada) 25 x 14. Utilizada para fútbol. Uso de arcos móviles. Pavimento azul, con excelente marcaje múltiple. Espacio deportivo previsto para utilización barrial y escolar. Tejidos de contención alrededor.
-|-- --|-

1608
Uruguay Prado
India Muerta 3853, a orillas del Miguelete. (Sede social de excelente club futbolero y carnavalero. Buena cancha de césped sintético) 28 x 17. Arcos de 3. De fierro blanco, simples, con redes. Buen marcaje. Alto tejido de contención, alrededor y arriba. Focos de luz en los laterales y unos veinte focos de luz en el tejido superior. Cerco: murito, rejas y alambrado, en buen estado. Buenos locales muy cuidados, pintados con los colores del club, celeste y blanco.
-|-- ---|

1609
Uruguay Montevideo FC
Fraternidad 3919. (Sede social de club futbolero y carnavalero. En el fondo, ocupando el centro de la manzana, cancha de fútbol 5 y práctica de fútbol infantil chica) 25 x 17. Buenos arcos de 3. De fierro amarillo, gruesos, con estructura y redes. Césped sintético. Buen marcaje. Entorno pasable.
-|-- --|-

1610 A 1615
Campomar Fútbol 5
Uruguayana 3820 esquina Pablo Zufriategui. (Seis canchas de fútbol 5 cerradas en hilera) Todas de 35 x 20. Arcos de 3. De fierro blanco, con estructura y redes. Buen césped sintético. Tablero electrónico. Buen alumbrado. Vestuarios diferenciados, baños y bar. Estacionamiento. Buenos comentarios.
-|-- --|-
-|-- --|-
-|-- --|-
-|-- --|-
-|-- --|-
-|-- --|-

1616
Club Social y Deportivo Universal. Campo Fernando González
Del Cid entre Cayetano Rivas y

Fraternidad. A orillas del Miguelete. (Lindo predio reciente. Local y cancha de baby fútbol desde 2015) 60 x 38. Arcos de 4. De fierro blanco, simples, con redes. Césped correcto con desgaste. Marcaje. Bancos techados de suplentes. Hilera de bancos de hormigón sobre un lateral. Tres focos de luz en cada lateral. Cerco de murito y alambrado en buen estado. Buenos locales, cuidados y funcionales, con los colores del club, verde y blanco. Entorno: parque Terrazas de Pueblo Victoria.
--|- --|-

1617
Cancha precaria de fútbol 5
Baltasar Montero Vidaurreta sin número, esquina Rivera Indarte. (Pertenencia no determinada. Galpón en pésimo estado) 25 x 11. Arcos de 3. De fierro rojo, simples. Suelo sintético verde con marcaje. Tejido de contención roto. Paredes y techo en mal estado. Murito roto. En el fondo, locales con un piso, sin mantenimiento.
-|-- |---

1618
Escuela 170
Emilio Romero 844. (Escuela moderna y agradable. Ocupa toda la manzana. Vasto parque con espacio de juego, un patio, una cancha de césped y árboles). 20 x 15. Arcos de 4. De fierro blanco, simples, con ángulos y bases negras. Muy gastada (pura tierra). Buen cerco de alambrado. Cierto alumbrado. Entorno agradable de tipo parque.
|--- --|-

1619
Liceo 66
Emilio Romero y Ascasubí. (Ocupa la manzana. Vasto espacio de recreo y una cancha de tierra) 25 x 14. Arcos de 3. De fierro con franjas rojas y blancas, con estructura. Murito de ladrillos que delimita la cancha. Entorno agradable.
-|-- --|-

1620-1621
Canchas abiertas contiguas
Media manzana delimitada por Gral Agustín Muñoz, José María Vidal y Carlos Tellier. (Terreno de media manzana con dos canchas de

césped muy gastadas, una grande, otra chica) Arcos de fierro blanco, finos, despintados, simples. Terreno muy pelado y hundido. Algunos focos de luz sobre los laterales. Entorno sucio, casi abandonado. 1620: 35 x 25. Arcos de 3. 1621: 40 x 30. Arcos de 5. Más desgaste, papeles y suciedad.
-|-- -|--
-|-- -|--

1622
Covitea Fucvam
José María Vidal 657. (Ocupa la manzana. En el centro, local comunitario y cancha multideportiva. Recientemente renovados) 20 x 11. Arcos de 3. De fierro blanco, con ángulos y bases negras, simples, bajo los tableros. Pavimento gris oscuro con buen marcaje. Tres focos de luz en cada lateral. Entorno apretado pero muy cuidado.
|--- --|-

1623
Club Nuevo Juventud. Sede y campo de juego Don Enrique Fracchia
Luis José de la Peña entre Real y Carlos Tellier. (Club y cancha de baby fútbol de calidad. Verdadero mini estadio) 54 x 40. Arcos de 4. De fierro blanco, buenos, con estructura. Césped renovado con sistema de irrigación. Muy bueno. Buen marcaje. Tres tribunitas, dos sobre un lateral, una atrás de un arco, pintadas con los colores del club, de cuatro gradas cada una. Capacidad 300 espectadores. Cuatro focos de luz sobre cada lateral. Locales cuidados con vestuarios y cantina. Cerco de rejas con los colores del club, verde y naranja. Cancha modelo.
--|- ---|

1624
Uruguay Montevideo. Parque Ancap
José de la Peña y Ameghino. (Estadio creado en 1991) 105 x 65. Arcos reglamentarios. De fierro blanco, con estructura y redes, algo despintados. Césped mejorado. Porciones de tribuna de diez gradas sobre un lateral. Tribunas muy bajas sobre el otro lateral. Talud con escalones detrás de uno de los arcos (sobre un talud de césped, largos bancos de hormigón pintados de azul). Capacidad: 1500

espectadores. Entorno correcto.
Cerco mural y alambrado. Sin
alumbrado. Locales mínimos.
---| --|-

1625
Los Magos Baby Fútbol
*Del Cid entre Vicente Yáñez Pinzón
y Pedro Celestino Bauzá.* (Locales
del club y cancha de césped muy
gastada) 57 x 37. Arcos de 4. De
fierro blanco, con estructura.
Terreno sin mantenimiento,
gastado. Marcaje completo. Tejido
de contención deshecho atrás
de los arcos. Tres focos de luz
sobre un lateral, dos sobre el otro.
Murito y alambrado en mal estado.
Locales y sede modestos. Entorno
descuidado y sucio.
--|- -|--

1626
Cancha abierta La Comparsa
*Del Cid frente a Pedro Celestino
Bauzá.* (Cancha de césped
abierta, en mal estado) 80 x 40.
Arcos reglamentarios. De fierro
blanco con bases azules, simples,
despintados y oxidados. Un arco a
30 metros del Arroyo Miguelete.
Falta tejido de contención. Mucho
desgaste. Sin marcaje. Desniveles y
suciedad.
---| -|--

1627
**Progreso AUFI. Progreso
Gauchitos**
*José María Vidal frente a Rivera
Indarte.* (Cancha de juveniles del
Club Progreso) 62 x 40. Arcos de
5. De fierro blanco con bases rojas
y amarillas, con soportes. Terreno
en mal estado, gastado, con motas.
Muy poco cuidado. Alumbrado
deficiente. Sin más instalaciones.
Modestos y desordenados locales
con los colores del club. Entorno
descuidado. Murito incompleto,
cerco de cuerda.
--|- -|--

1628-1629
Parque Ancap. Fenix AUFI
*Orilla sur del Arroyo Miguelete, a
una cuadra de la Ruta 1.* (Divisiones
infantiles y menores de Fenix.
Lo mínimo) 1628: 90 x 48. Arcos
reglamentarios. De fierro blanco
con bases violetas, simples. Césped
malo, mucho desgaste. Marcaje.
Redes de contención atrás de
los arcos, y tejido de alambrado

del lado del arroyo que está a 15 metros. En las recientes vistas, marcaje superpuesto más chico constituyendo la cancha 1629: 60 x 48. Arcos móviles de 4. Césped malo, sin cuidado.
---| -|--
--|- -|--

1630
Escuela 47
Juan María Gutiérrez 3475 esquina Capurro. (Cancha multideportiva pavimentada) 18 x 9. Arcos de 3. De fierro blanco, gruesos, con estructura, bajo los tableros. Suelo negro con marcaje múltiple blanco. Un foco de luz. Faltan tejidos de contención. Entorno muy cuidado.
|--- --|-

1631
Cancha plaza
Espacio libre tipo plaza-manzana, de forma triangular, delimitado por Gral Doroteo Enciso, Bernabé Caravia y Rambla Baltasar Brum. (Cancha de césped básica) 50 x 30. Arcos de 4. De fierro blanco con ángulos azules, con estructura. Uno con la estructura incompleta; otro con redes verdes rotas. Oxidados y despintados. Césped corto con desgaste y hueco en los arcos, pero practicable. Entorno pese a todo correcto y cuidado.
--|- --|-

1632
Parque Capurro
Ruta 1 y Juan María Gutiérrez. (Espacio reciente. Cancha multideportiva nueva) 25 x 15. Arcos de 3. De fierro blanco, simples, bajo los tableros. Pavimento gris claro. Marcaje incierto. Sólida estructura de contención atrás de los arcos. Buen entorno. Dos focos de luz en cada lateral y uno atrás de cada arco.
-|-- --|-

1633-1634
Estadio Parque Capurro. Centro Atlético Fenix
Juan María Gutiérrez 3454. (Estadio del club Fenix. Un espacio pavimentado para práctica de fútbol detrás de una tribuna, y el estadio propiamente dicho) 1633: cancha pavimentada en mal estado detrás de la tribuna del lado del Parque Capurro. 40 x 14. No se ven arcos. Suelo gris claro con restos

de marcaje. 1634: estadio. 105 x 70. Césped correcto. Cuatro tribunas de diferente tamaño y calidad. Pintadas de violeta y blanco. Pequeño palco sobre una tribuna lateral. Capacidad de público entre 5 y 8 mil personas. Sin alumbrado. Instalaciones limitadas. Recinto: muro blanco relativamente bajo.
-	--	---

131
1635-1636-1637
Club Atlético Bella Vista. Parque José Nasazzi y otras canchas
Entrada principal a la sede y al Estadio por Avenida Lucas Obes 849. Entrada visitante al estadio, por León Ribeiro. (El predio comprende los locales del club, el Estadio, una cancha de entrenamiento sobre Lucas Obes, y un terreno de juego adjunto que sirve también para estacionamiento) 1635: Estadio José Nasazzi. Creado en 1931. 106 x 70. Estado general correcto. Desde 2016, alumbrado (un foco en cada ángulo del estadio). Dispone de cuatro tribunas. Capacidad: 5 mil espectadores. Tribunas de hormigón con comodidad limitada. Cerco mural mediocre. 1636: cancha marginal de tierra. 90 x 45. Arcos reglamentarios. De fierro blanco, con bases amarillas, simples, sin redes, oxidados y despintados. Terreno en mal estado, con tendencia a barrial, hundido en los arcos. Sin marcaje. Tres focos de luz sobre cada lateral. Sin tejido de contención y sin otras instalaciones. Separada de la calle por rejas bajas. 1637: terreno adjunto. 29 x 20. Arcos de 5. Móviles, simples, en mal estado. Terreno de tierra pura, inclinado. Cerco de rejas roto sobre la calle. Poco acogedor, sin cuidado, sin instalaciones. Utilizado también como playa de estacionamiento.
---	--	-
-	--	---

1638
Círculo de Tenis de Montevideo
Avenida Lucas Obes entre Juan Bonifaz y Avenida Buschental. (Complejo deportivo y club con quince canchas de tenis de tierra batida, piscina, cancha de hockey y fútbol infantil, cancha de rugby y fútbol universitario. Dos espacios de

césped para práctica ocasional de fútbol) 1638: cancha destinada principalmente al rugby. Desgaste típico de fútbol. Anunciada en el sitio web como cancha de práctica de fútbol. 60 x 24. Arcos de 5. De fierro blanco, simples. Sin cuidado particular ni instalaciones. Césped malo. Entorno muy agradable. 1639: cancha multideportiva de césped sintético. 34 x 17. Arcos de 4. De fierro blanco, con estructura y redes. Marcaje múltiple (fútbol, hockey y tenis). Tribunitas de hormigón, rojas, en los laterales (tres gradas) y atrás de un arco (dos gradas). Tres focos de luz sobre cada lateral. Fútbol infantil en ciertas vistas callejeras.
--|- -|--
-|-- ---|

1640
Parque de la Rural del Prado
Avenida Buschental y Lucas Obes. (En pleno parque de la Rural, cancha de césped básica) 33 x 15. Arcos de 3. De fierro blanco, móviles. Terreno natural. Entorno campero.
-|-- -|--

1641 A 1645
River Plate. Estadio Parque Saroldi y otras canchas
Zona sur del parque Prado. Predio delimitado por Hernandarias, Atilio Pelosi, 19 de abril y Avenida Lucas Obes. (Comprende el Estadio, una cancha adyacente en mal estado, y tres canchas de fútbol 5, una de las cuales techada. Entorno general muy agradable. Mucho árbol) 1641: Estadio Parque Federico Omar Saroldi. Creado en 1928. Pequeño estadio simpático, rodeado de altos árboles. Con los colores del club, rojo y blanco. Entrada local por Pelosi; entrada visitante por 19 de Abril. 105 x 68. Arcos con redes rojiblancas. Césped correcto. Cuatro tribunas, dos de las cuales denominadas «talud». Platea con palco y cabina de transmisión. Tribunas con largas gradas de hormigón y platea con asientos. Franjas rojas y blancas. Capacidad 5 100 espectadores. Sin alumbrado. 1642: cancha detrás del talud visitante, del lado de Pelosi. 40 x 28. Arcos reglamentarios. De fierro blanco con bases rojas, con estructura para redes. Uno de ellos roto. Pura tierra. Ninguna

instalación salvo un modesto foco de luz. Cerco de alambrado. 1643: cancha de fútbol 5 techada. 30 x 20. Arcos de 3. De fierro blanco, simples. Piso de alfombrado correcto. Entorno básico. 1644-1645: canchas de fútbol 5 abiertas, en pleno parque, del lado de 19 de abril. 27 x 15. Arcos de 3. De fierro blanco, simples, con bases rojas y redes verdes. Césped sintético correcto en la primera, alfombrado correcto en la segunda. Buen marcaje. Cuatro focos de luz en cada lateral. Cerco de alambrado alto alrededor. Cuidadas y con buen entorno.
---	--	-
-	-- -	--
-	-- --	-
-	-- --	-

1646
Conjunto habitacional CUTCSA
Entrada por Avenida Joaquín Suárez 3571. Cancha por Valdense. (Cancha pavimentada de tipo patio) 25 x 12. Arcos de 3. De fierro blanco con ángulos rojos, algo despintados, con estructura. Pavimento de calle, gris, con cierto deterioro. Marcaje. Alto tejido de contención atrás de un arco. Un foco de luz.
-|-- --|-

1647
Cancha jardín infantil
Venancio Benavidez y Regidores. (Dirección exacta de la casa no identificable. En fondo con jardín y piscina, cancha infantil) 13 x 6. Arcos de 2,5. De fierro blanco, simples. Cuidado pero apretado.
|--- --|-

1648-1649-1650
Espacio Prado
Millán 3448. (Nuevo complejo de fútbol 5 y eventos, con buenas instalaciones y entorno espacioso. Tres canchas techadas, cerradas con cortinas de grueso PVC) Todas de 30 x 17. Arcos de 3. De fierro blanco, con estructura y redes. Buen césped sintético. Buen marcaje. Tejido de contención todo alrededor. Tablero electrónico. Buen alumbrado. Buen entorno. Baños, ducha, espacio para cantina y terraza. Buenas opiniones.
-|-- ---|
-|-- ---|
-|-- ---|

1651
Escuela 36
Avenida Millán 3404. (En el fondo de la escuela, del lado de Venancio Benavidez, cancha de césped básica) 36 x 20. Arcos de 3. De fierro oscuro, simples. Mucho desgaste. Entorno espacioso con árboles. Cerco mural.
-|-- --|-

1652
Colegio y Liceo El Carmen
Félix María Olmedo 3514. (Cancha patio pavimentada) 30 x 16. Arcos de 3. De fierro blanco, con estructuras. Pavimento verde con buen marcaje. Buen estado general. Sin alumbrado. Entorno correcto: patio más grande y cancha de voleibol azul.
-|-- --|-

1653
Cancha patio particular
Adolfo Berro 1024. (Cancha infantil pavimentada de tipo patio) 15 x 8. Arcos de 2. De fierro blanco, simples. Pavimento bien verde con marcaje de línea media.
|--- --|-

1654
Colectividad Helénica. Iglesia Ortodoxa Griega
Avenida 19 de abril 3366. Cancha sobre Tomás Villalba. (Propiedad no totalmente confirmada. En el fondo, cancha chica de césped) 25 x 13. Arcos de 2,5. De fierro blanco, móviles, simples, bastante despintados. Césped pasable. Tejido de contención alrededor en estado mediocre. Rejas y portón poco cuidados. Un foco de luz en un ángulo. Entorno correcto.
-|-- --|-

1655
Espacio libre Agustín Sanguinetti
Avenida Dr Juan Carlos Blanco y Gral Batlle. (En plaza alargada con espacios de juegos infantiles y paseo, cancha pavimentada) 26 x 14. Arcos de 3. De fierro blanco, simples, despintados, sin redes. Pavimento de calle, en estado mediocre. Restos de marcaje de áreas y línea media. Un foco de luz sobre cada ángulo. Entorno correcto. Falta tejido de contención.
-|-- -|--

1656

Cancha jardín

Manuel Villagran entre Avenida Joaquín Suárez y Venancio Benavidez. (Fondo de casa con buen césped) 18 x 12. Arcos de 3. De fierro blanco, móviles, con estructura y redes. Cancha apretada.

|--- --|-

1657

Cancha jardín

Cisplatina, casa pegada al Seminario mayor. (En el fondo, en espacio muy estrecho, cancha jardín infantil) 18 x 12. Arcos de 2. De fierro blanco, móviles, con estructura. Césped correcto. Cerco mural.

|--- -|--

1658-1659

Seminario Mayor de la Iglesia Católica

Juan Rodriguez Correa 1361, esquina Avenida Millán. Canchas sobre Cisplatina. (Espacios de tipo patio, pavimentados, marcados, con zonas de césped muy gastado) 1658: cancha de tierra pura. 20 x 10. Arcos de 3. De fierro blanco, simples. Ninguna instalación particular. Estado general malo. 1659: cancha multideportiva pavimentada. 26 x 15. Arcos de 3. De fierro blanco simples. Estado general malo. Suelo gastado. Restos de marcaje. Césped invasivo. Tejido de contención atrás de un arco.

-|-- -|--
-|-- -|--

1660

Peturrepe fútbol 5

Fernando Otorgués 1208. (Cancha de fútbol 5 abierta, de buenas dimensiones) 38 x 17. Arcos de 3. De fierro blanco, con estructura y redes, descascarados. Césped sintético. Del lado de la calle, rejas y tejido de contención en mal estado. Tejido de contención también arriba pero muy bajo. Tres focos de luz sobre un lateral, un foco sobre el otro. Amplios locales al costado, para eventos y cumpleaños. Aspecto general mediocre.

-|-- -|--

1661-1662

Meñique 5

Fernando Otorgués 1208. (Canchita infantil cerrada y cancha de fútbol 5 techada con locales adjuntos

para cumpleaños y eventos) 1661: en los locales de festejo, canchita de fútbol infantil. Con marcaje, en buen estado. Dimensiones no determinables. Arcos de 1. 1662: cancha de fútbol 5 cerrada. 30 x 18. Arcos de 3. De fierro blanco, con estructura y redes. Buen césped sintético. Buen alumbrado. Espacio atrás de un arco con cantina, bar y asientos para el público. Entorno correcto.
|--- --|-
-|-- --|-

1663
Club Atlético Capurro
Capurro 922. Club de básquetbol con su cancha sobre Solís Grande. (Cancha de fútbol 5 abierta renovada) 28 x 16. Arcos de 3. De fierro blanco, con estructura, móviles. Césped sintético. Tejido de contención todo alrededor. Tres focos de luz sobre un lateral. Buen contexto deportivo. Instalaciones apretadas.
-|-- --|-

1664 A 1671
Colegio Maturana
Bulevar Artigas 4365. (Cuatro canchas de tipo patio, pavimentadas, una cancha de tierra sobre la calle Buricayupí utilizada de manera modular, y un gimnasio) Todos los arcos simples. De fierro, cada poste de un color, amarillo, blanco y azul. 1664: cancha multideportiva pavimentada. Estado correcto. 23 x 14. Arcos de 3. Bajo tableros. Pavimento gris con marcaje gastado. 1665: cancha de fútbol pavimentada. 38 x 15. Arcos de 3. Forma parte del gran patio. Pavimento gris. Marcaje con áreas semicirculares. Estado correcto. 1666: cancha principal de césped. Pura tierra pero prolija. 63 x 38. Arcos de 5. Se divide en tres canchas a lo ancho (1667-1668-1669) de 38 x 20, con arcos de 4. Ni marcaje ni instalaciones. Del lado de la calle, cerco de rejas y tejido de contención en buen estado. 1670: cancha multideportiva pavimentada techada. 24 x 14. Arcos bajo los tableros. Pavimento gris claro con marcaje. Buen estado. 1671: gimnasio grande para práctica multideportiva. 40 x 20. Arcos de 3. Móviles, rayados en blanco y negro, con buenas redes. Pavimento pulido, azul. Buen

marcaje. Buen alumbrado.
|--- --|-
-|-- --|-
--|- --|-
-|-- --|-
-|-- --|-
-|-- --|-
|--- --|-
-|-- --|-

1672-1673
Matu 5. Fútbol 5 y eventos
Buricayupí 3151, pegado al colegio Maturana. (Dos canchas chicas de fútbol 5, una abierta, otra cerrada, con buenas instalaciones para eventos y cumpleaños. Espacio inaugurado a fines de 2015. Césped sintético) 1672: cancha cerrada. 30 x 14. Arcos de 3. De fierro blanco, con estructura y redes. Buen alumbrado. Entorno básico, muy apretado. Sin espacio en los costados. Techo bajo. 1673: cancha abierta. 25 x 13. Arcos de 3. De fierro blanco, con estructura. Tejido de contención alrededor. Tres focos de luz en cada lateral. Espacio alrededor.
-|-- --|-
-|-- --|-

1674
Urunday Universitario
Joaquín Suárez 3087. (Club completo con cancha de básquetbol, piscina, hockey, gimnasio, vestuarios, locales, etcétera. El fútbol se practica a veces en la cancha de básquetbol cerrada) Cancha de hockey-fútbol. 28 x 15. Arcos de 3. De fierro blanco, con estructura y redes. Buen césped sintético. Marcaje múltiple. Buen tejido de contención lateral y superior. Excelente iluminación.
-|-- ---|

1675
Iglesia de Jesucristo
Acceso a la cancha por Gral Enrique Martínez 1167. (Cancha multideportiva pavimentada) 27 x 20. Arcos de 3. De fierro blanco, con estructura. Suelo gris bien marcado. Estructuras altas de contención atrás de los arcos. Cierto alumbrado. Entorno cuidado.
-|-- --|-

1676
Cerveceros Fútbol 5
Grito de Asencio 1358 esquina

Abayubá. (Club con amplios locales para reuniones, fiestas y asados. Galpón básico con cancha de fútbol 5) 26 x 18. Arcos de 3. De fierro blanco con ángulos rojos, estructura y redes. Césped sintético correcto. Tejido alrededor y espacio lateral para público. Entorno básico.
-|-- --|--

1677
Escuela 24
Agraciada 3125. (Cancha patio pavimentada) 25 x 15. Arcos de 3. De fierro blanco, gruesos, con estructura y redes. Piso negro, con marcaje futbolístico. Cancha cuidada. Sin instalaciones.
-|-- --|--

1678
Bella Vista fútbol 5. Club Bella Vista
Agraciada 3100. (Locales para reunión, gimnasio, vestuarios y cancha de fútbol infantil cerrada. Pequeño galpón muy básico y apretado) 25 x 10. Arcos de 3. De fierro blanco, simples, despintados, con redes en estado pasable. Alfombrado verde bien marcado, en buen estado. Entorno mínimo y encerrado. Sin espacio lateral.
-|-- -|--

1679
La Redonda fútbol 5
Grito de Asencio 1089 y Agraciada. (En local chico y bajo, cancha de fútbol 5 cerrada) 20 x 15. Arcos de 3. De fierro blanco, con estructura y redes. Suelo sintético bueno. Iluminada, con ciertas instalaciones adjuntas. Muy chica.
|--- -|--

1680
Club Sportivo San Martín
Vilardebó 1189. (Casa con fondo transformado en espacio deportivo. Buenos locales para fiestas. Cancha de fútbol 5 techada) 30 x 19. Arcos de 3. De fierro blanco con redes. Césped sintético pasable. Entorno descuidado y básico. Buen alumbrado. Agradable pese a todo.
-|-- --|-

132
1681-1682
Campus Prado Fútbol 5
Chuy 3474. (Dos canchas de fútbol

Descripción de las canchas y clasificación

5 en conjunto familiar, cuidado y agradable. Una techada, otra abierta) Cantina, vestuarios chicos pero cuidados, césped sintético correcto, buen alumbrado. 1681: cancha techada. 34 x 17. Arcos de 3. De fierro blanco, con estructura y redes. Tejido de contención y tres focos de luz en cada lateral. 1682: cancha abierta. 34 x 17. Arcos de 3. De fierro blanco, con estructura y redes. Tejido de contención y tres focos de luz en cada lateral.
-|-- --|-
-|-- --|-

1683
Club 11 estrellas
Mariano Soler 3202 bis, entre Liropeya y Magested. (Club con buenos locales y cancha abierta de fútbol 5) 25 x 15. Arcos de 3. De fierro blanco, simples, oxidados y despintados. Césped sintético con buen marcaje. Tejidos de contención correctos. Dos focos de luz sobre cada lateral.
-|-- --|-

1684-1685-1686
Plaza de deportes 12
Delimitada por las calles Regimiento 9, *José María Penco y Magested.* (Plaza completa con piscina, gimnasio multideportivo, cancha exterior pavimentada multideportiva, cancha de césped (tierra) y pista de atletismo) 1684: Gimnasio clásico con piso de parquet. 40 x 20. Arcos de 3. Móviles, con soporte y redes. Buen marcaje múltiple. Todo de buena calidad. Espacio para espectadores atrás de un arco. 1685: cancha de césped con mucho desgaste. 50 x 30. Arcos de 4. De fierro blanco con marcas negras en las bases, simples. Tres focos de luz en cada lateral. Delimitación de la cancha con postes rayados en blanco y negro. Marcajc. 1686: cancha multideportiva. 27 x 15. Arcos de 3. De fierro rayado rojo y blanco, simples. Suelo gris con restos de marcaje. Estructuras de contención detrás de cada arco. Bancos de hormigón sobre uno de los laterales. Cierto alumbrado.
-|-- ---|
--|- --|-
-|-- --|-

1687
Liceo 53
Guaviyú esquina Regimiento 9.

(Cancha mínima de básquetbol y fútbol pavimentada) 18 x 7. Arcos de 3. De fierro blanco, bajo los tableros. Pavimento gris en estado pasable.
|--- -|--

1688
Escuela 204
Avenida Luis Alberto de Herrera 3749. Cancha sobre Guaviyú. (En el fondo de la escuela, cancha de césped probablemente utilizada también por el liceo) 36 x 18. Arcos de 3. De fierro oscuro, despintados y oxidados, simples. Terreno muy mediocre, con desniveles y desgaste. Descuidado. Entorno agradable. Falta tejido de contención del lado de la calle.
-|-- --|-

1689
Colegio Poveda
Entrada por Enrique García Peña 2962. (Cancha patio sobre Avenida Burgues. Fondo que sirve de patio, con juego infantiles y cancha de tierra) 20 x 10. Arcos de 3. De fierro amarillo con ángulos y bases azules, despintados. Tronco sobre un lateral para sentarse y delimitar la cancha. Sin alumbrado. Altas paredes atrás de los arcos. Rejas bajas sobre la calle. Lo mínimo.
|--- -|--

1690
INAU espacio salud
General Flores 3214 esquina Bulevar Artigas. (En vasto predio con amplios locales de INAU, cancha pavimentada de fútbol infantil. Reciente) 24 x 12. Arcos de 3. De fierro blanco, simples. Pavimento negro con marcaje de área y línea media, en buen estado. Recinto estructurado y cercado, con cierto alumbrado. Severo, poco lúdico.
|--- --|-

1691
Quiero Fútbol 5
Bulevar Artigas 3171 esquina Cufré. (Cancha cerrada de fútbol 5 principalmente para fútbol infantil. Escuelita de fútbol. Galpón básico) 28 x 14. Arcos de 3. De fierro blanco, con estructura y redes. Piso de alfombrado verde en buen estado. Marcaje adecuado. Poco espacio alrededor. Locales chicos.
-|-- --|-

1692-1693-1694
Liceo 26
Joaquín Requena 3010, entre Antonio Machado y Gral Enrique Martínez. (Ocupa toda la manzana. Cuenta con instalaciones deportivas múltiples, amplias y modernas instaladas en 2017. Tres espacios deportivos: gimnasio cerrado, y dos canchas abiertas pavimentadas, recientes, bien marcadas, alumbradas, con estructuras de contención. Todo moderno y claro) 1692: cancha pavimentada. 40 x 20. Arcos de 4. De fierro blanco, gruesos, simples. Pavimento gris claro. Marcaje múltiple de básquetbol, fútbol, balonmano y voleibol. Cerco de alambrado sólido. Tres focos de luz en cada lateral. Bancos de hormigón sobre un lateral. 1693: cancha del tipo de la anterior, más chica. Básquetbol y fútbol. 26 x 14. Arcos de 3. De fierro blanco, grueso, bajo los tableros. Pavimento gris claro. Buen marcaje. Dos focos de luz en cada lateral. Cerco sólido. 1694: gimnasio cerrado moderno. 35 x 20. No hay vistas de esta instalación.
-|-- ---|
-|-- ---|
-|-- ---|

1695
Colegio (escuela) Divina Providencia
Avenida Millán 2920. (Cancha patio básica pavimentada) 18 x 11. Arcos de 3. De fierro negro, móviles, con soportes. Pavimento gris. Sin marcaje. Estado mediocre. Ninguna instalación particular.
|--- -|--

1696
Dryco Fútbol 5
General Enrique Martínez 1640. También entrada por San Martín. (Cancha de fútbol 5 cerrada, con locales adjuntos, para fiestas y cumpleaños) 30 x 17. Arcos de 3. De fierro blanco, simples, con redes. Estado general mediocre. Césped sintético malo. Paredes descascaradas. Alumbrado pasable. Salón y parrillero.
-|-- -|--

1697
Colegio y Liceo Sagrado Corazón
Padre Andrés Coindre 1693. (Cancha patio multideportiva

pavimentada) 30 x 18. Arcos de 3. De fierro blanco con ángulos y bases en granate y azul, simples, bajo los tableros. Pavimento verde con marcaje múltiple de fútbol, balonmano y voleibol. Con desgaste y descuido. Pese a todo funcional. En ciertas vistas satelitales, patio parcialmente cubierto.
-|-- --|-

1698
Colegio y Liceo Sagrado Corazón
Avenida José Garibaldi 1682. (Cancha patio del mismo tipo que la anterior) 30 x 14. Arcos de 3. De fierro blanco con ángulos azules, bajo los tableros. Pavimento verde con marcaje múltiple de fútbol, balonmano y voleibol. Delimitada por muro externo y por los locales del colegio. Estado general pasable, con desgaste. Escalera tribuna de tres escalones. Restos de marcaje en otro patio.
-|-- --|-

1699
Skorpios Fútbol 5
Guaviyú 2927. (Cancha de fútbol 5 cerrada en galpón básico. Muy apretada pero en buen estado) 30 x 16. Arcos de 3. De fierro blanco, con estructura y redes. Césped sintético algo gastado. Calor en verano. Patio chico y parrillero. Cantina. Comentarios positivos.
-|-- --|-

1700
Campo Grande Fútbol 5
Avenida José Garibaldi 1892. (Cancha de fútbol 5 cerrada en galpón básico) 28 x 14. Arcos de 3. De fierro blanco, con estructura y redes. Buen césped sintético. Cantina, vestuarios chicos, instalaciones modestas. Comentarios positivos.
-|-- --|-

1701
Club Victoria
Joaquín Requena 2716 esquina Itapebí. (Verdadero club social y deportivo, con amplios locales, parrillero, salones, billar y futbolito. Espectáculos carnavaleros y proyecciones de cine. Cancha de fútbol 5 abierta) 27 x 15. Arcos de 3. De fierro blanco, con estructura y redes. Alfombrado verde correcto y marcaje particular: áreas

rectangulares y 5 puntos (central, penales y dos intermedios). Cerco de contención alrededor. Tres focos de luz en cada lateral. Todo en buen estado.
-|-- --|-

1702
Club Reducto
San Fructuoso esquina Dr Alfredo García Morales. (Cancha de baby fútbol de césped, pegada a la cancha de básquetbol del club. 58 x 36. Arcos de 4. De fierro blanco, simples. En una vista callejera, arcos móviles de 3, con estructura y redes naranjas, dispuestos a lo ancho, formando una cancha de fútbol 5 (no contabilizada). Césped gastado pero practicable. En recientes vistas satelitales, cierto marcaje y césped mejorado. Cerco: murito de piedra en estado mediocre. Entorno descuidado y sucio. Un solo foco de luz.
--|- -|--

1703
Hospital Vilardebó
Avenida Millán 2515. (Cancha patio abierta) 25 x 14. Arcos de 3. De fierro blanco, simples. Marcaje de línea media y áreas redondeadas. Piso de baldosas en damero. Ocupando cada media cancha, dos espacios para básquetbol. Utilizada por las pacientes mujeres. Poca información.
-|-- -|--

1704
Plaza de las Misiones
Porongos y Vilardebó. (En esta plaza recientemente renovada, cancha de básquetbol del Club Goes. Una cancha de básquetbol y otra de fútbol de césped) 27 x 18. Arcos de 3. Calidad de los arcos, con amplias estructuras y redes. Césped gastado. Falta tejido de contención. Buen entorno con cerco mural de color y posibilidad de sentarse a mirar los partidos. Un foco de luz sobre uno de los laterales. Entorno cuidado.
-|-- --|-

133
1705-1706
Coviose 4
Entrada principal por Jaime Roldós y Pons 3677. (Dos canchas básicas de césped junto al local comunitario)

1705: 15 x 12. Arcos de 3. De fierro blanco, simples. Mucho desgaste. 1706: 25 x 10. Arcos de 3. De fierro blanco, simples. De tierra. Tejido de contención alrededor.
|--- -|--
-|-- -|--

1707
Coviadeom 94
Tobas y Jaime Roldós y Pons. (Cancha alargada muy gastada) 28 x 12. Arcos de 3. De fierro blanco, simples, en estado mediocre. Pura tierra. Tejido de contención alto alrededor y también arriba. Cierto alumbrado.
-|-- -|--

1708
Club Deportivo Oriental
Jaime Roldós y Pons 3890, pegado al Centro China Zorrilla. (En espacio plaza renovado, cancha de baby fútbol moderna, de piso sintético, con instalaciones, locales y vestuarios modernos, formando un conjunto impactante) 50 x 32. Arcos de 3. De fierro blanco, con ángulos y bases azules, móviles, con estructura y redes. Según los comentarios, césped resbaloso cuando llueve. Buen marcaje. Buenos bancos techados de suplentes. Una tribunita de dos gradas techada. Dos focos de luz sobre cada lateral. Espacio para público parado en los laterales y en las azoteas. Estructura de contención atrás de los arcos. Cerco de alambrado y barrera de fierro blanco con ángulos y bases azules como los arcos. Hilera de palmeras sobre un lateral. Entorno muy cuidado.
--|- ---|

1709
Campo de deportes La Escuelita
José Pedro Varela y José Serrato. (Cancha grande con locales modestos) 92 x 60. Arcos reglamentarios. De fierro blanco con bases de color negro y soportes. Estado general mediocre. Mucho desgaste. Marcaje correcto. Cerco de redes bajas en mal estado. Descuido general.
---| -|--

1710
Cancha abierta
20 de febrero, pegada al club Rocha. (Cancha chica de césped, abierta) 27 x 18. Arcos de 3. De fierro

blanco con ángulos y bases rojos, bastante despintados, simples. Césped muy gastado. Modesto alumbrado sobre un arco. Buen tejido de contención atrás de los arcos. Cerco: muro bajo, roto. Entorno descuidado y básico.
-|-- --|-

1711
Club Rocha
Dámaso Antonio Larrañaga y 20 de febrero. (Cancha de baby fútbol, principalmente utilizada para fútbol infantil) 56 x 38. Arcos de 4. De fierro blanco con ángulos y bases rojos, simples. Mucho desgaste. Marcaje esporádico. Tejido de contención atrás de los arcos. Ciertos bancos de hormigón sobre un lateral. Atrás de un arco, tribunita de tres gradas hecha con troncos. Tres focos de luz en cada lateral. Locales modestos pero cuidados. Vestuarios chicos. Todo con los colores del club, rojo y blanco. Cerco: murito y alambrado.
--|- --|-

1712
Escuelas 89 y 118
Algarrobo 3719. (Cancha pavimentada en el fondo de la escuela) 17 x 12. Arcos de 3. De fierro blanco con bases rojas, simples, muy despintados. Pavimento gris claro mediocre. Desparejo. Césped invasivo. Sin marcaje. Sin instalaciones.
|--- -|--

1713
Boston River
Saladero Farina 3388. (Cancha de fútbol 5 chica, abierta) 26 x 11. Arcos de 3. De fierro blanco con redes, algo despintados, simples. Alfombrado en buen estado. Marcaje. Tejido de contención alrededor en buen estado, un poco bajo. Focos de luz poco coherentes sobre cada lateral. Locales y sede del club, con cantina, salones y vestuarios. Espacio reducido. Cancha muy apretada. Cerco mural.
-|-- -|--

1714
La Picada FC Baby fútbol
José Pedro Varela 3540. (Cancha de césped y locales del club) 56 x 34. Arcos de 4. De fierro blanco, simples, con redes verdes en buen estado. En la vista callejera de 2015, mucho desgaste. Césped aparente-

mente renovado en 2016. Marcaje. Alto tejido de contención atrás de uno de los arcos del lado de la planta eléctrica. Tres focos de luz en cada lateral. Locales modestos, cuidados, con los colores del club, rojo y blanco. Cerco de alambrado fino en buen estado. Entorno cuidado. Sin comodidades para el público.
--|- --|-

1715
Cancha abierta, vecina de La Picada FC
José Pedro Varela al lado de La Picada. (Cancha de césped recientemente estructurada) 50 x (15 a 26). Arcos de 4. De fierro blanco, gruesos, con estructura y redes verdes. Césped malo. Terreno desparejo y gastado, poco cuidado. Sin marcaje. La vista satelital muestra una cancha trapezoidal, más estrecha en el ancho sobre la calle Madreselva.
--|- -|--

1716
Liceo 64
Parma 3026. (Gimnasio cerrado) 20 x 13. Básico y chico. «Arcos» de 3. Pintados de blanco sobre paredes de bloque de color marrón claro. Piso pavimentado con marcaje.
|--- -|--

1717
Parque del Hospital Policial
Bulevar José Batlle y Ordóñez frente a Francisco Rodrigo. (En espacio amplio con árboles, bien cuidado) 40 x 22. Arcos de 4. De fierro blanco y amarillo, finos, con estructura y redes. Césped cortado y cuidado con cierto desgaste. Marcaje esporádico. Alto tejido de contención atrás de los arcos. Sin alumbrado. Cerco: murito y rejas sólidas.
-|-- --|-

1718
Plazuela Juan Laguna
Delimitada por las calles Juan Martínez y Pencas. (Cancha de césped que ocupa las tres cuartas partes de la plaza) 45 x 25. Arcos de 3. En ciertas vistas, laterales rojos y travesaño blanco, despintados, simples. Desgaste. Terreno hundido en algunas partes. Espacio lateral. Cuatro bancos de hormigón sobre un lateral. Muchachos jugando en la vista callejera.
-|-- -|--

1719

Plaza Alcalá de Henares

Sobre José Catalá y Gustavo Gallinal. (Plaza renovada en 2016, con mantenimiento de las estructuras anteriores: cancha de fútbol pavimentada, media cancha de básquetbol infantil, y zona de juegos. 27 x 17. Arcos de 3. De fierro gris, simples. Pavimento negro con marcaje blanco. Estructuras de contención de color, inclinadas, «modernas», atrás de los arcos. Alumbrado público en cada ángulo. Posibilidad de sentarse a mirar.
-|-- --|-

1720-1721

Urreta FC. Complejo deportivo Pionero Paternostro

Manzana delimitada por Pedro Vidal, Juan Arrieta, José Oxilia y Canstatt. (Dos canchas: una de baby fútbol, otra de fútbol 5) 1720: cancha de césped. Césped renovado en 2017. 60 x 33. Arcos de 4. De fierro blanco, con soporte y redes. Buen campo. Bien marcado. Cuatro focos de luz sobre cada lateral. Punto fuerte: sobre un lateral, una tribunita de dos gradas de hormigón, en buen estado, y atrás de un arco, tribunitas parciales de madera, de varias gradas, techadas. Todo muy cuidado. 1721: cancha de fútbol 5. Césped sintético recientemente renovado. 30 x 20. Arcos de 3. De fierro blanco, con estructura y redes. Muy buen tejido de contención alrededor, con altos postes con los colores del club. Dos focos de alumbrado en cada lateral. Muy buen entorno, muy cuidado. Vestuarios, baños cuidados con los colores del club, azul y naranja.
--|- ---|
-|-- ---|

1722-1723-1724

Colegio y Liceo Corazón de María

Luis Alberto de Herrera 2920. (Un patio pavimentado y por lo menos dos canchitas de césped sintético de fútbol 5 en una vasta zona cerrada de tipo gimnasio) 1722: cancha pavimentada. 28 x 14. Arcos de 3. De fierro blanco con ángulos y bases negros, simples. Pavimento correcto recientemente pintado y marcado con colores vivos (magenta, rojo y azul). Tableros de básquetbol negros. Paredes blancas altas. Cierto alumbrado. 1723-1724: canchas contiguas en vasto galpón,

con otros espacios deportivos. Dimensiones estimadas: 26 x 10. Arcos de 3. De fierro amarillo, simples. Buen césped sintético. Zona para público atrás de un arco. Conjunto funcional.
-|-- --|-
-|-- --|-
-|-- --|-

1725-1726-1727
Goleadores fútbol 5
Tomás Gomensoro 2915. (En vasto galpón renovado, con muy buenas instalaciones –baño, ducha, vestuario, cantina–, una cancha de fútbol 7 y dos de fútbol 5. Arcos de fierro amarillo, simples. Buen césped sintético. Espacio lateral. 1725: 40 x 20. Arcos de 3 o de 4. 1726-1727: 28 x 18. Arcos de 3.
-|-- ---|
-|-- ---|
-|-- ---|

1728 A 1731
Colegio y Liceo Pallotti
Avenida Luis Alberto de Herrera 2882. (Establecimiento importante con una cancha patio grande, renovada en 2016, y un gimnasio) 1727: cancha patio. 40 x 20. Arcos de 4. De fierro blanco, con estructura y redes. Suelo verde con marcaje múltiple. Estado general correcto. 1728: cancha de fútbol en gimnasio cerrado. Pavimento pulido en mosaico. 45 x 18. Arcos de 3. De fierro rayado en blanco y negro, simples. Buen marcaje. Cancha de fútbol y canchas de básquetbol cruzadas. La cancha principal se utiliza también a lo ancho, dividiéndose dividida en dos canchas chicas con arcos pintados en la pared (rojo sobre fondo verde). 1730-1731: 18 x 14. Arcos de 3.
-|-- --|-
-|-- ---|
|--- --|-
|--- --|-

1732
Conjunto de viviendas económicas. Parque de juegos
Quijote 2532. (En parque con juegos, adjunto a la plaza Bob Marley, cancha de césped) 20 x 11. Arcos de 3. De fierro blanco, simples, algo despintados. Césped sin cuidado particular. Suelo ahuecado y gastado. Entorno pasable. Ninguna instalación.
|--- -|--

1733

Master 5

Chiávari 2889. (Cancha de fútbol 5 cerrada. Galpón básico, chico y bajo. Instalaciones para fiestas. Muy apretado) 26 x 12. Arcos de 3. De fierro blanco, con estructura y redes. Césped sintético. Buen alumbrado. Entorno cuidado.
-|-- -|--

1734-1735

Medio Campo fútbol 5

Luis Alberto de Herrera 2992. (Dos canchas de fútbol 5 en hilera en gran galpón básico. Separadas por una red) Ambas de 23 x 15 (chicas). Arcos de 3. De fierro naranja con ángulos blancos, estructura y redes negras muy gruesas. Césped sintético mediocre, con parches. Poca estética. Pasillo lateral para público. Impresión de desorden.
|--- -|--
|--- -|--

134

1736

Iglesia evangélica (probable)

Francisco Vázquez Cores 3127. (En el centro de la manzana, vasto fondo de césped con una cancha de fútbol pavimentada recientemente renovada) 27 x 15. Arcos de 3. De fierro blanco, simples. Pavimento verde y azul, con buen marcaje. Un foco de luz en cada ángulo. Tejido de contención todo alrededor.
-|-- --|-

1737

Escuela 117

Labarden 4168 y Camino Corrales. (Renovación y ampliación de la escuela. Sustitución de las dos viejas canchas de césped por un gran patio pavimentado con cancha polideportiva. Actualmente en obras) 24 x 16. Pavimento gris claro con marcaje. Entorno espacioso.
|--- --|-

1738-1739

Monumental fútbol 5

Camino Corrales 2773, entre Fray Bentos y Avellaneda. Acceso también por Mocoretá. (Galpón grande, básico, con anexos caóticos. Dos canchas de fútbol 5 cerradas. Locales para fiestas infantiles) Ambas de 25 x 18. Arcos de 3. De fierro blanco, con estructura y redes. Césped sintético pasable. En hilera, separadas

por una red. Entorno poco estético y apretado. Buenos comentarios.
-|-- --|-
-|-- --|-

1740
La Tecla fútbol 5
*Teófilo Collazo 2629 entre Argerich y Restauración. (*En espacio cerrado y moderno, cancha de fútbol 5 con instalaciones chicas pero buenas) 25 x 15. Arcos de 3. De fierro naranja o blanco (según las vistas), simples. Alfombrado verde correcto. Cantina completa y parrillero. Buenos comentarios de los usuarios.
-|-- --|-

1741
Fray Bentos baby fútbol
Agaces 3971. (Cancha de baby fútbol. Lindos locales renovados, con los colores del club, verde y blanco) 55 x 40. Arcos de 4. De fierro blanco, ángulos y bases verde oscuro, simples, con redes naranjas. Césped cuidado, pasable. Marcaje. Tejido de contención alto. Tres focos de luz sobre cada lateral. Del lado de los locales, serie de asientos individuales y algunos bancos para

público. Buen cerco de alambrado. Entorno cuidado, algo sucio.
--|- --|-

1742
Antigua Plaza de Toros de La Unión
Cruce de Pamplona y Odense. (Renovación reciente del espacio pavimentado. Una mitad forma media cancha polideportiva con un tablero y un arco de fútbol) 9 x 10. Arco de 3. De fierro blanco, grueso, simple, bajo los tableros. Pavimento gris claro, pulido. Marcaje multideportivo bueno. Estructuras de contención bastante altas. Cierto alumbrado.
|--- -|--

1743 A 1746
Plaza de deportes 5 «Atilio Narancio»
Avenida 8 de octubre 4250 esquina 20 de febrero. (Plaza con piscina y cuatro espacios futbolísticos: dos de pavimento, uno de césped, un gimnasio) 1743: cancha exterior pavimentada. 40 x 20. Arcos de 3. De fierro blanco, móviles, con estructura y redes. Suelo negro de asfalto, sin marcaje, con fisuras y friable.

Estructura de contención atrás de un arco. 1744: gimnasio cerrado clásico, con piso de parquet, utilizado sobre todo para gimnasia. Fútbol infantil en ciertas vistas. 29 x 30. Arcos de 3. De fierro gris, simples. Parquet muy cuidado. Buen marcaje blanco y amarillo. Entorno luminoso y espacioso. 1745: exterior, pavimentada al lado de una cancha de básquetbol. 35 x 17. Arcos de 3. De fierro blanco, algo despintados, simples, a veces redes. Suelo gris oscuro con restos de marcaje, mediocre. Dos focos de luz recientes sobre un lateral. 1746: de césped. 80 x 40. Arcos de 6 o más. De fierro blanco, con soportes. Desgaste. Retomada por el club Danubio para práctica femenina. Alumbrado y cerco mejorados.
-|-- --|-
-|-- ---|
-	-- --	-

1747
La Candela Fútbol 5
Juan Raissignier casi Camino Carrasco. (Cancha de fútbol 5 techada. Mejorada) 28 x 16. Arcos de 3. De fierro blanco, simples. Alfombrado bueno. Tablero electrónico. Redes de contención. Techo bajo. Entorno correcto.
-|-- --|-

1748
Unión 5
Juan Jacobo Rousseau 3662, esquina Comercio. (Cancha de fútbol 5 cerrada en galpón básico) 30 x 16. Arcos de 3. De fierro rojo, con estructura y redes. Césped sintético correcto. Cantina y parrillero. Un espacio de fútbol tenis no contabilizado. Buenas instalaciones.
-|-- --|-

1749
Club COETC
Joanicó 3725 entre José Serrato y Gobernador Viana. (Gimnasio del club para múltiples actividades) 21 x 17. Arcos de 3. De fierro blanco con ángulos negros, simples. Pavimento gris con marcaje múltiple. Cuidado pero chico.
|--- --|-

1750
Escuela 44
Félix Laborde 2344 entre José Antonio

Cabrera y Gral Timoteo Aparicio. (Varios patios. Uno de ellos convertido en cancha) 22 x 13. Arcos de 3. Instalación reciente de arcos fijos. Antes, esporádicos marcajes y uso de arcos móviles.
|--- -|--

1751-1752
Colegio y Liceo Santa María Luisa de Marillac
Larravide 2406 esquina José Antonio Cabrera. (Gimnasio cerrado de buena calidad y una canchita pavimentada infantil reciente) 1751: gimnasio de parquet muy cuidado. Dos canchas chicas de básquetbol a lo ancho y una cancha de fútbol a lo largo. 25 x 14. Arcos de 3. De fierro rayado negro y blanco, móviles, con estructura y redes. Marcaje múltiple. Espacioso y luminoso. 1752: cancha infantil exterior. 16 x 11. Pavimento verde con buen marcaje.
-|-- ---|
|--- --|-

1753-1754
Centro Cultural Parroquial San Agustín
José Antonio Cabrera 3762, junto a la parroquia. (Amplios locales –cierto descuido y deterioro–, amplio fondo, un patio que fue o es aún cancha de básquetbol, y dos canchas de fútbol de césped) 1753: cancha relegada contra el muro de ladrillos del recinto, ocupando una franja angosta. 24 x 10. Arcos de 3. De fierro blanco, móviles, simples, en buen estado. Buen césped según la vista satelital. 1754: terreno principal, de 40 x 25. Arcos de 4. De fierro blanco, móviles. Una vista muestra el marcaje de una cancha menor dentro de este terreno, de 28 x 20, con línea central y áreas, no contabilizada.
|--- --|-
-|-- --|-

1755-1756
Escuela 19 y 76 Felipe Sanguinetti
8 de octubre 3515. (Un gimnasio y una cancha patio) 1755: cancha dentro del gimnasio cerrado. 30 x 20. Arcos de 3. De fierro, rayado en negro y blanco, con estructura y redes, móviles. Parquet, correcto. Marcaje múltiple pasable. Entorno con cierto descuido: paredes descascaradas. 1756: cancha infantil pavimentada descubierta. 15 x 10.

Arcos de 3. De fierro blanco, simples, bajo los tableros. Pavimento negro con marcaje futbolístico pasable.
-|-- --|-
|--- --|-

1757
Club Estudiantes de la Unión
José Antonio Cabrera y Pernas. (Cancha de baby fútbol con cerco mural y locales del club) 52 x 35. Arcos de 4. De fierro blanco con ángulos y bases rojos, con estructura y redes. Pura tierra. Buen marcaje. Tejido de contención en estado pasable todo alrededor. Bancos para suplentes. Del lado de los locales, algunos bancos largos de madera con los colores del club. Tres focos de luz sobre cada lateral y un foco atrás de cada arco. Entorno con los colores del club: rojo y blanco. Dos locales modestos pero cuidados. Pequeños vestuarios y cantina.
--|- --|-

1758
Parque Enrique Falco. Albion FC
Delimitada por Azara y Menorca. (Locales marcados «Albion FC», modestos y precarios, con cancha grande muy mala) 105 x 70. Arcos reglamentarios. De fierro blanco, simples, en mal estado. Cancha deplorable, con desnivel, desgaste, zonas inundables. Progresivo abandono. Marcaje mínimo esporádico hasta 2016.
---| -|--

1759
Parque Huracán Buceo
Azara 3975. Sur del Parque Falco. (Estadio del club Huracán Buceo) 105 x 70. Cancha en mal estado, con zonas de tierra, descuido general y marcaje malo. Dos tribunas de hormigón en mal estado, con vegetación invasiva. Capacidad anunciada: 10 mil espectadores. Sin alumbrado. Recinto roto, entorno sucio. Estado general: pésimo. Locales pobres.
---| |---

1760-1761
Club Independiente
En manzana triangular delimitada por Dardo Estrada y Espondaburu. (Sede del Club Independiente con los colores rojo y blanco. Una cancha de baby fútbol y una cancha anexa,

abierta, con un solo arco en la vista callejera, dos en algunas vistas satelitales) 1760: cancha principal. 51 x 34. Arcos de 4. De fierro blanco con ángulos y bases rojos, simples. Mucho desgaste, mucha tierra y hundimiento. Marcaje muy esporádico. Tres focos de luz en cada lateral. Algunos bancos de hormigón en los laterales. Cerco de cuerda. Local básico y chico. 1761: cancha trapezoidal, con uno de los anchos muy corto. 30 x 16. Arco de 4. De fierro blanco, despintado, simple. Terreno muy gastado. En caída, hundido. Sin cuidado. Ni cerco ni tejido de contención.
--	- -	--

135

1762
Covifoeb 5
La cooperativa ocupa la media manzana delimitada por Veracierto, Calle 1 y calle 2. (Cancha de césped adjunta a los locales comunitarios). 28 x 15. Arcos de 3. De fierro blanco, simples. Bastante gastada. En las últimas vistas satelitales, arcos móviles y pérdida de espacio por expansión de los locales comunitarios. Ninguna instalación.
-|-- -|--

1763
Escuela 255
Dr. Emilio Ravignani 2672 esquina Núñez De Arce. Escuela moderna, recientemente construida. Diversos patios con espacios de juego y un fondo. Cancha chica multideportiva con tableros y arcos) 15 x 9. Arcos de 3 o menos. De fierro gris, gruesos, con soporte para redes, bajo los tableros. Pavimento gris claro. Marcaje múltiple. Escalera tribuna sobre un lateral. Sin más instalaciones.
|--- --|-

1764
Cancha abierta
Núñez de Arce y Emilio Ravignani. Cancha orillera al límite del conjunto de viviendas Las canteras. 39 x 14. Arcos de 2,5. De fierro blanco, oxidados y despintados. Terreno amplio, bastante cuidado. Desgaste, poco plano, pero agradable. Cierto alumbrado proveniente de la escuela.
-|-- --|-

1765
Covifoeb 2 y 3. La Cope de la Coca Cola
Isidoro Larraya 4847. (En el centro de la cooperativa de viviendas, cancha de césped) 47 x 28. Arcos de 4. De fierro blanco, simples. Desgaste en la cercanía de los arcos. Locales comunitarios adjuntos. Ni marcaje ni instalaciones.
-|-- --|-

1766
Barrio cooperativo Nuevo Amanecer. Mesa 1
Felipe Cardoso y Emilio Ravignani. (Cancha de la gran cooperativa de viviendas) 57 x 40. Arcos de 4. De fierro blanco, muy despintados, con soportes. Desgaste en toda la cancha. Desniveles. Marcaje frecuente. Bancos de hormigón a lo largo de un lateral. Tres focos de luz sobre cada lateral. Cerco simple con una baranda fina. Entorno con los colores del equipo, amarillo y azul.
--|- --|-

1767
Escuelas 160 y 192
Isidoro Larraya y Veracierto. (Antes cancha de tierra. Recientemente, cancha pavimentada) 27 x 14. Arcos de 3. De fierro blanco, móviles. Pavimento verde con buen marcaje multideportivo blanco. Sin instalaciones.
-|-- --|-

1768
Iglesia de Jesucristo
Camino Carrasco 4746. (Cancha multideportiva pavimentada en entorno muy cuidado) 27 x 14. Arcos de 3. De fierro blanco, algo despintados, simples, bajo los tableros. Pavimento gris claro con marcaje múltiple. Sólidas y altas estructuras de contención atrás de un arco. Un foco de luz.
-|-- --|-

1769-1770
Pegasus fútbol 5
Camino Carrasco 4746, entre Pedro Cosio y Alejandro Gallinal. Sala de gimnasia, y al fondo, dos canchas de fútbol 5, una abierta –escuelita infantil–, otra techada. 1769: 18 x 10. Arcos de 3. De fierro blanco, simples. Alfombrado verde en buen estado. Buen marcaje. Estructuras de contención. Dos focos de luz

en cada lateral. Entorno apretado. 1770: cancha techada. 24 x 14. Arcos de 3. De fierro blanco, con estructura y redes. Césped sintético. Tribuna de hormigón de tres gradas atrás de un arco.
|--- -|--
|--- --|-

1771
Cortita y al pie fútbol 5
Camino Carrasco 4980. (Cancha de fútbol 5 techada, chica) 20 x 13. Arcos de 3. De fierro blanco, con estructura y redes. Césped sintético pasable. Entorno apretado y básico, pero cuidado.
|--- -|--

1772 A 1776
Vicman FC. Cooperativa Matriz de Viviendas de Malvín Norte
Camino Carrasco 4490. (Club de la cooperativa Vicman. Verdadero complejo deportivo, con locales y vestuarios. Una cancha pavimentada subdividida en dos canchas chicas, y una cancha de césped también modular) 1772: cancha pavimentada. 40 x 24. Arcos de 4. De fierro blanco, móviles, con estructura. Pavimento verde con áreas azules, recientemente pintado. Estado pasable. Marcaje de línea media y áreas. Cierto alumbrado. Dividido en dos canchas a lo ancho. 1773-1774: 24 x 17. Una de ellas con marcaje propio y tableros. 1775: cancha grande de césped. 90 x 50. Arcos reglamentarios. De fierro blanco, con soportes. Cuidada. Cierto desgaste. Marcaje intenso antes de 2015. Sobre esta cancha, con frecuencia, una cancha menor. 1776: 25 a 40 de largo. Arcos de 4. De fierro blanco, móviles, con estructura.
-|-- --|-
|--- --|-
|--- --|-
---| --|-
-|-- --|-

1777
Cancha esquina abierta
Ing Félix de Medina y Veracierto. (Cancha abierta al pie de complejo habitacional). 50 x 30. Arcos de 4. De fierro blanco con bases negras, despintados, simples. Terreno gastado con desniveles. Dos focos de luz sobre cada lateral. Cerco de postes bajos y cuerda.
--|- -|--

1778-1779
Espacio deportivo de complejo habitacional
Ing Félix de Medina e Hipólito Yrigoyen. (Integrado al complejo habitacional, espacio de tipo plaza de deportes con dos frontones abandonados, una piscina y dos canchas de fútbol 5) Ambas canchas de césped sintético. Con arcos de fierro blanco, con estructura. Buen marcaje, tejido de contención lateral y superior, dos focos en cada lateral. Estado general pasable. 1778: Cancha creada hace años. 30 x 16. Arcos de 3. En buen estado. Recientemente renovada. Una tribunita de tres gradas y alumbrado. 1779: cancha de césped sintético con marcaje múltiple. Reciente. En buen estado. 27 x 16. Arcos de 3.
-|-- --|-
-|-- --|-

1780
Complejo Deportivo Ignacio Bebé Miele
Plazoleta ubicada sobre las calles Carlos María Prando, Adolfo Pedralbes y José de Freitas. (Complejo recientemente creado frente al Club La Virgen. Espacio de juegos y cancha de fútbol en zona de césped trapezoidal) 26 x 15. Arcos de 3. De fierro blanco, simples. Desgaste. Alumbrado, cerco e instalaciones institucionales nuevas. Buen entorno.
-|-- --|-

1781
Club Nuevo América baby fútbol
José de Freitas 4802. (Adjunto al Centro Cultural Esquinero, «Club La Virgen». Con almacén, talleres, cantina y cancha de césped). 57 x 40. Arcos de 4. De fierro blanco, simples. Pura tierra. Marcaje correcto. Sobre un lateral, modestos bancos de hormigón; sobre el otro, talud de césped. Dos focos de luz en cada lateral. Local nuevo, con vestuarios y baños, chico. Cerco de alambrado en buen estado. Entorno cuidado.
--|- --|-

1782
Euskal Erría Baby Fútbol
En el Complejo Euskal Erría 71, calle Emilio Castelar 268. (En zona donde se hallan la escuela 268, el salón comunal y un espacio con juegos. Cancha de césped y locales bas-

tante grandes, con los colores del club) 52 x 33. Arcos de 4. De fierro blanco con ángulos y bases de verde oscuro, simples. Estado del campo pasable: desgaste y huecos en la zona de los arcos. Cuidado relativo. Banco de suplentes. Tejido alrededor. Tres focos de luz sobre cada lateral. Cerco mural con los colores del club: blanco, verde y rojo.
--|- --|-

1783-1784
Complejo Euskal Erría 71. Lado de las Torres AD
Emilio Castelar 4530. (Dos canchas de césped en medio de vastos terrenos. Entorno algo sucio) 1783: sobre Castelar. Entre las torres. 24 x 17. Arcos de 4. De fierro oscuro, simples. Terreno ondulado con mucho desgaste. Ni cuidado ni instalaciones. Muy utilizado. Cerco de alambrado. 1784: sobre Berro. Un solo arco. 37 x 20. Arco de 3. De fierro blanco, despintado, simple. Terreno pelado, gastado, bastante plano.
|--- -|--
-|-- |---

1785-1786
Baby Fútbol Malvín Alto
Enrique Chiancone 4669. (Una cancha marginal de césped y un «estadio») 1785: cancha marginal alargada sobre Veracierto. 31 x 8. Arcos de 4. De fierro blanco, despintados, gruesos, simples. Césped malo. Cancha apretada. 1786: estadio Don Francisco Tamburrino. 58 x 37. Arcos de 4. De fierro blanco con bases rojas y negras, gruesos, simples, con redes. Césped correcto. Buen marcaje. Tejido de contención atrás de los arcos. Banco de suplentes. Sobre un lateral, tribunita de hormigón pintado y varias hileras de asientos. Sobre el otro lateral, tribuna de hormigón de tres gradas sobre todo el largo. Entorno cuidado, con los colores del club, rojo y blanco. Cerco: muro blanco y rejas. Dos locales, vestuarios y baños. Alumbrado reciente: tres focos sobre cada lateral.
-|-- -|--
--|- ---|

1787 A 1790
Complejo Deportivo Danubio FC. Complejo Héctor del Campo
Dos entradas, una por Chiancone

(*entrada principal con acceso a los locales y al campo principal), otra por Yrigoyen.* (Cuatro canchas grandes de césped. Una buena, tres pasables) 1787: cancha principal, adjunta a los locales. Pequeño estadio. 105 x 68. Arcos reglamentarios. De fierro blanco, simples, con excelentes redes. Césped cuidado y marcado. Tribunas sobre un lateral, de hormigón, de cuatro gradas. Sobre el otro costado locales para prensa. Cerco con postes que alternan blanco y negro. 1788: situada detrás de los locales. 94 x 64. Arcos reglamentarios. De fierro blanco, simples. Desgaste. Césped cuidado. Marcaje esporádico. Talud de césped sobre un lateral. Cerco con postes blancos y negros. 1789 y 1790: canchas básicas. 88 x 68, y 88 x 60. Arcos reglamentarios. De fierro blanco, simples. Cierto desgaste. Sin marcaje.
---| ---|
---| --|-

1791
Centro de Referencia Barrial
Palmas de Mallorca esquina Arq. Boix y Merino. (Centro con amplios locales, talleres infantiles y actividades juveniles. Cancha multideportiva pavimentada en buen estado) 25 x 14. Arcos de 3. De fierro blanco, con ángulos y bases rojos, simples. Pavimento gris con buen marcaje múltiple y áreas amarillas. Un foco de luz sobre cada lateral. Algunos bancos de hormigón alrededor. Entorno cuidado con pinturas murales y color. Espacioso.
-|-- --|-

1792
Cancha abierta
Palmas de Mallorca frente a Piran. (En terreno de pertenencia indeterminada del tamaño de una manzana, cancha grande de césped en mal estado) 97 x 58. Arcos reglamentarios. De fierro blanco, despintados, simples. Terreno malo, tierra pura o césped alto. Cerco de alambrado roto.
---| -|--

1793
Escuela Técnica Malvín Norte
Palmas de Mallorca frente a Piran. (Cancha multideportiva pavimentada en estado mediocre) 28 x 15.

Arcos de 3. De fierro blanco con bases oscuras, simples, despintados, bajo los tableros. Pavimento gris con áreas rojas muy despintadas. Cierto marcaje. Falta tejido de contención. Dos focos de luz en cada lateral. Entorno agradable con pequeño parque cuidado, bancos y locales del instituto.
-|-- -|--

1794-1795
Complejo habitacional Euskal Ería
Zona sur del complejo, sobre Palmas de Mallorca. (En vasto frente de césped cuidado, cercado con buen alambrado, conjunto de instalaciones deportivas: cancha de básquetbol, cancha multideportiva pavimentada y cancha de fútbol de césped) 1794: cancha pavimentada. 26 x 14. Arcos de 3. De fierro blanco, finos, despintados. Pavimento gris oscuro, de tipo calle, gastado, con restos de marcaje. Césped invasivo. Entorno espacioso y agradable. Ni alumbrado ni instalaciones. 1795: en vasto frente de césped, cancha básica. 22 x 15. Arcos de 3. De fierro oscuro, despintados, simples. Césped bien cortado. Terreno con desniveles. Ni marcaje ni límites claros. Ninguna instalación pero buen entorno, espacioso y con buen mantenimiento.
-|-- --|-
|--- --|-

1796
Cooperativa Coopovi
Hipólito Yrigoyen 2299. (Fondo de la cooperativa. En terreno de forma triangular. Cancha en espacio reducido, con árboles) 29 x 20. Arcos de 4. De fierro blanco, simples. Césped bueno. Entorno básico. Cerco mural.
-|-- --|-

1797
Cooperativa Covibaza
Manzana delimitada por Hipólito Yrigoyen, Benone Calcavecchia, Ramón Rodriguez Socas y Mayor Juan Dobrich. (En el centro de la cooperativa, cancha de césped) 20 x 9. Arcos de 3. De fierro blanco, con estructura. Entorno espacioso, muy cuidado pero básico.
|--- --|-

1798

27 Sueños

Ciudad Azul y Rufino Timoteo Domínguez. (En barrio recientemente construido, espacio público de media manzana con cancha de césped básica) 40 x 28. Arcos de 4. De fierro blanco, simples. Ni instalaciones ni alumbrado. Entorno espacioso.

-|-- --|-

1799

Estadio La Bombonera. Club Basañez

Se accede por Palmas de Mallorca o por Continuación Espronceda. (Creado en 1981) 104 x 70. Césped mediocre. Marcaje tenue. Sin alumbrado. Tribunas en los laterales y palco. Capacidad: 5 mil espectadores. Una verdadera tribuna de hormigón, otra hecha con tablas de hormigón sobre un talud de césped. Poca comodidad. Césped invasivo. Entorno general modesto. Cierto descuido. Locales modestos.

---| -|--

1800

Alumni Baby Fútbol

Se accede por Palmas de Mallorca o por Continuación Espronceda. (Cancha y locales modestos pero amplios, con los colores del club, rojo y blanco) 60 x 40. Arcos de 4. De fierro blanco, gruesos, con ángulos y bases rojas, simples, con buenas redes. Césped pasable. Marcaje esporádico. Banco de suplentes. Entorno poco estético. Muro blanco todo alrededor. Cuatro focos de luz en cada lateral. Sin instalaciones para público.

--|- --|-

136

1801-1802-1803

Campo APAC La Mennais

Camino José Strassner 3080. (Complejo deportivo de alta calidad con salones y locales excelentes, perteneciente a la asociación de padres del colegio La Mennais. Entorno excepcional, con gran cuidado y muy buenas instalaciones. Cinco campos de fútbol, tres de los cuales corresponden a la casilla 136. Dos canchas de césped natural y una de fútbol 7 de césped sintético) 1801: 100 x 55. Arcos reglamentarios. De fierro blanco, simples, con excelentes redes.

Buen césped y marcaje. Bancos de hormigón chicos sobre los laterales. Tres focos de luz en cada lateral. 1802: 60 x 40. Arcos de 4. De fierro blanco, con estructura y redes, móviles. Césped y entorno de alta calidad. Marcaje variable. Se utiliza también a lo ancho para formar dos canchas de hockey. 1803: cancha de fútbol 7. 40 x 20. Arcos de 4. De fierro blanco, con estructura, móviles. Excelente instalación. Césped sintético excelente. Tres focos de luz en cada lateral. Tejido de contención alrededor de alta calidad.

---| ---|
--|- ---|
-|-- ---|

1804 A 1813
Complejo deportivo
Saint Brendan's School

Camino José Strassner 3015. (Gran complejo de alta calidad con canchas de fútbol de diferentes tamaños y uso modular, cancha de hockey, y vasto gimnasio multideportivo modular) 1804: cancha principal de césped. 100 x 60. Arcos reglamentarios. De fierro blanco con estructura y redes. Muy buen césped y marcaje. Excelente cuidado. Estructuras de contención atrás de los arcos. Potente alumbrado con cuatro grupos de reflectores sobre cada lateral. 1805: cancha de hockey excelente. Utilizada para práctica de fútbol. 90 x 50. Arcos reglamentarios. De fierro blanco, con estructura y redes, móviles. Excelente césped sintético. Cuatro focos de luz en cada lateral. Tejido de contención excelente alrededor. 1806: cancha secundaria. 60 x 40. Arcos de 4. De fierro blanco, con estructura y redes. Césped correcto. Poco marcaje. 1807: 65 x 45. Arcos de 4. De fierro blanco, con estructura y redes. Uso modular a lo ancho para formar dos canchas menores con marcaje propio. 1808 y 1809: 45 x 30. Arcos de 4. De fierro blanco, con estructura y redes. Móviles y fijos. 1810: cancha principal del gimnasio. 45 x 30. Arcos de 3. De fierro rayado blanco y negro con estructura y redes. Espacio espectacular. Suelo pavimentado pulido con excelente marcaje múltiple de color. Se divide a lo ancho en tres canchas multideportivas con cierta superposición. 1811-1812-1813:

cada una 30 x 17. Arcos de 3. De fierro rayado blanco y negro, con estructura y redes.
--	- ---
--	- ---
-	-- ---
-	-- ---
-	-- ---
-	-- ---
-	-- ---
-	-- ---

1814 A 1821
Parque Loyola. Complejo Deportivo Colegio Seminario
Camino José Strassner sin número.
(Excelente complejo, en constante evolución, con canchas de fútbol, una cancha reciente de césped sintético para hockey y fútbol, cancha de rugby. Seis canchas en esta casilla: tres grandes, dos chicas, y un excelente gimnasio) Buenas canchas en espacio amplio y muy agradable. Todo el complejo con sistema de riego, césped muy cuidado y mantenido en perfecto estado, con buen marcaje, excelentes cercos de contención, gran disponibilidad de arcos de diferentes tamaños, frecuente modularidad, alumbrado en ciertos sectores y excelentes locales. 1814: cancha nueva de césped sintético. 90 x 55. Arcos reglamentarios. De fierro blanco, con estructura y redes, móviles. Excelente instalación con marcaje futbolístico. Se subdivide a lo ancho en dos canchas menores, 1815-1816, de 55 x 45. Con arcos de 6. De fierro blanco, con estructura y redes, móviles. 1817: cancha grande secundaria, de césped. 100 x 55. Arcos reglamentarios. De fierro blanco, simples. Sin alumbrado. Se subdivide esporádicamente en dos canchas chicas a lo ancho (no contabilizadas). 1818-1819: de césped. 55 x 35. Arcos de 4. De diferente tipo, móviles con soporte o simples. Alumbrado sobre un lateral. 1820: gran gimnasio moderno y claro. 45 x 24. Arcos de 3. De fierro rayado en blanco y negro, simples. Tribunita palco en altura atrás de un arco. Excelente pavimento azul con marcaje de color. 1821: de césped. Excelente cancha de 100 x 63. Arcos reglamentarios. De fierro blanco, simples. Cuatro focos de luz en cada lateral.
---| ---|

--|- ---|
--	- ---
--	- ---
--	- ---
-	-- ---

1822-1823-1824
Fundación Don Pedro
Camino Oncativo 2960 esquina Monzoni. (Un gimnasio dividido y una cancha de césped) 1822-1823: en vasto gimnasio de 58 x 28, con tribunas de madera y locales técnicos, dos canchas a lo ancho con marcaje multideportivo de color, en buen estado. Cada una de 26 x 17. Arcos de 3. De fierro fino amarillo, con estructura y redes, móviles. Pavimento pulido, verde y naranja, correcto. Buen marcaje. 1824: cancha de césped. 40 x 25. Arcos de 3. Oscuros, quizá de palo. Bastante desgaste. Sin cuidado particular. Ni marcaje ni instalaciones.
-|-- --|-
-|-- --|-
-|-- -|--

1825
Media cancha campo
Martín Usabiaga Sala. (Campo donde pastan caballos. Cancha de césped con un solo arco) En 2010: cancha completa de 70 de largo. Hoy: un solo arco, muy utilizado. Vista satelital de 2019: una zona del tamaño de un área grande en donde el césped aparece cuidado y cortado. 22 x 17. Arco de 4. De fierro gris, despintado, simple.
|--- |---

1826-1827-1828
Canchas nuevas de pertenencia no identificada
A la altura de Monzoni, entre San Borja y el Polideportivo Carrasco. (Dos espacios de césped de 105 x 68. Uno de ellos dividido) 1826-1827: espacio dividido en dos canchas: una de 66 x 46, a lo largo, con arcos de 5; otra de 50 x 33, a lo ancho con arcos de 4. Arcos de fierro blanco, móviles. Marcaje. 1828: segundo espacio. 105 x 68. Arcos reglamentarios. De fierro blanco, móviles. Marcaje.
--|- --|-
--	- --	-

Descripción de las canchas y clasificación

1829 A 1840

Polideportivo Carrasco

Camino Pavia 2773 a dos cuadras de Camino Carrasco. (Complejo reciente, moderno con excelentes locales –gastronomía, vestuarios y sala de gimnasia–. 10 canchas de fútbol 7. Todas excelentes) Todas de 50 x 30. Césped sintético, sólidas estructuras de contención y poderoso alumbrado. Arcos de 4. De fierro blanco, con estructura y redes, móviles. Suelen juntarse cuatro canchas para formar dos canchas de 105 x 65 (1833 y 1838). Arcos reglamentarios móviles disponibles para ese caso. De fierro blanco, con estructura. 1840: cancha de fútbol 7 denominada «estadio». Tribuna para 300 personas.

--|- ---|
--|- ---|
--|- ---|
--	- ---
--	- ---
--	- ---
--	- ---
--	- ---
--	- ---
--	- ---

1841

Plaza Serafín García

Plaza triangular delimitada por Juan Danielo y Pablo Mañe. (En el marco de obras de equipamiento no terminadas, cancha de césped instalada en 2017) 30 x 17. Arcos de 3. De fierro blanco, simples. Césped pelado, cuidado, practicable. Dos focos de luz sobre un lateral. Entorno básico. En el tomo 1, vista callejera de 2015, sin arcos.

-|-- -|--

1842

Baby Fútbol Diablos Rojos

Plaza Diablos Rojos, delimitada por Etna, Segesta, Polenza y Verona. (Cancha de césped y locales del club) 53 x 38. Arcos de 4. De fierro blanco con vivos rojos, simples, desmontables. Terreno malo, mucho desgaste y desniveles. Banco techado de suplentes. Tres focos de luz sobre cada lateral. Algunos asientos laterales y una tribunita de dos gradas para unas veinte personas. Tejido de contención deshecho. Locales modestos con los colores del club, rojo y blanco. Sin cerco. Entorno sucio.

--|- -|--

1843-1844-1845
Conjunto de canchas de complejos habitacionales
Orilla norte de un barrio de habitaciones constituido por el Complejo 154, Altamira y Covine 8. Las entradas se hallan del lado de Alberto Zum Felde y Prudencio Murguiondo. Canchas del lado de Congreso de Mercedes. (Dos canchas de césped y una pavimentada multideportiva) 1843: de césped. 24 x 13. Arcos de 4. De fierro oscuro, finos, torcidos y oxidados. Césped correcto. Ninguna instalación. 1844: pavimentada. 23 x 14. Arcos de 3. De fierro blanco, simples, bajo los tableros. Pavimento gris claro con marcaje múltiple, correcto. Dos focos de luz en cada lateral. 1845: cancha principal de césped. 44 x 28. Arcos de 4. De fierro blanco, simples. Bastante gastada. Dos focos de luz en cada lateral. Cerco de alambrado.
|--- -|--
-|-- --|-
-|-- --|-

1846-1847-1848
Hardwood School
Siracusa 2428. (Gran patio pavimentado, de color verde menta, con marcaje múltiple y superpuesto. Una cancha principal de fútbol a lo largo, y dos medias canchas a lo ancho) Buenos arcos con estructuras sólidas, postes rayados en negro y blanco, y redes. Pavimento con cierto desgaste e irregularidades. Un foco de luz en cada ángulo. Buen tejido de contención. 1846: 35 x 20. Arcos de 3. 1847 y 1848: canchas con su propio marcaje. 23 x 14. Arcos de 3. Más largas que el ancho principal. Buen entorno. Cuidado.
-|-- --|-
|--- --|-
|--- --|-

1849
Cancha Leysi Bernabeu
Manuel Techera y Congreso de Mercedes. (En gran parque lineal, cancha básica de césped) 60 x 40. Arcos de 4. De fierro blanco, con soportes, bastante despintados. Césped cortado, con desgaste. Dos focos de luz en cada lateral. Bancos de hormigón a lo largo de todo un lateral. Cancha agradable. Entorno espacioso y cuidado.
--|- --|-

Descripción de las canchas y clasificación

1850
Baby Fútbol Zona 3
Manuel Techera y Congreso de Mercedes. (Cancha de césped del complejo de viviendas Zona 3) 56 x 36. Arcos de 4. De fierro blanco, simples. Mucho desgaste. Marcaje. Dos focos de luz en cada lateral. Particularidad: una tribunita precaria de hormigón de cuatro gradas al lado del local (capacidad 60 personas). Modestos locales. Cerco mural y alambrado correcto.
--|-- --|-

1851
Cancha del Parque Rivera
Cancha sobre avenida Bolivia frente al número 2404. Cancha básica de parque) 75 x 55. Arcos reglamentarios. De fierro blanco con bases negras, algo despintados, simples. Terreno cuidado pero mucho desgaste. Sin marcaje. Entorno agradable, árboles, espacio.
---| --|-

1852-1853
Charrúa Padel (ex Academia MG)
Avenida Bolivia 2390. (Club con buenos locales, y dos canchas de fútbol 5 de calidad, disponibles desde 2015. Ocupan el espacio que tenían antes dos canchas de tenis) 35 x 16. Arcos de 3. De fierro blanco, con estructura y redes, en estado pasable. Césped sintético correcto. Buen alumbrado. Tejido de contención alto. Buen entorno.
-|-- --|-
-|-- --|-

1854
Cancha abierta en estado de destructuración
Manuel Techera frente a la escuela 249. (En parque amplio, accesible a todos, espacio de fútbol con un solo arco) 38 x 16. Arco de 4. De fierro blanco, grueso, muy despintado y torcido, simple. Terreno muy gastado, con huecos. Sin instalaciones.
-|-- |---

1855
Complejos de vivienda Covicoes y Zapicán
Manuel Techera frente a la escuela 249. (Cancha multideportiva pavimentada) 26 x 14. Arcos de 3. De fierro blanco, simples, bajo los tableros. Pavimento gris gastado. Césped invasivo. Sin marcaje. Uno o dos focos de luz sobre cada lateral. En

mal estado según la vista callejera disponible. Cerco de alambrado sólido
-|-- -|--

1856
Covine 8
Alberto Zum Felde 2098. (Jardín con hermoso local comunal de la cooperativa y cancha de césped) 30 x 12. Arcos de 3. De fierro fino amarillo, muy oxidados, con estructura y redes verdes rotas. Espacio agradable, cuidado y florido. Cerco de rejas. Césped bueno con cierto desgaste.
-|-- --|-

1857
Estadio Charrúa
Avenida Bolivia y Durandeau. Parque Rivera. (Estadio construido en 1984, continuamente mejorado) Cancha de 105 x 70. Césped nuevo. Excelente alumbrado. Cuatro tribunas de hormigón y palco con asientos. Capacidad 14 mil personas. Buenas instalaciones. Utilizado para el Mundial femenino sub 17.
---| ---|

137
1858 A 1861
Campo APAC La Mennais
Camino José Strassner 3080. (Complejo deportivo de alta calidad con salones y locales excelentes, perteneciente a la asociación de padres del colegio La Mennais. En un entorno excepcional, ya descrito anteriormente) 1858: 100 x 62. Arcos reglamentarios. De fierro blanco, con soportes y excelentes redes. Césped muy cuidado. Marcaje completo. Se subdivide en dos canchas a lo ancho con marcaje propio. 1859-1860: 62 x 40. Arcos de 4. De fierro blanco, con soportes y redes. 1861: 57 x 33. Arcos de 4. De fierro blanco, con soportes y redes. Buen césped. Marcaje de áreas simplificado.
---| ---|
--|- ---|
--|- ---|
--|- ---|

1862-1881
Complejo Deportivo Colegio Santa Rita
Camino Pichincha 2929. (Entrada frente a la calle Maximiliano Rymarkiewicz. Complejo de gran

calidad, con muchas canchas y material. Locales muy buenos. Entorno sumamente cuidado con árboles, césped en perfecto estado, excelentes instalaciones. Seis canchas de fútbol 11, una de fútbol 9 y otra de fútbol 7 o baby fútbol. Esporádicamente, las cuatro canchas de fútbol 11 se dividen cada una en tres canchas chicas con marcaje propio y arcos móviles de 4. Un total de 20 canchas) Panorama general. Gran disponibilidad de arcos de diferentes tamaños. Arcos fijos de fierro blanco, con soportes y redes; arcos móviles, de fierro blanco, con estructura y redes. La modularidad se observa en las vistas callejeras y en ciertas vistas satelitales. Todas las canchas, salvo una, con excelente marcaje casi permanente. Desgaste mínimo, solo en los arcos. Altos tejidos de contención atrás de los arcos reglamentarios. En algunas canchas, talud de césped para el público. 1862: 94 x 62. 1863: 96 x 64. Se divide en 1864-1865-1866 de 64 x 30. 1867: 70 x 40. Arcos de 6. 1868: 50 x 30. Arcos de 4. 1869: 95 x 64. Se divide en 1870-1871-1872 de 64 x 30. Arcos de 6. 1873: 100 x 66. Se divide en 1874-1875-1876 de 66 x 30. Arcos de 6. 1877: 95 x 60. Se divide en 1878-1879-1880 de 60 x 30. Arcos de 6. 1881: 91 x 52.

--	- ---
--	- ---
--	- ---
--	- ---
--	- ---
--	- ---
--	- ---
--	- ---
--	- ---
--	- ---
--	- ---
--	- ---
--	- ---
--	- ---

1882 A 1887
Complejo Arsuaga. Defensor Sporting Club
Camino Pichincha 4430. (Centro de entrenamiento de los equipos de primera y juveniles. Cuatro canchas grandes –una de las cuales es

un pequeño estadio–, un espacio chico de entrenamiento y una cancha de fútbol 7 de césped sintético) Panorama general. Canchas bien marcadas con altos tejidos de contención atrás de los arcos. Arcos fijos, de fierro blanco, simples, con soporte para redes; arcos móviles, de fierro blanco, con estructura y redes. Entorno cuidado. Cerco de alambrado y postes en buen estado. Buenos locales con salones, sala de gimnasia y vestuarios. Playa de estacionamiento. 1882: cancha principal. 105 x 68. Buenos arcos reglamentarios. Buen césped. Banco techado de suplentes. Sobre un lateral, de talud de césped. Sobre el otro lateral, tribuna de hormigón de 12 gradas. Capacidad 3 mil personas. Sin alumbrado. 1883: 40 x 20. Espacio de entrenamiento y juego. Arcos de diferente tamaño. De fierro blanco, móviles. Buen césped. 1884: cancha secundaria. 105 x 68. A veces marcaje modular: dos canchas chicas a lo ancho para baby fútbol no contabilizadas aquí. Césped correcto. 1885 y 1887: ambas de 105 x 98. Marcaje. Cierto desgaste. Cerco. 1886: cancha de fútbol 7. 48 x 26. Arcos de

4. Césped sintético. Buena calidad. Tejido de contención alrededor. Alumbrada.
---| ---|
-	-- -	--
-	-- ---

1888
Cancha jardín
Camino Pichincha y Rymarkiewicz. (En vasto fondo de lujosa propiedad, cancha jardín cuidada. Desde hace años) 43 x 25. Arcos de 3. De fierro blanco, con estructura, móviles. Buen césped. Entorno excelente.
-|-- ---|

1889 A 1896
ExComplejo Los Álamos de Carrasco. Hoy señalado «Fenix»
Camino Brunel frente a avenida del Polo. (Las vistas satelitales muestran un complejo básico que funcionó hasta el 2017. Las dos canchas superiores solían ser subdivididas en canchas de 65 x 40 con arcos de 5. Las últimas vistas muestran obras en las dos canchas

superiores. Dudas sobre su permanencia. El complejo no tiene local ni instalaciones particulares) Panorama general. Canchas pasables, con hundimiento y zonas de desgaste importantes. Arcos fijos, de diferente tamaño, simples, con redes finas; y arcos móviles de 5, con estructura, en estado mediocre. Alambrado campero. 1889: 101 x 69. Se divide en 1890 y 1891: 68 x 50. Arcos de 5. 1892: 103 x 67. Se divide en 1893 y 1894: 68 x 50. Arcos de 5. 1895 y 1896: 105 x 68. Cancha lateral de uso esporádico pegada a la 1895 no contabilizada.
---| -|--
--|- -|--
--	- -	--
--	- -	--
--	- -	--

1897-1919
Carrasco Polo Club
Camino Gral Servando Gómez frente a Costanera Arroyo Carrasco Norte. (Ciertas canchas grandes del lado de Camino Gigantes. Gran cantidad de instalaciones deportivas: canchas de polo, hockey, tenis, rugby y fútbol, más excelentes locales sociales y piscina. Las canchas grandes de césped indistintamente de rugby o de fútbol) Panorama general. Canchas cuidadas en un buen entorno campero, con pocas instalaciones; césped cuidado sin más; cerco de alambrado básico; ni tribunas ni instalaciones particulares. Arcos fijos de fierro blanco, simples, con redes. Muchos arcos móviles, de fierro blanco, con estructura y redes. Algunas canchas con alumbrado. En la parte norte, canchas de baby fútbol. Las canchas grandes suelen dividirse en dos canchas chicas con marcaje propio. El mapa de la casilla representa una situación máxima en materia de uso futbolístico de los campos. Se totalizan 23 terrenos de juego. Instalaciones insuficientes en caso de eventos importantes. 1897-1898-1899: terreno alargado dividido en tres canchas chicas. Todas de 40 x 30. Arcos de 4. De fierro blanco, simples. Desgaste. Cierto alumbrado. 1900: 40 x 35. Arcos de 4. Dos focos de luz en cada lateral. Sin marcaje. 1901: cancha infantil con marcaje. 40

x 35. Tres focos de luz en cada lateral. 1902 y 1903: ambas de 100 x 65. Tres focos de luz sobre cada lateral. 1904: 100 x 60. Divisible en dos canchas, 1905 y -1906, de 60 x 40 con arcos de 4. 1907: 100 x 60. Divisible en dos canchas, 1908-1909, de 60 x 40 con arcos de 4. 1910: 100 x 60. Divisible en dos canchas, 1911-1912, de 60 x 40 con arcos de 4. 1913: 100 x 60. Divisible en dos canchas, 1914 y 1915, de 60 x 40 con arcos de 4. 1916: 105 x 60. 1917: 90 x 55. Divisible en dos canchas, 1918-1919, de 60 x 40 con arcos de 4.

-|-- --|-
-|-- --|-
-|-- --|-
-|-- --|-
-	-- --	-
--	- --	-
--	- --	-
--	- --	-
--	- --	-
--	- --	-
--	- --	-

---| --|-
--|- --|-
--	- --	-
--	- --	-
--	- --	-

1920-1921-1922
Tennis House

Camino Gral Servando Gómez 2280. (Al norte del Nuevo Carrasco Polo, club muy chic, con locales excelentes, canchas de tenis y de fútbol. Tres canchas de fútbol 7 o 9 muy cuidadas) Panorama general. Buen césped, marcaje y buen alumbrado. Buenos arcos. De fierro blanco, simples, con redes. 1920: 70 x 44. Arcos de 5,5. 1921: 45 x 30. Arcos de 4,5. 1922: 60 x 40. Arcos de 5,5.

--|- ---|
-|-- ---|
--|- ---|

1923 A 1932
Nuevo Carrasco Polo Club

Camino Gral Servando Gómez frente a Costanera Arroyo Carrasco Norte. (Predio situado al Este de Camino Gómez, cedido en 2015. Canchas construidas entre 2016 y 2018.

Seis campos de juego, dos de los cuales se dividen en dos canchas menores. Canchas principales de rugby y fútbol) Panorama general. Campos de calidad equivalente a los habituales de este club. Buenos arcos de fierro blanco, fijos simples o móviles con estructura. Buen alumbrado. Entorno campero con cerco de alambrado básico. 1923: cancha de 96 x 60. Cierto desgaste. Arcos reglamentarios. Se divide en 1924 y 1925, de 60 x 45. Arcos móviles de 4 y 5. 1926: cancha de 96 x 60. Cierto desgaste. Arcos reglamentarios. Se divide en 1927 y 1928, de 60 x 45. Arcos móviles de 4 y 5. 1929: 60 x 40. Arcos de 4. Marcaje esporádico. Bastante desgaste. 1930: 55 x 28. Arcos de 4. Sin marcaje. 1931 y 1932: canchas en hilera sobre un mismo campo. 50 x 35 cada una. Arcos de 4. Sin marcaje.
---| --|-
--|- --|-
--	- --	-
--	- --	-
--	- --	-
--	- --	-
--	- --	-
--	- --	-
--	- --	-

1933
Cancha jardín
Calle Tulipanes. (En vasto fondo de lujosa casa, cancha de césped) 23 x 15. Arcos de 3. De fierro blanco, con estructura y redes. Césped en muy buen estado. Alto cerco de juncos.
|--- --|-

1934 A 1941
St Patrick's College
Camino Gigantes 2735. (Una cancha grande de césped presentada como de rugby, en la cual se practica fútbol; una nueva cancha multideportiva de hockey y fútbol; dos canchas de césped entre los locales; un gimnasio grande) 1934: cancha de hockey y fútbol, de césped sintético. 94 x 55. Arcos de 4 en la vista satelital. De fierro blanco, con estructura. Excelente césped. Muy buen marcaje. Cuatro focos de luz en cada lateral. Tribunita. Se divide a lo ancho en dos canchas chicas de 55 x 40, con arcos de 4 (1935 y 1936). Muy buena instalación. 1937: cancha principal de césped.

105 x 70. Arcos reglamentarios. De fierro blanco, fijos, con soportes. Muy cuidada. Marcaje esporádico. Tres focos de luz en cada lateral. Buen césped. Se divide en 1938 y 1939, de 70 x 50. Arcos móviles de 4. 1940: cancha patio de césped en medio de los locales. Gastada en la vista satelital, muy verde en ciertas vistas callejeras. 40 x 20. Arcos de 4. De fierro blanco, simples. 1941: gimnasio grande. 40 x 22. Arcos de 3. De fierro rayado, rojo y blanco. Espacio luminoso. Piso pavimentado gris claro con marcaje múltiple.

---| ---|
--|- ---|
--|- ---|
---| --|-
--|- --|-
--|- --|-
-|-- --|-
-|-- ---|

1942
Farmashop
Camino Carrasco 7055-7057. (Cancha de césped atrás del centro de distribución) 30 x 20. Arcos de 4. De fierro blanco, móviles, con estructura y redes. Césped correcto. Instalación exigua pero cuidada.
-|-- --|-

1943 A 1946
Complejo Deportivo Náutico
Camino Pichincha entre Camino Carrasco y Formentor. (En evolución constante. Dos canchas grandes en buen estado, una cancha de hockey reciente, y dos canchas de fútbol 7 recientemente renovadas con muy buen césped) 1943: 98 x 64. Arcos reglamentarios. De fierro blanco, con soportes y redes. Césped correcto. Marcaje. Cuatro focos de luz en cada lateral. 1944: 103 x 67. Arcos reglamentarios. De fierro blanco, con soportes y redes. Césped correcto. Marcaje. Cuatro focos de luz en cada lateral. 1945-1946: canchas gemelas de 58 x 34. Arcos de 4. De fierro blanco, con estructura y redes. Renovadas. Excelente césped sintético y marcaje. Tejido de contención, cerco de alambrado y tres focos de luz en cada lateral. Local central con cantina y vestuarios. Buen cerco.

--	- ---
--	- ---

1947
COVI 89
Santa Mónica y Constancio Vigil. (Diversas entradas. Frente con juegos infantiles y cancha de césped) 25 x 13. Arcos de 4. De fierro blanco, simples, con ángulos rojos. Terreno pelado pero practicable. Entorno cuidado y agradable. Cerco de alambrado alto y sólido.
-|-- --|-

1948 A 1953
Uruguayan American School
Saldún de Rodriguez 2375. (Establecimiento moderno. Todos los espacios recreativos funcionan como espacios atléticos. Un gimnasio para voleibol y básquetbol principalmente) 1948: cancha de césped principal. 95 x 52. Arcos reglamentarios. De fierro blanco, con soportes y redes. Buen césped. Sin marcaje. Se utiliza a lo ancho dividida en 1949 y 1950: ambas de 60 x 35. Arcos de 4. De fierro blanco, móviles, con estructura y redes. 1951: cancha de césped secundaria. 40 x 18. Arcos de 4. De fierro blanco, móviles, con estructura y redes. 1952: cancha multideportiva pavimentada. 24 x 14. Arcos de 3. De fierro blanco, gruesos, bajo de los tableros. Pavimento renovado, verde, con buen marcaje. Tribunita escalera de dos niveles sobre parte de un lateral. 1953: excelente gimnasio multideportivo. 28 x 20. Excelente parquet. Uso de arcos móviles. Marcaje múltiple. Tribuna balcón. Divisible en dos canchas de 20 x 14, no contabilizadas.
---| ---|
--|- ---|
--|- ---|
-|-- --|-
|--- ---|
-|-- --|-

1954 A 1956
Parque plaza Dr Carlos María Sorín.
Complejo Cooper
Delimitada por las calles Agustín Musso, Havre, Dr José Arias y Francisco Gómez. (Dos canchas «viejas» y una cancha multideportiva reciente en lugar de una cancha grande de césped) 1954: del lado de Musso, sobre nuevo pavimento gris oscuro. 28 x 13. Arcos de 3. De fierro blanco, simples. Pavimento negro sin marcaje. Algunos bancos de hormigón en los laterales. 1955: del lado de

Musso y Havre. Cancha de césped. 62 x 35. Arcos de 4. De fierro blanco, con vivos rojos, simples. Sin marcaje ni instalaciones. Un solo arco en la vista callejera de 2015. 1956: cancha multideportiva del reciente complejo Cooper. 30 x 20. Arcos de 3. De fierro blanco, bajo los tableros. Pavimento gris claro. Marcaje múltiple. Cinco focos de luz en cada lateral.
-|-- |---
--|- -|--
-|-- ---|

1957
Escuela 183
Havre 2427. (Cancha multideportiva pavimentada renovada en 2016) 25 x 14. Arcos de 3. De fierro gris, con soportes. Pavimento negro. Marcaje. Tribuna escalera de tres gradas.
-|-- --|-

1958 A 1963
Parque deportivo Colegio Jesús María.
Dos espacios canchas muy particulares, delimitados por Alfredo Vázquez Acevedo, Santa Mónica, Fedra y Álvaro Vargas Guillemette. (Dos canchas grandes que se dividen a lo ancho en canchas menores) 1958 y 1961: ambas de 90 x 45. Arcos reglamentarios. De fierro blanco, simples. Césped pasable. Terreno pelado pero practicable. Cada cancha grande se divide en dos o tres canchas chicas. 1959, 1960, 1962 y 1963: todas de 45 x 30. Arcos de 4. De fierro blanco, con estructura, móviles. Alumbrado. Entorno cuidado. Cerco con columnas de ladrillo y estructuras de alambrado bajo.
---| --|-
-|-- --|-
-	-- --	-
-	-- --	-
-	-- --	-

1964-1965-1966
New Zeland School
Cooper 2271. (Cancha sobre Havre. Escuela moderna, con excelentes instalaciones. Cancha de fútbol tradicional de la escuela, modular) 60 x 30. Arcos de 4. De fierro blanco, simples. Gastada, pero bien cuidada. Se divide a lo ancho en dos canchas. 1965 y 1966: 30 x 30. Arcos fijos y móviles de 4. Desgaste

típico del uso modular. Sin otras instalaciones.
--|- --|-
-|-- --|-
-|-- --|-

1967
Cancha jardín
Adolfo Lapuente 2294. (Jardín con una pequeña cancha de tenis y una cancha de fútbol de césped) 20 x 10. Arcos de 3. De fierro blanco, con estructura y redes. Cuidada.
|--- --|-

1968 A 1973
Colegio Jesús María
Edmundo Bianchi 2228. (Ocupa la manzana. Tres cuartas partes con espacios deportivos. Tres canchas pavimentadas, y una de césped sintético modular) 1968: cancha multideportiva pavimentada. 17 x 10. Arcos de 3. De fierro blanco, gruesos, bajo tableritos. Pavimento gris oscuro. Escaso marcaje. Cerco de postes de madera. Buen entorno. 1969: cancha multideportiva pavimentada. 26 x 14. Arcos de 3. De fierro blanco y rojo, simples. Sin redes ni contención. Buen marcaje blanco renovado. Seis tableros. Dos bancos sobre un lateral. 1970: cancha pavimentada. 30 x 15. Arcos de 3. De fierro blanco, simples. Pavimento gris claro sin marcaje. 1971: cancha de césped sintético, hockey y fútbol. 64 x 50. Arcos de 6. De fierro blanco, con soporte y redes. Buen marcaje. Alumbrado. Tres poderosos grupos de reflectores sobre un lateral, seis sobre el otro. Se divide en dos canchas a lo ancho: 1972 y 1973: 50 x 32. Arcos de 4. De fierro blanco, con estructura y redes. Marcaje propio.
|--- --|-
-|-- --|-
-|-- --|-
--|- ---|
--|- ---|
--|- ---|

1974 A 1980
Old Boys and Old Girls Club. The British Schools.
Avenida Gral Máximo Tajes 6482 y Avenida Gral Máximo Tajes 6421. (Una cancha grande principal con uso modular, una cancha grande de entrenamiento con uso modular, y una cancha de básquetbol utilizada para «fútbol 4». Excelente entorno y locales) 1974:

cancha principal. 100 x 66. Arcos reglamentarios. De fierro blanco, simples, con excelentes redes. Buen césped. Marcaje tenue. Tres buenos focos de luz en cada lateral. Se divide en dos canchas a lo ancho. 1975 y 1976: 66 x 50. Arcos de 6. De fierro blanco, móviles, con estructura y redes. 1977: cancha de entrenamiento situada al lado de la piscina. 90 x 55. Arcos reglamentarios. De fierro blanco, simples, con buenas redes. De tierra. Se divide a lo ancho en dos canchas. 1978 y 1979: 45 x 55. Arcos de 4. 1980: cancha pavimentada multideportiva, indicada como cancha de fútbol 4. 26 x 13. Pavimento negro con áreas rojas. Buen marcaje. Arcos de 3. De fierro blanco, bajo los tableros. Un foco de luz.

---| ---|
--|- ---|
--	- ---
--	- ---
--	- ---
-	-- ---

1981 A 1984
Anglo School Carrasco
Avenida María Luisa Saldún de Rodríguez 2195. (Una cancha de fútbol de césped, una cancha patio chica y un gimnasio) 1981: cancha de césped. 37 x 27. Arcos de 4. De fierro blanco, simples. Buen césped y buen marcaje. Se utiliza a lo ancho sobre una sola mitad. 1982: 27 x 18. Arcos de 4. De fierro blanco, móviles, con estructura. 1983: cancha patio pavimentada. 23 x 10. Arcos de 3. De fierro blanco, móviles, con estructura y redes. Pavimento gris correcto. Marcaje. 1984: gimnasio. Básico y moderno. 31 x 25. Arcos de 3. De fierro blanco y negro, móviles, con estructura. Pavimento gris claro pulido. Buen marcaje. Arcos pintados en la pared formando dos canchas de 25 x 15 (no contabilizadas).

-|-- --|-
-|-- --|-
|--- --|-
-|-- --|-

1985
LATU Los Olmos, Laboratorio Tecnológico del Uruguay
Entrada por Avenida Italia 6201. Cancha en el parque, en la esquina de General Máximo Tajes y Córcega. (En

pleno parque, entre los árboles, cancha de césped) 30 x 12. Arcos de 3. De fierro blanco, móviles, simples. Entorno agradable. Cerco de alambrado alto y sólido.
-|-- --|-

1986-1987
Tajes 5
Avenida Máximo Tajes 6482. (Dos canchas de fútbol 5, una techada, otra abierta) Buen césped sintético. Buen alumbrado con 8 focos de luz en cada lateral. Arcos de 3. De fierro blanco, con estructura y redes. Locales chicos pero cuidados. Buenos comentarios. 1986: cancha cubierta. 25 x 14. Buen techo, moderno y funcional. 1987: cancha abierta. 25 x 14. Altas estructuras de contención alrededor, modernas y sólidas.
-|-- --|-
-|-- --|-

1988
Plaza pasaje Capri
Avenida Máximo Tajes frente a Capri. (Canchita de césped muy gastada y hundida al lado de espacio con juegos infantiles) 15 x 10. Arcos de 2,5. De fierro blanco, simples. Contexto agradable, cuidado.
|--- --|-

1989-1992
Colegio y Jardín de Infantes Jesús María
Avenida Italia 6629. Entrada también por Máximo Tajes. (Cuatro espacios de canchas infantiles, con marcaje de tipo fútbol, áreas y línea media) 1989: 11 x 6. 1990: 12 x 5. 1991: 25 x 12. 1992: 12 x 6. Las dos últimas, recientes. Piso pavimentado especial. Buen marcaje. Uso probable de arcos móviles.
|--- --|-
|--- --|-
-|-- --|-
|--- --|-

1993
Ex Complejo Portones
Avenida María Luisa Saldún de Rodríguez abajo del Anglo School. (Cancha del Complejo Portones, hoy cerrado. Muy utilizadas) 73 x 48. Arcos reglamentarios. De fierro blanco, despintados, simples. Redes naranjas finas. Sin marcaje.
--|- --|-

138

1994
Parque comunitario de la Cooperativa French
Costanera entre El Remanso, Gral French y Arroyo Carrasco. (En parque con locales y piscina, cancha chica de césped) 21 x 12. Arcos de 3. De fierro blanco, simples. Cierto desgaste. Ninguna instalación particular. Cerca del arroyo y de zona con árboles. Buen entorno.
|--- --|-

1995
Ex Asentamiento Civil Esperanza
Acosta y Lara 7129. Entre Arroyo Carrasco, Gral Nariño y Acosta y Lara. (Espacio público creado en el marco de la construcción de viviendas. Pista para bicicleta, centro médico, juegos y cancha multideportiva pavimentada) 28 x 15. Arcos de 3. De fierro blanco, bajo los tableros. Suelo negro con marcaje múltiple blanco. Tres bancos de hormigón en cada lateral.
-|-- --|-

1996
Cancha de la Cooperativa French
Sobre la calle El Remanso. (Cancha de césped) 34 x 25. Arcos de 4. De fierro blanco, oxidados, con estructura. Césped poco cuidado, con motas y flores. Poco desgaste. Tejidos de contención atrás de cada arco. Cerco de alambrado campero en buen estado. Espacio agradable.
-|-- --|-

1997
Cancha jardín infantil
Costanera 2552. (En fondo de casona con piscina, cancha infantil de césped) 9 x 7. Arcos de 2. De fierro blanco, con estructura. Buen entorno.
|--- --|-

1998
Cancha jardín infantil
Costanera 2532. (En fondo de casona con piscina, cancha infantil de césped) 12 x 8. Arcos de 3. De fierro blanco, con estructura. Buen entorno.
|--- --|-

1999-2000
Zona de las cooperativas COVHI (Hipertex) y Covimisu.
Inmediaciones norte del Estadio Víctor Della Valle. (Dos canchas infantiles

de césped) 1999: 19 x 10. Arcos de 3. 2000: 14 x 12. Arcos de 3. Mucho desgaste. Tejidos de contención. Espacio apretado. Entorno cuidado.
|--- -|--
|--- -|--

2001
Estadio Víctor Della Valle. El Tanque Sisley
Santa Mónica entre Livini y Avenir Rosell. (Inaugurado en 1992) 106 x 67. Césped pasable a malo. Mejorado hace poco. Capacidad: 2 500 espectadores. Media tribuna de hormigón sobre un lateral en espacio de tipo talud natural. Sobre el otro lateral, palco de hormigón verde, macizo, con modestas cabinas, y tribunas parciales de hormigón. Vegetación invasiva. Sin alumbrado. Cerco de la cancha en mal estado. Mantenimiento insuficiente aunque mejora.
---| -|--

2002
Tenis Tona
Dr Celedonio Silva y Nin 2334. (Club de tenis con una cancha de fútbol de césped) 26 x 16. Arcos de 4. De fierro blanco, con estructura y redes. Césped cuidado con desgaste. Alumbrado en los cuatro ángulos. Buen cerco de alambrado.
-|-- --|-

2003-2004
Predio parque cedido a la Cooperativa Banrep
Antonio Bachini y Raúl E. Baetghen. (En el parque, una cancha de césped y una cancha multideportiva reciente) 2003: cancha de césped. 36 x 30. Arcos de 4. De fierro, uno rojo, otro blanco oxidado, simples. Rodeada de árboles. 2004: cancha multideportiva. Renovada. 30 x 14. Arcos de 3. Pavimento negro con marcaje múltiple blanco. Arcos de fierro blanco, bajo los tableros. En el tomo 1, vista callejera del estado anterior. Entorno agradable.
-|-- --|-
-|-- --|-

2005-2006
Scuola Club
Avenida Horacio Acosta y Lara 7318. (Club ligado a la Scuola Italiana. Excelentes instalaciones y contexto. Dos canchas de césped sintético excelentes con buen marcaje) 2005:

cancha de fútbol 5 abierta. 33 x 14. Arcos de 3. De fierro blanco, con estructura y redes. Alumbrado. 2006: cancha techada. 38 x 24. Arcos de 3. De fierro blanco, con estructura. Alumbrado.
-|-- ---|
-|-- ---|

2007 A 2013
Scuola Italiana di Montevideo
Gral French 2380. (Vasto predio de 330 metros x 300, con múltiples instalaciones deportivas y amplios locales. El sitio de la escuela anuncia un estadio polideportivo con capacidad para 800 personas y siete canchas de césped, tres reglamentarias, cuatro recreativas. La contabilidad que se presenta aquí se apoya en las vistas satelitales) Algunas canchas modulares. Buena calidad general. Marcaje esporádico. 2007: «estadio» multideportivo. Gimnasio de 48 x 33. Cancha de 28 x 20. Arcos de 3. Postes rayados en negro y blanco, con estructura y redes. Pavimento pulido gris claro con marcaje múltiple. Tribunas y locales adjuntos de gran calidad. 2008: 74 x 50. Arcos de 6. De fierro blanco, con estructura, móviles. Marcaje esporádico. Tribunitas atrás de un arco y sobre un lateral. 2009: cancha principal. 100 x 73. Arcos reglamentarios. De fierro blanco, con estructura y redes, móviles. Buen césped. Marcaje. Sin alumbrado ni instalaciones particulares. Una vista satelital muestra la utilización de media cancha con marcaje propio. 2010: 73 x 50. Arcos de 4. De fierro blanco, con estructura y redes, móviles. Uso modular con arcos móviles de 3. 2011: 46 x 30. Arcos de 4. De fierro blanco, con estructura y redes, móviles. Sin marcaje. Una tribuna chica. 2012 y 2013: canchas recreativas de 55 x 35. Arcos de 4. De fierro blanco, con estructura y redes, móviles.
-|-- ---|
--	- ---
--	- ---
-	-- ---
--	- ---
--	- ---

2014 A 2021
Colegio y Liceo Stella Maris - Christian Brothers
Gral Máximo Tajes 7359. (Según

los documentos del colegio, una cancha principal de fútbol y rugby, dos canchas secundarias, y una zona alargada con «otras canchas». Uso generalizado de arcos móviles, de fierro blanco, con estructura y redes) 2014: cancha principal de fútbol y rugby. 100 x 65. Arcos reglamentarios. Cuatro focos de luz sobre cada lateral. Buen césped. 2015: cancha del preescolar. 13 x 7,5. Arcos de 2. Césped sintético verde con marcaje blanco. 2016: nueva cancha multideportiva de creación reciente. 40 x 18. Arcos de 4. Césped sintético. Marcaje de tipo hockey. 2017 a 2020: en franja de terreno del lado de Los Robles, diferentes canchas chicas dispuestas a lo largo o a lo ancho. La casilla muestra la disposición más frecuente, con cuatro canchas de 35 x 20, y uso de arcos de 4 o de 3. Buen material. Desgaste. 2021: gimnasio básico, claro y funcional. Espacio deportivo de 40 x 28. Arcos de 3. Rayados en negro y blanco, simples, bajo los tableros. Pavimento gris claro, pulido, con marcaje múltiple.
---| ---|
|--- ---|

-|-- ---|
-|-- --|-
-|-- --|-
-|-- --|-
-|-- --|-
-|-- --|-

2022
Espacio libre Guillermo Chiarino
Gral. Máximo Tajes y Pasaje Ipanema. (Cancha infantil de césped rodeada de árboles) 15 x 8. Arcos de 3. Gruesos postes de palo, de color natural, simples. Cierto desgaste. Sin otras instalaciones.
|--- --|-

2023
Cancha jardín
Pegada a la plaza Pepita Mendizábal. (Cancha de césped) 20 x 15. Arcos de 3. De fierro blanco, simples, con redes. Césped cuidado. Cerco de alambrado.
|--- --|-

2024-2025
Escuela 175
Lido 1992. (En vasto terreno, sobre Avenida Italia, dos canchas gemelas de césped. Fútbol recreativo) Ambas de 35 x 16. Arcos de 3. Una

con arcos de fierro blanco y soportes para redes, otra con arcos de fierro blanco, simples, despintados. Terrenos con desgaste. Entorno espacioso. Algo descuidado.
-|-- -|--
-|-- -|--

2026
Cancha jardín privada
César Cortinas 2034 entre Mones Roses y Avenida Italia. (En vasta propiedad privada con casona, piscina y muy amplio jardín, cancha de césped) 30 x 15. Arcos de 3. De fierro blanco, simples. Entorno excelente.
-|-- ---|

2027
Espacio libre, vereda de césped
Avenida Italia y Broqua. (En franja de césped que sirve de vereda, cancha de césped incompleta. Un solo arco) 26 x 16. Arco de 3. De palo grueso de color natural, simple. A lo opuesto, dos postes cortos sin travesaño. Espacio cuidado.
-|-- --|-

2028
Cancha privada de fútbol 5 o 7
Gral Santander 2034, al lado de la embajada china. (Vasto predio con locales y casona, piscina y cancha de fútbol) 37 x 19. Arcos de 4. De fierro blanco, con estructura. Césped natural muy cuidado. Buen marcaje completo. Cerco de contención. Entorno espacioso y agradable.
-|-- ---|

2029
Cancha privada multideportiva
General French entre Avenida Italia y Lieja. (En fondo de casona con amplio jardín y piscina, cancha multideportiva pavimentada) 22 x 11. Arcos de 3. De fierro blanco, móviles. Pavimento verde con marcaje múltiple, de fútbol y tenis.
|--- --|-

2030
Complejo deportivo Lido. Club Fuerza Satelital
Lido 1800. Fiestas y eventos. (Canchas de tenis, excelente piscina, locales diversos, restaurante, una cancha de fútbol 11 –casilla 153–, y una cancha de fútbol 5 de césped sintético, presentada aquí) 33 x 18. Arcos de 3. De fierro blanco, simples. Buen césped sintético con

buen marcaje. Al lado de la barbacoa. Tres focos de luz en cada lateral. Alto tejido de contención alrededor y arriba.
-|-- ---|

2031
Complejo de viviendas Miramar
Cannes 1799. (En parquecito, en medio de la residencia, linda cancha de fútbol) 24 x 15. Arcos de 2,5. De fierro blanco, simples, con redes. Césped cuidado y cortado. Sin instalaciones. Entorno espacioso y cuidado.
|--- --|-

2032 A 2036
Centro Gallego de Montevideo. Sede Carrasco
Avenida Italia 7504. (Vasto parque con piscina, cancha de fútbol 5 techada, gimnasio multideportivo, y cancha de fútbol 11 divisible. Buenos locales para reuniones y eventos) 2032: cancha de fútbol 5 techada, al lado de la piscina. 36 x 23. Arcos de 3. De fierro blanco, móviles, con estructura y redes. Césped sintético. En muy buen estado. 2033 gimnasio cerrado con marcaje multideportivo. 30 x 20. Arcos de 3. De fierro blanco, con estructura, bajo los tableros. Pavimento naranja con marcaje múltiple amarillo. 2034: cancha de fútbol 11. 90 x 58. Arcos reglamentarios. De fierro blanco, móviles, con redes excelentes. Muy buen césped. Marcaje. Tres focos de luz sobre cada lateral. Se divide en dos canchas de baby fútbol, 2035 y 2036, con marcaje propio: 58 x 40. Arcos de 4. Excelentes, móviles, con estructura y redes.
-|-- --|-
-	-- --	-
--	- --	-
--	- --	-

2037
Parque Lavalleja
Salida Luce Fabbri y Rafael Barradas. (En zona con juegos infantiles, cancha de césped) 28 x 20. Arcos de 3. De fierro blanco, con soporte para redes. Ni marcaje ni instalaciones. Entorno natural hermoso.
-|-- --|-

2038
Cancha jardín
Ingeniero Luis Andreoni 7240. (Entre

dos casonas, predio con cancha de fútbol de césped, básica. Pertenencia indeterminada) 28 x 14. Arcos de 3. De palo gris, simples. Césped en buen estado. Terreno ahuecado. Flores alrededor. Entorno agradable. Cerco de alambrado con portón y candados.
-|-- --|-

139
2039
Parque General Lavalleja
Salida Luce Fabbri y Rafael Barradas. (Complementaria de la cancha 2037. Cancha de césped) 40 x 20. Arcos de 4. De fierro blanco, simples, poco visibles en las imágenes satelitales recientes. Buen entorno.
-|-- --|-

141
2040
El Rincón del Indio. Parador y escuelita de fútbol
Antártida Uruguaya 4646. (Cancha de fútbol 7 alquilable. Escuelita de fútbol) 45 x 35. Arcos de 5. De fierro blanco, simples. Césped correcto. Tejido de contención atrás de los arcos. Alumbrado. Juego nocturno frecuente. Entorno: granja y cultivos.
-|-- --|-

2041-2042
Escuela 369
Camino Pedro San Kraemer casi Antártida Uruguaya. (Dos canchas de césped muy gastadas) 2041: cancha infantil sobre San Kraemer. 20 x 13. Arcos chicos y bajos: 2 de ancho x 1,5 de alto. De fierro blanco, con estructura. Mucho desgaste. 2042: cancha de césped compartida con el Club Parroquia. 60 x 45, Arcos de 4. De fierro blanco, simples, con redes. Marcaje de tipo surco. Tres focos de luz en cada lateral. Tejido de contención atrás de los arcos en estado pasable.
|--- -|--
--|- --|-

2043
Complejo deportivo Padre Kraemer. Parroquia Club
Camino Pedro San Kraemer esquina Antártida Uruguaya. Locales del club sobre Antártida. (Cancha de baby fútbol cuidada, con tribunitas). 52

x 38. Arcos de 4. De fierro blanco, con soportes y redes, móviles. Dos tribunitas de tipo circo sobre un lateral, cada una con cuatro gradas (capacidad: 80 personas). Marcaje frecuente. Tres focos de luz simples sobre cada lateral. Buena estructura de contención atrás de los arcos. Todo muy prolijo.
--|- --|-

2044
Cancha jardín
Camino Pedro García pasando la bodega La Estancia. (Cancha en el terreno frente al casco de la granja. Anteriormente dispuesta en el otro sentido, como se ve en la vista callejera del Tomo 1) 20 x 13. Arcos de 2,5. De fierro muy despintado, con estructura y redes. Césped cuidado. Entorno espacioso.
|--- --|-

142
2045-2046-2047
Complejo Héctor Da Cunha. Club Atlético Cerro
Camino Dellazoppa 4297 entre Burdeos y San Fuentes. (Tres canchas grandes. Locales y vestuarios de dimensiones modestas) Panorama general. Una sola cancha correcta con tribunitas laterales parciales de tres gradas y vista desde los locales. Arcos de fierro blanco, simples, en estado mediocre. Marcaje en una sola cancha. Todas las canchas de 105 x 68. No hay alumbrado. Acceso difícil. Playa de estacionamiento. 2045: cancha principal. La más cuidada, con tribunita para 100 personas. Marcaje y césped en buen estado. 2046-2047: canchas en mal estado. Arcos despintados. Marcaje raro o flojo.
---	--	-

2048
Cerro Juniors
Carlos Pedrell. Acceso por Camino Burdeos. (Cancha de baby fútbol con modestos locales. Entorno con los colores del club, celeste y blanco) 60 x 36. Arcos de 4. De fierro blanco, con ángulos y bases celestes, soportes y redes. Terreno malo. Cierto marcaje. Falta de cuidado. Cuatro focos de luz simples en cada lateral.

Banco de suplentes. Un solo tejido de contención. Una tribunita de madera azul, de cinco gradas, sobre un lateral. Capacidad 80 personas. Cerco de alambrado simple con postes celestes y blancos. Entorno algo sucio.
--|- --|-

2049
El Recreo, eventos
Burdeos 3700 casi Camino Dellazoppa. (Chacra de eventos, con cancha de fútbol 5, abierta, de césped sintético) 30 x 16. Arcos de 3. De fierro blanco, con ángulos y bases rojas, simples. Buen marcaje. Espacio cuidado. Cancha impecable. Cinco focos de luz en cada lateral. Cerco alto. Buenos locales adjuntos. Excelente entorno.
-|-- ---|

2050-2051
Canchas orilleras, barrio Casabó
Paralela José Caña. Orilla de la cañada del Tala, casi Burdeos. (Parque longitudinal con juegos y dos canchas gemelas de césped, en hilera) Ambas de 30 x 20. Arcos de 3. De fierro blanco, simples. Césped poco cuidado, alto en los costados, gastado en el centro. Sin redes ni instalaciones. Vista callejera con caballos en la cancha. Proximidad de la cañada y de la calle. Falta tejido de contención. Alumbrado público. Entorno sucio y descuidado.
-|-- -|--
-|-- -|--

2052-2053-2054
Escuela 375
Camino Burdeos y Camino Santa Catalina. (Escuela moderna, con propuesta educativa comunitaria global. Vasto predio, policlínica y espacio deportivo. Una cancha patio, una cancha multideportiva adjunta a los locales educativos, un Polideportivo a una cuadra. 2052: patio principal. 30 x 10. Arcos de 3. De fierro blanco, con estructura, móviles. Sin marcaje. Pavimento con desniveles. 2053: del lado de las viviendas de la Armada. Cancha pavimentada. 15 x 9. Arcos de 2,5. De fierro blanco, bajo los tableros. Pavimento negro con marcaje múltiple. Dos focos de luz sobre un lateral. Estado correcto. 2054: Del lado del Camino Dellazoppa. Polideportivo techado. 30 x 16.

Arcos de 3. De fierro blanco, simples. Pavimento gris claro, correcto. Marcaje múltiple. Entorno básico, poco estético. Cerco de chapas. Sin tejido de contención ni alumbrado.
-|-- --|-
|--- --|-
-|-- --|-

2055
Cancha orillera
Al límite de la zona «viviendas de la Armada». Entre las viviendas y la escuela técnica. (Cancha incompleta con desgaste típico importante) 47 x 16. Un solo arco de 3. De fierro fino, despintado y oxidado, simple. El otro arco formado por las bases de una estructura técnica. Predio alargado. Césped en mal estado, con zonas de tierra hundida y motas en los laterales.
-|-- -|--

2056
Media cancha en espacio público
Etiopía y calle 19. A orillas de Casabó. (Media cancha reciente pavimentada) 26 x 14. Arco de 3. De fierro blanco, bajo el tablero, en mal estado. Pavimento gris claro. Sin marcaje. Dos focos de luz. Espacio moderno, con bancos de ladrillo alrededor. Insuficiente.
-|-- -|--

2057
Club Social y Deportivo Santa Catalina
Pasaje de la Escuela frente al número 3336. (Interesante cancha de baby fútbol con buenas instalaciones) 50 x 32. Arcos de 4. De fierro blanco, simples, con redes amarillas. Césped renovado. Gran mejora. Sistema de riego. Marcaje. Tejido de contención atrás de uno de los arcos. Bancos techados de suplentes. Tribuna de seis gradas, de hormigón, pintada con los colores del club (verde y rojo) sobre un lateral. Capacidad para 300 personas. Tres focos de luz en cada lateral. Locales modestos pero vastos. Blancos con nombre y escudo del club. Cerco de bloques y alambrado. Buena obra.
--|- ---|

2058-2059
Canchas adjuntas al Club Santa Catalina
Ocupan el centro de la manzana

delimitada por *Pasaje de la Escuela, Camino Santa Catalina, Pasaje El Pardo y Calle Dalia.* (Dos canchas de baby fútbol en mal estado) 2058: 50 x 35. Arcos de 4. De fierro blanco con ángulos verdes, bastante despintados, simples. Mucho desgaste. Sin marcaje. Cierto alumbrado. Alambrado. Accesible desde la calle por Pasaje de la Escuela. 2059: 60 x 30. Arcos de 4. De fierro fino, despintados, simples. Sin marcaje. Falta mantenimiento.
--|- -|--
--|- -|--

2060
Escuela 309
Camino Santa Catalina 2537, esquina Pasaje de la Escuela. (Cancha multideportiva pavimentada) 26 x 14. Arcos de 3. De fierro blanco, gruesos, despintados y oxidados, bajo los tableros. Pavimento gris mediocre. Cierto marcaje. Dos bancos de hormigón sobre un lateral. Dos focos de alumbrado público sobre cada lateral. Falta estructura de contención. Cerco de rejas.
-|-- -|--

2061
Base militar naval. Comando de la Infantería de Marina
Camino Dellazoppa sin número. (Una cancha de césped entre La Marina y Camino Dellazoppa) 93 x 56. Arcos reglamentarios. De fierro blanco, simples, oxidados. Cerco de bloques en mal estado. Tejidos de contención rotos. Poco cuidado. Sin marcaje. Sin más instalaciones.
---| -|--

2062
Cancha de fútbol abierta
A una cuadra de la playa, entre La Marina y Murallones. Terreno delimitado por caminos sin nombre. (Cancha de césped muy gastada, creada hace años) 42 x 30. Arcos de 4. De fierro blanco, simples. Mucho desgaste. Césped pésimo. Sendero sobre la cancha. Bancos de hormigón recientes en los laterales.
-|-- -|--

143
2063
Espacio libre. CAIF Girasol
Zona orillera norte del barrio Casabó. Pasaje Central y Pasaje 2. (Junto

a los locales del CAIF Girasol. Espacio con juegos. Una cancha pavimentada) 25 x 16. Arcos de 3. De fierro blanco, finos, con estructura, muy oxidados. Suelo gris oscuro mediocre. Césped invasivo. Escaso marcaje. Faltan tejidos de contención. Postes de alumbrado sin focos.
-|-- -|--

2064
Club Huracán de Fútbol
Sede sobre Pasaje Huracán. La cancha ocupa la manzana delimitada por Camino Burdeos, Camino Cibils y Pasaje Huracán. (Cancha grande de césped, básica y descuidada) 88 x 50. Arcos reglamentarios. De fierro blanco, simples, despintados. Desgaste. Marcaje esporádico y flojo. Locales amplios, con los colores del club. Cerco de bloques grises sin estética. Portón roto. Sin instalaciones. Descuido.
---| -|--

2065-2066
Club Social y Deportivo Las Flores. Mini Estadio Miguel Martínez
Ocupa la manzana delimitada por Sepelín, Pasaje Ombú, Austria y Pasaje Las Flores. Sede sobre Pasaje Ombú 3857. (Una cancha de baby fútbol con tribunita y una canchita anexa) 2065: mini estadio. 58 x 40. Arcos de 4. De fierro blanco, simples, con buenas redes. Sobre un lateral, bancos de suplentes. Sobre el otro, dos tribunitas centrales de hormigón, de cuatro gradas, con los colores del club, azul y rojo. Capacidad 120 personas. Cuatro focos de luz en cada lateral. Cerco de rejas en buen estado, con los colores del club. Tejido de contención. 2066: cancha marginal. Prácticas y fútbol infantil. 26 x 16. Arcos de 4. De fierro blanco con ángulos y bases de los colores del club, despintados, simples. Pura tierra. Sin marcaje. Cierto alumbrado. Alambrado y portón pasables.
--|- --|-
-|-- -|--

2067
Cancha en espacio público de tipo plaza
Plaza alargada delimitada por Pasaje de los Ceibos, Pasaje Ombú, Pasaje Fortaleza y Rusia. (Zona de juegos,

bancos y cancha multideportiva pavimentada) 28 x 15. Arcos de 3. De fierro blanco, bastante despintados, bajo los tableros. Pavimento gris con buen marcaje múltiple. Dos focos de alumbrado público en cada lateral. Tejido de contención atrás de un arco. Escalera tribuna central sobre un lateral, de seis gradas. Cuatro bancos de hormigón en cada lateral. Entorno cuidado, espacioso.
-|-- --|-

2068-2069
Club Holanda
Rusia frente a Pasaje Ombú. (Dos canchas de baby fútbol y modestos locales) 2068: cancha principal. 60 x 40. Arcos de 4. De fierro blanco, con soportes y redes. Desgaste general. Marcaje. Banco de suplentes precario. Sobre un lateral, serie de cuatro tribunitas de hormigón de tres gradas. Capacidad 150 personas. Cuatro focos de luz sobre cada lateral. Cerco caótico de bloques y alambrado. 2069: cancha anexa. 52 x 32. Arcos de 4. De fierro blanco, simples. Césped malo. Sin marcaje. Dos focos de luz sobre uno de los laterales. Sin tejido de contención. Alambrado en mal estado.
--|- --|-
--|- -|--

2070-2071
Escuela 327
Continuación Guinea entre Lituania y Avenida de la Costa. (Dos canchas informales de césped, a la vez zona de recreo y espacio de juego). 2070: 25 x 13. 2071: 35 x 20. No se ven arcos. Mucho desgaste típico.

2072-2073
Liceo 50
Avenida Eduardo Da Costa y Continuación Guinea. (Dos canchas gemelas pavimentadas) Ambas de 26 x 14. Arcos de 3. De fierro blanco, en mal estado, simples. Pavimento gris oscuro con cierto marcaje. Deterioro. Sin alumbrado.
-|-- -|--
-|-- -|--

2074-2075-2076
Parque deportivo y recreativo 7 hectáreas
Avenida Prof. Chebataroff 2478

esquina Continuación Guinea. (De estructuración reciente. Instalaciones de cierta calidad, zona de ejercicios, una cancha multideportiva pavimentada y dos canchas de fútbol de césped) 2074: pavimentada. 28 x 17. Arcos de 3. De fierro blanco, bajo de los tableros. Buen pavimento verde con marcaje futbolístico. Entorno agradable aunque mínimo: alumbrado pobre. Falta tejido de contención. 2075: cancha de fútbol principal, anterior al parque. Básica. 88 x 45. Arcos reglamentarios. De fierro blanco, simples. Césped correcto. Marcaje esporádico. Un foco de luz. 2076: cancha reciente. 60 x 35. Arcos de 4. De fierro blanco, simples. Césped correcto. Marcaje esporádico con áreas y línea media. Fútbol juvenil femenino.
-	-- --	-
--	- --	-

2077
Cancha orillera de tipo parque.
Club El Nacional
Límite del parque que alberga el Club de Golf del Cerro, al borde de Continuación Guinea, a orillas de Puntas de Sayago. (Cancha de césped básica) 73 x 45. Arcos reglamentarios. De fierro blanco, simples, algo despintados. Césped pasable. Sin marcaje. Entorno campero, con árboles y espacio.
--|- --|-

144
2078-2079
Escuela Luisa Casterán
China 1898. (La escuela y el jardín de infantes ocupan toda la manzana. Del lado de la calle Bélgica, dos canchas patio gemelas) Panorama general. Pavimento rojizo de tipo calle. Cierto deterioro. Arcos con postes pintados de diferente color, simples. Un foco de luz en cada ángulo de cada cancha. 2078: multideportiva. 25 x 14. Arcos de 3. 2079: solo fútbol. 25 x 15. Arcos de 3. Cierto marcaje. Muro de bloques relativamente bajo. Falta tejido de contención.
-|-- -|--
-|-- -|--

2080
CAIF Casa de la amistad
Grecia 3959 esquina China. (Cancha patio) 24 x 12. Arcos de 3. De fierro gris, simples. Pavimento gris en estado mediocre. Entorno básico. Ni marcaje ni alumbrado.
|--- -|--

2081-2082
Plaza de deportes 11
Ocupa la manzana que forman las calles Portugal, Austria, Bogotá y China. (Buenas instalaciones, buena piscina, espacio para práctica de skate, excelente gimnasio multideportivo con tribunas, y cancha exterior multideportiva moderna) 2081: gimnasio, esquina Bogotá y Austria. 40 x 22. Arcos de 3. De fierro negro, móviles, con redes. Pavimento azul con excelente marcaje. Amplias tribunas sobre un lateral. Luminoso, funcional y modular. 2082: linda cancha exterior multideportiva. 27 x 13. Arcos de 3. De fierro blanco, con soportes, algo despintados. Pavimento gris claro. Buen marcaje. Falta tejido de contención. Borde y bancos de hormigón sobre los laterales. Cuatro focos de luz sobre cada lateral.
-|-- ---|
-|-- ---|

2083-2084-2085
Parque Débora Céspedes
Rambla del Cerro. Egipto entre Austria y Rusia. (Nuevo parque, recién creado, con tres espacios para fútbol) 2083: cancha de fútbol 5 abierta. 25 x 16. Arcos de 4. De fierro blanco, con estructura y redes. Buen césped sintético. Excelente marcaje. Alta estructura de contención alrededor. Cierto alumbrado. 2084: espacio pavimentado con un tablero y un solo arco de 2. De fierro blanco, grueso, con estructura. Para chicos. Forma circular de 8 x 7. 2085: cancha pavimentada multideportiva. 28 x 15. Arcos de 3. De fierro blanco, bajo los tableros, con estructura y redes. Pavimento gris claro. Marcaje. Dos focos de luz en cada lateral. Muy buen entorno.
-|-- ---|
|--- --|-
-|-- ---|

2086 A-2089
Club Zorzal
Egipto 3873 esquina Charcas. Frente a Fripur, sobre la Bahía de Montevideo. (Locales y cuatro canchas, dos de fútbol y dos de baby fútbol) 2086-2087: canchas de fútbol 5 abiertas, de buen tamaño. Ambas de 32 x 17. Arcos de 3. De fierro blanco, con estructura y redes amarillas. Buen césped sintético. Buen marcaje. Tejido de contención alto alrededor. Cinco focos de luz sobre cada lateral. Tableros electrónicos. Buena instalación. 2088: cancha de césped. Mala. 40 x 25. Arcos de 4. De fierro blanco, simples. Terreno malo. Irregularidades, tierra, motas y piedras. Sin cuidado. Tejido de contención en mal estado. 2089: cancha principal de césped. Al borde de la Bahía. 60 x 40. Arcos de 4. De fierro blanco, algo despintados, con soporte y redes. Césped correcto. Dos tribunitas de madera de cuatro gradas sobre un lateral: capacidad 50 personas. Tejido de contención en mal estado. Cinco focos de luz en cada lateral. Buenos locales atrás de la cancha. Cerco de bloques.
-|-- --|-
-|-- --|-
-|-- -|--
--|- --|-

2090-2091
Arena Fútbol 5
Prusia entre Grecia y Chile. (Un Facebook lo da como «Arena fútbol 5» con dos canchas: una de fútbol 5 y otra de «fútbol show». Las vistas muestran dos canchas de césped sintético abiertas, en un entorno correcto, en el centro de la manzana, con locales chicos) 2090: 27 x 18. Arcos de 3. De fierro blanco, simples, con redes verdes. Marcaje de línea media. Tejido de contención alrededor y arriba. Dos focos de luz en cada lateral. Recinto bajo de bloques, bien pintado. 2091: 34 x 20. Arcos de 3. De fierro blanco, simples, con redes verdes. Tejido de contención alrededor y arriba. Marcaje de la línea media. Tres focos de luz en cada lateral. Sin recinto.
-|-- --|-
-|-- --|-

2092
Club Verdirrojo
Prusia 1617. (Club de básquetbol con

una cancha de fútbol 5 abierta) 27 x 14. Arcos de 3. De fierro amarillo, finos, con estructura. Alfombrado correcto. Marcaje. Tejidos de contención en mal estado. Poco espacio. Cierto alumbrado. Estado general mediocre.
-|-- -|--

2093-2094
Canchas orilleras
Zona noreste del Parque Vaz Ferreira, sobre Polonia, y sobre la llamada calle Sin Salida. (Dos canchas malas, una grande y otra chica) 2093: Cancha «natural». 102 x 60. Arcos reglamentarios. De fierro blanco, despintados, simples. Césped sin cuidado. Vegetación invasiva. Entorno algo sucio. 2094: cancha a orillas de la Coviecuador. 23 x 17. Arcos de 4. De fierro blanco, finos, muy deteriorados, con redes rotas. Campo pésimo.
---| -|--
-|-- -|--

2095-2096
Formativas del Club Rampla Juniors. Campo deportivo Atenas 2004
Entrada por Turquía 3302. Locales muy modestos en la esquina con Francia. (Una cancha chica de césped y otra grande con mucho desgaste, sin mantenimiento) 2095: 37 x 18. Arcos de 5. De fierro blanco, móviles, con estructura, en mal estado. Terreno muy malo. Pura tierra. Un solo foco de luz. Tejidos de contención y cerco deshechos. Impresión general de abandono. 2096: 86 x 54. Arcos reglamentarios. De fierro blanco, con estructura, en buen estado. Césped mediocre. Mucho desgaste. Poco marcaje. Tejidos de contención y cerco deshechos. Alumbrado insuficiente.
-	-- -	--

2097-2098
Colegio Santa Clara
Bogotá 3275. (Dos canchas: una de césped; otra de sintético recientemente instalada, definida como «nuevo patio») 2097: 31 x 20. Arcos de 3. De fierro blanco, simples. Césped pasable. Básica pero agradable, de tipo gran jardín. Alto tejido de contención del lado de la calle. Sin marcaje. 2098: nuevo patio. Cancha de césped

sintético verde con excelente marcaje de fútbol 5. 22 x 13. Arcos de 3. De fierro blanco, con estructura y redes. Sin alumbrado. Entorno agradable.
-|-- --|-
-|-- ---|

2099
Estadio Olímpico de Rampla Juniors
Turquía 3237. (Estadio inaugurado en 1923. Histórico) Tribunas muy particulares solo sobre una mitad. La otra mitad de cancha directamente sobre la bahía. Capacidad: 6 mil personas. 105 x 68. Césped regular. Una antigüedad mal conservada y mal cuidada, con instalaciones magras. Poca comodidad. Sin alumbrado.
---| -|--

2100
Liceos 11 y 72
Ocupan la manzana delimitada por México, Grecia y Suiza. (Poca información. Una cancha de césped, básica, muy gastada) 30 x 20. Arcos de 4. De fierro blanco, simples. Mucho desgaste.
-|-- -|--

2101
Espacio Walter Ferreira
Rambla Suiza entre Río de Janeiro y Bogotá. (Espacio multideportivo abierto reciente) 28 x 14. Arcos de 3. De fierro blanco, con estructuras grises. Pavimento azul. Marcaje. Cuatro bancos de hormigón en cada lateral. Un foco de luz en cada ángulo. Falta tejido de contención.
---| --|-

2102
Club de Pesca del Cerro
Continuación de la calle Grecia, sobre la playa. (Junto a los locales, cancha de fútbol 5 abierta) 36 x 16. Arcos de 3. De fierro blanco, con bases rojas, soporte y redes. Buen césped sintético. Cuidada. Cuatro focos de luz en cada lateral. Tejido alrededor en buen estado.
-|-- ---|

146
2103-2104-2105
Rincón del Reducto Baby Fútbol
Locales en Continuación Melo casi San Fructuoso. (Cancha de césped sobre San Fructuoso, que se divide en dos canchas secundarias a lo ancho,

con marcaje propio) 2103: 90 x 60. Arcos reglamentarios. De fierro blanco, con estructura y redes. Cuatro focos de luz en cada lateral. Buen marcaje. Césped cuidado. Ninguna instalación. 2104-2105: 60 x 40. Arcos de 4. De fierro blanco, móviles, con estructura y redes.
---| --|-
--|- --|-
--|- --|-

2106 A 2115
El Galpón Fútbol 5
Paraguay 2211. (Verdadero complejo de canchas de fútbol 5. Diez canchas idénticas, cerradas) Buen tamaño de cancha: 40 x 17. Arcos de 3. De fierro amarillo, con estructura y redes. Césped sintético pasable. Buen alumbrado. Espacio para público sobre ciertas canchas. Según los comentarios, buena cantina y vestuarios correctos. Estacionamiento.
-|-- --|-
-|-- --|-
-|-- --|-
-|-- --|-
-|-- --|-
-|-- --|-
-|-- --|-

-|-- --|-
-|-- --|-
-|-- --|-

2116-2117
El Galpón Fútbol 7
Paraguay 2209. (Mismo nivel que las canchas anteriores. Canchas calificadas como de fútbol 7. Cerradas) Ambas de 43 x 20. Arcos de 4. De fierro amarillo, con estructura y redes. Galpones mejorados, aunque poco estéticos. Buenos vestuarios.
-|-- --|-
-|-- --|-

147
2118 A 2122
Complejo Concepción Fútbol 5
Rivadavia 1580. (Buen complejo. Cinco canchas de fútbol 5, cerradas. Mucho espacio, buenas instalaciones y cantina) Todas de 30 x 20. Arcos de 3. De fierro blanco con estructura y redes. Buen césped sintético. Redes de separación.
-|-- --|-
-|-- --|-
-|-- --|-

-|-- --|-
-|-- --|-

2123
Colegio y Liceo San Miguel
Concepción Arenal 1893 entre Porongos y Ramón del Valle Inclán. (Cancha patio pavimentada abierta) 25 x 14. Arcos de 3. De fierro blanco, móviles, con redes. Pavimento verde con buen marcaje.
-|-- --|-

2124 A 2127
Campo Deportivo del Ejército (CADE). Club Andresito
Bulevar Artigas 2555. (Vasto predio delimitado por Bulevar Artigas, Colorado, Rodriguez Larreta y Garibaldi, con dos canchas de césped, un estadio y un espacio anexo. 2124: cancha grande con buen césped. 90 x 45. Arcos reglamentarios. De fierro blanco, simples, con redes. Césped cuidado. Sin marcaje. Tres focos de luz en cada lateral. Poco desgaste. Una tribunita de madera, móvil, sobre un lateral. 2125: cancha anexa. 40 x 25. Arcos de 4. De fierro blanco, simples. Buen césped pero con bastante desgaste. Sin marcaje. 2126: estadio principal. 105 x 65. Arcos reglamentarios. De fierro blanco, con estructura y redes en perfecto estado. Rodeado por una pista de atletismo. Gran tribuna de tipo hipódromo, con comodidades y locales. Capacidad 2 mil personas. Marcaje completo. Buen césped, cuidado. 2127: espacio de práctica, entre la cancha principal y la pista. 35 x 20. Uso esporádico de arcos móviles.
---| --|-
-|-- -|--
---| ---|
-|-- -|--

2128-2129
Club Atlético Aguada
Gral San Martín 2261. (Dos canchas abiertas de tipo fútbol 5) Una multideportiva pavimentada, con marcaje múltiple colorido, otra de césped sintético. 30 x 15 ambas. Arcos de 3. De fierro blanco, con estructura y redes. Cinco focos de luz sobre cada lateral de cada cancha. Estado correcto. Altos tejidos de contención, rejas y murito con los colores del club.
-|-- --|-
-|-- --|-

2130
Tiro Libre Fútbol 5
Dr Juan José de Amézaga 2186. (En galpón básico, cancha de fútbol 5 y bubble ball, alargada, poco cuidada) 28 x 12. Arcos de 3. De fierro blanco, con estructura y redes, descascarados en las vistas disponibles. Alfombrado verde con marcaje, en estado correcto. Entorno poco estético y oscuro.
-|-- -|--

2131-2132-2133
Plaza de Deportes 2
Avenida Gral Flores 2250. (Dos canchas descubiertas pavimentadas y un gimnasio multideportivo. Las dos primeras se inscriben en un cuadrado, dividido en tres partes que se superponen formando dos canchas de fútbol y dos canchas de básquetbol) 2131: cancha multideportiva. 26 x 16. Arcos de 3. De fierro gris, con estructura y redes, bajo los tableros. Pavimento gris. Sin marcaje Bancos de hormigón sobre un lateral. Tres focos de luz sobre un lateral. Cancha pasable. 2132: 30 x 16. Arcos de 3. De fierro blanco, con estructura y redes, bajo los tableros. Pavimento gris. Sin marcaje. Cierto alumbrado. Bancos de hormigón sobre un lateral. 2133: Gimnasio multideportivo. 27 x 16. Arcos de 3. Con postes rayados en blanco y negro, estructura y redes, móviles. Marcaje múltiple. Pavimento pulido gris. Uso principal: gimnasia y voleibol. Fútbol esporádico. Buena disponibilidad de material.
-|-- --|-
-|-- --|-
-|-- --|-

2134
Montevideo Básquetbol Club
Porongos 2203 esquina Martín García. (Cancha de fútbol 5 techada) 26 x 16. Arcos de 3. De fierro blanco con ángulos rojos, con estructura y redes. Césped sintético correcto. Buen marcaje. Tres focos de luz en cada lateral. Escalera tribuna atrás de un arco, de seis gradas. Tejido de contención bajo, en mal estado.
-|-- --|-

2135
Liceo 2 Héctor Miranda
Entrada por Prof. Carlos Bacigalupi 2244, cancha sobre Emilia

Pardo Bazán. (Cancha patio multideportiva) 23 x 16. Arcos de 3. De fierro blanco con partes rojas, simples, bajo tableros rotos. Pavimento gastado. Restos de marcaje. Cerco de muro y rejas bastante altas. Un foco de luz en cada ángulo. Sobre todo un lateral, tribuna de hormigón de cuatro gradas dividida en tres sectores.
-|-- --|-

2136-2137
Punto Gol Fútbol 5
Arenal Grande 2060. (Dos canchas de fútbol 5 cerradas, en hilera, en galpón básico, alargado, estrecho) 26 x 14. Arcos de 3. De fierro blanco, con estructura y redes. Césped sintético correcto. Separadas por tejido de contención. Parrillero y vestuarios.
-|-- -|--
-|-- -|--

2138
Mano a mano Fútbol 5
Miguelete 1933. (Salón de fiestas. Buenos locales. Galpón con cancha de fútbol 5) 25 x 18. Arcos de 3. De fierro blanco, simples. Césped sintético mediocre. Estética básica. Cierto espacio para público.
-|-- -|--

2139
Sindicato Único de Telecomunicaciones
Miguelete 2332. (Complejo deportivo con excelentes instalaciones para eventos. Piscina, locales y gran gimnasio cerrado con cancha y dos buenas tribunas laterales) 28 x 15. Arcos de 3. De fierro blanco con ángulos negros y redes, simples. Pavimento pulido gris. Marcaje múltiple. Luminosidad y comodidad.
-|-- ---|

2140-2141
Indoor Tres Cruces
Cufré 1918. (En vasto galpón, con bastante espacio lateral y buenas instalaciones, dos canchas gemelas de fútbol 5 cerradas, en hilera) 26 x 16. Arcos de 3. De fierro blanco con ángulos y bases negros, estructura y redes. Césped sintético correcto. Buen marcaje. Tejidos de contención. Alumbrado. Espacio para público.
-|-- --|-
-|-- --|-

2142 A 2146
Colegio y Liceo Sagrada Familia
Avenida Libertador Juan Antonio Lavalleja 1960. Ocupa casi toda la manzana delimitada por Lavalleja, Nicaragua, Yaguarón y Lima. (Importantes locales de varios pisos. Los patios ocupan las tres cuartas partes del espacio. Todos pintados y equipados para formar canchas. Cinco canchas pavimentadas multideportivas) 2142: 26 x 15. Arcos de 3. De fierro blanco, simples, bajo los tableros. Pavimento gris. Cierto marcaje. 2143: 40 x 20. Arcos de 4. De fierro blanco con ángulos negros y redes Pavimento verde. Marcaje múltiple. 2144: cancha principal. 36 x 24. Arcos de 4. De fierro blanco con ángulos negros y redes, simples. Pavimento verde. Marcaje múltiple. 2145 y 2146: canchas de básquetbol y fútbol, superpuestas y cruzadas. 21 x 10, y 25 x 12. Arcos de 3. De fierro blanco, con estructura, móviles. Pavimento naranja con marcaje múltiple.
-|-- --|-
-|-- --|-
-|-- --|-
|--- --|-
-|-- --|-

2147
Espacio multipropósito
Doctor Salvador Ferrer Serra y Democracia. (Cancha multideportiva reciente muy bien arreglada) 28 x 16. Arcos de 3. De fierro blanco, gruesos, bajo los tableros. Pavimento azul. Marcaje multicolor. Cuatro focos de luz en cada lateral. Buen cerco de alambrado alto que sirve de contención. Borde para sentarse sobre todo un lateral y atrás de un arco. Buen entorno.
-|-- ---|

2148
Plaza Líber Seregni
Joaquín Requena entre Eduardo Víctor Haedo y Daniel Muñoz. (Cancha multideportiva pavimentada) 28 x 16. Arcos de 3. De fierro blanco, gruesos, bastante despintados, bajo los tableros. Pavimento azul gastado con restos de marcaje. Buenas estructuras de contención. Escalera tribuna de tres gradas sobre todo un lateral. Buen alumbrado.
-|-- ---|

148

2149
Campo Deportivo del Ejército (CADE). Club Andresito
Bulevar Artigas 2555. Vasto predio delimitado por Bulevar Artigas, Colorado, Rodriguez Larreta y Garibaldi. (Múltiples canchas y un gran gimnasio. Aquí, cancha situada más al este sobre Bulevar Artigas) 50 x 36. Arcos de 3. De fierro blanco, con estructura y redes. Cuidada. Buen césped. Marcaje tenue y esporádico de límites. Muro de ladrillos y altas estructuras de contención.
--|-- --|-

2150
Complejo Habitacional Bulevar Artigas
Bulevar Artigas frente al CADE. Cancha sobre Quijote esquina Paso del Cuello. (Cancha de césped descuidada) 50 x 30. Arcos de 4. De fierro blanco, despintados, con estructura y redes en mal estado. Mucho desgaste. Sin marcaje. Uso esporádico de arcos móviles para constituir canchas más chicas. Recientemente utilizada como playa de estacionamiento. Tejido de contención Cerco de alambrado pasable.
-|-- -|--

2151-2152-2153
Zona Fútbol
Emilio Raña 2671. (Tres buenas canchas de fútbol 5 techadas, cerradas en los costados con cortinados plásticos) 30 x 16. Arcos de 3. De fierro blanco, con estructura y redes. Césped sintético correcto. Frío en invierno según los usuarios. Complejo grande, moderno, con galpones bien diseñados. Muy buen entorno.
-|-- --|-
-|-- --|-
-|-- --|-

2154-2155
Soccer City
Mariano Moreno 2424. (Galpón básico, de aspecto descuidado. Una cancha de fútbol 5 cerrada y una cancha infantil techada) 2157: Cancha de fútbol 5, recientemente renovada. 36 x 18. Arcos de 3. De fierro blanco, simples. Alfombrado correcto. Marcaje. Buen tamaño. 2158: canchita marginal multideportiva para entrenamiento

físico, básquetbol y fútbol infantil. 20 x 10. Arcos de 2. De fierro blanco, simples. Alfombrado con marcaje multideportivo de color.
-|-- --|-
|--- --|-

2156
Preuniversitario Pallotti (Palotino)
Luis Alberto de Herrera 2655. (Cancha patio pavimentada) 25 x 14. Arcos de 3. De fierro blanco, móviles, con estructura y redes. Pavimento verde algo gastado. Buen marcaje. Estado correcto. Cierto alumbrado.
-|-- --|-

2157-2158
Centenario Fútbol 5
Luis Alberto de Herrera 2581. (Dos canchas de fútbol 5 cerradas, en dos galpones básicos) 24 x 16. Arcos de 3. De fierro blanco, simples. Alfombrado, correcto. Mucho espacio para vestuarios, sala de fiestas, cantina, sala de gimnasia, aparatos. Tablero electrónico.
|--- --|-
|--- --|-

2159-2160
Gran Parque Central. Club Nacional de Football
Carlos Anaya 2900. Polideportivo de Nacional, Comandante Braga 2900. (Estadio del club y gimnasio adjunto) 2159: estadio de Nacional. Creado en 1900. Sucesivas renovaciones. En constante evolución desde 2015. Ampliación de las tribunas laterales con palcos. Nuevo sistema de alumbrado. Proyectos al nivel de un estadio mundialista, con techo fotovoltaico y capacidad para 40 mil personas. Capacidad actual: 34 mil. 105 x 68. 2160: excelente gimnasio moderno. 40 x 25. Arcos de 3. De fierro blanco o con los colores del club, estructura y redes. Muy buen parquet. Marcaje múltiple de gran calidad. Cancha de fútbol (tamaño máximo del gimnasio). Buena luz natural y alumbrado artificial.
---| ---|
-|-- ---|

2161
Zimón Zinco
Gral Urquiza 2883. (Cancha de fútbol 5-6, cerrada) 32 x 18. Arcos de 3. De fierro blanco, simples.

Alfombrado bastante usado. Marcaje múltiple, fútbol y tenis. Casita en el frente con sala para fiestas y reuniones. Parrillero. Modestos baños y vestuarios.
-|-- --|-

2162
Gimnasio del Colegio Santa María
8 de Octubre y Jaime Cibils. (No hay información visual al respecto) Galpón moderno. 30 x 20.
-|-- --|-

2163-2164
Liceo 55
Asilo 3254. (Vasto espacio con dos canchas, una pavimentada, otra de césped) 2163: cancha patio pavimentada. 20 x 10. Arcos de 3. Un arco de fierro gris y otro naranja, simples. Pavimento gris, en estado mediocre. Sin marcaje. Entorno poco estético, sin cuidado. 2164: cancha de césped. 25 x 14. Arcos de 3. Un arco fino, sin redes, con un sostén bajo en cada lateral. Mucho desgaste.
|--- -|--
-|-- -|--

2165
Esparta Fútbol 5
Dr Francisco Simón 2364. (Cancha de fútbol 5 cerrada, con ciertos locales, sala parrillero, vestuarios y baños) 28 x 17. Arcos de 3. De fierro blanco, simples, sin estructura, bastante despintados. Alfombrado. Galpón básico sin estética. Techo bajo.
-|-- -|--

2166 A 2169
Instituto Crandon
Gral Urquiza 2775. (Ocupa dos grandes medias manzanas. En cada una, una cancha pavimentada y un gimnasio) 2166: gimnasio principal. 30 x 16. Arcos de 3. De fierro blanco con bases negras, estructura y redes. Buena luz. Parquet con buen marcaje múltiple. 2167: cancha patio multideportiva. 40 x 19. Arcos de 3. De fierro blanco, con estructura y redes. Pavimento gris con marcaje múltiple (para cancha grande y cancha chica). 2168: cancha patio multideportiva. 25 x 13. Arcos de 3. De fierro blanco, gruesos, bajo de los tableros, con estructura y redes. Suelo verde. Marcaje multicolor

correcto. Alta estructura de contención alrededor de toda la cancha. 2169: gimnasio chico. 20 x 15. Según la vista disponible: arcos de 3 pintados de negro en la pared. Parquet. Marcaje múltiple. Muy estrecho. Con balcones.
-|-- --|-
-|-- --|-
-|-- --|-
|--- --|-

2170-2171-2172
Liceo 3 Dámaso Antonio Larrañaga
Jaime Cibils 2878. (Ocupa una manzana. Un gimnasio chico y dos canchas patio, multideportivas, pavimentadas) 2170: gimnasio básico. 24 x 14. Arcos de 3. De fierro blanco, simples. Parquet. Marcaje múltiple. 2171 y 2172: pavimentadas gemelas. Ambas de 24 x 14. Arcos de 3. Pavimento gris. Cierto marcaje. Estado mediocre.
|--- -|--
|--- -|--
|--- -|--

2173
Colegio Paulo Freire
Avenida Italia 3022 esquina Spikerman. (Una canchita patio pavimentada a altura de un primer piso) 15 x 10. Arcos de 2. De fierro blanco, con soportes. Pavimento azul muy gastado. Cierto marcaje. Tejido de contención bajo.
|--- -|--

2174-2175
2 cabezas Fútbol 5
Dr Salvador Ferrer Serra 2281. (En gran y robusto galpón, con espacio correcto para estar, tomar algo, vestuarios, etcétera, dos canchas en hilera) Césped sintético renovado, bueno. Arcos de 3. De fierro blanco con ángulos negros, simples. Alumbrado central a veces molesto. 2174: 24 x 15. 2175: 24 x 16. Buenos comentarios.
|--- --|-
|--- --|-

2176
Cancha de baby fútbol
A lado de ISEF (Udelar). (Utilizada por Udelar y equipos de baby fútbol) 60 x 39. Arcos de 4. De fierro blanco, simples. Campo pésimo. Pura tierra. Marcaje esporádico. Tres modestos focos de luz en cada lateral. Sin cerco.

Algunos bancos sobre un lateral.
-|- -|--

2177
Gimnasio del ISEF de Udelar. Instituto Superior de Educación Física
Prof. Alberto Langlade sin número frente a la pista de atletismo. (Gimnasio situado en el centro del instituto. Básico pero cuidado) 26 x 17. Arcos de 3. De fierro rayado en negro y blanco, simples, pegados a la pared. Parquet pasable. Marcaje múltiple bueno. Tableros a lo largo y a lo ancho.
-|-- --|-

2178
Rayo Rojo Baby Fútbol
Prof. Alberto Langlade y Av. Ramón Benzano. (Cancha de tierra) 60 x 40. Arcos de 4. De fierro blanco con ángulos y bases rojas, estructura y redes, buenos. Pura tierra. Sin cuidado. A veces marcaje. Cierto alumbrado. Sin cerco. Sin locales.
-|-- -|--

2179
Mirador Baby Fútbol
Av. Ramón Benzano y Federico Vidiella. (Del mismo tipo que la anterior) 56 x 36. Arcos de 4. De fierro blanco, con ángulos rojos, simples. Pura tierra. Marcaje esporádico. Tres focos de luz en cada lateral. Sin cerco. Banco sobre un lateral con los colores del club (rojo y blanco).
-|-- -|--

2180
Estadio Centenario
Estadio histórico circular delimitado por Av. Ramón Benzano, Av. Federico Vidiella y Av. Américo Ricaldoni. (Creado en 1930 para el campeonato del mundo de fútbol. Monumento histórico) 105 x 68. Cuatro tribunas: laterales, Olímpica y América; cabeceras, Colombes y Ámsterdam. Renovado varias veces de modo superficial. Capacidad: 60 mil espectadores. Poca comodidad para público y jugadores. Museo del Fútbol.
---| --|-

2181
Parque Méndez Piana. Miramar Misiones
Av. Ramón Benzano frente a Av. Federico Vidiella. (Modesto

estadio situado a pocos metros del Centenario) 105 x 68. Césped mediocre. Capacidad 4 mil espectadores. Cuatro tribunas bajas, de hormigón, recientemente pintadas con los colores del club. Palco y ciertas instalaciones. Vegetación entre las gradas. Poca comodidad. Cerco mural muy bajo. Sin alumbrado.
---| -|--

149

2182
Iglesia de Jesucristo
Azara 3767. (En vasto fondo, cancha pavimentada multideportiva renovada en 2016) 24 x 16. Arcos de 3. De fierro blanco, simples, bajo los tableros. Pavimento verde con buen marcaje. Dos focos de luz en cada lateral. Buena estructura de contención. Lugar protegido.
|--- --|-

2183
Azara Fútbol 5
Azara frente a José Serrato. (Cancha de fútbol 5 cerrada) Galpón de 27 x 16. Buenos comentarios)
-|-- --|-

2184
2 A 1 Fútbol 5
Comercio 2159 esquina Mateo Cabral. (En vasto galpón sólido y prolijo, cancha de fútbol 5 con espacio para fiestas y cantina) 30 x 18. Arcos de 3. De fierro verde con bases y ángulos negros, estructura y redes negras. Buen alfombrado. Considerada por los usuarios como una de las mejores canchas de fútbol 5 del país. Utilizada para escuela de fútbol. Marcaje de cancha más chica, no contabilizada. Buenas instalaciones, alumbrado, etcétera.
-|-- --|-

2185
Plaza Delmira Agustini
Placita triangular sin nombre delimitada por las calles Resistencia, Samuel Blixen y Alto Perú. (Con biblioteca y casa vecinal. Sobre Alto Perú, muy buena cancha multideportiva renovada) 26 x 14. Arcos de 3. De fierro blanco, gruesos, simples. Pavimento gris. Buen marcaje. Estructura de contención de alambrado verde. Dos focos de luz sobre cada costado. Bancos de hormigón

sobre un lateral y atrás de los arcos. Entorno cuidado.
-|-- --|-

2186
Plaza República del Salvador
Sobre la calle Prof. Clemente Estable. (Canchita básica pavimentada) 19 x 10. Arcos de 3. De fierro blanco, simples. Pavimento negro en buen estado. Sin marcaje. Ni alumbrado ni tejido de contención. Entorno cuidado y espacioso.
|--- --|-

2187
Tito Frioni Fútbol 5
Anzani 1910. (Club de barrio con vastos locales, sala de fiestas y parrillero. Cancha de fútbol 5 abierta) 25 x 16. Arcos de 3. De fierro blanco, con estructura y redes. Césped sintético renovado con presupuesto municipal. Tejido de contención alrededor. Exterior decorado para niños. Dos focos de luz en cada lateral.
-|-- --|-

2188-2189
Colegio Nuestra Señora de Luján
Dr Washington Beltrán 1869. (Dos canchas patio pavimentadas). Pavimento gris pasable. 2188: 24 x 14. Arcos de 3. De fierro blanco, bajo los tableros. Marcaje. 2189: 35 x 15. Arcos de 3 o 4. De fierro blanco, simples. Marcaje de tipo fútbol 5.
|--- --|-
-|-- --|-

2190
La Bombonera Fútbol 5
Avda Mariscal Francisco Solano López 1704. (Cancha de fútbol 5 techada, en galpón luminoso) 30 x 18. Arcos de 3. De fierro verde con ángulos negros, estructura y redes. Buen alfombrado. Buenas instalaciones en constante evolución. Cantina y buenos vestuarios. Entorno cuidado. Buenas opiniones.
-|-- --|-

2191
La Rinconada Baby Fútbol
Miguel Martínez y Anzani. (Muy buena cancha de césped sintético instalada en 2015) 50 x 33. Arcos de 4. De fierro blanco, con estructura y redes. Muy buen marcaje. Tres focos de luz sobre cada lateral. Problema: muro alto con tejido

de contención pegado a las líneas. Tribunita de tres gradas atrás de un arco. Excelente instalación.
--|- ---|

2192-2193
Complejo Habitacional Buceo
Vasto complejo ocupando zona triangular delimitada por Avenida Santiago Rivas, Br José Batlle y Ordóñez y José Enrique Michelena. (Dos canchas de césped malas en espacios libres entre los diferentes bloques) 2192: sobre Santiago Rivas. 25 x 14. Arcos de 3. De fierro blanco, despintados, finos, simples. Sin cerco. Desgaste y suciedad. 2193: del lado de Michelena y Taruman. 30 x 15. Un solo arco de 4. En mal estado, simple. El otro se forma con un bloque y un poste de luz. Mucho desgaste, motas en los laterales.
-	-- -	--

2194-2195
Facultad de veterinaria
Alberto Lasplaces 1550. (Una cancha grande básica y mala con doble marcaje) 2194: en el centro de la facultad, cancha bordeada por la calle interna Alberto Castillo. 95 x 49. Arcos reglamentarios. De fierro blanco, simples. Ninguna instalación particular. Desgaste y cuidado escaso. Marcaje esporádico. 2195: marcaje más chico con mismo centro que la precedente. 50 x 30. Arcos móviles de 4.
---| -|--
--|- -|--

150
2196 A 2201
Conjunto de canchas en vasto terreno tendiente a baldío
Baldío delimitado por las calles Mataojo y José de Espronceda. (Canchas en progresivo abandono, pero siempre en uso. Una de baby fútbol, y dos grandes con uso modular. Seis espacios de juego en total) 2196: 60 x 40. Arcos de 4. De fierro blanco, despintados, simples. Mucho desgaste. Entorno descuidado y sucio. 2197: 100 x 60. Un solo arco. De fierro blanco, simple, en mal estado. Bancos de hormigón sobre los laterales. Campo pésimo. Entorno sucio. 2198: media cancha de la 2197. 60

x 40. Arcos de 4. De fierro blanco, simples. Muy utilizada. Mucho desgaste. Entorno sucio. 2199: 100 x 60. Arcos reglamentarios. De fierro blanco, con estructura. Césped pésimo. Con senderos. Se divide en dos canchas: 2200 y 2201. Ambas de 60 x 40. Arcos de 4. De fierro blanco, con soportes, en mal estado.

-|-- |---
---		---
---		---

2202
Escuela 317
Iguá 4484. (Cancha pavimentada multideportiva reciente). 30 x 16. Arcos de 3. De fierro blanco, bajo los tableros. Pavimento gris claro con cierto marcaje. Dos focos de luz en un lateral. Escalera tribuna sobre un lateral.

-|-- --|-

2203-2204
El Coloso Malvín 5
Alberto Gallinal 2115 entre Espuelitas y Godoy. (Dos canchas de fútbol 5, una techada –2203–, otra abierta –2204–. Ambas de 30 x 15. Arcos de 3. De fierro blanco, simples, con redes. Buen césped sintético. Alumbrado. Pequeños locales para fiestas y otras comodidades. Entorno agradable.

-|-- --|-
-|-- --|-

2205
Instituto Pasteur
Mataojo 2020. (Cancha de césped en el terreno que da sobre Rambla Euskal Erría) 36 x 20. Arcos de 4. De fierro blanco, simples. Poco utilizada. Césped cuidado. Sin instalaciones.

-|-- --|-

2206
Instituto Superior de Educación Física
Rambla Euskal Erría 4101. (Gimnasio básico. 30 x 22. Arcos de 3. De fierro blanco, simples, pegados a la pared. Piso de parquet claro. Marcaje multideportivo y modular. Mucha luz natural. Buen sistema de alumbrado desde arriba.

-|-- --|-

2207-2208
Complejo «Azul». Belgrano baby fútbol
Sobre Rambla Euskal Erría pegado al Instituto de Educación Física. (Dos canchas de césped, una mala y una buena. Sin locales) 2207: cancha de entrenamiento. 50 x 35. Arcos de 4. De fierro blanco, simples. Mucho desgaste. Poco marcaje. 2208: cancha principal. 53 x 40. Arcos de 4. De fierro blanco con ángulos azules, soportes y redes. Buen césped. Buen marcaje. Cuidada. Tres focos de luz en cada lateral, insuficientes para jugar pero bien para entrenamientos. Bancos de suplentes. Tribunitas de madera de cuatro gradas.
--|- -|--
--|- --|-

2209-2210-2211
Complejo habitacional Euskal Erría
Diversas entradas por la calle Iguá y por Rambla Euskal Erría. (Canchas del lado de la rambla. Dos de césped, una pavimentada) 2209: cancha de césped. 60 x 50. Un solo arco de 4. De fierro blanco, simple. Muy utilizada. Descuidada. 2210: cancha pavimentada. 25 x 12. Arcos de 3. En mal estado, bajo los tableros. Pavimento gris deteriorado. Césped invasivo. Ni marcaje ni luz. 2211: 30 x 15. Arcos de 3. De fierro blanco, despintados. Terreno con mucho desgaste. Descuido.
--	-	---
-	-- -	--

2212
Parque de la Juventud
Rambla Euskal Erría sobre la Cañada Malvín. (Cancha multideportiva inaugurada a fines del 2018) 28 x 15. Arcos de 3. De fierro blanco, gruesos, bajo los tableros. Buen marcaje. Pavimento gris con zonas naranjas, muy liso (para patinaje). Sin tejido de contención. Dos focos de luz sobre cada lateral. Algunos bancos de hormigón.
-|-- --|-

2213
Plazuela Líber Troitiño
Adrían Troitiño y Julio Sosa. (Espacios de juego y una cancha de césped alargada entre los árboles) 40 x 10. Arcos de 3. De

fierro blanco bastante despintados, simples. Cierto desgaste. Estrecha pero simpática.
-|-- --|-

2214 A 2218
Supermatch 5
Valencia 1961 esquina Zaragoza. (Complejo reciente con cinco buenas canchas techadas de fútbol 5) Panorama general. Buenos locales. Mucho espacio. Arcos de 3. De fierro blanco, con estructura y redes. Césped sintético de calidad desigual. Marcaje no uniforme. 2214: 29 x 19. 2215: 32 x 19. 2216: 30 x 20. 2217 y 2218: 29 x 20. Buen entorno. Comentarios muy positivos.
-|-- --|-
-|-- --|-
-|-- --|-
-|-- --|-
-|-- --|-

2219
Media cancha en espacio abierto
En espacio abierto de césped delimitado por Avenida Italia, Rambla Concepción del Uruguay y Valencia. (Zona de césped adjunta a cooperativa de viviendas, ondulada y gastada, con un solo arco) 23 x 12. Arco de 4. De fierro blanco, con estructura. Sin tejido de contención. A 20 metros de la Cañada Malvín.
|--- |---

2220
Liceo 10
Mataojo 1862. (Cancha multideportiva pavimentada) 25 x 15. Arcos de 3. De fierro blanco, despintados, bajo tableros rotos. Pavimento negro con marcaje múltiple. Césped invasivo. Tejido de contención bajo. Un foco de luz atrás de cada arco. Cerco de rejas bajas.
-|-- -|--

2221
Terremoto FC
Mataojo y Samuel Blixen. (Cancha de baby fútbol en terreno vasto) 55 x 38. Arcos de 4. De fierro blanco con ángulos negros, simples, con redes. Terreno malo. Mucho desgaste. Marcaje esporádico. Bancos de suplentes. Tres focos de luz en cada lateral. Tejido de contención alto y correcto. Troncos sobre los laterales para el público.

Modestos locales. Entorno poco cuidado. Cerco de alambrado correcto.
--|- --|-

2222
Iglesia de Jesucristo
Dalmiro Costa 4635. (Cancha multideportiva pavimentada) 21 x 13. Arcos de 3. De fierro gris bajo los tableros. Pavimento gris claro. Buen marcaje. Altas estructuras de contención. Cierto alumbrado.
|--- --|-

2223-2224
Paseo central de la avenida Concepción del Uruguay
Terrenos delimitados por las calles Quiebrayugos, Asambe y la avenida Rivera. (Dos espacios utilizados para entrenamiento, sin arcos fijos) Dimensiones estimadas por desgaste: 50 x 20 cada espacio. Césped corto, cuidado. Desgaste típico. Ninguna instalación. Incomodidad por la proximidad de la calle. Ni cerco ni tejido de contención.

2225
Liceo 31
Avenida 18 de diciembre y Piedras de Afilar. Sobre la calle Rimac. (Gimnasio multideportivo, grande, de calidad, con tribuna) Cancha de 28 x 15. Arcos de 3. De fierro gris bajo los tableros. También arcos móviles con estructura y redes. Parquet . Buen marcaje multicolor. Buen estado general. Bien cuidado. Tribuna de ocho gradas sobre un lateral. Utilizado para campeonatos.
-|-- --|-

2226
Club Atlético Relámpago
Doctor Decroly entre 18 de diciembre y Rimac. (Cancha de baby fútbol y locales) 55 x 35. Arcos de 4. De fierro blanco, con estructura y redes. Mucho desgaste. Marcaje. Tres focos de luz en cada lateral. Un talud de hormigón para el público sobre un lateral. Estructura de contención atrás de los arcos. Locales recientes. Buen cerco de alambrado. Entorno pasable, con los colores del club (rojo y blanco).
--|- --|-

2227
Complejo deportivo Huracán Buceo
Velsen 4440. (Gran gimnasio, salas de gimnasia y piscina. En las fotos, dos gimnasios con arcos. En la descripción oficial, un solo gimnasio) 30 x 20. Arcos de 3. De fierro naranja, con estructura y redes. Muy buen parquet y marcaje. Escuela de fútbol.
-|-- ---|

151

2228
Parque Gral Fructuoso Rivera
Zona triangular central del parque, atrás del Cedel. (Cancha natural incompleta en medio de los árboles) 60 x 40. Un arco de 4. De fierro blanco, fino, herrumbrado, sin redes. Cierto desgaste. Césped corto. Contexto agradable.
--|- -|--

2229 A 2235
Clubur Fútbol 5
José Ordeig 2261. (Complejo con muy buenas instalaciones y mucho espacio. Seis canchas de fútbol 5 abiertas, tres de las cuales forman una cancha mayor de fútbol 7 o 9) Panorama general. Muy buen césped sintético. Tejido alto alrededor impecable. Excelente alumbrado. Entorno cuidado. Buena dimensión de las canchas. Canchas de fútbol 5: todas de 36 x 19. Arcos de 3. De fierro blanco, simples, con redes. Cancha de fútbol 9: 56 x 36. Arcos de 4. De fierro blanco, simples, con redes. Marcaje propio.
--|- ---|
-|-- ---|
-|-- ---|
-|-- ---|
-|-- ---|
-|-- ---|
-|-- ---|

2236 A 2239
El Clásico Fútbol 5
Avenida Alejandro Gallinal 2014. (Cuatro excelentes canchas de fútbol 5 techadas) De 30 x 18. Arcos de 3. De fierro blanco, con estructura y redes. Buen césped sintético. Buen marcaje. Buen alumbrado. Espacio para estacionamiento, cantina y vestuarios.
-|-- ---|

-|-- ---|
-|-- ---|
-|-- ---|

2240
Vecina al Carrasco Vital Club (?)
Avenida Alejandro Gallinal 2014.
(Cancha de césped sintético abierta, al fondo de los locales del club) 26 x 12. Marcaje. No se ven arcos en las vistas disponibles.
-|-- --|-

2241 A 2248
Colegio La Mennais
Ing. José Acquistapace 1701.
(Complejo deportivo exterior y buenas instalaciones deportivas en el establecimiento de enseñanza. Una cancha grande de césped utilizada a lo ancho para dar dos canchas menores; una cancha sintética de fútbol 7 reciente; una cancha multideportiva pavimentada; y un excelente gimnasio de uso modular) 2241 cancha principal de césped. 82 x 56. Arcos reglamentarios. De fierro blanco, simples. Sin marcaje. Buen césped. Utilizada frecuentemente en dos mitades. 2242 y 2243: ambas de 56 x 35. Arcos de 4. Móviles, con estructura y redes. 2244: reciente cancha de césped sintético. 40 x 19. Arcos de 3. De fierro blanco, con estructura. Gran calidad. 2245: cancha multideportiva pavimentada de tipo patio. 27 x 17. Arcos de 3. De fierro blanco, con soportes. Buen pavimento gris con marcaje multicolor. 2246: excelente gimnasio. Cancha principal. 40 x 20. Arcos de 3. De fierro rayados en negro y blanco, con estructura y redes. Excelente marcaje. Se divide en dos canchas menores a lo ancho. 2247 y 2248:) de 24 x 20. Arcos de 3. De fierro rayado en blanco y negro, simples, contra la pared, sin redes.

---| ---|
--|- ---|
--|- ---|
-|-- ---|
-|-- --|-
-|-- ---|
|--- ---|
|--- ---|

2249
Plaza de las Cooperativas
Placita delimitada por las calles Acquistapace, Zavala Muniz, Esther de Cáceres y Ledo Arroyo

Torres. (Cancha multideportiva pavimentada) 26 x 13. Arcos de 3. De fierro blanco, simples. Reciente renovación. Pavimento gris, correcto. Cierto marcaje. Dos focos de luz en cada lateral. Entorno agradable, espacioso y cuidado.
-|-- --|-

2250-2251-2252
Asociación Cristiana de Jóvenes
Esther de Cáceres 5678. (Un gimnasio, una cancha pavimentada infantil y una cancha de fútbol 5, en un entorno muy apretado) 2250: buen gimnasio multideportivo pavimentado. 28 x 18. Arcos de 3. De fierro rayados en blanco y rojo, móviles, simples. Con redes. Buen marcaje. Buen alumbrado. 2251: cancha abierta pavimentada multideportiva infantil. 16 x 10. Arcos de 3. De fierro rayado en negro y blanco, finos, simples. Cierto marcaje. 2252: cancha abierta de fútbol 5. 32 x 18. Arcos de 3. De fierro rayado en blanco y negro, con estructura. Césped sintético. Marcaje mínimo. Alto tejido de contención alrededor. Tres focos de luz en cada lateral.
-|-- --|-
|--- --|-
-|-- --|-

2253-2254
Colegio y Liceo Nuestra Señora de Lourdes
Amazonas 1616. (Dos canchas de tipo patio: una pavimentada, otra de alfombrado) 2253: cancha multideportiva pavimentada. Recientemente renovada. 26 x 13. Arcos de 3. De fierro blanco, móviles, con estructura. Pavimento azul intenso y áreas rectangulares naranjas. Tejido de contención alto alrededor. Espacio apretado. 2254: cancha de alfombrado 38 x 19. Arcos de 4. De fierro rayado en blanco y rojo, simples, con redes. Buen marcaje. Piso verde con áreas naranjas. Estructuras de contención. Focos de luz en cada ángulo.
-|-- --|-
-|-- --|-

2255
Complejo Experimental 5
Doctor Enrique Estrázulas 1578. (Cancha de fútbol 5 cerrada, recientemente renovada) 30 x 18. Arcos de 3. De fierro blanco,

simples, con redes. Césped sintético bueno. Buen marcaje. Amplios locales para fiestas. Galpón cuidado, con buena luz y colores agradables.
-|-- --|-

2256-2257-2258
Baby Fútbol Playa Honda
Alejandro Fleming a altura del 1452. (Cancha de césped con uso modular) 60 x 40. Arcos de 4. De fierro blanco, finos, simples. En ciertas vistas, con ángulos negros. Césped pasable con desgaste en los arcos. Banco de suplentes. Cerco de alambrado campero. Tres focos de luz en cada lateral. Se divide en dos mitades a lo ancho. 2557-2558: 40 x 30. Arcos de 4. De fierro oscuro, finos, simples, sin redes. Sin marcaje propio. Ni vestuarios ni baños. Entorno agradable.
--|- --|-
-|-- -|--
-|-- -|--

152

2259
Club Córcega Baby Fútbol
Entrada por Raúl Montero Bustamante. Cancha delimitada por dicha calle, Córcega y Lombardía. (Cancha de baby fútbol) 60 x 40. Arcos de 4. De fierro blanco, con estructura y redes. Arcos móviles más chicos para entrenamientos. Césped correcto aunque irregular. Desgaste en los arcos y en la zona central. Marcaje. Banco techado de suplentes. Tres focos de luz en cada lateral. Instalaciones magras: baños recientes. Punto fuerte: dos tribunitas de hormigón de tres gradas sobre un lateral. Cerco de arbustos. Buen entorno.
--|- --|-

2260
Cancha abierta sobre la calle Córcega
Lindando con la cancha del club Córcega. (En espacio libre y alargado de césped) 50 x 15. Arcos de 3. De fierro oscuro, finos, simples. Césped cuidado. Árboles en el entorno. Proximidad de la calle. Ni marcaje ni alumbrado.
--|- --|-

2261
Parque infantil
Delimitado por Lombardía, Ancona y

Raúl Montero Bustamante. Entrada por Ancona. (Parque con juegos infantiles, cuidado y agradable. En el centro, cancha de césped) 30 x 15. Arcos de 3. De fierro naranja, con estructura. Césped con desgaste pero correcto. Entorno agradable.
-|-- --|-

2262
Cancha patio infantil privada
Mones Roses 6367. (En fondo de casa, cancha pavimentada) 18 x 9. Arcos de 2,5. De fierro blanco, con estructura. Pavimento azul con marcaje.
|--- --|-

2263 A 2266
Woodlands School
San Carlos de Bolívar entre Le Havre y Cooper. Canchas sobre San Carlos de Bolívar. (Tres canchas pavimentadas y una de césped. Buena calidad) 2263: pavimentada. 27 x 10. Arcos de 3. De fierro blanco con ángulos redondeados, móviles, con estructura. Pavimento verde. Marcaje múltiple. 2264: pavimentada. 26 x 14. Arcos de 3. De fierro blanco con ángulos y bases azul oscuro, estructura y redes. Pavimento verde. Marcaje múltiple. 2265: cancha pavimentada o alfombrada con marcaje multideportivo. 8 x 13. Arcos de 3. Móviles, blancos con ángulos y bases azul oscuro, estructura y redes. Escalera tribuna sobre un lateral. Estructuras de contención. 2266: de césped. 64 x 32. Arcos de 4. De fierro blanco, ángulos y bases en azul oscuro, con estructura y redes. Césped pasable. Desgaste y motas. Marcaje esporádico. Estructura de contención atrás de los arcos. Dos focos de luz sobre cada lateral. Cerco de alambrado sólido.
-|-- ---|
-|-- ---|
|--- ---|
--|- --|-

2267-2268-2269
Carrasco Lawn Tennis
Doctor Eduardo Couture 6401. (Club completo. Piscinas, canchas, espacios para teatro y exposiciones, en excelente entorno. Canchas de fútbol repartidas en la manzana delimitada por Leonel Aguirre, Lieja, Divina Comedia

y Almirante Harwood. Tres canchas de césped: dos medianas, una grande) Cuidado excelente y entorno sumamente agradable. 2267: 46 x 23. Arcos de 4. De fierro blanco, con estructura y redes. Césped excelente. Marcaje de límites. Dos focos de luz sobre un lateral. Tribunitas sobre un lateral. 2268: cancha principal. También de rugby. 95 x 60. Arcos reglamentarios. De fierro blanco con estructura y redes. Buen césped. Marcaje. Tres focos de luz sobre cada lateral. 2269: la mejor. 60 x 40. Arcos de 4. De fierro blanco, con estructura y redes. Césped excelente. Marcaje perfecto. Tres focos de luz sobre cada lateral.
-	-- ---
--	- ---

2270
Colegio y Liceo Santa Rita
Friburgo 5874. (Cancha patio sobre José Mario Paz) 40 x 20. Arcos de 3. De fierro rayado en blanco y negro, simples. Pavimento verde. Buen marcaje. Un foco de luz sobre un lateral. Cerco: muro y arbustos. Tejido de contención detrás de cada arco. Un foco de luz sobre cada lateral. Excelente entorno.
-|-- --|-

2271
Cancha infantil privada
Canadá y Rivera, sobre Rivera. (En jardín de casona, cancha pavimentada) 12 x 7. Arcos de 3. De fierro blanco, simples. Pavimento verde. Sin marcaje. Buen estado. Buen entorno.
|--- --|-

2272
Cancha probablemente privada
Blanes Viale 6195 esquina Miraflores. (Adjunta a casona. Indicada en Google Maps como «club Daymán». Cancha pavimentada) 25 x 12. Arcos de 3. De fierro blanco, móviles. Pavimento verde. Marcaje de fútbol y tenis.
-|-- --|-

153
2273
Club Naval
Gral French 1641. (Club con buenas instalaciones: fútbol, tenis, frontón, piscina, salones y cuartos. Parque.

Cancha de fútbol 5 a 7) 40 x 19. Arcos de 3. De fierro blanco, con estructura y redes. Excelente césped sintético. Marcaje. Cuatro focos de alumbrado en cada lateral.
-|-- ---|

2274
Cancha jardín
Copacabana 7233. (En fondo de casona con tenis y piscina, cancha de césped) 27 x 17. Arcos de 4. De fierro blanco, simples. Buen césped.
-|-- --|-

2275 A 2280
Complejo Deportivo Naval. Escuela Naval
Complejo de varias canchas que se extiende sobre dos manzanas, delimitado por las calles Lido, Domingo Bazurro, Av. Gral Rivera y Miramar. (Cuatro canchas grandes de césped. Una de ellas, estadio. Otra de uso modular) Espacio muy cuidado, con buen césped y entorno de calidad. 2275: cancha estadio. Sobre Lido y Bazurro. 105 x 68. Arcos reglamentarios. De fierro blanco, con soporte y redes. Buen césped. Marcaje esporádico. Tribuna de hormigón sobre 40 metros, con una parte baja de cinco gradas y una parte alta, mayor y central, de 10 gradas. Delimitada por prolijo cerco de alambrado. Tres focos de luz en cada lateral. Al margen de esta cancha, zona de entrenamiento con arcos móviles, no contabilizada. 2276: la mejor cancha del complejo. 100 x 68. Arcos reglamentarios. De fierro blanco, con soporte y redes. Buen césped. Desgaste en los arcos. Marcaje permanente. Entorno agradable con palmeras y bancos de hormigón sobre un lateral. 2278: cancha de 75 x 35. Arcos reglamentarios. Móviles, con estructura para redes. Desgaste notorio. Dividida con frecuencia en dos canchas a lo ancho: 2278 y 2279, de 35 x 25, con arcos móviles de 3. Sin alumbrado. Estructuras de contención. 2280: cancha grande en zona espaciosa. 100 x 66. Arcos reglamentarios. De fierro blanco, con soportes y redes. Césped correcto con algunos huecos.
---| --|-
-|-- --|-

-	-- --	-

154
2281 A 2290
Complejo Deportivo Parque Lavalleja, Complejo del Club Náutico y FCB Camp
Rambla Tomás Berreta y Barradas.
(En plena transformación. Cuatro canchas de césped de fútbol 11 y dos de césped sintético de fútbol 7 y 9) Mucho material. Entorno cuidado, buenos cercos y alumbrado. 2281: cancha norte, dentro del Parque Lavalleja. Renovada. 105 x 70. Arcos reglamentarios. De fierro blanco, simples. También arcos móviles chicos para uso modular. Marcaje. Sin alumbrado. 2282 y 2283: canchas gemelas de césped sintético. Baby fútbol, fútbol 7 y 9. Ambas de 60 x 40. Arcos de 4 y de 5. De fierro blanco, con estructura y redes. Mucha calidad. Alto tejido de contención. Buen alumbrado con tres focos en cada lateral. Tribunitas móviles. Buen marcaje. 2284: cancha grande renovada. 100 x 60. Arcos reglamentarios.

De fierro blanco, simples. Cuatro focos de luz en cada lateral. Buen marcaje. Césped correcto. Utilizada a lo ancho con arcos de 4 y 5, formando tres canchas: 2285, 2286 y 2287 de 60 x 30. Desgaste en la vista satelital. 2288: cancha idéntica a la anterior. División en dos canchas a lo ancho, 2289 y 2290. 2291: última cancha grande. 90 x 60. Arcos reglamentarios. De fierro blanco, simples. Césped correcto. Alumbrado reciente.

---| --|-
--|- ---|
--|- ---|
---| --|-
--|- --|-
--|- --|-
--	- --	-
--	- --	-
--	- --	-

157
2292 A 2295
Base Naval del Cerro
Ocupa una vasta zona delimitada por el Club de Golf del Cerro, el Parque Vaz Ferreira y el Dique Nacional.

(Muchas instalaciones de todo tipo. Desorden y descuido. Cuatro canchas de césped, básicas, dispersas, descuidadas, de características y dimensiones diferentes) 2292: Cancha campera. 105 x 70. Arcos reglamentarios. De fierro blanco, simples, con redes naranjas. Marcaje. Alambrado simple. 2293: cancha reciente. 60 x 25. Arcos de 4. De fierro blanco, simples. Sin marcaje. 2294: cancha de césped. 38 x 22. Arcos de 4. De fierro blanco, simples. Cierto marcaje. 2295: 50 x 30. Arcos de 4. De fierro blanco, simples. Sin marcaje.
---| -|--
--|- -|--
-|-- -|--
--|- -|--

159
2296-2297-2298
Plaza de Deportes 1
Delimitada por las calles Cerrito, Juan Lindolfo Cuestas, Washington y Monteverde. (Dos canchas pavimentadas recientes y una cancha vieja de césped, renovada) 2296-2297: canchas gemelas multideportivas pavimentadas. 23 x 13. Arcos de 3. De fierro blanco, gruesos, bajo de los tableros, con redes. Pavimento azul. Buen marcaje. Estructuras de contención de color naranja. Cuatro focos de luz en cada lateral. Entorno particular por la presencia al fondo de la antigua Facultad de Ingeniería y Arquitectura, abandonada. 2298: de césped. 27 x 16. Arcos de 4. De fierro blanco, simples, sin redes. Césped renovado en buen estado.
|--- ---|
|--- ---|
-|-- --|-

2299
Cancha abierta
Delimitada por las calles Sarandí, Lindolfo Cuestas y Rambla Francia. (Típica cancha tradicional de la zona de La Rambla) 92 x 60. Arcos reglamentarios. De fierro blanco, simples. Pura tierra. Marcaje. Tejidos de contención en mal estado atrás de los arcos. Sobre un lateral, muritos de hormigón que sirven de asiento para público. Local precario.
---| -|--

160

2300
Colegio y Liceo Los Vascos
Mercedes 984. (En entorno apretado, cancha patio pavimentada, multideportiva, renovada en 2016) 30 x 17. Arcos de 3. De fierro blanco, simples, con redes, bajo los tableros. Pavimento azul con muy buen marcaje. Murales pintados. Sin alumbrado. Alto cerco de alambrado.
-|-- --|-

2301
Club Alas Rojas River
Juan Lindolfo Cuestas y Buenos Aires. (Cancha de baby fútbol. Mala) 60 x 36. Arcos de 4. De fierro blanco con bases rojas, simples. Pura tierra. Tres focos de luz sobre cada lateral. Algunos bancos de hormigón. Alambrado precario alrededor. Postes del cerco y locales con los colores del club (rojo y blanco). Locales muy básicos, baños y vestuarios.
--|- -|--

2302
Waston Guruyú
Maciel 1277 esquina Reconquista. (Proyecto en vías de finalización. Cancha multideportiva cerrada, para el barrio, con ciertas tribunas, vestuarios, baños y oficinas) 30 x 20. En espera de un último financiamiento.
-|-- |---

2303
Escuela Chile
Maldonado 751. (Cancha patio pavimentada) 25 x 14. Arcos de 3. De fierro blanco, simples. Pavimento amarillo con marcaje de límites y áreas. Estado pasable.
-|-- --|-

2304
Residencia Universitaria Franciscanum
Canelones 1198. (Cancha patio de baldosas). 30 x 16. Arcos de 3. De fierro blanco, con ángulos y bases negros, simples. Baldosas de color amarillo, con desniveles. Cierto marcaje. Estado muy mediocre. Poco espacio.
-|-- -|--

2305
Plazoleta John Street
Rambla Gran Bretaña y Durazno.

(En espacio con juegos para niños, cancha de césped) 20 x 10. Arcos de 2,5. De fierro muy oxidado, finos, simples, con redes verdes precarias. Cierto desgaste. Entorno correcto, cuidado.
|--- --|-

2306
Plaza República de España
Mitad de espacio triangular, situado entre Rambla Gran Bretaña y el Dique Mauá. (Cancha multideportiva pavimentada) 26 x 14. Arcos de 3. De fierro blanco, gruesos, bajo los tableros. Pavimento gris claro con cierto marcaje. Estado mediocre. Algo de alumbrado público. Sin redes ni tejidos de contención.
-|-- -|--

2307
Plaza República Argentina
Otra mitad del espacio triangular, situado entre Rambla Gran Bretaña y el Dique Mauá. (Cancha del AEBU baby fútbol, abierta al público). 50 x 36. Arcos de 4. De fierro blanco, con estructura. Pura tierra. Bancos de suplentes. Borde asiento de hormigón alrededor de la cancha. Estructuras de contención bajas atrás de los arcos. Tres focos de luz en cada lateral. Postes de luz con los colores del club (azul y amarillo). Modesto local.
--|- -|--

2308
Espacio libre Ciudad de Jerusalém
Convención y Rambla República Helénica. (En espacio apretado, triangular y desparejo, cancha de césped) 23 x 12. Arcos de 3. De fierro blanco, simples. Cerco de alambrado correcto, pero bajo. Incómoda.
|--- -|--

2309
Cancha en espacio abierto sobre la Rambla
Rambla República Argentina entre Paraguay y Carlos Viana. (Cancha de césped básica) 36 x 20 en la vista de 2015. Hoy, hasta 50 de largo. Arcos de 4. De palo o fierro, gruesos, de color oscuro, simples. Pura tierra. Ni alumbrado ni marcaje. Se juega ahí «desde siempre».
-|-- -|--

161

2310

Instituto Preuniversitario Juan XXIII

Mercedes 1769. (Cancha patio central) 36 x 16. Arcos de 3. De fierro blanco, con estructura y redes. Pavimento gris claro, con marcaje de color. Agrietado. Entorno mínimo.

-|-- -|--

2311

Salterain Fútbol 5

Joaquín de Salterain 1468. (Cancha cerrada de fútbol 5 en galpón básico, con instalaciones para fiestas y vestuarios completos) 28 x 14. Arcos de 3. De fierro blanco, con estructura y redes. Buen césped sintético. Buen alumbrado. Comentarios positivos.

-|-- --|-

2312 A 2316

IAVA. Instituto Alfredo Vásquez Acevedo. Observatorio astronómico

José Enrique Rodó 1875. (Impactante conjunto de canchas dispuestas en el vasto patio circundante. Marcajes cruzados y arcos. Cierto alumbrado reciente, en particular, potentes focos sobre la cancha 2315, donde se realizan prácticas de fútbol femenino) Panorama general: pavimento gris claro en estado correcto con marcaje pasable; cerco de rejas alto; arcos de fierro blanco simples en las multideportivas, con estructura para redes en las otras; a veces, uso de arcos móviles. Todos los arcos de 3. 2312: cancha multideportiva. 25 x 14. 2313: cancha multideportiva. 25 x 14. 2314: cancha multideportiva. 25 x 14. 2315: cancha de fútbol. 40 x 16. Marcaje de áreas verdes. 2316: 25 x 14.

-|-- --|-
-|-- --|-
-|-- --|-
-|-- --|-
-|-- --|-

2317

El Patio Fútbol 5

Guaná 1976. (En galpón básico, cancha cerrada de fútbol 5 con buenas instalaciones para fiestas) 30 x 17. Arcos de 3. De fierro blanco, con estructura y redes. Buen césped sintético. Pequeño

estacionamiento. Vestuarios.
-|-- --|-

2318
Maracaná fútbol 5
Soriano 1415. (Galpón básico con cancha de fútbol 5 cerrada, correcta) 24 x 14. Arcos de 3. De fierro blanco, simples. Alfombrado. Locales y espacios para público repartidos en la entrada y en las zonas laterales. Opiniones positivas.
-|-- --|-

2319-2320
Colegio Seminario
Soriano 1472. (Con la Parroquia del Sagrado Corazón, ocupa toda la manzana. Los patios son espacios deportivos) 2319: patio principal. 40 x 22. Arcos de 4. De fierro blanco, simples. Suelo pavimentado rosado, correcto. Marcaje de áreas y círculo central. 2320: patio menor. 23 x 15. Arcos de 3. De fierro blanco, despintados. Pavimento verde con marcaje múltiple gastado. Sin alumbrado.
-|-- --|-
-|-- --|-

2321-2322-2323
Complejo Deportivo San Luis Gonzaga
Canelones 1456. (Utilizado por el Colegio y por el Club Seminario. Dos canchas multideportivas cerradas en vastos locales modernos, y una cancha abierta de fútbol 5) 2321 cancha multideportiva. Excelente marcaje y material. 26 x 13. Arcos de 3. De fierro blanco, móviles, con estructura. 2322: cancha multideportiva. 40 x 15. Arcos de 3. De fierro blanco, móviles, con estructura y redes negras. Excelente pavimento gris con marcaje múltiple. 2323: cancha de fútbol 5 abierta. 30 x 15. Arcos de 3. De fierro blanco, con estructura y redes. Buen césped sintético. Buen marcaje. Tablero electrónico. La cancha se ve desde la calle a través de una vidriera.
-|-- ---|
-|-- ---|
-|-- --|-

2324
Colegio y Liceo Santa Teresa de Jesús
Soriano 1570. (Cancha patio

sobre Lorenzo Carnelli. Poca información) 27 x 17. Pavimento azul y rosado en estado correcto. Marcajes cruzados. Buen entorno.
-|-- --|-

2325-2326-2327
Instituto María Auxiliadora
Canelones 1701. (En el centro de la encantadora arquitectura del Instituto, gran patio pavimentado gris claro con marcajes superpuestos que dan lugar a tres canchas) Arcos de 3, con estructura de sostén y redes finas verdes, móviles. Marcaje azul, amarillo y blanco. Sin otras instalaciones. Sin alumbrado. 2325: cancha multideportiva . 23 x 13. Marcaje de un centro blanco. 2326: cancha principal de fútbol. 40 x 20. 2327: parte de la cancha principal, con marcaje propio. 26 x 20.
|--- --|-
-|-- --|-
-|-- --|-

2328-2329
Talleres de Don Bosco
Maldonado 2125 y 2126. (Una gran cancha patio y un gimnasio) 2328: cancha patio pavimentada en el centro del instituto. 52 x 28. Arcos de 4. De fierro blanco, móviles, con estructura y redes. Pavimento amarillo. Agrietado. Marcaje de centro y áreas. Ni instalaciones ni alumbrado. 2329: Gimnasio Hermano Artigas de Agostini. Básico. 28 x 15. Arcos de 3. De fierro blanco, móviles, con estructura y redes. Pavimento gris oscuro, pasable. Marcaje multideportivo. En los dos laterales, tribunas de tres gradas, con base de hormigón y tablas de buena madera. Techo bajo.
--|- -|--
-|-- --|-

2330
Liceos 4 y 5
Durazno 2116 y Cabo Polonio 2107 respectivamente. (Cancha patio multideportiva) 24 x 15. Arcos de 3. De fierro blanco, simples, bajo los tableros. Pavimento gris oscuro, mediocre. Solo marcaje de los límites. Descuidada.
|--- -|--

2331
Escuela 16
Gaboto 970. (Cancha patio de

tierra) 22 x 10. Arcos de 3. De fierro blanco, simples, con cierto deterioro. Sin marcaje. Alto tejido de contención en mal estado del lado de la calle.
|--- -|--

2332
Espacio libre con cancha y juegos
Entre Cooperativa Gardeliana Sur y Cementerio Central, Carlos San Viana y José María Roo. (Cancha multideportiva pavimentada). 28 x 14. Arcos de 3. De fierro blanco, gruesos, bajo los tableros, simples, en buen estado. Pavimento gris con marcaje simplificado. Cerco de alambrado bajo. Sin alumbrado.
-|-- --|-

2333-2334
Espacio libre Thomas Jefferson. Cancha Enrique López y cancha anexa.
Espacio delimitado por Cebollatí, Javier Barrios Amorín y La Cumparsita. (Cancha de baby fútbol desplazada y espacio anexo) 2333: 54 x 33. Arcos de 4. De fierro blanco, con estructura. Césped pasable. Marcaje. Tres focos de luz en cada lateral. Estructuras de contención atrás de los arcos. Cerco de alambrado. 2334: Espacio anexo estrecho. 24 x 6. Arcos de 3. De fierro blanco, con estructura. Mucho desgaste.
--|- --|-
|--- -|--

2335
Don Bosco Baby Fútbol
La Cumparsita entre Lorenzo Carnelli y Minas. (Típica cancha mala de La Rambla) 60 x 38. Arcos de 4. De fierro blanco con bases naranjas y negras, simples. Pura tierra, con marcaje esporádico. Tejidos de contención atrás de los arcos. Tres focos de luz en cada lateral. Sobre un costado, hilera de bancos de hormigón; sobre el otro, un borde.
--|- -|--

2336
Plaza Juan Ángel Silva
Cebollatí y Minas. (Espacio recientemente renovado con zona de juegos y una flamante cancha multideportiva de calidad) 25 x 13. Arcos de 3. De fierro blanco, gruesos, bajo los tableros. Pavimento azul con marcaje múltiple. Una estructura

de contención atrás de un arco.
Bancos de hormigón alrededor.
Buen entorno. Cuidado.
-|-- --|-

2337
Estrella del Sur Baby Fútbol
La Cumparsita entre Minas y Magallanes. (Cancha casi cuadrada) 50 x 37. Arcos de 4. De fierro blanco con ángulos y estructuras azules, simples, correctos.
Pura tierra. Bancos y bordes de hormigón sobre los laterales. Tres focos de luz. Sin cerco. Sin locales.
--|-- -|--

162
2338
Parque Palermo. Estadio de Central Español
Avenida Américo Ricaldoni 2875, entre el Velódromo y el Club de Tiro. (Inaugurado en 1937. Estadio chico, agradable) 105 x 68. Césped correcto. Tres tribunas, una con talud. Capacidad: 6500 espectadores. Interior y entorno cuidados, con los colores del club. Sin alumbrado.
---| --|-

2339-2340
Central 5
Avenida Américo Ricaldoni 2875. (Dos canchas abiertas de fútbol 5, de diferente tamaño) Panorama general. Alfombrado gastado. Cerco de alambrado y alto tejido de contención lateral y arriba. Baños y vestuarios. 2339: 30 x 18. 2340: 36 x 18. Tres focos de luz en cada lateral de la cancha grande, dos en la cancha chica. Comentarios negativos en cuanto a la calidad del piso, el cuidado general y la higiene.
-|-- -|--
-|-- -|--

2341
Wembley Fútbol 5
4 de Julio 3142. (Galpón básico con cancha de buenas dimensiones). 34 x 18. Arcos de 3. De fierro blanco, con bases y ángulos amarillos, simples. Césped sintético renovado. Locales muy correctos según todos los comentarios.
-|-- --|-

2342-2343
Liceo San Ignacio y Unión Vecinal
Sede de la Unión Vecinal: 4 de Julio

3171. Cancha frente a la sede, en la esquina de 4 de julio y Manuel Alonso. Colegio: Alejo Rosell y Rius 1641. (Cancha nueva de césped sintético. Realizada con el apoyo de la Unión Vecinal) Excelente instalación. 50 x 34. Arcos de 4. De fierro blanco, con estructura y redes. Muy buen entorno con bancos de hormigón sobre los laterales. Bancos de suplentes. Tres focos de luz de cada lado. También utilizada a lo ancho en una media cancha. 2343: 34 x 25. Con arcos móviles de 3.
--|- ---|
-|-- ---|

2344-2345
Colegio San Ignacio Monseñor Isasa
Alejo Rosell y Rius 1641. (Una cancha patio pavimentada multideportiva y una cancha de fútbol 5 nueva) 2344: cancha pavimentada renovada en 2017. 25 x 14. Arcos de 3. De fierro blanco, con estructura, móviles. Excelente pavimento azul con marcaje múltiple. 2345: cancha de fútbol 5. 20 x 9. Arcos de 4. Buen césped sintético.
-|-- --|-
|--- --|-

2346
Club Atlético Tabaré
Avenida Dr Américo Ricaldoni 2770. (Club de básquetbol con múltiples instalaciones. Estadio de básquetbol, gimnasio, canchas de tenis, piscina, y una cancha de fútbol 5 descubierta) 24 x 16. Arcos de 3. De fierro negro, con estructura y redes, móviles. Alfombrado correcto. Buen marcaje. Cuatro focos de luz en cada lateral. Alto cerco de alambrado. Entorno agradable aunque apretado.
|--- --|-

2347-2348
Liceo 12
Avenida Dr Américo Ricaldoni 2804. (Una cancha patio y un patio interior cubierto) 2347: cancha pavimentada, recientemente renovada. 22 x 14. Arcos de 3. De fierro blanco con ángulos y bases de color negro, gruesos. Pavimento gris claro con marcaje múltiple. Buen estado. Muro alto y rejas. Bancos de hormigón atrás de los arcos. Campeonatos de fútbol 5 organizados en el liceo. 2348: espacio interior de tipo gimnasio.

Piso de baldosas sin marcaje. Dimensiones estimadas: 15 x 8. «Arcos» de 3. Pintados en las paredes.
|--- --|-
|--- -|--

2349
Colegio y Liceo Santo Domingo
Av. Rivera 2257. (Linda cancha patio alargada) 30 x 13. Arcos de 3. De fierro rayado en blanco y negro, con redes, bajo los tableros. Pavimento gris en buen estado. Marcaje colorido múltiple. Estructuras de contención. Seis focos de luz altos sobre uno de los laterales. Tribunita escalera sobre una parte de un lateral. Entorno agradable.
-|-- --|-

2350
Cancha de fútbol 5 privada
Brito del Pino y Enrique Puey. (En fondo de casa, cancha de fútbol 5 abierta) 25 x 10. Arcos de 3. De fierro blanco, simples. Buen estado. Marcaje. Piso verde (¿pavimento o césped sintético?). Tejido de contención lateral y superior.
-|-- --|-

2351
Fundación Tzedaká
Rivera 2214. Cancha sobre José Enrique Rodó. (Cancha de fútbol 5 abierta) 21 x 14. Arcos de 3. De fierro blanco, simples. Pavimento o césped sintético, verde con buen marcaje.
|--- --|-

2352
Escuela 32 Simón Bolivar
Simón Bolivar 1361. (Gimnasio nuevo) 30 x 13. «Arcos» de 2,5 pintados en la pared: rojos sobre fondo azul. Buen parquet. Hermoso marcaje multicolor.
-|-- --|-

2353 A 2356
Jardinera, Colegio y Liceo Alemán
Av. Dr Francisco Soca 1356 y también Gabriel Pereira (Un gimnasio y un patio grande pavimentado, de uso modular) 2353: excelente gimnasio. Cancha de 28 x 15 en un espacio de 35 x 18. Arcos de 3. De fierro blanco y negro, con estructura y redes. Butacas para público atrás de un arco (palco en altura) y tribuna sobre un lateral. Pavimento

predio reducido. Se contabilizan aquí todos los espacios donde se puede practicar fútbol aunque sea accesoriamente) 2408-2409: canchas nuevas de fútbol 5, chicas, en terraza. 22 x 14. Arcos de 3. De fierro blanco, con estructura y redes. Excelente césped sintético. Alumbrado. Contención. Se juntan para formar la cancha 2410: 30 x 20, con arcos de 3. 2411-2412-2413: tres canchas nuevas gemelas de 24 x 14. Arcos de 3. De fierro blanco, con estructura y redes. Uso múltiple. Piso sintético azul. Marcaje de tipo fútbol 5.

|--- --|-
|--- --|-
-|-- --|-
|--- --|-
|--- --|-
|--- --|-

2414-2415
Nautilus Yatching Club
Rambla Mahatma Gandhi 530. (Canchas multideportivas chicas exteriores. Al borde de la rambla. Exposición al viento. Con cerco de contención y alumbrado) 2414: cancha pavimentada. 40 x 19. Tres focos de luz en cada lateral.

Arcos de 3. Móviles, con soportes. Pavimento correcto. 2415: 28 x 16. Arcos de 3, con estructura. Alfombrado correcto. Marcaje múltiple. Dos focos de luz en cada lateral.

-|-- --|-
-|-- --|-

2416
Baby Fútbol La Escalinata
Rambla Mahatma Gandhi al lado del Nautilus. (Típica cancha mala de La Rambla, concedida a un club, sin locales) 60 x 40. Arcos de 4. De fierro blanco, simples, con redes en mal estado. Desgaste general y huecos. Marcaje. Tres focos de luz en cada lateral. Ni cerco ni locales.

--|- -|--

2417
Espacio libre
Entre la cancha de La Escalinata y las rocas. (Espacio libre estrecho con juegos infantiles junto a la cancha precedente, del lado de las rocas). 45 x 15. Arcos de 3. De fierro blanco, simples. Desgaste e incomodidad.

-|-- -|--

2418

Cancha informal

Rambla Mahatma Gandhi entre el restorán Ártico Fast Sea Food y las rocas. (Utilizada los fines de semana por veteranos) 80 x 40. Sin arcos. Desgaste típico. Sin marcaje. Al borde del agua.

---| |---

2419

Cancha abierta

Rambla Mahatma Gandhi entre el restorán Ártico Fast Sea Food y la cancha de rugby Champagnat. (Típica cancha mala de La Rambla) 105 x 60. Arcos reglamentarios. De fierro blanco, simples. Cierto marcaje. Tres focos de luz en cada lateral. Terreno pésimo. Pura tierra y hundimiento. Bancos de hormigón en los laterales. Sin cerco.

---| -|--